U0808251

“十二五”职业教育国家规划教材
经全国职业教育教材审定委员会审定

供高专高职临床医学及相关专业使用

妇产科学

（第四版）

主　编　兰丽坤　王雪莉
副主编　彭鸿英　苟凯红　姚丽娟　李耀军
编　者（按姓氏汉语拼音排序）

陈　萍　遵义医药高等专科学校
储丽琴　铜陵职业技术学院
苟凯红　河西学院附属张掖人民医院
韩春婷　聊城职业技术学院
兰丽坤　河西学院附属第二医院
李耀军　长沙卫生职业学院
卢永丽　雅安职业技术学院
彭鸿英　曲靖医学高等专科学校
秦　雯　聊城职业技术学院
王　凌　复旦大学附属妇产科医院
王雪莉　商丘医学高等专科学校
杨淑珍　河西学院医学院
姚丽娟　滨州医学院附属医院
叶秋香　甘肃中医药大学附属医院
张　琴　重庆医药高等专科学校

编写秘书　杨淑珍

科学出版社

北　京

·版权所有，侵权必究·
举报电话：010-64030229；010-64034315；13501151303（打假办）

内 容 简 介

本书是“十二五”职业教育国家规划教材。根据卫生职业教育、教学的发展趋势，体现“以就业为导向，以能力为本位，以发展技能为核心”的职业教育培养理念编写而成。全书共30章，内容包括产科学、妇科学、计划生育及妇产科常用检查及诊疗手术。理论知识强调“必须、够用”，强化技能培养，突出实用性。每章均提炼考点提示，引入案例，并附有案例分析及目标检测。

本书供高职高专临床医学、全科医学、乡村医生及其他医学相关专业使用。

图书在版编目（CIP）数据

妇产科学/兰丽坤，王雪莉主编．—4版．—北京：科学出版社，2016.6
“十二五”职业教育国家规划教材
ISBN 978-7-03-048973-9

Ⅰ．妇…　Ⅱ．①兰…　②王…　Ⅲ．妇产科学－医学院校－教材
Ⅳ．R71

中国版本图书馆CIP数据核字（2016）第139586号

责任编辑：高　磊／责任校对：郭瑞芝
责任印制：赵　博／封面设计：张佩战

版权所有，违者必究。未经本社许可，数字图书馆不得使用

科学出版社 出版
北京东黄城根北街16号
邮政编码：100717
http://www.sciencep.com

天津市新科印刷有限公司 印刷
科学出版社发行　各地新华书店经销
*

2003年8月第　一　版　开本：787×1092　1/16
2016年6月第　四　版　印张：21　1/2
2020年9月第二十九次印刷　字数：510 000

定价：53.80 元
（如有印装质量问题，我社负责调换）

前　言

《妇产科学》是“十二五”职业教育国家规划教材，供高职高专临床医学、全科医学、乡村医生及其他医学相关专业使用。第四版教材修订工作是贯彻落实《国务院关于加快发展现代职业教育的决定》，“以立德树人为根本，以服务发展为宗旨，以促进就业为导向”的创新驱动发展战略，同时配合教育部《高等职业学校专业教学标准》颁布与实施。教材修订遵循：体现“以学生为中心”的教材编写理念；满足为农村、城市社区等基层医疗单位培养人才的需要；与国家执业助理医师资格考试接轨；强化教学、学习、实训相融合的教育教学活动。

教材编写着重体现“以就业为导向，以能力为本位，以发展技能为核心”的职业教育培养理念，坚持“贴近学生、贴近工作岗位、贴近执业助理医师考试”的基本原则，引入“互联网＋”理念和“爱医课”数字化教育平台，突出教材的科学性、先进性。

本教材特色鲜明。正文以临床执业助理医师资格考试大纲为依据（2015年版），提炼考点，利于学生把握知识点。疾病内容由典型案例导入，一病一案例，以问题为中心设计教学，并与临床工作过程紧密结合，突出案例教学、工作过程导向教学的人才培养模式，能很好地培养学生临床思维方法及分析问题的能力。每章内容后设置案例分析及目标检测题，便于学生复习巩固及自我检测。

教材修订重视早临床、多临床、反复临床的人才培养方案，院校合作、产教结合制定教学大纲及见习大纲，同时强化临床实践教学，注重将医德教育贯穿于教学过程的始终。

《妇产科学》第四版的编写人员是来自13所高等院校临床教学第一线的妇产科专家及中青年教师。

感谢第三版教材的编写老师为本次修订奠定的基础，同时感谢科学出版社的编辑在教材编写过程中给予的指导、帮助与大力支持。

本教材编写难免有不妥之处，恳请使用本教材的师生及同仁不吝赐教，以便日后修正。

兰丽坤

2016年2月

前　言

目　录

见习教学大纲

一、课程目的和任务

妇产科学是临床医学专业的主干临床课，实践性强，在学习理论知识的过程中，不但要重视实践技能操作，还要通过临床见习，对妇产科基本操作和临床常见病、多发病的诊疗方法进行系统的、直观的学习，使学生具备本专业所必需的妇产科专业技能，为学生进入临床实习及毕业后工作奠定基础。

二、见习学时分配

序号	实验内容	学时
1	妊娠诊断、产前检查	2
2	正常分娩	2
3	妊娠病理、妊娠并发症、妊娠合并症	2
4	异常分娩、分娩期并发症	2
5	妇科病史及常用检查	2
6	妇科炎症、妇科肿瘤	2
7	计划生育手术	2
合计		14

三、见习内容与要求

见习一　妊娠诊断、产前检查

目的要求

掌握：早、中、晚期妊娠的诊断。

掌握：产前检查的时间、内容及检查方法。

熟悉：骨盆外测量的方法、测量径线及其正常值。

见习内容

1. 妊娠诊断

（1）早期妊娠的诊断。

（2）中、晚期妊娠的诊断。

2. 产前检查

（1）产前检查的目的、时间、全身检查。

（2）腹部检查：①腹部四步触诊法；②腹部听诊；③测量宫高与腹围。

（3）骨盆外测量：髂棘间径、髂嵴间径、骶耻外径、出口横径测量方法及其正常值。

（4）复诊检查内容及其卫生指导。

见习方法

1. 选择早期妊娠和中晚期妊娠妇女。

2. 教师示教，在教师指导学生问诊、查体，查阅孕妇临床资料。
3. 学生进行问诊和检查，说出检查结果，同学发言讨论，教师总结。
4. 写出见习报告。
5. 若无孕妇，可观看影视录像资料或实训室操作练习。

见习学时 2 学时。

见习二 正 常 分 娩

目的要求

掌握：接生前的准备工作及接生技术。

熟悉：第三产程的处理及胎盘检查。

见习内容

1. 会阴冲洗、消毒的顺序。
2. 分娩机转及保护会阴的要领。
3. 第三产程的处理及胎盘检查。

见习方法

1. 分组、分期到医院分娩室参观。
2. 教师示教，并讲解所要掌握、熟悉的内容。
3. 查阅孕妇临床资料。
4. 填写分娩记录。
5. 其他同学可观看影视录像资料或实训室操作练习。

见习学时 2 学时。

见习三 异位妊娠、妊娠期高血压疾病

见习目的

掌握：妊娠期高血压疾病的临床表现、诊断及治疗原则；异位妊娠的临床表现、转归及治疗原则。

熟悉：妊娠期高血压疾病的护理措施；异位妊娠的手术治疗方法。

见习内容

1. 妊娠期高血压疾病的临床表现、诊断、治疗原则及护理措施。
2. 异位妊娠的临床表现、转归、治疗原则及手术方式。

见习方法

1. 分组到医院产科病房见习。
2. 教师示教，教师指导学生问诊、查体，查阅孕妇临床资料。
3. 学生讨论，说出检查结果，诊断、处理措施，教师总结。
4. 写出见习报告。
5. 若无合适病例，可观看影视录像资料或实训室操作练习。

见习学时 2 学时。

见习四 胎头吸引术及臀位分娩

见习目的

掌握：臀位的分类、处理原则。

熟悉：胎头吸引术的适应证、操作方法及臀位的分娩机制。

见习内容

1. 胎头吸引术的适应证及操作方法、步骤。
2. 臀位的分类、临床表现、分娩机制、处理原则。

见习方法

1. 分组到医院分娩室参观。
2. 教师示教并讲解。
3. 查阅孕妇临床资料。
4. 填见习分娩记录。
5. 若无合适病例可观看影视录象资料或实训室操作练习。

见习学时

2 学时。

见习五　妇科病史及妇科检查

见习目的

掌握：妇科病史的采集特点。

熟悉：双合诊、肛腹诊、三合诊的检查方法及意义。

熟悉：掌握盆腔检查的记录顺序。

见习内容

1. 采集妇科病史。
2. 双合诊。

（1）检查方法：①体位；②检查方法。

（2）意义。

（3）注意事项。

3. 三合诊。

（1）方法。

（2）意义。

（3）注意事项。

见习方法

1. 选择妇科疾病患者。
2. 教师示教，教师指导学生问诊、查体，查阅患者临床资料。
3. 学生进行问诊和检查，说出检查结果，同学发言讨论，教师总结。
4. 写出见习住院病历。
5. 若无合适病例，可观看影视录象资料或实训室同学之间相互角色扮演采集病史。

见习学时　2 学时。

见习六　妇科炎症、妇科肿瘤

见习目的

掌握：阴道炎、宫颈炎症、盆腔炎性疾病的临床表现及诊断。

掌握：子宫肌瘤的分类、临床表现、诊断及治疗原则。

熟悉：阴道炎、宫颈炎症、盆腔炎性疾病、子宫肌瘤的治疗原则及方法。

见习内容

1. 滴虫阴道炎、外阴阴道假丝酵母菌病、细菌性阴道病、萎缩性阴道炎的临床表现、诊断及治疗。
2. 宫颈炎症的临床表现、诊断及治疗方法。
3. 盆腔炎性疾病的临床表现、诊断、治疗原则及方法。
4. 子宫肌瘤的分类、临床表现、诊断、治疗原则及手术方式。

见习方法

1. 选择阴道炎、宫颈炎症、盆腔炎性疾病的门诊就诊的妇科患者。

2. 教师示教，教师指导学生问诊、查体，查阅患者临床资料。

3. 教师指导学生填写检查申请单，然后书写处方。

4. 写出见习病历。

5. 若无合适病例，可观看影视录像资料或实训室同学之间相互角色扮演模拟进行诊断处理。

见习学时 2 学时。

见习七 计 划 生 育

见习目的

熟悉：宫内节育器放置、取出及人工流产的手术过程及方法。

了解：宫内节育器放置、取出及人工流产的手术适应证、禁忌证。

见习内容

1. 宫内节育器的放置。

（1）适应证。

（2）禁忌证。

2. 宫内节育器的取出。

（1）适应证。

（2）禁忌证。

3. 人工流产负压吸宫术。

（1）适应证。

（2）禁忌证。

见习方法

1. 选择拟行宫内节育器放置、取出或拟行人工流产的妇女。

2. 学生分组到医院门诊手术室见习。

3. 教师示教宫内节育器放置、取出及人工流产术的操作。

4. 师生共同讨论，说出其适应证及禁忌证。

5. 写出见习报告

6. 若无合适病例，可观看影视录像资料或实训室操作练习。

见习学时 2 学时。

附编写说明

1. 本见习大纲适用于临床医学专业妇产科学的实践教学。

2. 在实施过程中根据实际情况由教师灵活掌握，适当调整。

3. 见习考核成绩归入实训成绩，共占学生总成绩的 30%～40%，纳入妇产科学综合成绩。

（兰丽坤）

第1章　绪　论

妇产科学是专门研究妇女特有的生理、病理变化及生殖调控的一门临床医学学科。其涉及面较广且独立性较强，也是临床医学专业的主干课程。

一、妇产科学的范畴

妇产科学包括妇科学、产科学和计划生育三部分。

妇科学是一门研究女性在非孕期生殖系统的生理及病理改变，并对其进行诊断、处理的临床医学学科。妇科学包括妇科学基础、女性生殖器炎症、女性生殖器肿瘤、生殖内分泌疾病、女性生殖器官损伤性疾病、女性生殖器官发育异常、女性生殖器官先天畸形及女性其他生殖器疾病等内容。

产科学是一门研究女性妊娠期、分娩期及产褥期全过程，并对该过程的孕产妇及胎儿、新生儿的生理、病理改变进行诊断、处理的临床医学学科，也是协助新生命诞生的临床医学学科。产科学包括四大部分：产科学基础、生理产科学、病理产科学、胎儿和早期新生儿学。围生医学是现代产科学的重要组成部分，以医用电子学、细胞遗传学、畸胎学、生物生理学、生物化学、药效学等相关学科为依托，已经发展成为研究受精与受精卵着床、胚胎发育、胎儿生理与病理、早期新生儿以及孕产妇疾病诊断和防治的一门新兴学科。

我国的妇产科学还包括计划生育，主要研究女性生育的调控，包括避孕、绝育、优生等内容。

二、妇产科学近代进展

随着基础医学不断发展，近年妇产科学也取得了许多新进展，表现在以下六个方面：

1．产科学理论体系的转变　近年产科学理论体系发生了根本性转变，以母子统一管理的新理论体系取代以往的以母亲为中心的理论体系。新理论体系的出现，导致围生医学等分支学科的诞生。目前，国内已广泛开展围生期监护技术和使用电子仪器，产科医生与新生儿科医生在分娩时密切合作，显著降低了早期新生儿的死亡率。

2．产前诊断技术不断创新　目前，通过产前的一些特殊检查手段，如羊水、绒毛细胞及胎儿血细胞培养等，在妊娠早、中期就能明确诊断出某些遗传性疾病和先天性畸形，减轻了家庭和社会的负担。运用遗传学新技术，开展遗传咨询、遗传筛查及出生前诊断，能够减少遗传病患儿及先天缺陷患儿的出生，从而提高人群遗传素质和人口质量。

3．辅助生殖技术的迅速发展　辅助生殖技术包括控制性超排卵、宫腔内人工授精、体外受精与胚胎移植、卵母细胞浆单精子注射法、胚胎植入前遗传学诊断、配子输卵管内移植、配子宫腔内移植、配子经阴道输卵管内移植等。近年由于辅助生殖技术的大力开展，也促进生殖生理学的迅猛发展。

4．女性生殖内分泌学的飞速发展　近年来，女性生殖内分泌疾病的临床研究已从器官水平进入到分子水平。随着许多新药物的问世，女性月经失调和生殖功能异常的临床治疗效果显著提高；绝经后期女性性激素补充治疗的推广应用，使女性生殖内分泌学已发展成为妇产科学的一门专门学科。

5. 妇科肿瘤学的快速发展 已知肿瘤的发生发展与女性激素、病毒、癌基因及细胞因子之间的关系等关键性基础理论有关，并已取得大量的科研成果。如妊娠滋养细胞肿瘤，特别是恶性程度极高的绒毛膜癌的化学药物治疗，已经取得近乎根治的效果。女性生殖器官恶性肿瘤根治手术在许多医院已在腹腔镜、宫腔镜下进行。腹腔镜及宫腔镜下微创手术的大力开展，标志着妇科手术已进入一个崭新的阶段。

6. 妇女保健学的建立 妇女保健学是根据女性生殖生理的特征，以妇产科学知识为基础、以女性群体为服务对象、以女性保健为中心、以维护和促进女性健康为目的，预防为主开展以生殖健康为核心的一门新兴学科。我国通过建立健全妇女保健三级网实现上述目标，已经取得显著成效。

三、妇产科学的特点及学习方法

妇产科学虽然人为地分为妇科学、产科学和计划生育三部分，但三者有共同的基础，即女性生殖系统的生理与病理，且产科疾病和妇科疾病常常互为因果。例如产后大出血休克造成腺垂体促性腺激素分泌细胞缺血坏死，引起腺垂体功能低下，导致希恩综合征；输卵管慢性炎症能引起输卵管妊娠等。

妇产科学不仅是临床医学，也是预防医学。许多妇产科疾病通过预防措施可以避免发生或减轻危害，如做好定期产前检查能够预防和及早发现妊娠并发症；遗传筛查、产前诊断有可能及早发现胎儿遗传性疾病和先天畸形；开展妇女病普查能筛查早期宫颈癌等。

妇产科学是临床医学专业的一门主干课程。其学习过程分为两个阶段：理论学习和毕业前临床实习。理论学习主要系统学习妇产科学理论知识，同时参加临床见习加深感性知识；毕业前临床实习认真参加妇产科的临床诊疗实践并掌握基本技能，培养临床实际工作能力及临床思维方式。此外，还必须具备高尚的医德和良好的医风，才能逐步成为一名合格的医师。

（兰丽坤）

第2章　女性生殖系统解剖

学习目标

1. 掌握卵巢动脉、子宫动脉、阴道动脉、阴部内动脉的来源，骨盆分界、类型及骨盆标志。
2. 熟悉内生殖器与邻近器官的关系及相互影响，会阴解剖特点与分娩关系。
3. 了解骨盆底基本层次，内生殖器的解剖组织特点及生理功能。

女性生殖系统包括内、外生殖器官及其相关组织。骨盆与分娩关系密切，故在本章叙述。

第1节　外生殖器

女性外生殖器指生殖器官的外露部分，位于两股内侧间，前为耻骨联合，后为会阴，包括阴阜、大阴唇、小阴唇、阴蒂和阴道前庭，统称为外阴（图2-1）。

【阴阜】

阴阜为耻骨联合前面的皮肤隆起，皮下脂肪组织丰富。青春期该部开始生长阴毛，分布呈倒三角形，阴毛为女性第二性征之一。

【大阴唇】

大阴唇为两股内侧一对纵行隆起的皮肤皱襞，起于阴阜，止于会阴。大阴唇外侧面为皮肤，有色素沉着和阴毛，皮层内有皮脂腺和汗腺；大阴唇内侧面湿润似黏膜。皮下为疏松结缔组织和脂肪组织，内含丰富的血管、淋巴管和神经。外伤出血时易形成大阴唇血肿。未产妇女两侧大阴唇自然合拢，遮盖尿道口和阴道口；经产妇大阴唇向两侧分开；绝经后大阴唇可萎缩。

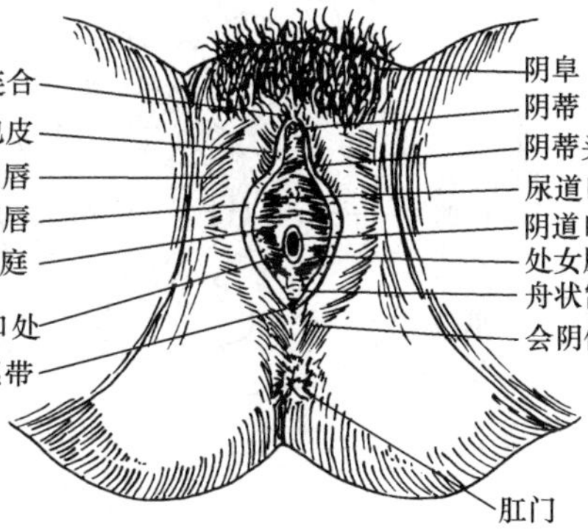

图2-1　女性外生殖

【小阴唇】

小阴唇系位于两侧大阴唇内侧的一对薄皮肤皱襞。表面湿润、色褐、无毛，富含神经末梢。两侧小阴唇前端融合，并分为前后两叶，前叶形成阴蒂包皮，后叶形成阴唇系带。大小阴唇后端会合，在正中线形成一条横皱襞，称为阴唇系带。

【阴蒂】

阴蒂位于两侧小阴唇之间顶端的联合处，它与男性阴茎海绵体的组织相似，有勃起性。分为阴蒂头、阴蒂体和阴蒂脚三部分，阴蒂头暴露于外阴，富含神经末梢，为性反应器官，极为敏感；阴蒂体和阴蒂脚附着于两侧耻骨支上。

【阴道前庭】

阴道前庭为两侧小阴唇之间的菱形区。其前为阴蒂，后为阴唇系带。此区域内有以下结构：

1. 前庭大腺 又称巴多林腺，位于大阴唇后部，如黄豆大，左右各一。向内侧开口于阴道前庭后方小阴唇与处女膜之间的沟内。性兴奋时分泌黄白色黏液，起润滑作用。正常情况下检查时不能触及腺体，如因感染腺管口闭塞，形成前庭大腺脓肿或前庭大腺囊肿。

2. 尿道口 位于阴蒂头的后下方阴道口上方，其后壁上有一对并列腺体，称为尿道旁腺，其分泌物有润滑尿道口的作用。尿道旁腺开口小，容易有细菌潜伏。

3. 阴道口及处女膜 阴道口位于尿道口的后方前庭的后部。处女膜为覆盖在阴道口的较薄的一层黏膜皱襞，内含结缔组织、血管及神经末梢。处女膜中央有一孔，孔的大小、形状及膜的厚薄因人而异，处女膜多于初次性交或剧烈运动时破裂，分娩后仅留有处女膜痕。

第2节 内生殖器

女性内生殖器位于真骨盆内，包括阴道、子宫、输卵管和卵巢，后两者又称子宫附件（图 2-2）。

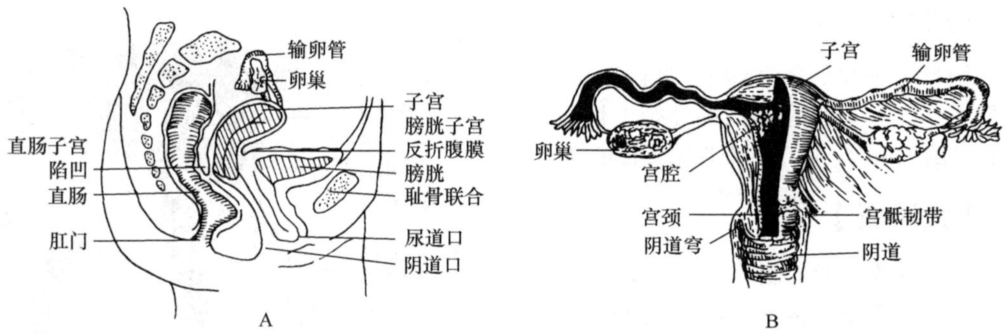

图 2-2 女性内生殖器正中矢状断面观

A. 矢状断面观；B. 后面观

【阴道】

阴道为性交器官，也是月经血排出及胎儿娩出的通道。

1. 位置和形态 位于真骨盆下部中央，呈上宽下窄的肌性管道，前壁长 7～9cm，与膀胱和尿道相邻，后壁长 10～12cm，与直肠贴近。其上端包绕宫颈阴道部，下端开口于阴道前庭后部。环绕子宫颈周围的部分称为阴道穹隆，按其位置分为前、后、左、右四部分。后穹隆较前穹隆深，后穹隆顶端与盆腔最低的部位直肠子宫陷凹紧密相邻，临床上可经此引流或穿刺。

考点提示： 阴道后穹隆与直肠子宫陷凹的关系

2. 组织结构 阴道壁自内向外由黏膜、肌层和纤维组织膜构成，有很多横纹皱襞，故有很大的伸展性。阴道黏膜由复层鳞状上皮覆盖，无腺体，淡红色，受性激素影响有周期性变化。幼女、绝经后的妇女阴道黏膜上皮菲薄，皱襞少，伸展性小，容易受到创伤而感染。阴道壁富有静脉丛，损伤后易出血或形成血肿。

【子宫】

子宫是孕育胚胎、胎儿和产生月经的器官。青春期后受性激素影响发生周期性的改变并产生月经；性交后，子宫为精子到达输卵管的通道；孕期为胎儿发育、成长的部位；分娩时子宫收缩促使胎儿及其附属物娩出。

1. 位置和形态　子宫位于骨盆中央，呈倒置的梨形，前面扁平，后面略突出。成人非孕时子宫长 7～8cm，宽 4～5cm，厚 2～3cm，宫腔容量约 5ml，重约 50g。子宫上部较宽称子宫体，其上端隆突部分为子宫底，宫底位于骨盆入口平面以下，子宫底的两侧为子宫角，与输卵管相通。子宫下部较窄呈圆柱形称子宫颈。子宫体与子宫颈的比例，婴儿期为 1∶2，成年妇女为 2∶1，老年期为 1∶1。

子宫腔为上宽下窄的三角形。在宫体与宫颈之间形成最狭窄的部分，称子宫峡部，在非孕期长约 1cm，其上端因解剖上狭窄称解剖学内口；其下端因黏膜在此由宫腔黏膜转变为宫颈管黏膜称为组织学内口。子宫颈内腔呈梭形称宫颈管，成年妇女长 2.5～3cm，其下端称宫颈外口，宫颈外口位于坐骨棘水平稍上方。未产妇的宫颈外口呈圆形，已产妇的宫颈外口呈“一”字形横裂。阴道顶端包绕在宫颈周围，以阴道附着处为界将宫颈分为两部分，其上为宫颈阴道上部，其下为宫颈阴道部。

2. 组织结构

（1）子宫体：子宫体壁由三层组织构成，由内向外分为子宫内膜层、肌层和浆膜层。

1）子宫内膜层：为粉红色黏膜组织，从青春期开始受卵巢激素的影响，其表面 2/3 发生周期性变化称功能层（包括致密层及海绵层），剩余 1/3 靠近子宫肌层的内膜无周期性变化称基底层。

2）子宫肌层：较厚，由大量平滑肌束和少量弹力纤维组成。肌束纵横交错如网状，分为 3 层：内层环行，中层肌纤维交错，外层纵行。子宫收缩时贯穿于肌纤维之间的血管被压迫，有效地控制子宫出血。

3）子宫浆膜层：为覆盖宫体底部及前后面的脏层腹膜，与肌层紧贴，在子宫前面近子宫峡部处的腹膜向前反折覆盖膀胱，形成膀胱子宫陷凹；在子宫后面，腹膜沿子宫壁向下，至子宫颈后方及阴道后穹隆再折向直肠，形成直肠子宫陷凹（也称道格拉斯陷凹）。

（2）子宫颈：主要由结缔组织构成，含少量平滑肌纤维、血管及弹力纤维。子宫颈管黏膜呈单层高柱状上皮，黏膜层有腺体，能分泌碱性黏液形成黏液栓堵塞宫颈管。黏液栓成分及性状受性激素影响，发生周期性变化。宫颈阴道部由复层鳞状上皮覆盖，表面光滑。宫颈外口柱状上皮与鳞状上皮交界处是宫颈癌的好发部位。

3. 子宫韧带　共有 4 对。韧带与骨盆底肌肉和筋膜共同维持子宫的位置。

（1）圆韧带：起自子宫角的前面、输卵管近端的下方，然后向前下方伸展达两侧骨盆壁，再穿过腹股沟管止于大阴唇前端。其作用使子宫保持前倾位置。

（2）阔韧带：由覆盖子宫前后壁的腹膜自子宫侧缘向两侧骨盆壁延伸而成。阔韧带分前后两叶，其上缘游离，内侧 2/3 包裹输卵管，外侧 1/3 自输卵管伞部下方向外延伸至盆壁，称为骨盆漏斗韧带或称卵巢悬韧带，卵巢动静脉由此穿过。卵巢与阔韧带后叶相连处称卵巢系膜。卵巢内侧与子宫角之间的阔韧带稍增厚称卵巢固有韧带。在宫体两侧的阔韧带中有丰富的血管、神经、淋巴管及大量疏松结缔组织，称为宫旁组织。子宫动静脉和输尿管均从阔韧带基底部穿过。阔韧带维持子宫于盆腔正中的位置。

（3）主韧带：又称宫颈横韧带。在阔韧带的基底部，自宫颈两旁延伸达骨盆壁，由结缔组织和平滑肌构成。为固定子宫颈，防止子宫下垂的重要结构。

考点提示：宫颈癌的好发部位

（4）宫骶韧带：自相当于组织学内口处的子宫后侧壁开始，绕过直肠两侧，附着于第2、3骶椎前面的筋膜，将宫颈向后向上牵引，间接维持子宫前倾位置。

【输卵管】

输卵管是一对细长弯曲的肌性管道，位于阔韧带上缘内，全长8～14cm，内侧与子宫角相连，外端游离开口于腹腔并与卵巢接近，是精子与卵子相遇结合成受精卵的场所。输卵管外层为浆膜层，为腹膜的一部分；中层为平滑肌层；内层为黏膜层，由单层高柱状上皮覆盖。输卵管自内向外分为间质部、峡部、壶腹部和伞部，伞部又称漏斗部，有“拾卵”作用。输卵管肌层的蠕动将受精卵运送到宫腔。输卵管也受卵巢激素的影响有周期性的变化，但不如子宫内膜明显。

【卵巢】

卵巢为一对扁椭圆形的性腺，可产生卵子、分泌激素。卵巢位于输卵管的后下方，其外侧以骨盆漏斗韧带连接于骨盆壁，内侧以卵巢固有韧带与子宫相连，上缘以卵巢系膜连接于阔韧带后叶，下缘游离。青春期前卵巢表面光滑，青春期开始排卵后，表面逐渐凹凸不平。成年女性卵巢大小约4cm×3cm×1cm，重5～6g，灰白色，绝经后萎缩。

卵巢表面无腹膜，由单层立方上皮覆盖，称为生发上皮。上皮的深面有一层致密纤维组织，称为卵巢白膜。再往内为卵巢实质，分为皮质和髓质两部分，皮质在外层，是卵巢的主体，有数以万计的始基卵泡及致密结缔组织；髓质在卵巢的中心，无卵泡，但有疏松的结缔组织及丰富的血管、神经和淋巴管等。

第3节 邻近器官

女性生殖器官与尿道、膀胱、输尿管、直肠及阑尾同在盆腔内且位置相邻，其血管、淋巴、神经系统也相互密切联系。当女性生殖器官发生病变时，如创伤、感染、肿瘤等，易累及邻近器官。

【尿道】

尿道长4～5cm，位于阴道前面，耻骨联合后方。由于女性尿道短而直，与阴道邻近，容易引起泌尿系统感染。

【膀胱】

膀胱为一囊状肌性器官，排空的膀胱位于耻骨联合后与子宫之间。空虚时完全位于盆腔内，充盈时可上升至腹腔，影响子宫的位置和产程中胎先露的下降，故妇科检查、手术和分娩前必须排空膀胱，在腹部B型超声检查前需充盈膀胱。

【输尿管】

输尿管全长约30cm，起自肾盂，在腹膜后沿腰大肌前面下行进入骨盆腔，在阔韧带底部距子宫颈约2cm处与子宫动脉交叉，并在其下方通过，再绕向前、向内进入膀胱。妇科子宫切除术时应注意勿损伤输尿管。

【直肠】

直肠位于盆腔后部，其下2/3与阴道后壁紧贴，之间相隔一层结缔组织和筋膜。直肠下部和肛门括约肌、会阴体相邻，故分娩时会阴裂伤可累及肛门和直肠。

【阑尾】

阑尾通常位于右髂窝内，末端有时可达盆腔并接近右侧输卵管及卵巢部。故阑尾有炎症时易累及输卵管和卵巢。妊娠后阑尾的位置可随妊娠子宫的增大逐渐向外上方移位。

第 4 节　血管、神经、淋巴

女性生殖器官的血管与淋巴管相伴行，各器官间静脉及淋巴管以丛、网状相吻合。

【血管】

女性内、外生殖器官的血液供应主要来自卵巢动脉、子宫动脉、阴道动脉及阴部内动脉。卵巢动脉为腹主动脉的分支，左侧卵巢动脉还可来源于左肾动脉。除卵巢动脉外其余的动脉均来自髂内动脉。子宫动脉是髂内动脉的分支，在腹膜后沿骨盆侧壁向下向前走行，经阔韧带基底部、宫旁组织到达子宫外侧，在距宫颈内口水平约 2cm 处横跨输尿管至子宫侧缘，由此分为上下两支：上支为主支，沿宫体侧缘纡曲上行，称子宫体支，至子宫角处又分为子宫底支、卵巢支及输卵管支；下支向下行，分布于宫颈及阴道上部，称子宫颈 - 阴道支。各部位的静脉均有同名动脉伴行，但在数量上较动脉多，并在相应的器官及周围形成静脉丛，且互相吻合，故盆腔静脉感染易于蔓延。

考点提示： 卵巢动脉、子宫动脉的来源

【神经】

女性内、外生殖器官由躯体神经和自主神经共同支配。支配外生殖器的神经主要是阴部神经，系躯体神经，由第Ⅱ、Ⅲ、Ⅳ骶神经分支组成，在坐骨结节内侧下方分成痔下神经、会阴神经及阴蒂背神经，分布于肛门周围、会阴、阴蒂和阴唇。临床上行阴部手术时，常行阴部神经阻滞麻醉，达到止痛目的。支配内生殖器的神经主要为交感神经和副交感神经，子宫平滑肌有自主节律活动，完全切断其神经后仍能有节律收缩，还能完成分娩活动。临床上可见低位截瘫的产妇能顺利自然分娩。

【淋巴】

女性生殖器官和盆腔具有丰富的淋巴管及淋巴结，均有相应的血管伴行，分为外生殖器淋巴和盆腔淋巴两组。淋巴液首先汇集进入沿髂动脉的各淋巴结，然后注入腹主动脉周围的腰淋巴结，最后汇入第 2 腰椎前方的乳糜池。当内外生殖器发生感染或癌瘤时，可引起相应淋巴结肿大。

第 5 节　骨盆与骨盆底

女性骨盆是保护盆腔脏器的重要器官，同时又是胎儿娩出时必经的通道，其大小、形状对分娩有直接的影响。女性骨盆较男性骨盆宽而浅，有利于胎儿娩出。

【骨盆的组成】

1. 骨盆的骨骼　骨盆由骶骨、尾骨及左右两块髋骨组成。骶骨由 5～6 块骶椎构成，其上缘明显向前突出称为骶岬；尾骨由 4～5 块尾椎构成；每块髋骨又由髂骨、坐骨和耻骨

融合而成。

2. 骨盆的关节 包括骶尾关节、左右骶髂关节和耻骨联合。骶骨与尾骨的联合处是骶尾关节；骶骨与髂骨之间是骶髂关节；在骨盆的前方两耻骨之间的纤维软骨形成耻骨联合。

3. 骨盆的韧带 有两对重要的韧带，一对是骶骨、尾骨与坐骨棘之间的韧带为骶棘韧带，其宽度即坐骨切迹宽度；另一对是骶骨、尾骨与坐骨结节之间的韧带为骶结节韧带。妊娠期受激素的影响，韧带松弛，各关节的活动性略有增加，有利于分娩。

【骨盆的分界】

以耻骨联合上缘、髂耻缘及骶岬上缘的连线为界，将骨盆分为假骨盆和真骨盆两部分。假骨盆又称大骨盆，位于骨盆分界线以上，属于腹腔的一部分。真骨盆又称小骨盆，位于骨盆分界线以下，是胎儿娩出的通道，又称骨产道。真骨盆上为骨盆的入口，下为骨盆的出口，骨盆入口和出口之间为骨盆腔。骨盆腔前壁是耻骨及耻骨联合，耻骨两降支构成耻骨弓；后壁是骶骨和尾骨；两侧壁有坐骨、坐骨棘、坐骨切迹及其韧带。

【骨盆的类型】

骨盆有显著的性别差异，根据骨盆形状，分为4种类型：

1. 女型 为女性正常骨盆，我国妇女占52%～58.9%。骨盆宽而短，骨盆入口呈横椭圆形，入口横径较前后径稍长。耻骨弓角度较大，骨盆侧壁直，坐骨棘不突出，坐骨切迹较宽，骶骨宽短且弯曲度小，骶骨岬前突不明显。

2. 扁平型 我国妇女占23.2%～29%。骨盆入口呈扁椭圆形，入口横径大于前后径。耻骨弓宽，骶骨变直向后翘。

3. 类人猿型 我国妇女占14.2%～18%。骨盆入口呈长椭圆形，入口前后径大于横径，耻骨弓较窄，骨盆侧壁稍内聚，坐骨棘较突出，坐骨切迹较宽，骶骨向后倾斜。

4. 男型 我国妇女占1%～3.7%。骨盆入口略呈三角形，耻骨弓较窄，骨盆侧壁内聚，坐骨棘突出，坐骨切迹窄，骶骨较直且前倾，骨盆腔呈漏斗型，易造成难产。

【骨盆标志】

考点提示：骨盆分界及类型

1. 骶岬 第1骶椎向前凸出形成骶岬，是骨盆内测量对角径的重要依据点。

2. 坐骨棘 坐骨后缘突出的部分，可经肛诊或阴道诊触到。

3. 耻骨弓 两耻骨降支的前部相连构成耻骨弓，正常两者夹角大于90°。

【骨盆底】

骨盆底由多层肌肉和筋膜组成，封闭骨盆出口，承托盆腔脏器并保持其正常位置。如骨盆底结构和功能发生异常，可影响盆腔脏器的位置与功能，甚至引起分娩障碍；若分娩处理不当，可不同程度地损伤骨盆底。

1. 骨盆底 由外层、中层、内层组成，封闭骨盆出口。尿道、阴道和直肠经此贯穿而出。外层由会阴浅横肌、球海绵体肌、坐骨海绵体肌、肛门外括约肌及会阴浅层筋膜组成；中层即泌尿生殖膈，由上、下两层坚韧的筋膜及其间的会阴深横肌、尿道括约肌组成；内层即盆膈，由肛提肌及其筋膜组成，是骨盆底最坚韧的一层。

2. 会阴 狭义的会阴是指阴道口和肛门之间的软组织，即临床所指会阴，也是骨盆底的一部分，厚3～4cm，由外向内逐渐变窄呈楔形，又称会阴体。由皮肤、皮下脂肪筋膜、部分肛提肌和会阴中心腱组成。会阴中心腱由部分肛提肌及其筋膜、会阴浅横肌、会阴深横肌、球海绵体肌、肛门外括约肌的肌腱共同交织而成。会阴伸展性大，妊娠期会阴组织变软，有利于分娩。分娩时保护会阴，避免发生组织裂伤。

本章小结

阴道后穹隆顶端与盆腔最低的部位直肠子宫陷凹紧密相邻，临床上可经此引流或穿刺。子宫峡部，在非孕期长约 1cm。子宫颈管黏膜呈单层高柱状上皮，黏膜层有腺体，能分泌碱性黏液，宫颈外口柱状上皮与鳞状上皮交界处是宫颈癌的好发部位。卵巢动脉为腹主动脉的分支，左侧卵巢动脉还可来源于左肾动脉，子宫动脉来自髂内动脉。以耻骨联合上缘、髂耻缘及骶岬上缘的连线为界，将骨盆分为假骨盆和真骨盆两部分，真骨盆又称骨产道，位于骨盆分界线以下。骨盆标志有骶岬、坐骨棘、耻骨弓、坐骨结节。

目标检测题

A_1 型题

1. 子宫最狭窄的部分是（　　）
   A. 组织学内口　B. 解剖学内口
   C. 子宫峡部　D. 子宫颈管
   E. 子宫颈外口
2. 子宫动脉来自（　　）
   A. 髂外动脉　B. 髂内动脉
   C. 腹主动脉　D. 臂上动脉
   E. 肾动脉
3. 左侧卵巢动脉不同于右侧卵巢动脉，还可以来自（　　）
   A. 髂外动脉　B. 髂内动脉
   C. 腹主动脉　D. 肾动脉
   E. 子宫动脉

（兰丽坤）

第 3 章　女性生殖系统生理

📖 学习目标

1. 掌握青春期、性成熟期、绝经过渡期的生理特点及卵巢性激素生理作用。
2. 熟悉月经、月经周期的定义及卵巢周期性变化。
3. 了解卵巢功能、性周期的定义及月经周期的调节机制。

第 1 节　妇女一生各阶段的生理特点

女性从胎儿形成到衰老是一个渐进的生理过程。根据妇女一生年龄和生殖内分泌变化，分为 7 个阶段，但没有截然界限。各阶段生理特点受遗传、营养、环境、心理因素等影响而有个体差异。

【胎儿期】

精卵结合时已决定了胎儿的遗传性别。性染色体 X 与 Y 决定胎儿的性别，即 XX 合子发育为女性，XY 合子发育为男性。胚胎 6 周后原始性腺开始分化。若胚胎细胞不含 Y 染色体即无 H-Y 抗原时，性腺分化缓慢，至胚胎 8～10 周性腺组织才出现卵巢的结构。原始生殖细胞分化为初级卵母细胞，性索皮质的扁平细胞围绕卵母细胞构成原始卵泡。女性胎儿体内无睾酮及副中肾管抑制因子，中肾管于第十周退化，两条副中肾管发育成为女性生殖道。

【新生儿期】

胎儿娩出至 4 周内为新生儿期。女性胎儿在母体内由于受母体卵巢、胎盘产生的女性激素的影响，子宫、卵巢及乳房均有一定程度的发育，出生后新生儿血液中的女性激素水平迅速下降。可出现乳房略增大或少量乳汁分泌、少量阴道流血，均属生理现象，数日内自然消退。

【儿童期】

从出生 4 周后到 12 岁左右为儿童期。在 8 岁以前，儿童身体持续发育，下丘脑 - 垂体 - 卵巢轴的功能处于抑制状态，卵泡无雌激素分泌，生殖器仍为幼稚型。阴道上皮薄，细胞内缺乏糖原，阴道酸度低，抗感染能力弱，容易发生炎症；8 岁以后下丘脑促性腺激素释放激素抑制状态解除，垂体开始分泌促性腺激素，卵巢内的卵泡受促性腺激素的影响，有一定发育并分泌性激素，女性特征开始出现，皮下脂肪在胸、髋、肩部及耻骨前面堆积，子宫、输卵管及卵巢逐渐向骨盆腔内下降，乳房开始发育，逐渐向青春期过渡。

【青春期】

从月经初潮至生殖器官逐渐发育成熟的过渡时期称青春期，世界卫生组织（WHO）规定 10～19 岁为青春期。其生理特点有：

1．第一性征发育　即生殖器官的发育。阴阜隆起，大、小阴唇变肥厚并有色素沉着；阴道长度及宽度增加，阴道黏膜变厚并出现皱襞；子宫增大，尤其宫体明显增大，使宫体占子宫全长的 2/3；输卵管变粗；卵巢增大，卵巢皮质内有不同发育阶段的卵泡。生殖器官从幼稚型变为成人型。此时虽已初步具有生育能力，但整个生殖系统的功能尚未完善。

2. 第二性征出现　包括音调变高，乳房发育，出现阴毛及腋毛，骨盆横径发育大于前后径，胸、肩、髋部皮下脂肪增多，形成女性特有体态。其中乳房发育是女性第二性征的最初特征，为女性青春期发动的标志。

3. 生长加速　青春期少女体格加速生长，月经初潮后增长速度减缓。

4. 月经来潮　第一次月经来潮，称为月经初潮，是青春期的重要标志。此时由于中枢系统对雌激素的正反馈机制尚未成熟，有时即使卵泡发育成熟却不能排卵，发生无排卵性功能失调性子宫出血，此时月经周期常不规则。

【性成熟期】

又称生育期，一般自 18 岁左右开始持续约 30 年，是卵巢生殖机能与内分泌机能最旺盛的时期。该期卵巢有周期性排卵和分泌性激素，月经规则，乳房和生殖器官在卵巢分泌的性激素作用下发生周期性的变化。

考点提示： 青春期及性成熟期的特点

【绝经过渡期】

指卵巢功能开始衰退直至最后一次月经的时期。一般始于 40 岁以后，时间短则 1～2 年，长至 10 余年。此期由于卵巢功能逐渐衰退，卵泡不能成熟及排卵，常出现无排卵性“月经”。此外由于雌激素水平降低，出现血管舒缩障碍和神经精神症状，表现为潮热、出汗，抑郁或烦躁不安、情绪不稳定、失眠等，称为绝经综合征。妇女一生中最后一次月经称为绝经。世界卫生组织（WHO）将卵巢功能开始衰退直至绝经后 1 年内的时期称为围绝经期。

【绝经后期】

指绝经后的生命时期。绝经后期初期阶段卵巢内卵泡耗竭，分泌雌激素功能停止，卵巢间质可分泌雄激素，雄激素在外周组织转化为雌酮，成为绝经后期血循环中的主要雌激素。妇女 60 岁以后称为老年期，此期卵巢间质分泌雄激素的功能逐渐衰退，体内雌激素明显下降，整个机体发生衰老改变，生殖器官进一步萎缩，易发生萎缩性阴道炎、骨代谢失常出现骨质疏松，发生骨折。

第 2 节　卵巢周期性变化及性激素功能

【卵巢的功能】

卵巢为女性性腺，其功能第一产生卵子并排卵的生殖功能，第二分泌女性激素的内分泌功能。

【卵巢周期性变化】

从青春期开始至绝经前，除妊娠期和哺乳期外，卵巢在形态和功能上发生周期性变化，称为卵巢周期。

1. 卵泡的发育及成熟　卵巢的基本生殖单位是始基卵泡，由初级卵母细胞及环绕其周围单层梭形的前颗粒细胞组成。新生儿出生时卵巢内有约 200 万个始基卵泡。进入青春期后，在垂体促性腺激素的作用下，始基卵泡开始发育。女性一生有 400～500 个卵泡发育成熟并排卵。

临近青春期，始基卵泡开始发育，卵母细胞周围的梭形前颗粒细胞变为单层柱状颗粒细胞，卵母细胞逐渐增大并分泌糖蛋白，在其周围形成透明带，即为初级卵泡。颗粒细胞进一步增殖变为多层，外围的间质细胞包绕形成卵泡膜的内、外层，此时的卵泡称为次级卵泡，其具备合成性激素的能力。此阶段颗粒细胞上出现卵泡生长发育所必需的3种特异性受体，即卵泡刺激素（FSH）受体、雌激素受体、雄激素受体；卵泡内膜上出现了黄体生成激素（LH）受体。次级卵泡在雌激素和FSH持续影响下产生卵泡液，颗粒细胞间积聚的卵泡液增加，最后融合形成卵泡腔。在FSH、LH协同作用下，产生雌激素数量明显增加。卵泡发育的最后阶段，卵泡液急骤增加，卵泡腔增大，卵泡体积显著增大，直径达15～20mm，卵泡向卵巢表面突出，称为排卵前卵泡即成熟卵泡（图3-1）。其结构自外向内依次为卵泡外膜、卵泡内膜、颗粒细胞、卵泡腔、卵丘、放射冠、透明带。每个月经周期一般仅有一个优势卵泡发育成熟并排卵，其余绝大多数卵泡发育到不同阶段相继退化闭锁，称闭锁卵泡。自月经第一天至卵泡发育成熟，称为卵泡期，10～14天。

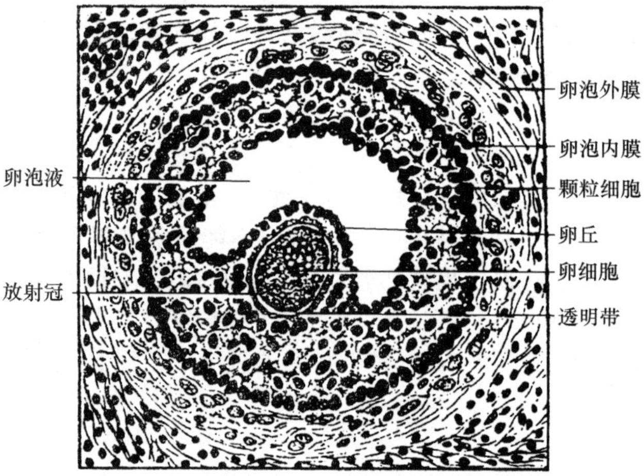

图3-1 成熟卵泡

2. 排卵 卵细胞被排出的过程称为排卵。排卵前，成熟卵泡分泌的雌激素高峰对下丘脑产生正反馈作用，下丘脑释放大量促性腺激素释放激素，刺激垂体释放促性腺激素（LH和FSH）并出现峰值。在LH峰作用下，排卵前卵泡黄素化，产生少量孕激素。LH和FSH排卵峰与孕激素协同作用，激活卵泡液内蛋白溶酶活性，溶解卵泡壁形成排卵孔。排卵前卵泡液中前列腺素明显增多，排卵时达高峰。前列腺素能促使卵泡壁释放蛋白溶酶，促进卵巢内平滑肌收缩，以上变化均有助于排卵。排卵时随卵细胞同时排出的有透明带、放射冠及卵丘内的少量颗粒细胞。排卵多发生在下次月经来潮前14天左右。

3. 黄体形成及退化 排卵后，卵泡液流出，卵泡壁塌陷，卵泡颗粒细胞和卵泡内膜细胞向内侵入，周围有卵泡外膜包围，共同形成黄体。卵泡颗粒细胞和卵泡内膜细胞在黄体生成素排卵峰的作用下进一步黄素化，分别形成颗粒黄体细胞和卵泡膜黄体细胞。排卵后7～8天黄体体积和功能发育达最高峰，直径为1～2cm。若卵子已受精则继续发育成妊娠黄体；若卵子未受精，黄体在排卵后的9～10天开始退化，组织逐渐纤维化，形成白体。黄体功能衰退后月经来潮，此时卵巢中又有新的卵泡发育，开始新的周期。卵子未受精，排卵后12～24小时后卵子即开始退化。排卵日至月经来潮为黄体期，约14天。

考点提示： 卵巢的功能及卵巢周期性变化

【卵巢性激素】

卵巢主要合成并分泌雌激素、孕激素及少量雄激素，称甾体激素，其在女性体内经酶的作用，可以相互转化。

1. 性激素的生物合成过程　卵巢组织具有直接摄取胆固醇合成性激素的酶系。卵泡分泌雌激素的机制：雌激素的合成是由卵巢的卵泡内膜细胞与颗粒细胞在 LH 与 FSH 的共同作用下完成的，即两种细胞和两种促性腺激素学说。卵泡内膜细胞上有 LH 受体，LH 与 LH 受体结合后可使细胞内胆固醇形成睾酮和雄烯二酮，后二者可透过细胞膜进入颗粒细胞内成为雌激素的前身物质。颗粒细胞上有 FSH 受体，FSH 与 FSH 受体结合后可激活芳香化酶活性，将睾酮和雄烯二酮分别转化为雌二醇和雌酮，进入血循环和卵泡液中。雌酮是绝经后妇女体内的主要雌激素。

2. 甾体激素代谢　甾体激素主要在肝脏降解，并以硫酸盐或葡萄糖醛酸盐等结合形式经肾脏排出。

3. 卵巢性激素分泌的周期性变化

（1）雌激素：颗粒细胞、卵泡内膜细胞和黄体细胞分泌雌激素。卵泡开始发育时，雌激素分泌量很少，随着卵泡的发育成熟分泌量逐渐增加，于排卵前达第一次高峰，以后稍减。黄体发育过程中分泌量又逐渐增加，黄体发育成熟时，分泌量达第二次高峰，此高峰值低于第一高峰。此后，黄体萎缩，雌激素水平急骤下降，在月经来潮时达最低水平。天然雌激素主要有雌二醇、雌酮和其代谢产物雌三醇，其中雌二醇活性最强。

（2）孕激素：主要由黄体细胞分泌。排卵后黄体分泌孕酮逐渐增加，黄体发育成熟时，分泌量达高峰，以后逐渐下降，到月经来潮时降到最低水平。

（3）雄激素：女性的雄激素主要来自肾上腺，少量来源于卵巢，包括雄烯二酮和睾酮。排卵前循环中雄激素升高，一方面促进非优势卵泡闭锁，另一方面提高性欲。

4. 卵巢性激素的生理作用

（1）雌激素的生理作用

1）促使子宫肌细胞增生和肥大，使肌层增厚；促进血运，促使和维持子宫发育；增加子宫平滑肌对缩宫素的敏感性；使子宫内膜出现增生期的变化；使宫颈口松弛，宫颈黏液分泌增加，性状变稀薄易拉成丝状。

2）促进输卵管肌层发育及上皮分泌活动，加强输卵管平滑肌节律性收缩的振幅。

3）协同 FSH 促进卵泡发育。

4）促使阴道上皮细胞增生和角化，黏膜变厚；增加细胞内糖原含量，使阴道维持酸性环境。

5）促使乳腺腺管增生，乳头、乳晕着色，并促进其他第二性征的发育。

6）通过对下丘脑和垂体的正负反馈调节，控制促性腺激素的分泌。

7）促进水钠潴留；促进肝脏高密度脂蛋白合成，抑制低密度脂蛋白的合成，降低循环中胆固醇水平；促进骨钙的沉积。

8）促进神经细胞的生长、分化、存活与再生，促进神经胶质细胞发育及突触的形成，对脑记忆及认知功能有重要作用。

（2）孕激素的生理作用

1）使子宫平滑肌松弛，兴奋性降低，同时降低妊娠子宫对缩宫素的敏感性，有利于胚胎和胎儿在宫腔内发育；使子宫内膜由增生期转化为分泌期，为受精卵的着床做准备；使宫颈口闭合，黏液分泌减少、性状变黏稠。

2）抑制输卵管平滑肌节律性收缩的振幅。

3）使阴道上皮细胞脱落加快。

4）在雌激素作用的基础上，促进乳腺小叶及腺泡发育。

5）通过对下丘脑、垂体的负反馈调节作用，抑制促性腺激素的分泌。

6）促进水钠排泄。

7）兴奋下丘脑体温调节中枢，使基础体温在排卵后上升 0.3～0.5℃。临床上以此作为判定排卵日期的标志之一。

（3）孕激素与雌激素的协同和拮抗作用：孕激素在雌激素作用的基础上，进一步促使女性生殖器和乳房的发育，为妊娠做准备，二者有协同作用；另一方面，雌激素和孕激素又有拮抗作用，表现在子宫收缩、输卵管蠕动、宫颈黏液变化、阴道上皮细胞角化和脱落以及钠和水的潴留与排泄等方面。

考点提示：雌激素、孕激素的生理作用

（4）雄激素的生理作用：卵巢能分泌少量雄激素睾酮，但女性体内睾酮主要来源于肾上腺皮质。雄激素能促进阴毛、腋毛的生长，蛋白质合成，肌肉生长，骨骼的发育和刺激红细胞生成。大量雄激素有拮抗雌激素的作用。

第 3 节　生殖器的周期性变化及月经

生殖器官为卵巢性激素作用的靶器官，卵巢的周期性变化可使生殖器官产生相应的周期性变化，其中以子宫内膜的变化最为显著。

【子宫内膜的周期性变化】

子宫内膜分为基底层和功能层。基底层靠近子宫肌层，不受卵巢激素周期性变化的影响，月经期不发生脱落；功能层由基底层再生而来，受卵巢性激素的影响出现周期性变化，若未受孕则功能层坏死脱落，形成月经。正常一个月经周期以 28 天为例，子宫内膜组织形态的周期性变化分为 3 期：

1. 增殖期　月经周期的第 5～14 天。在雌激素的作用下，从子宫内膜基底层腺体断端处上皮细胞增生覆盖子宫内膜表面。子宫内膜薄，腺体直且腔小，间质较致密，内有小动脉走向内膜表面。雌激素逐渐增加，子宫内膜继续变厚至 2～3mm，间质水肿，腺体增生变长为弯曲状，组织内水肿明显，间质内小动脉增生管腔增大呈弯曲状。

2. 分泌期　月经周期的第 15～28 天。排卵后在黄体分泌的孕激素、雌激素的作用下，内膜继续增厚，腺体继续增长更加弯曲，腺腔扩大，间质内小动脉血管生长迅速，屈曲盘旋。随着黄体的发育，子宫内膜厚度达 5～6mm，腺体变得极度弯曲，呈囊状扩张，细胞内充满分泌颗粒，间质更疏松、水肿，小动脉更加屈曲盘旋，几乎延伸到子宫内膜表面，此时子宫内膜已为胚胎植入作好准备。临床上常以分泌期作为排卵的标志。如未受孕，黄体萎缩，孕激素和雌激素分泌减少，子宫内膜的腺体缩小，间质内水肿减退，内膜厚度减少 20%～33%。

考点提示：子宫内膜的周期性变化

3. 月经期　月经周期第 1～4 天。子宫内膜功能层从基底层崩解脱离，这是孕激素和雌激素撤退的结果。月经来潮前 24 小时，子宫肌层收缩引起内膜功能层的螺旋小动脉持续痉挛，内膜血流减少，组织变性、坏死，血管壁通透性增加，使血管破裂导致内膜底部血肿形成，促使组织坏死剥脱。变性、坏死的内膜与血液相混排出，形成月经。

【生殖器其他部位的周期性变化】

1. 阴道黏膜的周期性变化　排卵前阴道上皮在雌激素的影响下，底层细胞增生演变为中、表层细胞，表层细胞角化程度增高。细胞内糖原含量增多，糖原经阴道乳酸杆菌分解为乳酸，使阴道保持一定的酸度，防止致病菌的繁殖，这种作用又称为阴道的自净作用。排卵后在孕激素的作用下，阴道的上皮细胞加快脱落，脱落的细胞多为中层细胞或角化前的细胞。

2. 宫颈黏液的周期性变化　排卵前受雌激素的影响，宫颈黏液分泌量逐渐增多，质地稀薄，拉丝度延长，排卵前达到高峰，涂片检查干燥后可见羊齿植物叶状结晶；排卵后受孕激素的影响，黏液分泌量逐渐减少，质地变稠厚而混浊，拉丝易断裂，涂片检查可见椭圆形的小体。

3. 输卵管的周期性变化　排卵前输卵管的肌层受雌激素的影响发生节律性收缩，使输卵管蠕动增强；排卵后受孕激素的影响，蠕动减弱。

【月经】

月经是子宫内膜随卵巢的周期性变化发生的周期性脱落及出血。规律月经的出现是生殖功能成熟的标志之一。月经初潮年龄多在 13～14 岁，可早至 11～12 岁。月经初潮早晚主要受遗传因素控制，营养、体重也是重要因素。近年，月经初潮年龄有提前趋势。

1. 月经血的特征　月经血呈碱性、暗红色、无臭味，除血液外还有子宫内膜碎片、宫颈黏液及脱落的阴道上皮细胞。月经血中含有前列腺素及来自子宫内膜的大量纤溶酶。由于纤溶酶对纤维蛋白的溶解作用，月经血不凝，出血多时可出现血凝块。

2. 正常月经的临床表现　正常月经具有周期性。相邻两次月经第一天间隔的天数称月经周期，一般为 28～30 天，提前或延后 3 天左右仍属于正常。经期是指月经持续的时间，一般为 3～7 天。一次月经出血量为 30～50ml，超过 80ml 称为月经过多。一般月经期无特殊症状，但经期由于盆腔充血以及前列腺素的作用，有些妇女出现下腹部及腰骶部下坠不适或子宫收缩痛，并可出现腹泻等胃肠功能紊乱症状。少数妇女可有头痛及轻度神经系统不稳定症状。

第 4 节　性周期调节

性成熟期妇女，卵巢有周期性变化，生殖器官其他部位也发生相应的周期性变化，这种变化称性周期，月经是这个周期性变化的重要标志。月经周期的调节是一个非常复杂的过程，下丘脑分泌 GnRH，通过调节垂体促性腺激素的分泌，调控卵巢功能。卵巢分泌的性激素对下丘脑 - 垂体又有反馈调节作用。下丘脑、垂体与卵巢之间相互调节、相互影响，形成一个完整而协调的神经内分泌系统，称为下丘脑 - 垂体 - 卵巢轴（hypothalam-pituitary-ovarian axis，HPOA）。下丘脑又接受大脑皮层的支配。由于下丘脑生殖调节激素由神经细胞分泌，下丘脑 - 垂体 - 卵巢轴的调节属于神经内分泌调节。

【下丘脑促性腺激素释放激素】

下丘脑弓状核神经细胞分泌促性腺激素释放激素（gonadotropin-releasing hormone，GnRH），包括卵泡刺激素释放激素（FSH-RH）和黄体生成素释放激素（LH-RH），通过垂体门脉系统输送到腺垂体，调节垂体促性腺激素的合成和分泌。下丘脑是 HPOA 的启动中心，GnRH 分泌受垂体促性腺激素和卵巢性激素的反馈调节，包括起促进作用的正反馈和起抑制作用的负反馈调节。另外，来自更高神经中枢的神经递质也影响下丘脑 GnRH 的分泌，如中枢儿茶酚胺、去甲肾上腺素刺激 GnRH 分泌增加；5- 羟色胺与 β 内啡肽抑制 GnRH 分泌。

【腺垂体促性腺激素】

腺垂体受下丘脑神经激素的调控分泌促性腺激素，包括卵泡刺激素（FSH）和黄体生成素（LH）。FSH 是卵泡发育必需的激素，其主要作用是促进始基卵泡向生长卵泡发育；激活颗粒细胞芳香化酶，促进雌二醇的合成与分泌；调节优势卵泡的选择和非优势卵泡的闭锁；与雌激素协同，诱导颗粒细胞生成 LH 受体，为排卵及黄素化作准备。LH 的主要作用是在卵泡期刺激卵泡膜细胞合成雄激素，为雌二醇的合成提供底物；排卵前促使卵母细胞进一步成熟及排卵；在黄体期维持黄体功能，促进孕激素、雌激素合成与分泌。

【卵巢性激素的反馈作用】

卵巢性激素对下丘脑 GnRH 和垂体 FSH、LH 的合成和分泌具有反馈作用。在卵泡期，循环中雌激素浓度低于 200pg/ml 时，雌激素对下丘脑、垂体产生负反馈作用，抑制 GnRH 和 FSH、LH 分泌。随着卵泡发育，雌激素水平逐渐升高，负反馈作用加强，垂体释放 FSH 受到抑制，循环中 FSH 水平下降；循环中雌激素浓度≥200pg/ml 时，雌激素产生正反馈作用。排卵前，卵泡发育成熟，大量分泌雌激素，刺激下丘脑 GnRH 和垂体 LH、FSH 大量释放，形成排卵前 LH、FSH 峰。排卵后，黄体分泌孕激素和雌激素，两者联合作用，FSH 和 LH 的合成和分泌又受到抑制。

【月经周期的调节】

月经期，卵巢分泌雌孕激素降至最低水平，解除了对下丘脑及垂体的抑制。下丘脑又开始分泌 GnRH，使垂体 FSH 分泌增加，促使卵巢中卵泡发育并分泌雌激素，此时子宫内膜开始出现增殖期变化，随着优势卵泡逐渐发育成熟，排卵前雌激素的分泌出现高峰时，刺激下丘脑 GnRH 和垂体 LH、FSH 大量释放，形成排卵前 LH、FSH 峰，大量的 LH 与一定量 FSH 协同作用，使成熟卵泡排卵。排卵后，在 LH 及 FSH 作用下卵巢黄体形成并逐渐发育成熟，黄体主要分泌孕激素，使子宫内膜出现分泌期的变化，黄体也分泌雌激素，形成雌激素的第二次高峰。雌、孕激素联合作用使 FSH、LH 合成和分泌又受到抑制，垂体分泌的 FSH 及 LH 相应减少。卵子未受精，黄体逐渐萎缩，孕激素和雌激素分泌也减少，分泌期的子宫内膜失去雌、孕激素的支持萎缩、坏死、脱落、出血，促使月经来潮（图 3-2）。

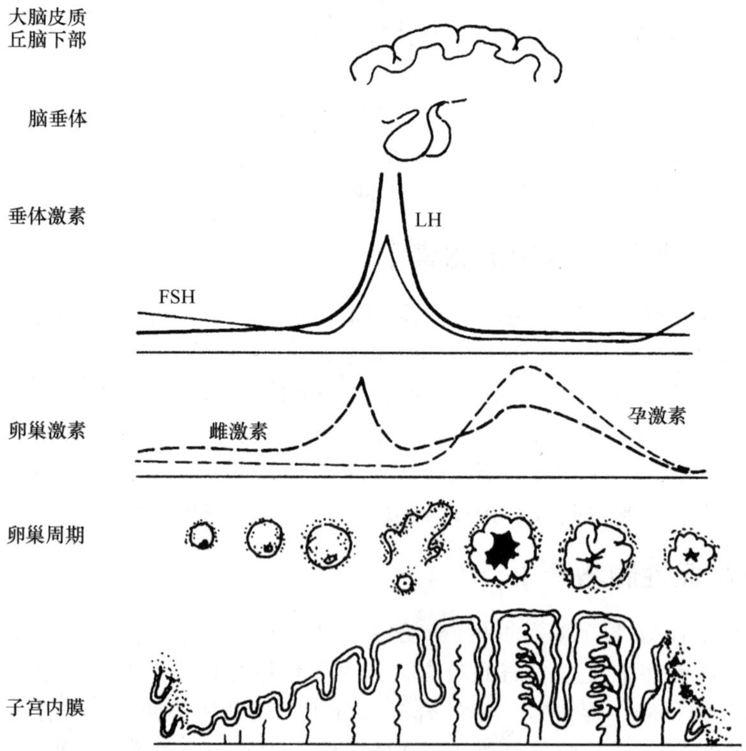

图 3-2 生殖激素、卵巢及子宫内膜周期性变化

月经来潮时血液中的雌、孕激素水平均下降，解除了对下丘脑的抑制，再度分泌 Gn-RH，又开始一个新周期。月经来潮是一个性周期的结束，又是下一个新的性周期的开始。

本章小结

青春期的生理特点：第一性征发育、出现第二性征、体格加速生长、第一次月经来潮，称为月经初潮，是青春期的重要标志。性成熟期卵巢有周期性排卵和分泌性激素，月经规则。卵巢的功能：第一产生卵子并排卵的生殖功能，第二分泌女性激素的内分泌功能，卵巢主要合成并分泌雌激素、孕激素。卵巢周期性变化的过程：卵泡的发育及成熟、排卵（多发生在下次月经来潮前 14 天左右）、黄体形成及退化。子宫内膜的周期性变化分为 3 期：增殖期（月经周期的第 5～14 天）、分泌期（月经周期的第 15～28 天）、月经期（月经周期第 1～4 天）。规律月经是生殖功能成熟的标志之一。

目标检测题

A_1 型题

1. 正常妇女排卵的时间一般在（　　）
   A. 两次月经中间
   B. 下次月经来潮前 12 天左右
   C. 下次月经来潮前 14 天左右
   D. 本次月经干净后 14 天左右
   E. 本次月经来潮后 14 天左右
2. 雌孕激素对下丘脑及脑垂体前叶的反馈，正确的是（　　）
   A. 雌激素——负反馈，孕激素——正反馈
   B. 雌激素——正反馈，孕激素——负反馈
   C. 雌激素——负反馈，孕激素——负反馈
   D. 雌激素——正、负反馈，孕激素——负反馈
   E. 雌激素——正、负反馈，孕激素——正反馈
3. 性激素的周期性变化中下述哪一项是正确的（　　）
   A. 孕激素在排卵前有一低峰，排卵后才有高峰
   B. 雌激素有两峰值，排卵后的峰值较平坦
   C. 雌、孕激素的峰值在排卵后第 10 天形成
   D. 黄体分泌雌激素和孕激素，如不受精 20 天后退化
   E. 在月经周期中均有较大量的雌孕激素
4. 32 岁妇女，14 岁初潮，月经周期为 34 天，预测排卵期大约在周期的哪一天（　　）
   A. 第 14 天　　B. 第 15 天
   C. 第 16 天　　D. 第 20 天
   E. 第 24 天

A_2 型题

5. 女，26 岁。结婚 3 年未孕，月经周期素来规则而正常，做宫颈黏液涂片检查，见大量椭圆体结晶，判断此时应为月经周期的第几天（　　）
   A. 第 3～5 天　　B. 第 10～12 天
   C. 第 14～15 天　　D. 第 18～20 天
   E. 第 22～27 天

（兰丽坤）

第4章 妊娠生理

学习目标

1. 掌握胎盘的功能、胚胎胎儿发育特征及妊娠期母体生殖系统变化。
2. 熟悉胎盘的形成及妊娠期其他系统变化。
3. 了解受精卵的形成。

妊娠（pregnancy）是胚胎和胎儿在母体内发育成长的过程，卵子受精是妊娠的开始，胎儿及其附属物从母体排出是妊娠的终止。临床上将末次月经的第一天作为妊娠的开始，全过程平均40周，以4周为1个妊娠月，共10个月。

第1节 卵细胞受精、受精卵的发育及着床

【卵细胞受精】

男女成熟生殖细胞（精子与卵子）结合的过程称为受精（fertilization）。成熟卵子从卵巢排出后，经输卵管伞部进入输卵管内，停留在输卵管壶腹部与峡部连接处等待受精。精子经阴道、宫颈管进入宫腔和输卵管腔后，获得受精的能力。当精子和卵子相遇，精子顶体外膜破裂，释放出顶体酶。借助酶的作用，精子穿过放射冠和透明带，与卵子接触、融合形成受精卵，完成受精过程。受精卵的形成标志着新生命的诞生。

考点提示：受精的部位

【受精卵的发育及着床】

受精卵借助输卵管的蠕动和输卵管上皮纤毛的摆动向宫腔方向移动，同时进行有丝分裂。至受精后72小时分裂为16个细胞的实心细胞团，称为桑葚胚，随后早期胚泡形成。受精后4日早期胚泡进入宫腔。受精后5～6日，早期胚泡继续发育成为晚期胚泡。

晚期胚泡侵入子宫内膜的过程，称为着床，也称为孕卵植入。受精卵着床必须具备以下条件：①透明带消失；②胚泡细胞滋养细胞分化出合体滋养细胞；③胚泡和子宫内膜同步发育；④孕妇体内有足够数量孕酮。着床部位一般在子宫腔上部前壁或后壁。受精卵着床后，子宫内膜迅速发生蜕膜样改变，此时的子宫内膜称为蜕膜。按蜕膜与孕卵植入部位的关系，将蜕膜分为三部分（图4-1）。

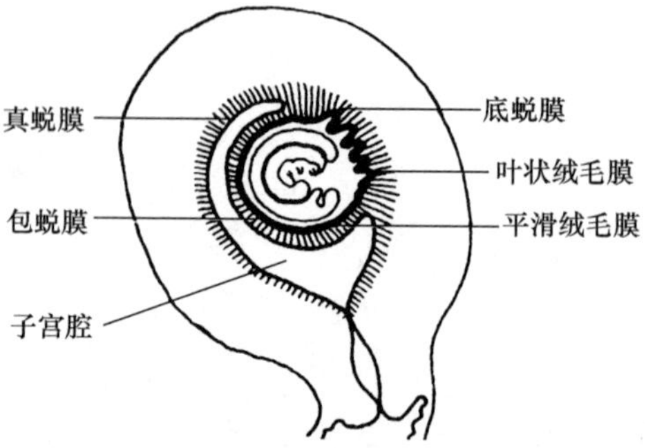

图4-1 妊娠早期子宫蜕膜与绒毛的关系

1. 底蜕膜 与孕卵接触的子宫肌层的蜕膜，以后发育成胎盘的母体部分。

2. 包蜕膜 覆盖在孕卵表面的蜕膜，随孕卵发育逐渐凸向宫腔，约在妊娠14～16周因羊膜腔明显增大，与真蜕膜贴近、逐渐融合，子宫

腔消失。

3. 真蜕膜　除底蜕膜及包蜕膜以外覆盖在子宫腔其他部分的蜕膜。

考点提示：
着床的条件、蜕膜的形成

第 2 节　胎儿附属物的形成及其功能

胎儿附属物是指胎儿以外的组织，包括胎盘、胎膜、脐带和羊水。

【胎盘】

1. 胎盘的构成　胎盘由羊膜、叶状绒毛膜和底蜕膜构成，是母体和胎儿进行物质交换的重要器官。

（1）羊膜：由羊膜囊壁发育而成的光滑半透明薄膜，无血管、神经和淋巴，具有一定弹性，构成胎盘的胎儿部分。

（2）叶状绒毛膜：在受精卵着床后，滋养层细胞迅速分裂增生形成许多不规则突起，称为绒毛。与底蜕膜接触、营养丰富发育良好的绒毛称为叶状绒毛膜，构成胎盘的胎儿部分。绒毛之间的间隙为绒毛间隙，其内充满母体血，是胎儿与母体进行物资交换的场所。大部分绒毛游离其中，称游离绒毛，少数绒毛紧贴于蜕膜深部起固定作用，称固定绒毛。

（3）底蜕膜：构成胎盘的母体部分。底蜕膜与底蜕膜表面覆盖一层来自固定绒毛的滋养细胞共同形成绒毛间隙的底，称蜕膜板。部分蜕膜板向绒毛膜方向伸出一些蜕膜间隔，将胎盘母体面分为肉眼可见的胎盘小叶。

2. 胎盘的结构及血液循环　足月胎盘呈盘状，圆形或椭圆形，重 450～650g，直径 16～20cm，厚 2.5cm，中间厚、边缘薄，分为胎儿面和母体面。胎儿面表面被覆一层灰白色、光滑、半透明的羊膜，其下可见脐带动、静脉的分支，近中央处有脐带附着。母体面呈暗红色、表面不平，肉眼可见 18～20 个胎盘小叶。

考点提示：
胎盘的结构

胎盘血循环包括母体胎盘循环和胎儿胎盘循环，两者之间互不相通，由绒毛毛细血管壁及基膜、合体滋养细胞及基底膜、绒毛间隙和毛细血管内皮细胞共同构成的胎盘屏障相隔。母体胎盘循环是指子宫螺旋动脉将母体动脉血射入绒毛间隙，与绒毛内毛细血管内的胎儿血进行物质交换后，再经开口于绒毛间隙底部的子宫螺旋静脉流入母体循环；胎儿胎盘循环是指胎儿代谢后的血经脐动脉及其分支流入绒毛毛细血管网，与绒毛间隙内的母体血进行物质交换后，再汇总到脐静脉回到胎儿体内（图 4-2）。

3. 胎盘的功能　胎盘的功能极复杂，正常与否对保证胎儿在子宫内正常生长发育至关重要。胎盘内进行物质交换及转运方式有：①简单扩散：如 O_2、CO_2、水、钠、钾等电解质；②易化扩散：如葡萄糖；③主动转运：如氨基酸、水溶性维生素等；④其他：有些大分子物质如蛋白质、免疫球蛋白、红细胞等可通过入胞和出胞作用、血管合体膜裂隙转运等方式。

（1）气体交换：母体血中的 O_2 由绒毛间隙进入绒毛毛细血管，胎儿的 CO_2 由绒毛的血管进入绒毛间隙。利用胎血和母血中 O_2 和 CO_2 分压的差异，在胎盘中通过简单扩散方式进行气体交换。

（2）营养物质的供应：胎儿通过绒毛血管从绒毛间隙的母血中摄取各种营养，保证胎儿生长发育需要。葡萄糖以易化扩散方式通过胎盘；氨基酸、水溶性维生素等以主动运输方式通过胎盘；大分子物质如血浆蛋白、免疫球蛋白、脂肪等经胎盘的多种酶分解为简单物质后通过胎盘。

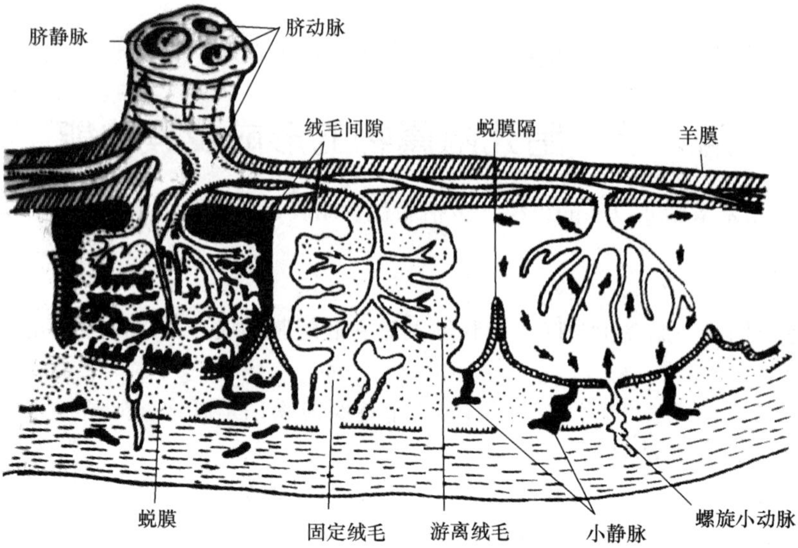

图 4-2 胎盘血循环模式图

（3）排出胎儿代谢产物：尿素、肌酐、尿酸、肌酸等胎儿代谢物经胎盘入母血，由母体排出体外。

（4）防御功能：胎盘屏障能阻止母血中某些有害物质进入胎儿血中，但作用有限。各种病毒（如风疹、疱疹、巨细胞病毒等）、分子量小对胚胎有害的药物，均可通过胎盘影响胎儿，引起胎儿感染或致畸；流感病毒引起胎死宫内较未感染者高；细菌、弓形虫、衣原体、螺旋体虽不能通过胎盘，但可在胎盘部位先形成病灶，破坏绒毛结构后进入胎体感染胚胎及胎儿。母血中免疫物质如 IgG 能通过胎盘，使胎儿在出生后短时间内获得被动免疫。

（5）合成功能：主要合成激素和酶。激素有蛋白激素（如绒毛膜促性腺激素和胎盘生乳素）和甾体激素（如雌激素和孕激素）。酶有缩宫素和耐热碱性磷酸酶等。

1）人绒毛膜促性腺激素（human chorinic gonadotropin，hCG）：由合体滋养细胞合成的一种糖蛋白激素，在受精后 6 日开始分泌，受精后第 7 日，就能在孕妇血清和尿中测出，是进行早孕诊断的方法之一。妊娠 8～12 周血清 hCG 浓度达高峰，持续 10 日后迅速下降，产后 2 周消失。其主要作用是维持月经黄体寿命，使月经黄体增大成为妊娠黄体，增加甾体激素的分泌以维持妊娠。

2）人胎盘生乳素（human placental lactogen，HPL）：由合体滋养细胞合成的不含糖分子的激素。于妊娠 5～6 周可在母血中测出，随妊娠进展分泌量逐渐增加，至妊娠 34～36 周达高峰，并维持至分娩，产后 7 小时即不能测出。其主要作用是促进乳腺腺泡发育，为产后泌乳做准备。

3）雌激素和孕激素：妊娠早期由卵巢黄体产生，自妊娠 8～10 周起由胎盘合成。雌激素的作用主要是刺激子宫内膜和子宫平滑肌进一步增生和肥大。孕激素的主要作用是抑制子宫平滑肌自发性收缩，降低其肌张力。二者协同对子宫内膜、肌层、乳腺的变化起重要作用。

4）缩宫素酶（oxytocinase）：由合体滋养细胞合成的一种糖蛋白。随妊娠进展逐渐增多，其生物学意义尚不十分明了，主要使缩宫素分子灭活，维持妊娠。胎盘功能不良时，血中缩宫素酶降低，见于死胎、胎儿宫内发育迟缓、妊娠期高血压疾病等。

5）耐热性碱性磷酸酶（heat stable alkaline phosphatase，HSAP）：由合体滋养细胞分泌，

于妊娠 16～20 周母血中可测出。随妊娠进展而增多，产后其值下降，产后 3～6 日母血中不能测出。动态测其值，可作为胎盘功能检查的指标。

考点提示：胎盘功能

【胎膜】

胎膜（fetal membranes）由绒毛膜和羊膜组成。胎膜外层为绒毛膜，在发育过程中因缺乏营养而逐渐退化萎缩为平滑绒毛膜，至妊娠晚期与羊膜轻轻贴附，能与羊膜分开，胎膜内层为羊膜，为坚韧、结实、无血管的半透明薄膜，与覆盖胎盘、脐带的羊膜层相连，能转运溶质和水维持羊水平衡。胎膜含有大量花生四烯酸的磷脂，且含能催化磷脂生成游离花生四烯酸的溶酶体，在分娩发动上有一定作用。

【脐带】

脐带（umbilical cord）是连接胎儿和胎盘的条索状组织，母体和胎儿进行气体交换、营养物质供应和代谢产物排出的重要通道，如脐带受压使血流受阻时，可致胎儿缺氧甚至危及生命。脐带一端连于胎儿腹壁的脐轮，另一端附着于胎盘的胎儿面。足月胎儿脐带长 30～70cm，平均约 50cm，直径 0.8～2.0cm，表面有羊膜覆盖呈灰白色，内有一条脐静脉和两条脐动脉。血管间充以胶样胚胎结缔组织，称为华通胶，有保护血管的作用。

考点提示：脐带的长度及血管组成

【羊水】

羊水（amniotic fluid）为羊膜腔内的液体。妊娠早期的羊水主要来自母体血清经胎膜进入羊膜腔的透析液。妊娠中期以后，胎儿尿液成为羊水的主要来源。妊娠晚期胎儿肺参与羊水的生成。胎儿通过吞咽羊水使羊水量趋于平衡。羊水的吸收约一半由胎膜完成，其次由脐带和胎儿角化前皮肤吸收。羊水量随着妊娠周数的增加逐渐增多，妊娠 38 周约 1000ml，此后羊水量逐渐减少，妊娠 40 周羊水量约 800ml。妊娠足月时羊水呈中性或弱碱性，pH 值约为 7.20，略浑浊、不透明，可见羊水内悬有胎脂、毫毛、胎儿脱落上皮、白细胞、尿盐酸等小片状物。还含有大量激素和酶。

羊水对胎儿和母体均有保护作用：防止胎体畸形和胎肢粘连；缓冲外界压力，避免胎儿直接损伤；有利于维持胎儿体液平衡；减少胎动给母体带来的不适感；临产时，前羊膜囊借助楔形水压扩张宫颈和阴道；破膜后羊水可润滑和冲洗阴道，减少感染的发生。

考点提示：足月羊水量及羊水的作用

第 3 节　胚胎、胎儿发育特征

受精后 6 周（即妊娠 8 周）内称为胚胎，为主要器官分化发育的时期，从第 9 周起称为胎儿，为各器官进一步发育趋向成熟的时期。以妊娠 4 周为一个孕龄单位，描述胚胎、胎儿的发育特征如下：

4 周末：可辨认出胚盘和体蒂。

8 周末：胚胎出具人形，头的大小约占整个身体一半，可分辨出眼、耳、鼻口、手指和足趾，四肢已具雏形。B 型超声可见心脏形成并有胎心搏动。

12 周末：胎儿身长约 9cm，顶臀长 6.1cm，体重约 14g。外生殖器已发育，部分可辨性别，四肢可活动。

16 周末：胎儿身长约 16cm，顶臀长 12cm，体重约 110g。头皮已长出毛发，胎儿开始出现呼吸运动。皮肤菲薄呈深红色，无皮下脂肪，X 线检查可见到脊柱阴影。部分经产妇已能自觉胎动。

20 周末：胎儿身长约 25cm，顶臀长 16cm，体重约 320g。皮肤暗红，出现胎脂，全身覆盖毫毛，开始出现吞咽和排尿运动。初孕妇女也能自觉胎动，检查孕妇能听到胎心音。

24 周末：胎儿身长约 30cm，顶臀长 21cm，体重约 630g。各脏器均已发育，皮下脂肪开始沉积，但因量不多皮肤呈皱缩状，出现眉毛。

28 周末：胎儿身长约 35cm，顶臀长 25cm，体重约 1000g。皮下脂肪不多，皮肤粉红色，有时有胎脂。眼睛半张开，出现睫毛。四肢活动好，有呼吸运动，但肺泡Ⅱ型细胞中表面活性物质含量低，此期出生者易患特发性呼吸窘迫综合征，若加强护理，可以存活。

32 周末：胎儿身长约 40cm，顶臀长 28cm，体重约 1700g。皮肤深红，面部毫毛已脱落，出现脚趾甲，睾丸下降，生活力尚可。此期出生者注意护理可以存活。

36 周末：胎儿身长约 45cm，顶臀长 32cm，体重约 2500g。皮下脂肪较多，毫毛明显减少，面部皱褶消失。胸部、乳房突出，睾丸位于阴囊。指（趾）甲已达指（趾）尖。出生后能啼哭及吸吮。此期出生者基本能存活。

考点提示：妊娠 8 周末、12 周末、20 周末、40 周末胎儿发育特征

40 周末：胎儿身长约 50cm，顶臀长 36cm，体重约 3400g。发育成熟，胎头双顶径值＞9.0cm。皮肤粉红色，皮下脂肪多，头发粗，长度＞2cm。外观体型丰满，肩、背部有时尚有毫毛，足底皮肤有纹理。男性睾丸已降至阴囊，女性大小阴唇发育良好。出生后哭声响亮，吸吮能力强，能很好存活。

临床常用新生儿身长作为判断胎儿妊娠月数的依据。妊娠前 5 个月内的胎儿身长（cm）＝妊娠月数的平方，如妊娠 4 个月＝4^2＝16cm。妊娠 5 个月后的胎儿身长（cm）＝妊娠月份 ×5，如妊娠 9 个月＝8×5＝40cm。

第 4 节　妊娠期母体变化

妊娠是一个正常生理过程，为了胎儿生长发育的需要，在胎盘所产生的激素的影响下，孕妇体内各系统在解剖、生理、生化方面发生一系列改变。了解妊娠期的母体变化，有助于做好孕期保健工作。

【生殖系统的变化】

1. 子宫　子宫体逐渐增大变软，由非孕期的（7～8）cm×（4～5）cm×（2～3）cm 增大至足月时的约 35cm×25cm×22cm。妊娠早期子宫呈球形且不对称，受精卵着床的部位明显突出。妊娠 12 周后，增大的子宫于耻骨联合上方可触及。妊娠晚期子宫多呈不同程度的右旋，宫腔容积增至足月时约 5000ml，子宫重量增至足月时约 1100g。子宫肌壁厚度由非孕时约 1cm，至妊娠中期逐渐增厚达 2.0～2.5cm，至妊娠晚期又逐渐变薄为 1.0～1.5cm 或更薄。子宫动脉逐渐由非孕时的屈曲至妊娠足月时变直，以适应胎盘内绒毛间隙血流量增加的需要。妊娠足月时，子宫血流量 500～700ml/ 分钟，较非孕时增加 4～6 倍。子宫峡部由非孕时的长 1cm 逐渐增长变薄，临产后伸展至 7～10cm，成为软产道的一部分，称为子宫下段。子宫颈黏膜在妊娠早期充血、组织水肿，使宫颈肥大变软，呈蓝色。宫颈管腺体增生，颈管组织外翻，宫颈管内腺体分泌物增多，形成黏稠的黏液栓，可防止细菌侵入子宫腔。

考点提示：妊娠期子宫及子宫峡部的变化

2. 卵巢　妊娠后的卵巢略增大。由滋养细胞分泌的绒毛膜促性腺激素刺激月经黄体成为妊娠黄体，并产生大量雌激素和孕激素以维持妊娠。妊娠 10 周后，黄体功能被胎盘取代，但妊娠黄体并不萎缩。大量雌、孕激素对下丘脑及腺垂体的负反馈作用使 FSH 及 LH 分泌减少，故妊娠期间卵巢内的卵泡停止发育，也无排卵。

考点提示：妊娠期卵巢不排卵

3. 输卵管 妊娠期输卵管伸长，因肌细胞没有肥大，肌层无增厚。黏膜上皮细胞变扁平，基质中可见蜕膜细胞，有时呈蜕膜样改变。

4. 外阴及阴道 妊娠期外阴局部充血、皮肤增厚，大小阴唇色素沉着；大阴唇内血管增多及结缔组织松软；小阴唇皮脂腺分泌增多；阴道黏膜增厚变软、充血水肿呈紫蓝色，皱襞增多，伸展性增加；阴道脱落细胞及分泌物增多呈白色糊状，阴道上皮细胞糖原和乳酸含量增多，使阴道 pH 值下降，可抑制致病菌的滋生。

【乳房的变化】

妊娠后乳房受雌、孕激素的影响开始增大、充血明显，脂肪沉积，孕妇于早期常自觉乳房胀痛。随着妊娠月增加，乳房逐渐增大，乳头增大变黑、易勃起，乳晕着色，乳晕上的皮脂腺肥大形成散在的结节状小隆起，称蒙氏结节。因大量雌、孕激素抑制乳汁生成，所以妊娠期间无乳汁分泌。但在接近分娩期，挤压乳房时可有少量淡黄色的稀薄液体溢出，称初乳，分娩后乳汁正式分泌。

【血液循环系统的变化】

考点提示：血容量增加高峰时期及生理性贫血

1. 血容量 循环血容量从妊娠 6～8 周开始增加，至妊娠 32～34 周达高峰，增加 40%～45%，平均约增加 1450ml，维持此水平直至分娩。因血浆增加多于红细胞增加，血液相对稀释，表现为生理性贫血。

2. 血液成分

（1）红细胞：妊娠期骨髓不断产生红细胞，但由于血液的稀释，红细胞计数约为 3.6×10^{12}/L，血红蛋白值约为 110g/L，血浆蛋白尤其是白蛋白降低，约为 35g/L。孕妇应在妊娠中、晚期补充铁剂，以防血红蛋白值明显降低而发生缺铁性贫血。

（2）白细胞：从妊娠 7～8 周开始增加，至孕 30 周达高峰，为（10～12）$\times10^9$/L，有时可达 15×10^9/L，产褥期可达 25×10^9/L，主要为中性粒细胞增多。

考点提示：血液成分的变化

（3）凝血因子：妊娠期间除凝血因子Ⅺ、ⅩⅢ稍下降，凝血因子Ⅱ、Ⅴ、Ⅶ、Ⅷ、Ⅸ、Ⅹ均增加，纤维蛋白原增加，血液呈高凝状态。血小板无明显变化，红细胞沉降率加快，可达 100mm/h。

3. 心脏 妊娠后期由于子宫增大，膈肌升高，心脏向左、上、前方移位，心尖部左移，心浊音界稍扩大。大血管随心脏的移位而发生轻度扭曲，加之血容量增多，故半数孕妇心尖部可闻及Ⅰ～Ⅱ级柔和吹风样收缩期杂音，产后逐渐消失。心排血量自孕 8～10 周逐渐增加，孕 32～34 周达高峰，维持此水平至分娩。心率增加 10～15 次 / 分钟。心电图可因心脏位置左移显示心电轴左偏。

考点提示：心脏变化

4. 血压 妊娠期动脉压影响不大，收缩压基本无改变，舒张压在孕中期以后轻度下降，使脉压差稍增大，孕晚期恢复原有水平。孕妇体位影响血压，坐位高于仰卧位。仰卧位时增大的子宫压迫下腔静脉，回心血量减少，心排出量进一步骤减，使血压下降，称妊娠期仰卧位低血压综合征。因下腔静脉受压，回流受阻，增加了下肢、会阴和直肠的静脉压，使静脉壁扩张，形成下肢、外阴静脉曲张和痔。上肢的静脉压无明显改变。

【其他系统的变化】

1. 呼吸系统 孕妇耗氧量增加，呼吸加深，次数变化不大，以胸式呼吸为主。上呼吸道黏膜增厚、轻度充血水肿，局部抵抗力降低易发生上呼吸道感染。

2. 消化系统 在大量雌激素的影响下，齿龈肥厚，易出血。胃肠平滑肌张力下降使蠕动减少、减弱，胃排空时间延长，易出现上腹部饱胀感。妊娠中晚期，由于胃部受压及幽门括约肌松弛，胃内酸性内容物可反流至食管下部，产生胃烧灼感。肠蠕动减慢，粪便在大肠停留时间延长，易出现便秘。胆囊排空时间延长，胆道平滑肌松弛，胆汁稍黏稠使胆汁淤积，易诱发胆石病。

3. 泌尿系统 妊娠期由于孕妇及胎儿代谢产物排出量增多，使肾血浆流量及肾小球滤过率增加。孕妇仰卧位时尿量增加，故夜尿量增多。虽然肾小球滤过率增加，但是肾小管对葡萄糖再吸收能力不能相应增加，故约15%孕妇饭后可出现糖尿。此外，受孕激素影响，泌尿系统平滑肌张力下降，肾盂及输尿管自妊娠中期增粗，蠕动减弱，且右侧输尿管受右旋子宫压迫，使尿流缓慢甚至反流，导致肾盂积水，故孕妇易患急性肾盂肾炎，尤以右侧多见。

4. 内分泌系统 妊娠期腺垂体稍增大，嗜酸细胞肥大、增多，形成“妊娠细胞”。如产后有出血性休克，可使增生、肥大的垂体缺血、坏死而导致希恩综合征（Sheehan syndrome）。垂体催乳激素随妊娠进展而增加，为产后泌乳做准备。促甲状腺激素、促肾上腺皮质激素分泌增加，但因游离的甲状腺素及皮质醇不多，孕妇没有甲状腺、肾上腺皮质功能亢进的表现。

5. 皮肤 由于腺垂体分泌促黑素细胞激素（melanocyte-stimulating hormone，MSH）增加，增多的雌、孕激素有黑色素细胞刺激效应，使黑色素增加，导致孕妇乳头、乳晕、腹白线、外阴等处出现色素沉着。颧颊部并累及眶周、前额、上唇和鼻部，边缘较明显，呈蝶形分布的褐色斑，称为妊娠黄褐斑（chloasma gravidarum），于产后逐渐消退。

6. 新陈代谢 孕妇体重自妊娠12周以后逐渐增加，平均每周不超过350g，至妊娠足月时体重平均增加12kg。基础代谢率（basal metabolic rate，BMR）于妊娠中期逐渐增高。对糖、脂肪、蛋白质的需求大为增加，以满足胎儿生长发育的需要。因胎儿骨骼及胎盘形成需要较多的钙，故至少应于妊娠3个月补充维生素D及钙，以提高血钙含量。

考点提示： 体重的变化

本章小结

妊娠是胚胎和胎儿在母体内发育成长的过程。受精卵形成是妊娠的开始，胎儿及其附属物从母体内排出是妊娠的终止，总过程约40周。此期胎儿不断分化成熟，胎儿附属物包括羊水、脐带、胎盘、胎膜，在维持正常妊娠过程中发挥重要作用。母体全身各系统发生相应变化，为分娩、泌乳做准备。

目标检测题

A_1 型题

1. 卵子从卵巢排出后在何处受精（ ）
   A. 输卵管峡部
   B. 输卵管峡部与壶腹部连接处
   C. 输卵管伞部
   D. 输卵管间质部
   E. 输卵管壶腹部
2. 胎盘的组成包括（ ）
   A. 羊膜、包蜕膜、底蜕膜
   B. 羊膜、底蜕膜、真蜕膜
   C. 包蜕膜、底蜕膜、真蜕膜
   D. 羊膜、叶状绒毛膜、真蜕膜
   E. 羊膜、叶状绒毛膜、底蜕膜
3. 有关胎盘描述哪项不正确（ ）
   A. 妊娠12周基本形成
   B. 直径18～20cm
   C. 胎盘重600～1000g
   D. 由18～20个胎盘小叶组成
   E. 母体面暗红、粗糙
4. 妊娠期血液循环系统的生理变化，下述哪项说法错误（ ）
   A. 血容量从32～34周起增加

B. 血浆增加多于红细胞增加

C. 血液处于高凝状态

D. 妊娠后期心脏向左、前、上移动

E. 妊娠后期心率可增加 10～15 次 / 分钟

5. 关于胎盘的功能，下述说法错误的是（　　）

A. 阻止一切病原体通过胎盘

B. 供给营养物质

C. 合成多种酶和激素

D. 排泄胎儿代谢产物

E. 进行气体交换

A_2 型题

6. 正常足月妊娠羊水量约为（　　）

A. 300～600ml　　B. 600～700ml

C. 700～800ml　　D. 800～1000ml

E. 1000～1200ml

7. 脐带长度（　　）

A. 20cm

B. 30～40cm

C. 30～70cm，平均 50cm

D. 70～80cm

E. 80～90cm

B_1 型题

（8～10 题共用备选答案）

A. 第 3 天　　B. 第 4 天

C. 第 6～7 天　　D. 第 2 天

E. 第 9～10 天

8. 受精卵分裂成桑葚胚在受精后（　　）

9. 受精卵进入宫腔在受精后（　　）

10. 受精卵开始着床在受精后（　　）

（卢永丽）

第5章 妊娠诊断

> 📖 学习目标
> 1. 掌握早、中、晚期妊娠的诊断方法。
> 2. 熟悉胎先露、胎产式、胎方位的概念。
> 3. 了解常见的胎方位。

为了便于掌握妊娠各时期的特点，临床上将妊娠全过程分为三个时期：妊娠12周末以前称早期妊娠；第13～27周末称中期妊娠；第28周及其以后称晚期妊娠。

妊娠妇女称孕妇，初次妊娠称为初孕妇，初次分娩称为初产妇，已经妊娠和分娩过一次以上者分别称为经孕妇和经产妇。

第1节 早期妊娠的诊断

【临床表现】

1. 停经 已婚的生育期妇女平时月经规律，一旦月经过期10日以上，应疑为妊娠。若停经达到8周，妊娠的可能性更大。停经是可能妊娠最早与最重要的症状。哺乳期妇女月经虽未恢复，仍可能再次妊娠。

2. 早孕反应 约半数妇女在停经6周左右常有不同程度的头晕、乏力、择食、食欲不振、嗜睡、恶心及晨起呕吐等，称为早孕反应。大约持续至孕12周左右自行消失。

3. 尿频 妊娠后，子宫增大，压迫膀胱可引起尿频的发生，妊娠12周后，症状可消失。

4. 乳房变化 于妊娠6～8周时，乳房受雌激素及孕激素影响逐渐增大，自觉有轻度肿胀疼痛、乳晕着色、乳晕周围有深褐色蒙氏结节出现。

5. 妇科检查 阴道及子宫颈充血变软，呈紫蓝色，有些孕妇子宫峡部极为柔软，使宫颈和宫体部似不相连，称“黑加征”，是早孕的典型体征。以后子宫逐渐增大，孕6周呈球形，12周末时子宫底超出盆腔，在耻骨联合上可触及。

【辅助检查】

1. 妊娠试验 妊娠后滋养细胞分泌绒毛膜促性腺激素（hCG），经孕妇尿中排出。用免疫学方法（临床多用试纸法）检测，若为阳性，表明受检者尿中含hCG，可协助诊断早期妊娠。也可用放射免疫法测孕妇血清中绒毛膜促性腺激素的含量鉴别诊断。

2. 超声检查

（1）B型超声显像法：在妊娠5周增大的子宫轮廓中，见到来自羊膜囊的圆形光环（妊娠环），以后在其中可见到规律的胎心搏动。

（2）超声多普勒：妊娠8周在增大的子宫区内能听到有节律的胎心音，可确诊为早孕。

3. 黄体酮试验 利用体内孕激素突然撤退引起子宫出血的原理，对疑有早孕的妇女，黄体酮 20mg，肌内注射，每日一次，连用 3～5 日。停药后超过 7 天如无阴道出血，提示有早孕可能。

4. 基础体温测定 平时具有双相体温、排卵规律的妇女，停经后高温持续 18 日仍不见下降者，早孕可能性大。若高温持续 3 周不降，结合其他妊娠早期的征象和妊娠试验，基本可以肯定。

考点提示：早期妊娠体征及辅助检查

第 2 节 中、晚期妊娠的诊断

妊娠中期以后，临床表现逐渐明显，特别是子宫增大、扪到胎体、感到胎动、听到胎心音，妊娠诊断即可确定。

【临床表现】

1. 子宫增大 子宫随妊娠进展而逐渐增大，根据软尺测耻骨上子宫长度（以耻骨联合上缘为起点，用软尺测量子宫底高度）可进行妊娠周数的判断（表 5-1）。手测子宫底高度（根据耻骨联合、脐和剑突等生理标志，用手测量宫底高度），亦可判断妊娠周数（图 5-1）。

表 5-1 妊娠各周子宫底高度及长度

妊娠周数	手测子宫底高度	尺测耻上子宫长度（cm）
满 12	耻骨联合上 2～3 横指	5
满 16	脐耻之间	10
满 20	脐下 1 横指	18（15.3～21.4）
满 24	脐上 1 横指	24（22.0～25.1）
满 28	脐上 3 横指	26（22.4～29.0）
满 32	脐与剑突之间	29（25.3～32.0）
满 36	剑突下 2 横指	32（29.8～34.5）
满 40	脐与剑突之间或略高	33（30.0～35.3）

考点提示：手测子宫底高度

2. 胎动 胎儿肢体在子宫内的活动，称胎动。妊娠 18～20 周时，孕妇自觉有轻微胎动，每小时 3～5 次（>10 次/12 小时），以后逐渐增强。检查时有时可触到胎动，腹壁薄且松的孕妇，甚至可在腹壁上看到胎动，也可用听诊器听到胎动音。

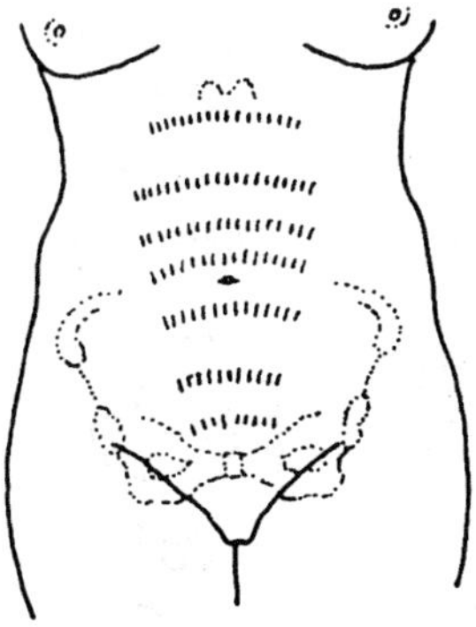

图 5-1 妊娠各周宫底高度及长度

3. 胎心 一般在妊娠 18～20 周时用听筒经孕妇腹壁可听到胎心音。正常胎心音似钟表"滴答"声，每分钟 120～160 次。胎心音需与子宫杂音、腹主动脉音等相鉴别，子宫杂音是血液流过子宫血管时发出的声音。腹主动脉音速率与孕妇脉搏一致。脐带杂音似吹风样，与胎心音一致。

考点提示：胎动、胎心出现的时间及正常次数

4. 胎体 妊娠 20 周以后，可经腹壁扪及胎体。于妊娠 24 周以后，触诊时已能区分胎头、胎背、胎臀和胎儿肢体。

【辅助检查】

1．超声检查 B型超声检查可显示胎儿数目、胎位、胎儿大小、胎心搏动、胎盘位置、羊水量、有无畸形。

2．胎儿心电图 妊娠12周后能显示较规律的胎儿心电图图形，20周以后成功率更高。

第3节 胎产式、胎先露及胎方位

妊娠28周以前，由于胎体较小、羊水较多，胎儿在子宫内的活动范围大，胎儿的姿势和位置容易改变。妊娠32周以后，由于胎儿生长迅速，羊水相对减少，胎儿与子宫壁贴近，胎儿的姿势和位置相对恒定。为了适应宫腔的形状，胎儿在宫腔内的姿势为：胎头俯屈、颏部贴近胸壁、脊柱略向前弯，四肢屈曲交叉于胸腹前，整个胎体呈椭圆形，称胎势。根据胎儿在子宫内不同姿势及位置，有不同的胎产式、胎先露和胎方位。胎方位与分娩顺利与否密切相关，产前检查确定胎方位非常重要，并应及时矫正异常胎方位。

1．胎产式 胎体纵轴与母体纵轴的关系称胎产式。两轴平行者称纵产式；两轴垂直者称横产式；两轴交叉呈角度者称斜产式，是暂时性的，在分娩过程中可转为纵产式或横产式（图5-2）。

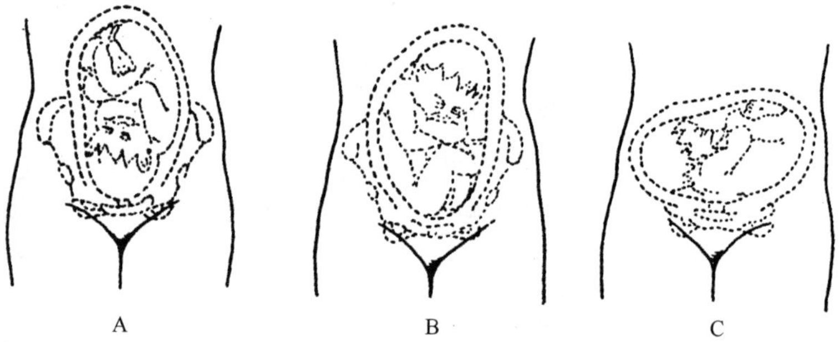

图5-2 胎产式

A. 纵产式－头先露；B. 纵产式－臀先露；C. 横产式－肩先露

2．胎先露 最先进入骨盆入口的胎儿部分称胎先露。纵产式有头先露和臀先露，横产式为肩先露，头先露因头屈伸程度不同，又分为枕先露、前囟先露、额先露及面先露（图5-3）。臀先露因入盆的先露部分不同，又可分为混合臀先露、单臀先露、单足先露和双足先露。偶见头先露或臀先露与胎手或胎足同时入盆，称为复合先露（图5-4）。

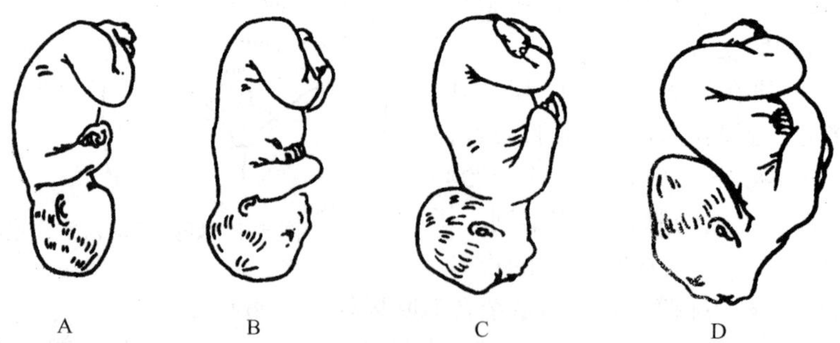

图5-3 头先露

A. 枕先露；B. 前囟先露；C. 额先露；D. 面先露

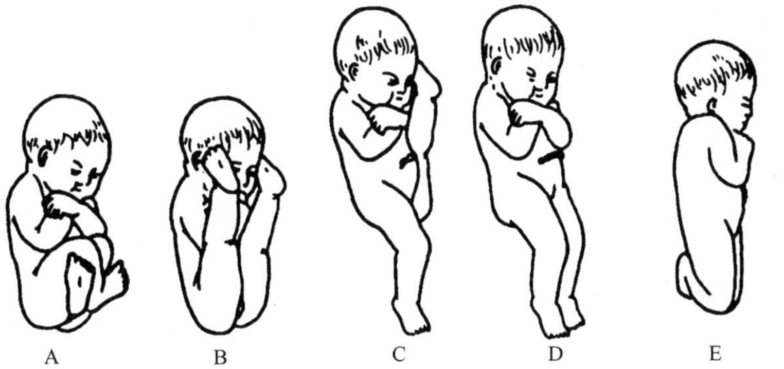

图 5-4 臀先露

A. 混合臀先露；B. 单臀先露；C. 单足先露；D. 双足先露；E. 膝先露

3. 胎方位 胎儿先露部的指示点与母体骨盆前、后、左、右、横的关系称为胎方位，简称胎位。枕先露以枕骨、面先露以颏骨、臀先露以骶骨、肩先露以肩胛骨为指示点。根据指示点与母体骨盆左、右、前、后、v 横的关系而有不同的胎位。

考点提示： 胎产式、胎先露、胎方位的定义

胎产式、胎先露及胎方位的关系及种类（表 5-2）。

表 5-2 胎产式、胎先露和胎方位的关系及种类

- 纵产式（99.75%）
  - 头先露（95.75%～97.55%）
    - 枕先露（95.75%～97.55%）
      - 枕左前（LOA）
      - 枕左横（LOT）
      - 枕左后（LOP）
      - 枕右前（ROA）
      - 枕右横（ROT）
      - 枕右后（ROP）
    - 面先露（0.2%）
      - 颏左前（LMA）
      - 颏左横（LMT）
      - 颏左后（LMP）
      - 颏右前（RMA）
      - 颏右横（RMT）
      - 颏右后（RMP）
  - 臀先露（2%～4%）
    - 骶左前（LSA）
    - 骶左横（LST）
    - 骶左后（LSP）
    - 骶右前（RSA）
    - 骶右横（RST）
    - 骶右后（RSP）
- 横产式——肩先露（0.25%）
  - 肩左前（LScA）
  - 肩左后（LScP）
  - 肩右前（RScA）
  - 肩右后（RScP）

本章小结

为了便于掌握妊娠各期的特点临床上将妊娠全过程分为三个时期，早期妊娠诊断需要根据症状、体征及辅助检查。妊娠中期以后子宫明显增大，能扪到胎体、感到胎动、听到胎心音，容易确诊。胎位对分娩影响极大，故在妊娠后期直至临产前，尽早确定胎位，以便及时纠正异常胎位。

目标检测题

A_1 型题

1. 妊娠 24 周末，宫底高度应在（ ）

A. 脐下 1 横指 B. 脐上 1 横指
C. 脐上 2 横指 D. 剑突、脐之间

E. 剑突下3横指

2. 下列各胎位的指示点哪项是错误的（ ）

A. LOA—枕骨

B. LMA——颏骨

C. LSA——臀部

D. RSCA——肩胛骨

E. ROA——枕骨

3. 妊娠早期的黑加征（Hegar sign）是指（ ）

A. 子宫增大变软

B. 子宫前后径变宽，略饱满呈球形

C. 子宫峡部极软，子宫颈和子宫体似不相连

D. 双合诊时感到子宫半侧较另半侧隆起

E. 双合诊时子宫呈前屈或后屈位

A_2 型题

4. 24岁，孕妇，G_1P_0，末次月经记不清。产科检查：宫高34cm（宫底于剑突下2横指），胎头入盆，胎心位于脐右下方。其孕周是（ ）

A. 孕20周　　B. 孕24周

C. 孕28周　　D. 孕34周

E. 孕40周

5. 25岁初孕妇，停经18周，不觉胎动。产科检查。宫底高度在脐耻之间，胎方位及胎心不清。监测宫内胎儿情况首选的方法是（ ）

A. 腹部X线摄片　　B. 多普勒超声检查

C. B型超声检查　　D. 胎儿心电图检查

E. 测定羊水甲胎蛋白值

6. 停经36天，确定是否妊娠，最好的方法是（ ）

A. 尿妊娠试验

B. 黄体酮试验

C. B超诊断

D. 妇科检查：子宫大小正常、软

E. 2～3周后复查

A_3 型题

已婚25岁妇女，平时月经周期规律，现停经50天

7. 早期妊娠的辅助诊断，下列哪项错误（ ）

A. 乳胶凝集抑制试验无凝集现象

B. 超声显像于妊娠第5周即可见妊娠环

C. 黄体酮试验阴性

D. 双相型基础体温持续2周末降

E. 妊娠12周多普勒超声检查阳性

8. 听诊与胎心率相一致的音响是（ ）

A. 脐带杂音　　B. 子宫杂音

C. 胎盘杂音　　D. 胎动音

E. 肠蠕动音

B_1 型题

A. 孕5周　　B. 孕12周

C. 孕18～20周　　D. 孕20～24周

E. 孕10周

9. 耻骨联合上能扪及宫底，最早是（ ）

10. 经腹部用听诊器闻及胎心，最早是（ ）

（韩春婷）

第 6 章　孕期监护及孕期保健

学习目标

1. 掌握产前检查的时间、内容和方法，准确推算预产期。
2. 熟悉围生医学的概念及孕期保健的意义。
3. 了解评估胎儿健康的技术，进行孕期指导及常见症状的处理。

孕期监护可及早发现和治疗妊娠合并症及并发症（如妊娠高血压疾病、妊娠合并心脏病等），及时纠正异常胎位、发现胎儿发育异常等；确定分娩方式，进行胎儿健康评估和孕期宣教，是保障母儿顺利度过孕产期的重要保健措施。孕期监护主要通过定期产前检查来实现。

围生医学又称围产医学，是研究在围生期内加强对围生儿及孕产妇的卫生保健，也就是研究胚胎的发育、胎儿的生理病理以及新生儿和孕产妇疾病的诊断与防治的科学。国际上对围生期的规定有 4 种，根据世界卫生组织的推荐，我国采用围生期Ⅰ即：从妊娠满 28 周（即胎儿体重≥1000g 或身长≥35cm）至产后 1 周。

考点提示：围生期的概念

第 1 节　产前检查的内容和方法

案例 6-1

张女士，26 岁，G_1P_0 孕 16 周来医院要求产前检查，检查结果：Bp100/70mmHg，宫底脐耻之间，多普勒听胎心 140 次 / 分。

问题：1. 临床医生应如何为该孕妇制定产前检查计划？

2. 应告知哪些孕期保健知识？

【产前检查的时间】

产前检查应从确诊早孕时开始，检查未发现异常者，于妊娠 20 周起进行系统产前检查，妊娠 20～28 周每 4 周检查 1 次，妊娠 28～36 周每 2 周检查 1 次，36 周后 1 周检查 1 次，高危孕妇，应酌情增加检查次数。

考点提示：产前检查的时间

【首次产前检查的内容和方法】

1. 询问病史

（1）个人资料：姓名、年龄、职业、工作单位、家庭住址、联系方式等。年龄小于 18 岁或大于 35 岁，职业接触有毒物质、放射线等的孕妇应列为高危妊娠，需转到高危门诊进一步诊治。

（2）推算预产期（EDC）：根据末次月经日期（LMP）推算预产期。末次月经月数减 3 或加 9，日数加 7（农历加 14），所得日期即为预产期。例如末次月经第一日为 2009 年 6 月

22日，预产期应为2010年3月29日。若末次月经记不清或哺乳期无月经而妊娠者，可根据早孕反应出现及消失时间、初次胎动时间、子宫底高度来估计，必要时行B型超声检查协助判断。

（3）月经史：询问初潮年龄，月经周期、经期、末次月经第一天的日期，以便推算预产期，如周期延长，则预产期可相应推迟。

（4）婚育史：了解结婚年龄，是否近亲结婚；了解以往妊娠、分娩、产后情况；凡有反复自然流产、死胎、死产及新生儿死亡者，则属高危妊娠，应转到高危门诊进一步诊治。了解丈夫健康状况，有无遗传疾病和不良嗜好。

（5）既往史及手术史：了解有无心脏病、高血压、糖尿病、血液病、肝肾疾病、结核等急慢性全身性疾病及传染病史，发病时间及治疗情况。了解手术史及手术名称，对有子宫、心血管及肾脏手术史者应及早制定治疗方案。

（6）本次妊娠情况：了解妊娠早期有无早孕反应、病毒感染及用药史；胎动开始时间；有无阴道流血、头痛、心悸、气短、下肢水肿等症状。

考点提示：预产期的推算

（7）家族史：了解家族中有无精神病、传染病、高血压、糖尿病等病史及与遗传有关的疾病。

2. 全身检查 观察发育、营养、体态、步态、精神状况等；测量身高、体重，若身高145cm以下或体重80kg以上易发生难产；检查重要脏器如脑、心、肺、肝、肾等有无病变，乳房发育情况、乳头有无凹陷，腹壁、下肢有无水肿，孕晚期体重每周增加不超过500g，超过者注意隐性水肿；量血压，正常不应超过140/90mmHg，或与基础血压相比不超过30/15mmHg，超过者属病理状态，应及时处理。

3. 产科检查 包括腹部检查、骨盆测量、阴道检查、肛门检查及绘制妊娠图。

（1）腹部检查：孕妇排尿后仰卧于检查床上，头部稍垫高，双腿略屈曲稍分开，使腹肌放松。检查者站在孕妇右侧进行检查，检查时动作尽可能轻柔。

1）视诊：看腹部大小是否与妊娠月份相符合，观察腹部外形判断胎产式，注意腹部有无妊娠纹、手术瘢痕及水肿等。腹部过大应想到双胎、巨大胎儿、羊水过多的可能；腹部过小者可能为胎儿生长受限或孕周推算错误等；腹部宽、子宫底位置较低者，肩先露的可能性大；尖腹（多见于初产妇）或悬垂腹（多见于经产妇）者应考虑有骨盆狭窄的可能。

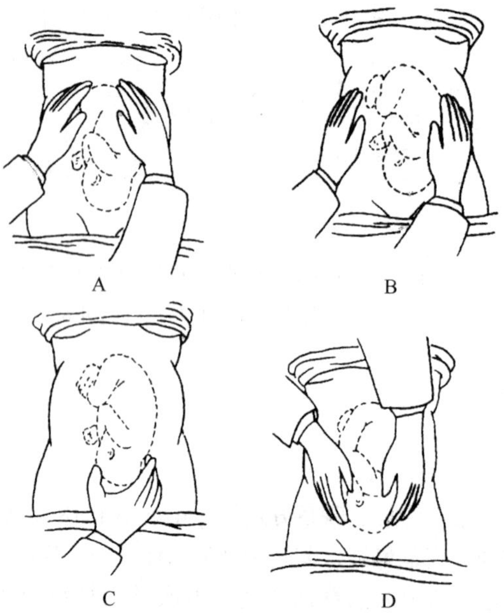

图6-1 腹部四步触诊法

2）触诊：注意腹壁紧张度、有无腹直肌分离、羊水多少及子宫平滑肌敏感程度。用手或尺测耻上子宫长度及腹围值，估计胎儿体重。运用四步触诊手法（图6-1）检查子宫大小、胎产式、胎先露、胎方位及先露部是否衔接。前三步手法检查者面向孕妇，第四步手法检查者面向孕妇足端。

第一步：检查者两手置子宫底部了解子宫外形，摸清宫底高度，估计胎儿大小与妊娠周数是否相符。然后以双手指腹相对交替轻推，分辨宫底部是圆而硬有浮球感的胎头还是宽而软略不规则的胎臀。

第二步：检查者两手分别置于腹部两侧，一手固定，一手轻轻深按，两手交替检查，触到宽平饱满部分即为胎背，凹凸不平、可变形能活动部分为胎儿肢体，有时可感到胎儿肢体活动。

第三步：检查者右手拇指与其余四指分开，置于耻骨联合上方握住胎先露部，进一步查清是胎头或是胎臀，并左右推动以确定是否衔接（入盆），先露仍浮动者表示未入盆。

第四步：检查者两手分别置于先露部的两侧，向骨盆入口方向向下深压，再次核对胎先露部及其入盆程度。如胎先露难以确定时，可做肛诊、B 型超声检查协助诊断。

3）听诊：孕 18～20 周起可孕妇腹壁上听到胎心音，靠近胎背上方听得最清楚（图 6-2）。枕先露时，胎心音在脐右（左）下方；臀先露时，胎心音在脐右（左）上方；肩先露时，胎心在靠近脐部下方。听诊部位取决于先露部位置及下降程度。当腹壁紧、子宫较敏感确定胎背方向有困难时，可借助胎心音及胎先露综合分析后判定胎位。

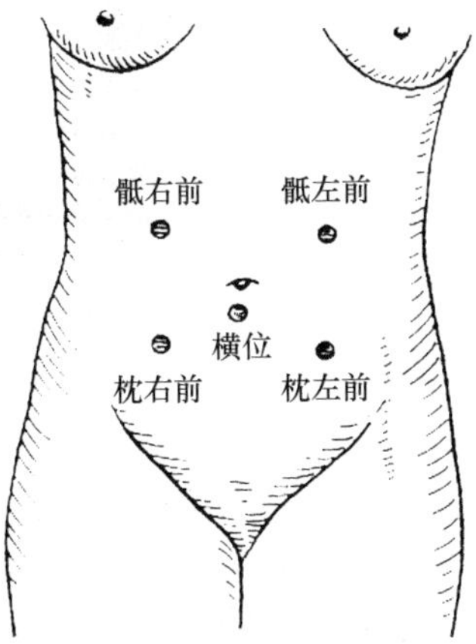

图 6-2　胎心听诊位置

考点提示：胎心听诊位置

（2）骨盆测量：了解骨产道情况，判断胎儿能否经阴道分娩。测量方法有骨盆外测量和内测量两种。

1）骨盆外测量：可间接了解骨盆大小及形状，操作简便，应作为常规检查。常测的径线如下：

① 髂棘间径（IS）：孕妇取伸腿仰卧位，测量两髂前上棘外缘间的距离（图 6-3），正常值为 23～26cm。

② 髂嵴间径（IC）：体位同上，测量两髂嵴外缘间最宽距离（图 6-4）。正常值为 25～28cm。

③ 骶耻外径（EC）：孕妇左侧卧位，左腿屈曲，右腿伸直压在左腿上，测第 5 腰椎棘突下至耻骨联合上缘中点的距离（图 6-5）。第 5 腰椎脊突下相当于米氏菱形窝的上角，或髂嵴后连线中点下 1.5cm。此径可间接推测骨盆入口前后径的长度，是骨盆外测量中最重要的经线。正常值为 18～20cm。

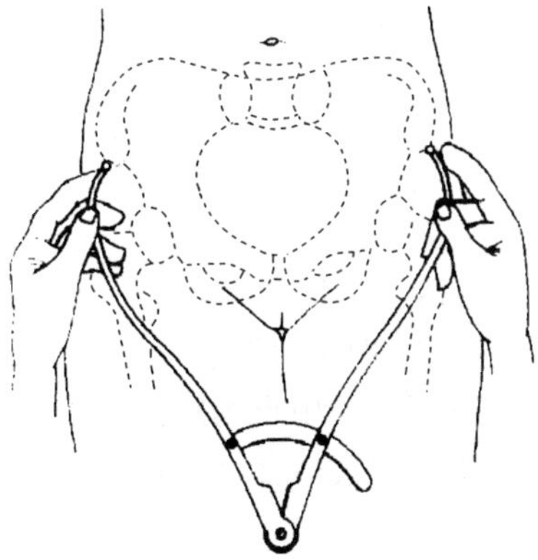
图 6-3　髂前上棘间径

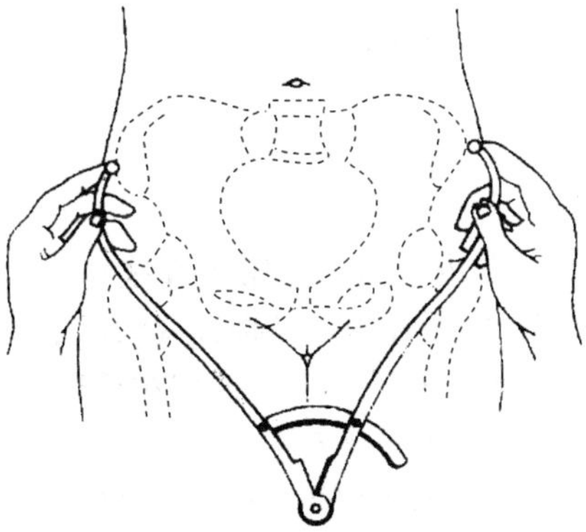
图 6-4　髂嵴间径

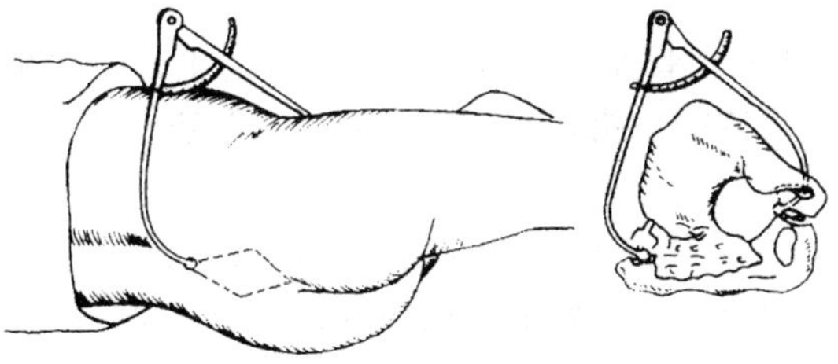
A　B

图 6-5　骶骨外径

④ 坐骨结节间径（IT）或称出口横径（TO）：孕妇仰卧抱膝，测两坐骨结节内侧缘间的距离（图 6-6）。正常值 8.5～9.5cm。此径小于 8cm 时应加测出口后矢状径（图 6-7）。

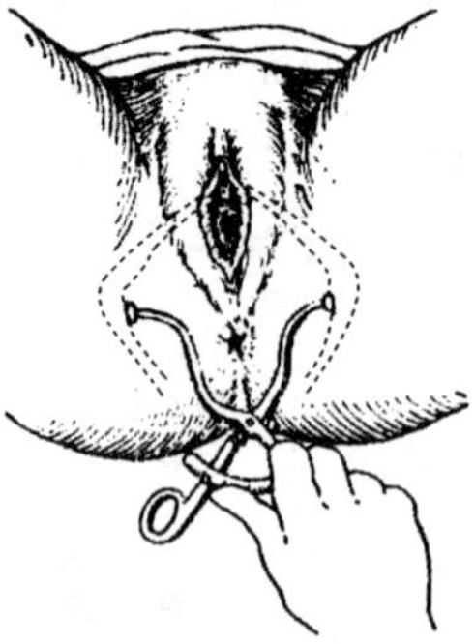

图 6-6　出口横径

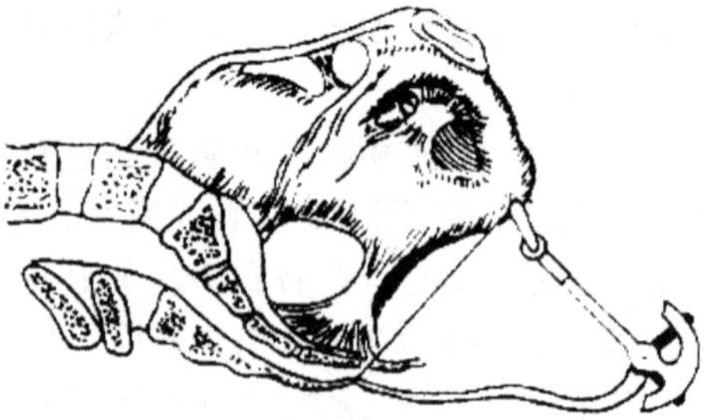

图 6-7　出口后矢状径

⑤ 出口后矢状径：为坐骨结节间径中点到骶骨尖端的长度。检查者戴手套，右手示指伸入孕妇肛门向骶骨方向，拇指置于孕妇体外骶尾部，两指共同找到骶骨尖端，用骨盆出口测量器一手放在坐骨结节间径中点，另一端放在骶骨尖端处，即可测出（图 6-7），正常值为 8～9cm，此值正常可弥补稍小的坐骨结节间径。出口后矢状径值与坐骨结节间径值之和＞15cm 时，说明骨盆出口狭窄不明显，一般足月胎儿可以娩出。

⑥ 耻骨弓角度：两手拇指尖斜着对拢置于耻骨弓顶端，两拇指平放在耻骨降支上面，测量两拇指间所形成的角度即为耻骨弓角度，正常值为 90°，小于 80°为不正常（图 6-8）。

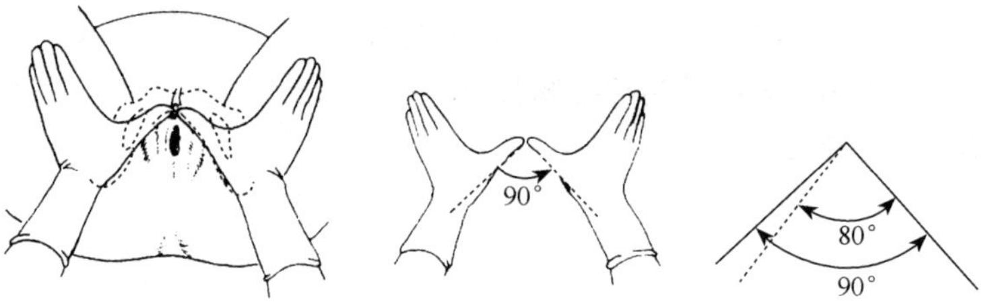

A　　B　　C

图 6-8　耻骨弓角度

2）骨盆内测量：适用于骨盆外测量有狭窄者。孕 24～36 周，阴道较松软，孕妇取膀胱截石位，消毒外阴，检查者戴消毒手套并涂以润滑油。主要测量的径线有：

① 骶耻内径（DC）：也称对角径，是耻骨联合下缘至骶岬上缘中点的距离，正常值为 12.5～13cm，此值减去 1.5～2cm，为骨盆入口前后径的长度，称真结合径。若测量时阴道内的示指尖触不到骶岬，表示对角径值＞12.5cm。

② 坐骨棘间径：正常值约为 10cm。方法：一手示、中指放入阴道内，分别触及两侧坐骨棘，估计其间的距离。

③ 坐骨切迹宽度：代表中骨盆后矢状径，其宽度为坐骨棘与骶骨下部间的距离，即骶棘韧带宽度。检查者将阴道内的示指置于韧带上移动。若能容纳 3 横指（5.5～6cm）为正常，否则属中骨盆狭窄。

（3）阴道检查：孕妇在早孕诊断时应进行双合诊检查，了解产道及生殖器官情况；妊娠最后 1 个月及临产后，应避免不必要的阴道检查，以防感染。

（4）肛门指诊检查：可了解胎儿先露部、骶骨前面弯曲度、坐骨棘间径、坐骨切迹宽度及骶尾关节活动度，并测量出口后矢状径。

（5）绘制妊娠图：将每次产前检查结果的各项数值如血压、体重、宫高、腹围、胎位、胎心率等记录后制成标准曲线图，观察其动态变化，了解孕妇及胎儿的生理病理情况。

4. 辅助检查

（1）实验室检查：血常规、尿常规、血型、肝肾功能、乙肝表面抗原抗体测定，必要时进行血小板、出凝血时间、甲胎蛋白、血液化学、电解质测定、心电图等项检查。

（2）B 型超声检查：胎位、胎心不清或疑有异常者，可行 B 型超声检查。

（3）其他辅助检查：对有死胎、死产史和胎儿畸形史、患遗传性疾病的病例，除测甲胎蛋白值外，还应行羊水细胞培养进行染色体核型分析等。

考点提示：骨盆测量

【复诊产前检查】

1. 询问两次检查期间有无异常情况，如头痛、眼花、水肿、阴道流血、胎动异常等，经检查后给予相应治疗。

2. 测量体重及血压，检查有无水肿及其他异常，必要时复查尿蛋白。

3. 查胎位，听胎心率，尺（手）测耻上子宫高度及腹围，判断是否与妊娠周数相符及有无羊水过多，必要时行 B 型超声检查。

4. 进行孕期卫生宣教，并预约下次检查时间。

第 2 节 评估胎儿健康的技术

【人工监护】

1. 确定孕龄 根据平时月经周期、末次月经时间、早孕反应、初次胎动时间、宫底高度等推算孕龄。

2. 定期产前检查 手测宫底高度或尺测子宫长度和腹围，估计胎龄及胎儿大小，了解胎儿宫内发育情况。

3. 胎动计数 是评价胎儿宫内情况最简便有效的方法之一，也可了解胎盘功能。正常每小时 3～5 次，若胎动计数大于 30 次 /12 小时为正常，少于 10 次 /12 小时提示胎儿缺氧、胎盘功能低下。

【仪器监护】

1. 胎心听诊 是最简单的方法，可用多普勒或听诊器。

2. 羊膜镜检查 直视下观察羊膜腔内羊水性状及颜色，正常见羊水呈透明淡青色或乳白色及漂浮胎发、胎脂片。

3. B 型超声检查 观察胎儿大小、数目、胎位、胎动、胎心、胎盘位置及羊水情况；筛查胎儿体表畸形，估计胎儿成熟度。

4. 胎儿电子监护 观察和记录胎心率的动态变化，评估胎儿宫内安危情况。

（1）胎心率监测：是用胎儿电子监护仪记录的胎心率。

1）胎心率（FHR）基线：是指在无胎动、无子宫收缩影响时，10 分钟以上的胎心率平均值。正常胎心率为 120～160bpm；若大于 160bpm 或小于 120bpm，历时 10 分钟，称为心动过速或心动过缓。胎心率基线摆动包括胎心率的摆动幅度和摆动频率。摆动幅度指胎心率上下摆动波的高度，振幅变动范围正常为 10～25bpm。摆动频率是指 1 分钟内波动的次数，正常为大于或等于 6 次。基线摆动表示胎儿有一定的储备能力，是胎儿健康的表现。

基线变平提示胎儿储备能力丧失。

2）胎心率一过性变化：是指受胎动、宫缩、触诊及声响等刺激，胎心率发生暂时性加快或减慢，持续10余秒或数10秒后可恢复到基线水平。是判断胎儿安危的重要指标。有加速和减速两种情况。加速是指宫缩时胎心率基线暂时增加15bpm以上，持续时间＞15秒，是胎儿良好的表现。减速是指随宫缩出现的暂时性胎心率减慢，分3种：早期减速：一般发生在第一产程后期，为宫缩时胎头受压引起，不受孕妇体位或吸氧而改变；变异减速：是因为宫缩时脐带受压兴奋迷走神经引起；晚期减速：一般认为是胎盘功能不良、胎儿缺氧的表现。

（2）预测胎儿宫内储备能力：

1）无应激试验（NST）：主要观察在无宫缩、无外界负荷刺激下，胎心率基线的变异及胎动后胎心增速的情况，了解胎儿储备能力。正常情况下20分钟至少有3次以上胎动伴胎心率加速小于15bpm，持续时间大于15秒以上为正常，称为NST有反应型；若胎动数与胎心率加速数少于前述情况或胎动时无胎心率加速，称为NST无反应型，应寻找原因。无应激试验方法简单、安全，可在门诊进行，并可作为缩宫素激惹试验前的筛选试验。

2）缩宫素激惹试验（OCT）：又称为宫缩应激试验，了解胎盘在宫缩时一过性缺氧的负荷变化，测定胎儿的储备能力。若宫缩时无晚期减速和明显的变异减速，提示胎盘功能良好。超过50%宫缩有晚期减速，变异减少，胎动后无胎心率增快为阳性，提示胎盘功能减退，但易出现假阳性。

【实验室检查】

1. 胎盘功能检查 通过胎盘功能检查间接了解胎儿在宫内的健康状况。

（1）孕妇尿雌三醇测定：估计胎儿胎盘单位功能。24小时大于15mg为正常值，10～15mg为警戒值，小于10mg为危险值。若测孕妇随意尿雌激素/肌酐比值，大于15为正常值，10～15为警戒值，小于10为危险值。

（2）孕妇血清游离雌三醇测定：正常足月妊娠时该值不低于40nmol/L，低于此值提示胎盘功能低下。

（3）孕妇血清人胎盘生乳素（HPL）测定：足月妊娠HPL值正常为4～11mg/L。若该值于足月妊娠时低于4mg/L，或突然降低50%，提示胎盘功能低下。

（4）阴道脱落细胞检查：舟状细胞成堆、无表层细胞、嗜酸性细胞指数小于10%、致密核少者，提示胎盘功能良好；舟状细胞极少或消失、有外底层细胞、嗜酸性细胞指数大于10%、致密核多者，提示胎盘功能减退。

2. 胎儿成熟度检查

（1）羊水卵磷脂/鞘磷脂（L/S）比值：该值大于2，提示胎儿肺成熟。

（2）羊水泡沫试验或震荡试验：可快速而简便的测定羊水中表面活性物质。若两管液面均有完整的泡沫环，提示胎肺成熟。

（3）羊水肌酐值：若该值大于或等于176.8μmol/L，提示胎儿肾成熟。

（4）羊水胆红素类物质值：若该值小于0.02，提示胎儿肝成熟。

（5）羊水淀粉酶值：若该值大于或等于450U/L，提示胎儿唾液腺成熟。

（6）羊水脂肪细胞出现率：该值达20%，提示胎儿皮肤成熟。

（7）胎儿头皮血（pH值）检查：该值正常为7.25～7.35，若为7.20～7.24之间，提示胎儿可能有轻度酸中毒；小于7.20则胎儿有明显酸中毒。

3. 胎儿先天畸形及遗传性疾病的宫内诊断

（1）胎儿遗传学检查：妊娠早期取绒毛或妊娠16～20周抽取羊水或取孕妇外周血分离

胎儿细胞做遗传学检查，了解染色体结构与数目变化。

（2）测定羊水中酶和甲胎蛋白：测定羊水中酶，可诊断代谢缺陷病；测定羊水甲胎蛋白（AFP），可诊断胎儿开放性神经管缺陷，多胎妊娠、死胎及胎儿上消化道闭锁等也伴有 AFP 值增高。

第 3 节　孕期指导及常见症状的处理

【孕期指导】

1. 活动与休息　保证充足睡眠，晚上 8 小时，午休 1～2 小时，休息时取左侧卧位。孕期可进行轻体力劳动和家务，可坚持工作至 28 周，孕晚期应避免重体力劳动和夜班。

2. 营养指导　孕期母体自身代谢和胎儿发育需要摄入足够的营养，故孕妇应多吃新鲜易消化、富含蛋白质及维生素的食物，孕晚期多补充钙、铁等微量元素，少吃辛辣食物，夫妇双方戒烟、酒。

3. 衣着与卫生指导　妊娠期汗腺及皮脂腺分泌旺盛，应勤洗澡、勤更衣，不宜盆浴，衣着要宽松，不宜束胸束腹，以免影响血液循环和胎儿活动及发育，造成胎儿异常。宜穿轻便舒适的平底鞋，以防腰背痛及身体失平衡。孕早期及后 2 个月避免性生活，以免发生流产、早产及阴道感染。

4. 乳房护理　妊娠 24 周后应每晚温水擦洗乳房及乳头以防哺乳时乳头皲裂。如乳头内陷，应教会孕妇每日行乳房按摩及牵拉乳头加以纠正。

5. 用药指导　需用药时应遵医嘱用药。

6. 胎教　现代科学技术对胎儿的研究发现，胎儿对母亲情绪变化、外界光、声、触摸等刺激有反应，因此母亲良好的情绪、抚摸训练、音乐训练等对胎儿生长发育有好处。

7. 孕期自我监护　胎动计数是孕妇自我监护胎儿宫内情况的重要手段。孕晚期嘱孕妇每日早中晚各数 1 小时胎动，把 3 小时胎动数相加乘以 4 即得 12 小时胎动数，如 12 小时数少于 10 次，应及时就诊。

【常见症状的处理】

1. 消化系统症状　妊娠 12 周后仍持续存在或呕吐严重，甚至影响孕妇营养者，应考虑妊娠剧吐可能，须住院治疗，纠正水电解质紊乱。

2. 贫血　多为缺铁性贫血，应多食用含铁食物，必要时补充铁剂。

3. 下肢肌肉痉挛　是孕妇缺钙的表现，应指导孕妇饮食中增加钙的摄入。痉挛发作时将痉挛下肢伸直使肌肉紧张，并行局部按摩，痉挛常能迅速缓解。必要时可补充乳酸钙、维生素 AD 丸等。

4. 便秘　多食含纤维素多的蔬菜和水果，增加饮水量，注意适当活动，必要时用缓泻剂，如开塞露、甘油栓等，禁用泻药，以免引起流产或早产。

5. 下肢及外阴静脉曲张　妊娠晚期睡眠时应适当垫高下肢，以利静脉回流。妊娠后期应避免长时间站立、行走。分娩时防止外阴部静脉曲张破裂。

6. 腰背痛　一般不用特殊处理，必要时睡硬板床，局部热敷可改善，明显者，应查找原因，对因治疗。

7. 下肢水肿　孕期避免长时间站立行走，休息时抬高下肢。如水肿明显，应注意是否为妊娠期高血压疾病、妊娠合并肾脏疾病等疾患。

8．痔 多吃蔬菜，少吃辛辣食物，必要时用缓泻剂纠正便秘。

9．仰卧位低血压 侧卧位后症状可自然消失。

10．尿频 发生在早期妊娠3个月内及末2个月，属于正常。

11．白带增多 妊娠最初3个月及末3个月明显，属正常现象，如白带性状、气味异常且伴有瘙痒等症状，应到医院检查排除假丝酵母菌、滴虫、淋菌等感染，及时治疗。

案例分析参考答案

案例6-1

1．计划：孕妇20周开始定期产前检查，如无异常情况，妊娠20～28周每4周检查1次，妊娠28～36周每2周检查1次，36周后1周检查1次。有异常，应酌情增加检查次数。

2．告知：孕期保健知识，活动与休息、营养、衣着与卫生、乳房护理、胎教、用药及孕期自我监护等。

本章小结

产前检查是孕期监护的主要手段，要认真收集病史、做好体格检查和产科检查工作，加强围生期保健；正确推算预产期，明确产科检查的目的、方法、意义，通过腹部检查能正确判断胎方位、胎心、胎儿大小等胎儿情况，通过骨盆测量能判断骨产道情况，确定分娩方式等；运用评估胎儿健康的技术了解胎儿及胎盘情况；熟悉孕期指导内容及孕期常见症状处理，能对孕妇进行正确指导。

目标检测题

A_1型题

1．我国采用围产期的标准是（ ）

A．从28孕周至出生后7天

B．从20孕周至出生后28天

C．从28孕周至出生后28天

D．从受精着床至产后7天

E．从受精着床至产后28天

2．有关孕期检查的四步触诊法，下列错误的是（ ）

A．可以了解子宫的大小、胎先露、胎方位等情况

B．第一步是双手置于宫底部了解宫底高度，并判断是胎头还是胎臀

C．第二步是双手分别置于腹部两侧，辨别胎背及胎肢的方向

D．第三步是双手置于趾骨联合上方，判断先露部为头还是臀

E．第四步是双手向骨盆入口方向插入，进一步检查先露部，并确定入盆程度

3．了解胎儿宫内发育情况的人工监护方法为（ ）

A．B超　B．听诊胎心

C．测量子宫底高度　D．测量血压

E．测量孕妇的骨盆各经线

4．宫缩压力试验的目的是（ ）

A．观察胎心基线的变异

B．观察胎动后胎心增速的情况

C．观察子宫对催产素的敏感性

D．观察宫缩对胎心率的影响

E．观察子宫对胎动的反应

5．对孕妇进行雌三醇测定的目的是了解（ ）

A．胎盘功能

B．胎儿宫内发育情况

C．胎儿肝脏成熟情况

D. 胎儿皮肤成熟情况
E. 胎儿肾脏成熟情况

6. 测孕妇血压时，下列提示异常的数值是（　　）
A. 较基础血压高 25/12mmHg
B. 较基础血压高 30/15mmHg
C. 与基础血压一样
D. 135/85mmHg
E. 90/60mmHg

7. 正常胎动为（　　）
A. 每小时 1～2 次
B. 每小时 3～5 次
C. 每小时大于 10 次
D. 每 12 小时 3～5 次
E. 每 12 小时少于 10 次

8. 如用电子胎心监护测胎心率，下列指标提示胎儿缺氧的是（　　）
A. 胎心率的波动范围在 10～25 次 / 分钟
B. 变异的频率≥6 次 / 分钟
C. 早期减速
D. 变异减速
E. 晚期减速

9. 骨盆外测量不包括（　　）
A. 髂棘间径　B. 髂嵴间径
C. 骶耻内径　D. 坐骨结节间径
E. 出口后矢状径

A_2 型题

10. 某女，末次月经 2010 年 5 月 4 日，其预产期是（　　）
A. 2011 年 2 月 9 日
B. 2011 年 2 月 10 日
C. 2011 年 2 月 11 日
D. 2011 年 3 月 2 日
E. 2011 年 3 月 5 日

11. 李某，初孕妇，孕 36 周，四步触诊结果：于子宫底部触到圆而硬的胎头，在趾骨联合上方触到较软而宽不规则的胎臀，胎背位于母体腹部右前方。胎心音于脐上右侧听到。则胎方位为（　　）
A. 骶左前　B. 骶右前
C. 骶左后　D. 枕右前
E. 枕左前

12. 某孕妇骨盆外测量异常，需进行骨盆内测量，测量的最佳时间是（　　）
A. 孕 14 周　B. 孕 20 周
C. 孕 24 周　D. 孕 24～32 周
E. 孕 8 周

13. 某孕妇行骨盆测量，其正常骨盆出口横径值为（　　）
A. 8cm　B. 10cm
C. 8.5cm　D. 9.5cm
E. 8.5～9.5cm

14. 某孕妇产前检查时，行骨盆测量，其正常径线是（　　）
A. 髂棘间径 22cm　B. 髂脊间径 24cm
C. 骶耻外径 19cm　D. 出口横径 8cm
E. 耻骨弓角度 80°

A_3 型题

（15～17 题共用题干）

某孕妇，28 岁，G_1P_0 孕 28 周来检，四部触诊见：宫底脐上 3 横指，宫底部触及圆而硬的胎儿部分，腹部右侧饱满，左侧凹凸不平且会变形，耻骨联合上方触及扁宽不规则的胎儿部分。

15. 其子宫大小说明（　　）
A. 可能为双胎　B. 胎儿生长迟缓
C. 羊水过多　D. 羊水过少
E. 正常

16. 其胎方位是（　　）
A. 枕左前　B. 枕右前
C. 骶左前　D. 骶右前
E. 肩左前

17. 其胎心听诊的部位是（　　）
A. 左下腹　B. 右下腹
C. 左上腹　D. 右上腹
E. 肚脐周围

B_1 型题

（18～20 题共用答案）
A. 早期减速
B. 变异减速
C. 晚期减速
D. 缩宫素激惹试验（—）
E. 无激惹试验有反应型

18. 胎头受压（　　）
19. 胎盘功能减退（　　）
20. 脐带受压（　　）

（彭鸿英）

第7章 正常分娩

学习目标

1. 掌握决定分娩的因素、产程分期、临产标志、分娩的临床经过及处理。
2. 熟悉枕左前位分娩机制及胎盘剥离征象。
3. 了解分娩先兆、分娩镇痛。

妊娠满28周以后，胎儿及其附属物由母体娩出的过程称分娩。妊娠满28周至不满37周间分娩称早产；妊娠满37周至不满42周间分娩称足月产；妊娠满42周及其以后分娩称过期产。

第1节 决定分娩的因素

考点提示：决定分娩的因素

决定分娩的四因素是产力、产道、胎儿和精神心理因素。如果各因素均正常，并能相互适应，胎儿顺利经阴道自然娩出为正常分娩。

案例 7-1

张女士，初孕妇，末次月经2010年2月1日，预产期是2010年11月8日。平素身体健康，孕期检查四步触诊、骨盆外测量均正常。现孕39周于今晨出现规律宫缩入院，查宫口开大3cm，先露头，胎方位ROA，胎心138次/分钟，B型超声检查：双顶径9.3cm。

问题：1. 张女士能否经阴道分娩？

2. 为什么？

【产力】

将胎儿及其附属物从子宫内逼出的力量称为产力。包括子宫收缩力、腹肌及膈肌收缩力和肛提肌收缩力。

1. **子宫收缩力**（简称宫缩） 是临产后的主要产力，也称主力，贯穿于整个分娩过程。临产后的宫缩能迫使宫颈管变短直至消失、宫口扩张、胎先露部下降和胎儿、胎盘娩出。临产后正常宫缩特点有：

（1）节律性：宫缩的节律性是临产重要标志。正常宫缩是子宫体部不随意、有规律的阵发性收缩，宫缩时伴有疼痛，故有阵痛之称。每次阵缩总是由弱渐强（进行期），维持一定时间（极期），随后由强渐弱（退行期），直至消失进入间歇期（图7-1），间歇期子宫肌肉松弛。阵缩如此反复出现，直至分娩全过程结束。

临产开始时，宫缩持续约30秒，间歇期5～6分钟。宫缩随产程进展持续时间逐渐延长，间歇期逐渐缩短。当宫口开全（10cm）后，宫缩持续时间可长达60秒，间歇期缩短至

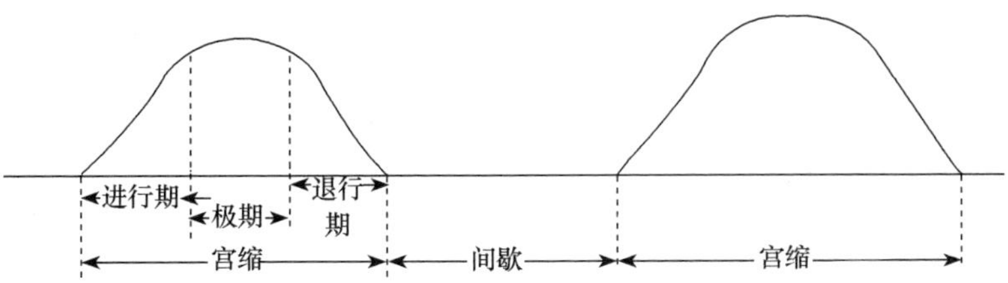

图 7-1　临产后正常宫缩节律性示意图

1～2 分钟。宫缩强度随产程进展逐渐加强，宫腔内压力也逐渐增加。宫缩时，子宫肌壁血管及胎盘受压，致使子宫血流量减少，宫缩间歇期，子宫血流量又恢复到原来水平，胎盘绒毛间隙的血流量重新充盈。宫缩节律性利于母儿之间物质交换。

（2）对称性：正常宫缩起自两侧子宫角处（起搏点），向宫底中部集中，再向下扩散，左右对称，此为子宫收缩的对称性，约在 15 秒波及整个子宫。

（3）极性：收缩力以子宫底部最强最持久，子宫体部次之，子宫下段最弱。此为子宫收缩的极性（图 7-2）。

（4）缩复作用：宫缩时子宫肌纤维变短变粗，间歇时肌纤维松弛，但不能完全恢复到收缩前的长度，较前略短，称为缩复作用。此作用使宫腔容积愈来愈小，随着产程进展迫使胎先露逐渐下降，宫颈管逐渐缩短直至消失。

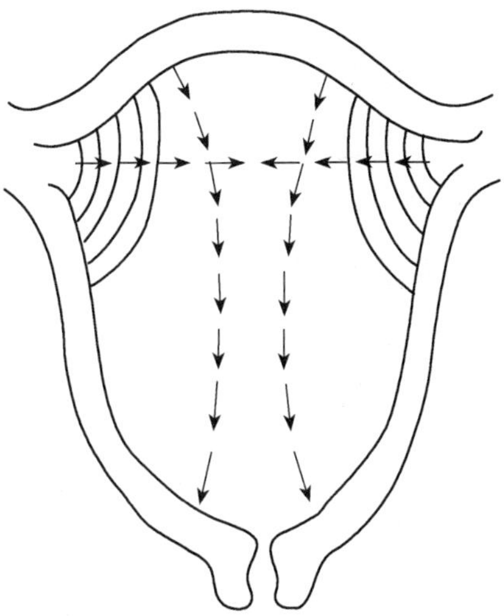

图 7-2　子宫收缩的对称性与极性

考点提示：正常宫缩的特点

2. 腹肌及膈肌收缩力　腹肌及膈肌收缩力（腹压）是第二产程时娩出胎儿的重要辅助力量又称辅力。宫口开全后，胎先露部已降至阴道。每当宫缩时，前羊水囊或胎先露部压迫骨盆底组织及直肠，反射性地引起排便动作，产妇主动屏气，腹肌及膈肌强有力的收缩使腹内压增高，促使胎儿娩出。腹压在第三产程还可促使已剥离的胎盘娩出。

3. 肛提肌收缩力　肛提肌收缩力有协助胎先露部在骨盆腔进行内旋转的作用。当胎头枕部露于耻骨弓下时，能协助胎头仰伸及娩出。胎儿娩出后，胎盘降至阴道时，肛提肌收缩力有助于胎盘娩出。

【产道】

产道是胎儿娩出的通道，分骨产道与软产道两部分。

1. 骨产道　为了便于了解分娩时胎儿通过骨产道（指真骨盆）的过程，将骨盆分为三个假想平面：

（1）骨盆入口平面：即真假骨盆的分界面，呈横椭圆形。

1）入口前后径：即真结合径，自耻骨联合上缘中点至骶骨岬上缘中点的距离，平均长 11cm。

2）入口横径：为两侧髂耻线之间的最长距离，平均长 13cm。

3）入口斜径：左右各一。左骶髂关节至右髂耻隆突间的距离为左斜径，右骶髂关节至左髂耻隆突间的距离为右斜径，平均长 12.75cm。

（2）中骨盆平面：为骨盆最狭窄的平面，呈纵椭圆形，前为耻骨联合下缘，两侧为坐骨棘，后方为骶骨下端。

1）中骨盆前后径：耻骨联合下缘中点通过坐骨棘连线中点至骶骨下端间的距离，平均长 11.5cm。

2）中骨盆横径：也称坐骨棘间径，为两坐骨棘之间的距离，平均长 10cm。

（3）骨盆出口平面：由两个不在同一平面的三角形组成。前三角形的顶端为耻骨联合下缘，两边是耻骨降支；后三角形的顶端为骶尾关节，两边为骶结节韧带，坐骨结节间径为共同的底边。

1）出口前后径：耻骨联合下缘到骶尾关节间的距离，平均长 11.5cm。

2）出口横径：也称坐骨结节间径，两坐骨结节内缘间的距离，平均长 9cm。

3）前出口矢状径：自耻骨联合下缘到坐骨结节间径中点的距离，平均长 6cm。

4）出口后矢状径：自骶尾关节到坐骨结节间径中点的距离，平均长 8.5cm。当出口横径稍短，后矢状径较长，两径相加大于 15cm 时，胎头利用后三角区仍可自阴道娩出。

【骨盆轴】

骨盆轴为连接骨盆各平面中点的曲线，代表骨盆轴。此轴上段向下向后，中段向下，下段向下向前（图 7-3）。分娩时，胎儿沿此轴娩出，助产时应该按骨盆轴方向协助胎儿娩出。

【骨盆倾斜度】

骨盆倾斜度指妇女站立时，骨盆入口平面与地平面所形成的角度，一般为 60°（图 7-4）。若倾斜度过大，常影响胎头衔接。

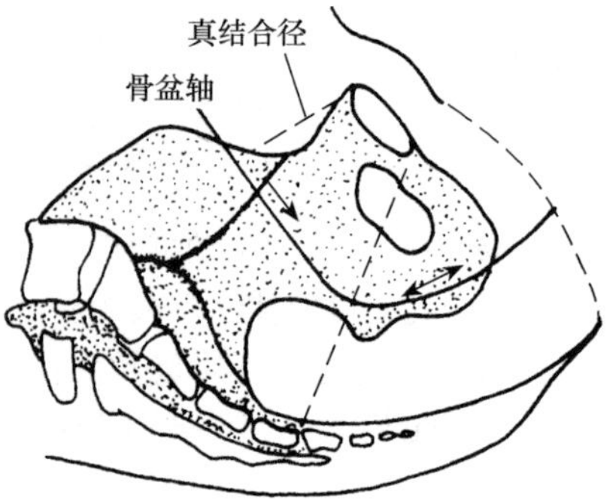

图 7-3 骨盆轴

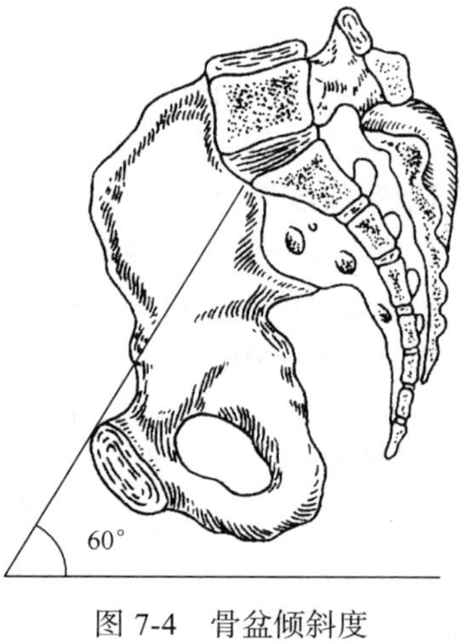

图 7-4 骨盆倾斜度

2. 软产道 软产道是由子宫下段、宫颈、阴道及骨盆底软组织构成的弯曲管道。

（1）子宫下段的形成：由非孕时长约 1cm 的子宫峡部于妊娠期逐渐扩张、拉长，形成子宫下段，临产后进一步伸展可达 7～10cm，肌壁变薄成为软产道的一部分。由于宫缩使子宫上下段肌壁厚薄不一，在两者之间子宫内面形成一环状隆起称生理缩复环（图 7-5）。

考点提示：子宫下段

（2）子宫颈的变化：临产前子宫颈管长约 2cm，临产后由于宫缩牵拉宫颈内口的子宫

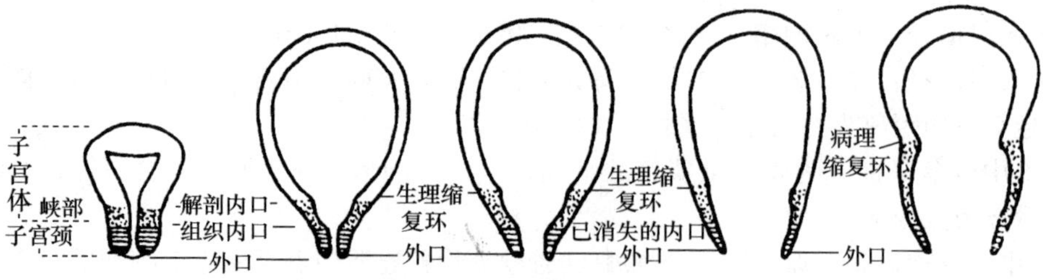

图 7-5 子宫下段的形成

肌纤维、宫腔内压的升高、前羊膜囊的楔状支撑、胎先露下降以及子宫骶、主韧带的作用，使宫颈管逐渐变短，最后消失而展平。随着分娩活动的进展，宫颈外口逐渐扩张，当扩张至直径达10cm时，即宫口开全，足月胎头方能通过。初产妇宫颈管先消失后开大，经产妇颈管消失与开大同时进行（图7-6）。

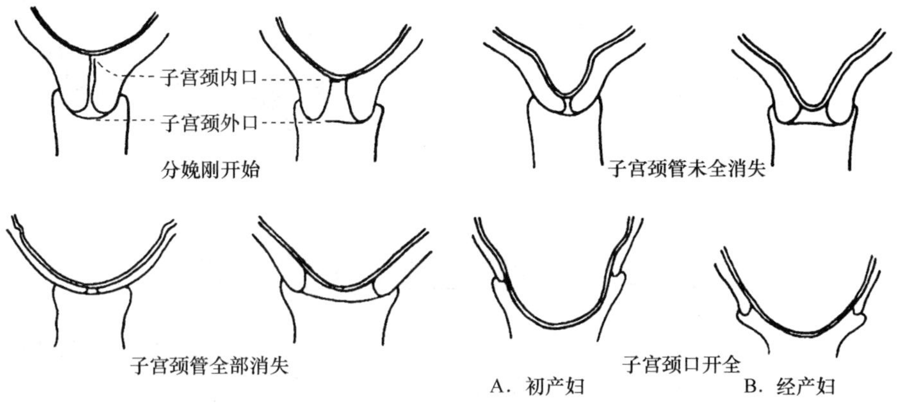

图7-6 子宫颈管消失及宫口扩张步骤

（3）阴道、骨盆底与会阴的变化：前羊膜囊及胎先露将阴道上部撑大，破膜后先露部直接压迫骨盆底，使软产道形成一个向前弯曲的长筒形管道，前壁短后壁长。肛提肌高度伸展，肌纤维伸长，肌束分开，使会阴体由4～5cm厚扩展到2～4mm薄的组织，利于胎儿通过。分娩时容易破裂，应注意保护。

考点提示：软产道构成

【胎儿】

1. 胎儿能否顺利通过产道，还取决于胎位、胎儿大小及有无畸形。

2. 成熟胎儿的胎头是胎体的最大部分，胎头如能通过产道，胎儿其他部分即可顺利通过。胎头由七块扁骨组成，即顶骨、额骨、颞骨各两块，枕骨一块。颅骨之间的缝隙称颅缝，缝与缝会合处的空隙称囟门。胎头骨缝和囟门，有一定可塑性，分娩过程中颅骨可略微变形或重叠使头颅体积缩小，有利于胎头娩出。

（1）颅缝：矢状缝位于颅顶正中两顶骨之间；冠状缝位于顶骨与额骨之间；人字缝位于枕骨与顶骨之间（图7-7）。

（2）囟门：前囟门（大囟门）在胎头前方，为两额骨与两顶骨之间的空隙，呈菱形；后囟门（小囟门）为两顶骨与枕骨之间的三角形空隙。临床上以矢状缝和前、后囟门作为确定胎方位的标志。

（3）胎头径线：①双顶径，为两顶骨隆突间的距离，妊娠足月时平均9.3cm，临床常用B型超声测量此值判断胎儿大小；②枕下前囟径，自前囟门中央至枕骨隆突下方的距离，平均9.5cm；③枕额径，自鼻根至枕骨隆突的距离，平均11.3cm；④枕颏径，自颏骨下方至后囟门顶部的距离，平均13.3cm（图7-8）。

考点提示：双顶径、枕下前囟径、枕额径

【精神心理因素】

分娩虽为生理现象，初孕妇无分娩体验或经产妇有异常妊娠、异常分娩史，不免对分娩产生顾虑，甚至恐惧；产妇的性格特征、文化知识水平、社会条件、家庭状况及待产环境等都将影响其心理状态。临产后过度紧张、恐惧、焦虑常常影响宫缩，导致宫缩乏力、宫口扩张缓慢、产程延长等，也易造成胎儿缺氧，出现胎儿窘迫。

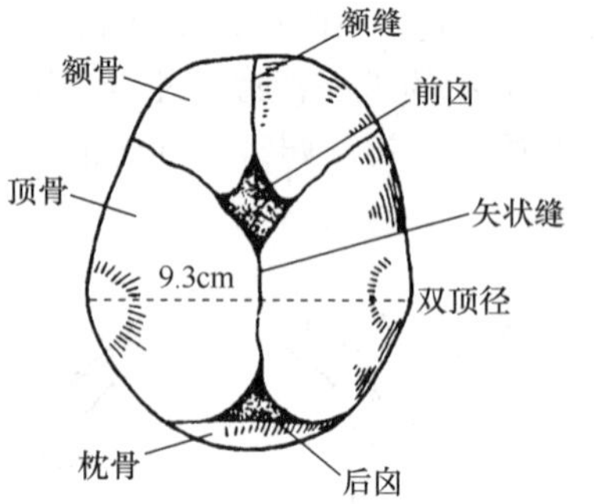

图 7-7 胎儿颅骨、颅缝、囟门及双顶径

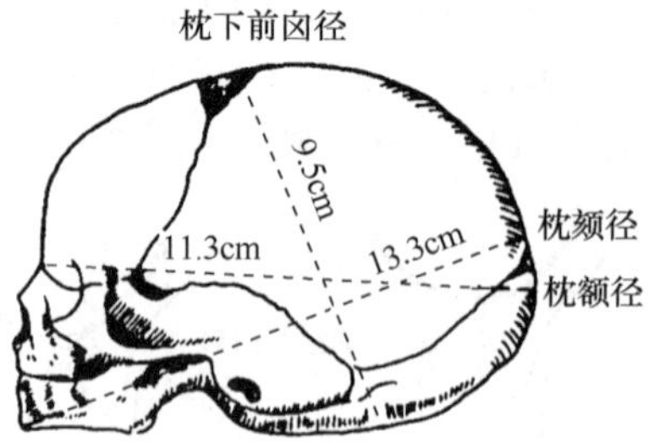

图 7-8 胎头径线

第 2 节 枕先露的分娩机制

分娩机制是指胎儿先露部随着骨盆各平面的不同形态，被动地进行一系列适应性转动，以其最小径线通过产道的全过程。临床上以枕左前位最多见，故以枕左前位的分娩机制为例，叙述如下（图 7-9）。

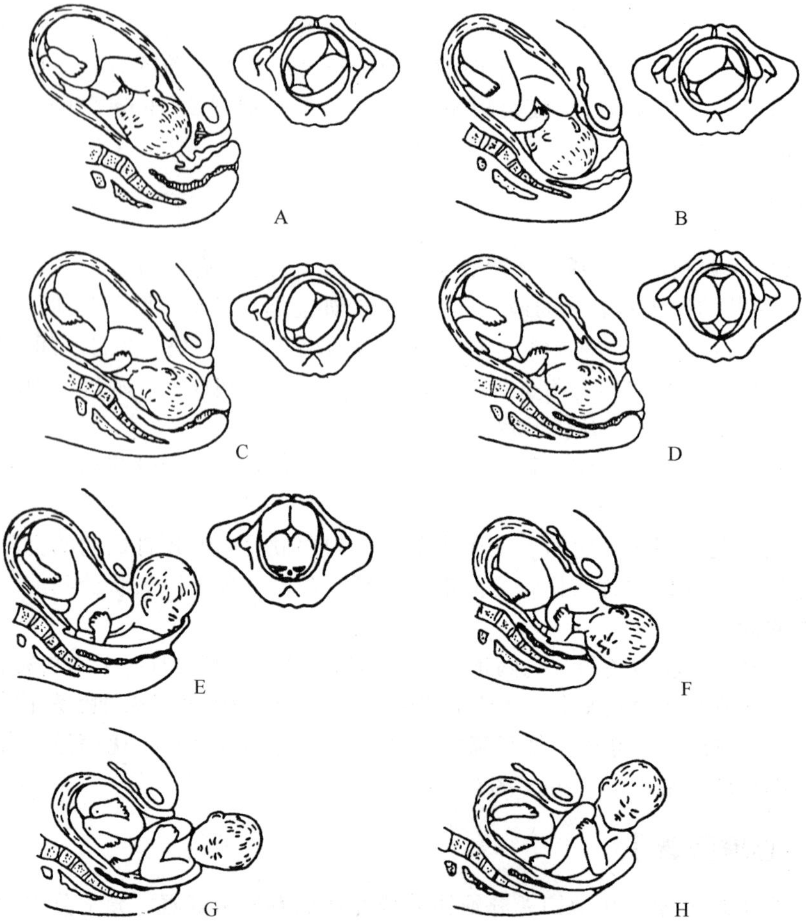

图 7-9 枕左前位分娩机制示意图

A. 衔接前胎头尚浮；B. 衔接俯屈下降；C. 继续下降与内旋转；D. 内旋转已完成，开始仰伸；E. 仰伸已完成；F. 胎头外旋转；G. 前肩娩出；H. 后肩娩出

1. 衔接 胎头双顶径进入骨盆入口平面，胎头颅骨的最低点已接近或达到坐骨棘水平，称为衔接或入盆（图7-10）。胎头呈半俯屈状态进入骨盆入口，以枕额径衔接在骨盆入口右斜径上，枕骨在骨盆左前方。初产妇在预产期前1～2周内胎头衔接，经产妇在分娩开始后胎头衔接。若初产妇已临产而胎头仍未衔接，应警惕有头盆不称。

2. 下降 胎头沿骨盆轴前进的动作称下降。该动作为间断性的始终贯穿于分娩的全过程中，下降的因素：①宫缩的压力通过羊水传导至胎头；②宫缩时宫底直接压迫胎臀；③胎体伸直伸长；④腹肌收缩使腹压增加。临床上以胎头下降的程度来判断产程进展是否顺利。

3. 俯屈 胎头继续下降至骨盆底时，原来处于半俯屈状态的胎头枕部遇肛提肌阻力，借杠杆作用进一步俯屈，使下颏贴近胸部，由衔接时枕额径（11.3cm）经俯屈变为枕下前囟径（9.5cm），以最小径线适应产道，有利于胎头继续下降（图7-11）。

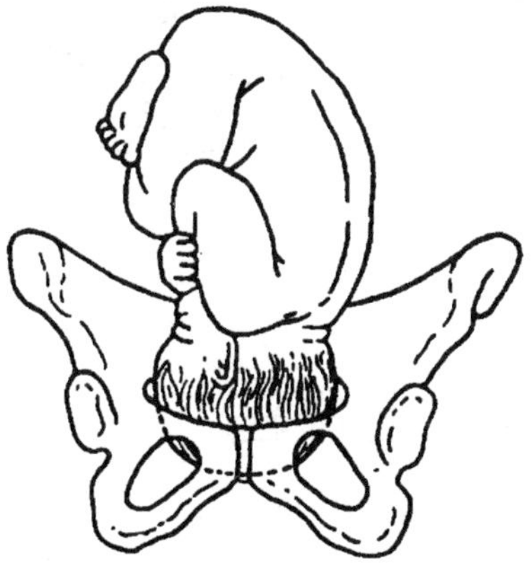

图7-10 胎头衔接

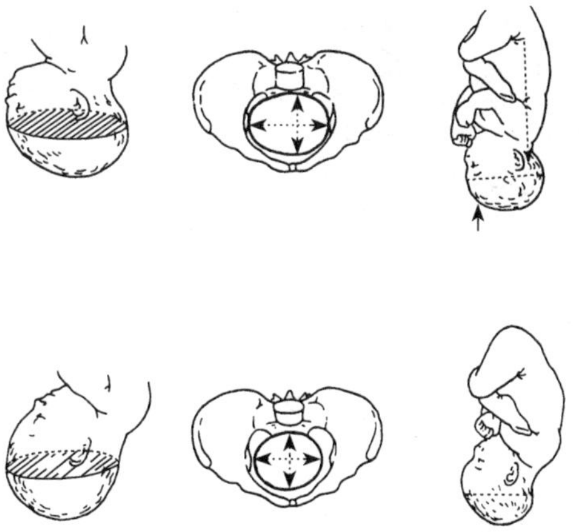

图7-11 胎头俯屈

4. 内旋转 胎头到达中骨盆为适应骨盆纵轴而旋转，使矢状缝与中骨盆及骨盆出口前后径相一致称为内旋转。枕左前位时胎头枕部位置最低，下降时遇到肛提肌的阻力而被推向阻力小、部位宽的前方，使枕部向前转45°，以适应中骨盆及出口前后径大于横径的解剖特点。胎头于第一产程末完成内旋转动作（图7-12）。

5. 仰伸 当胎头下降到阴道口时，因阴道前壁短后壁长，宫缩和腹压的力量迫使胎头下降，盆底肌收缩又将胎头向前推进，在两者的合力作用下使枕部以耻骨弓为支点，使胎头逐渐仰伸，顶、额、面及颏相继娩出（图7-13）。此时，胎儿双肩径沿左斜径进入骨盆入口。

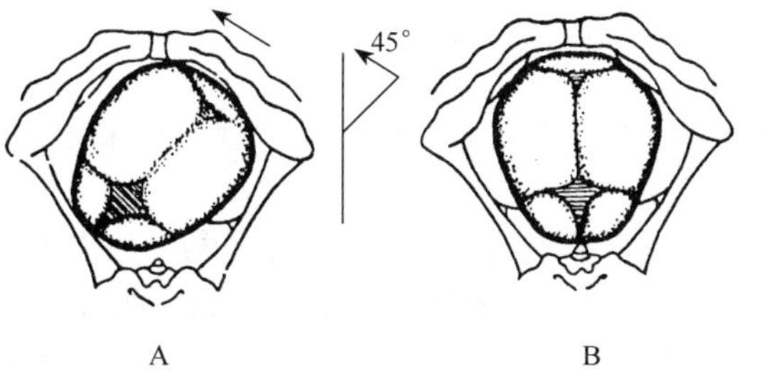

图7-12 胎头内旋转

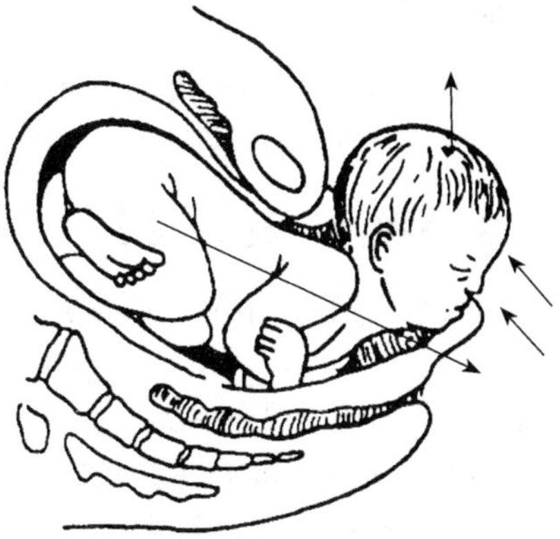

图7-13 胎头仰伸

6. 复位及外旋转 胎头娩出时双肩径沿骨盆左斜径下降。胎头娩出后，枕部顺时针旋转45°以恢复头与肩的正常关系称复位。此时前肩在骨盆内向中线旋转45°时，使双肩径与骨盆出口前后径一致，枕部随之在外继续顺时针转45°，以保持头与肩的垂直关系，称外旋转（图7-14）。

7. 胎儿娩出 前肩（右肩）由耻骨弓下先娩出，继之后肩（左肩）从会阴前缘娩出，胎体及下肢随之顺利娩出（图7-15）。

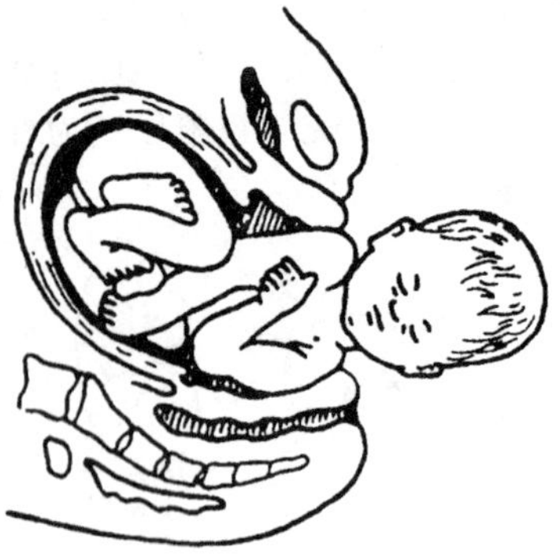

图7-14　胎头外旋转

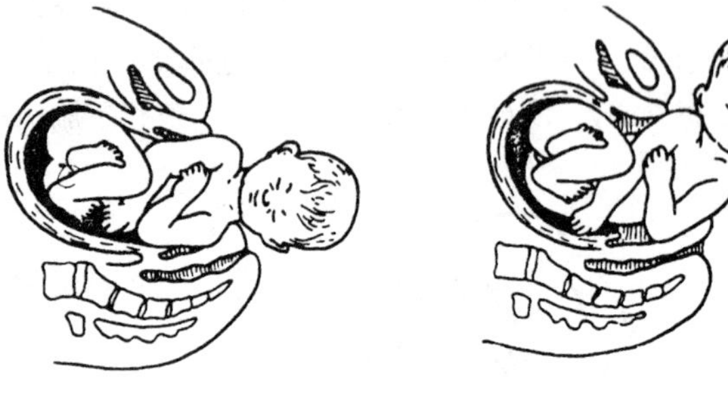

A　　　　B

图7-15　胎肩娩出

A. 前肩娩出；B. 后肩娩出

第3节　先兆临产、临产与产程

【先兆临产】

分娩开始前，出现一些预示临产的症状，称先兆临产。

1. 假临产 孕妇在分娩发动前，常出现假临产。其特点是宫缩持续时间短且不恒定，间歇时间长且不规律，宫缩强度不增加，常在夜间出现清晨消失，宫缩引起下腹部轻微胀痛，宫颈管不缩短，宫口扩张不明显。

2. 见红 分娩前24～48小时内，因子宫收缩引起子宫颈内口附近的胎膜剥离，致使毛细血管断裂出血，与子宫颈管黏液混合排出，也称“见红”。是先兆临产较可靠的征象。

考点提示：分娩先兆

3. 胎儿下降感 多数初孕妇感到上腹部较前舒适，进食量增多，呼吸较轻快，系胎先露下降进入骨盆入口使宫底下降的缘故。

【临产的诊断】

考点提示：临产诊断标准

临产的开始标志为有规律且逐渐增强的子宫收缩，持续30秒或以上，间歇5～6分钟，同时伴随进行性宫颈管消失、宫口扩张和胎先露部下降。

【总产程及产程分期】

即分娩全过程，指从规律性宫缩开始，至胎儿胎盘娩出，称为总产程，临床分为3个产程。

1. 第一产程 又称宫颈扩张期。从规律宫缩开始至宫颈口开全为止。初产妇需11～12小时，因宫颈较紧，宫口扩张较慢；经产妇需6～8小时，因宫颈较松，宫口扩张较快。

2. 第二产程 又称胎儿娩出期。从宫颈口开全至胎儿娩出。初产妇需1～2小时；经产妇在1小时内完成。

3. **第三产程** 又称胎盘娩出期。从胎儿娩出至胎盘娩出。需5～15分钟，不超过30分钟。

考点提示：产程分期

第4节 分娩的临床经过及处理

案例7-2

张女士，孕40周，腹部阵痛2小时收住院。末次月经2007年1月10日，预产期2007年10月17日，停经40余天出现早孕反应，近孕5个月时自觉胎动，孕期顺利。2小时前出现下腹部阵痛并逐渐增强。

体格检查：体温36.8℃，脉搏80次/分，呼吸20次/分，血压110/70mmHg。产科检查：胎方位LOA，胎心140次/分，宫缩持续30秒，间歇5分钟。肛诊检查：宫颈管消失，宫口扩张2cm，头先露，先露平坐骨棘，胎膜未破。

问题：1. 张女士是否临产？

2. 应如何观察产程？

一、第一产程的临床经过及处理

【临床表现】

1. **规律宫缩** 产程开始时，宫缩力弱，间歇时间长（5～6分钟），持续时间短约30秒。随着产程进展，持续时间逐渐延长（50～60秒），间歇时间逐渐缩短（2～3分钟）。宫颈口近开全时宫缩持续时间可长达1分钟以上，间歇仅1分钟或稍长，且强度不断增加。

2. **宫颈口扩张** 宫口扩张的速度有一定的规律性，可分为潜伏期和活跃期。①潜伏期：从规律宫缩开始至宫口扩张2～3cm，扩张较慢，平均每2～3小时扩张1cm，约需8小时，超过16小时称潜伏期延长；②活跃期：宫口扩张3cm至宫口开全，产程进展较快，约需4小时，超过8小时称活跃期延长。活跃期又分为3期：宫口开大3～4cm称加速期，约需1.5小时；宫口开大4～9cm称最大加速期，约需2小时；宫口开大9cm至开全（10cm）称减速期，约需半小时。

考点提示：潜伏期和活跃期

3. **胎头下降程度** 是决定能否经阴道分娩的重点观察项目，通过定时肛门检查，掌握胎头下降程度，并能协助判断胎方位。

4. **胎膜破裂** 简称破膜，多发生在宫口近开全时。宫缩时，宫腔内压力增加，胎先露下降将羊水阻断为前、后两部，胎先露前的羊水称前羊水，形成的前羊水囊有助于扩张宫颈口，宫缩继续增强，宫腔内压力增到一定程度时胎膜自然破裂，前羊水流出。

考点提示：胎膜正常破裂时间

【产程观察及处理】

第一产程时间较长，应注意产妇心理活动，主动与产妇交谈，介绍有关分娩的知识，解除疑虑，增强安全感，争取产妇配合。

1. **询问病史及检查** 详细询问产科病史，进行必要的全身及产科检查，对分娩作出初步估计。

2. **一般处理**

（1）精神安慰：产妇入院以后，由于离开了亲人及熟悉的家庭环境，心情比较紧张，往往影响产程的正常进展，而抑制子宫收缩，引起产程延长，甚至造成难产。所以医护人员应关心体贴产妇，消除其恐惧心理，介绍正常的分娩过程，使其了解分娩是一种生理现象，以增加其对分娩的信心，使产妇安心等待分娩。若产妇对子宫收缩感到不适时，指导其作深呼吸运动，或为其按摩下腹部或压迫腰骶部以减轻症状。

（2）活动与休息：胎头入盆宫缩不强未破膜者，可在室内活动，有助于产程进展。凡有胎位异常或有合并症的产妇，如阴道流血、胎膜早破而胎头尚未入盆者，应卧床休息并加强观察，防止发生意外。

（3）饮食：在分娩过程中，体力消耗较大，应注意补充热量和水分，鼓励产妇少量多次进食，给予易消化高热量的食物；对个别呕吐的产妇，必要时给予静脉补液，以保证充沛的精力和体力。

（4）测血压：第一产程，宫缩时血压升高 5～10mmHg，间歇期恢复，每 4～6 小时测量血压一次，在宫缩间歇时测量并记录。对高血压产妇，随时注意血压变化情况，严防子痫发生。

（5）排尿与排便：临产后，鼓励产妇每 2～4 小时排尿 1 次，以防因膀胱充盈影响产程进展。初产妇在宫口开大不足 4cm，经产妇宫口开大不足 2cm 时用肥皂水灌肠，可防止粪便污染，又能通过反射作用刺激宫缩加速产程进展。但有胎位异常、胎膜早破、阴道流血、头盆不称、瘢痕子宫、产妇患有心脏病、宫缩过强及急产史者不宜灌肠。

3. 观察产程

（1）子宫收缩：可通过胎儿监护仪观察子宫收缩持续时间、间歇时间、强度，并加以记录。无监护仪时，最简单的方法是将手放在产妇腹壁上，宫缩时子宫体隆起变硬，间歇期松弛变软。

（2）胎心音：通常在产程开始后，应于两次宫缩之间每 1～2 小时听一次胎心，每次至少听 1 分钟。遇宫缩过强时应增加听取胎心次数，可半小时听一次。注意胎心音强弱、规律性、速率，并及时记录。胎心由强变弱，或胎心率＞160 次 / 分钟、＜120 次 / 分钟，均提示胎儿宫内窘迫，应立即处理。

（3）宫颈扩张情况：通过肛门检查可以了解宫颈扩张情况。检查时产妇两腿屈曲尽量分开，检查者右手戴手套以示指涂滑润剂少许，轻轻插入肛门。了解宫颈软硬、厚薄，宫颈口扩张程度、胎膜有无破裂，胎先露和先露部高低，骨盆腔情况。在宫缩时进行，次数不宜太多，临产初期每 2 小时 1 次，经产妇或宫缩较紧者，间隔应适当缩短。

考点提示： 胎先露下降的标志

（4）胎先露下降情况：通过肛门检查可了解胎先露下降情况。胎先露下降程度以坐骨棘平面为标志，先露部最低点达此水平为“0”，棘下 1cm 为“＋1”，棘上 1cm 为“－1”，依此类推（图 7-16、图 7-17）。

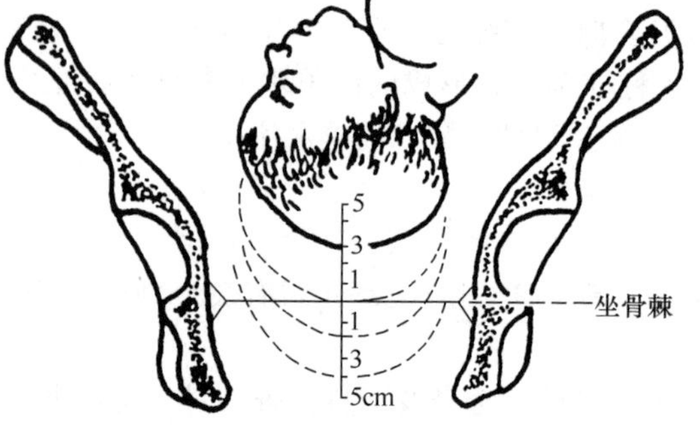

图 7-16 先露下降程度

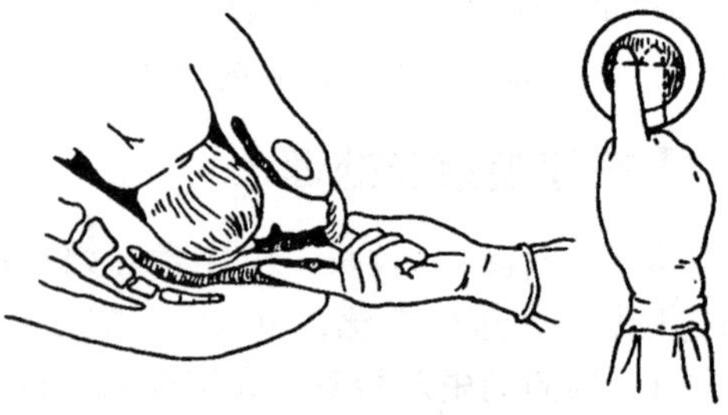
图 7-17 肛门检查

（5）破膜情况：破膜后立即听胎心并及时记录破膜时间，注意观察羊水性质、颜色和量。头先露羊水中若混有胎粪，说明已发生胎儿窘迫，应立即阴道检查有无脐带脱垂并紧急处理。破膜后胎头尚未入盆或臀位者，应绝对卧床，抬高床尾，以防脐带脱垂并保持外阴清洁，破膜超过 12 小时，给予抗生素预防感染。

二、第二产程的临床经过及处理

【临床表现】

宫口开全后，多已自然破膜。若仍未破膜，常影响胎头下降，应行人工破膜。此时每次宫缩持续时间 1 分钟或以上，间歇时间仅 1～2 分钟。先露部下降达骨盆底压迫直肠则引起产妇反射性的排便感，不由自主地向下屏气用力。随着产程进展，会阴逐渐膨隆变薄、肛门括约肌松弛，胎头于宫缩时露出阴道口，间歇期又缩回阴道内称胎头拨露（图 7-18）。经数次胎头拨露直至双顶径越过骨盆出口，宫缩间歇期胎头不再回缩称胎头着冠（图 7-19）。着冠后胎头开始仰伸娩出，继之胎头复位外旋转，胎肩、胎体及四肢相继娩出，后羊水随之涌出，宫底下降到脐平。经产妇第二产程短，上述临床表现不易截然分开，有时仅需要几次宫缩，即可完成胎头的娩出。

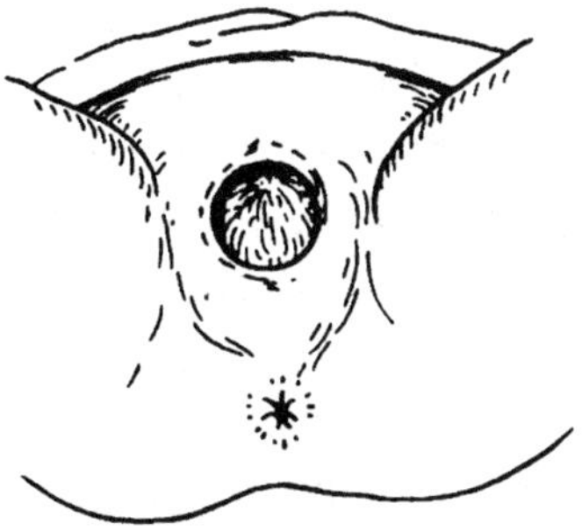

图 7-18 胎头拨露

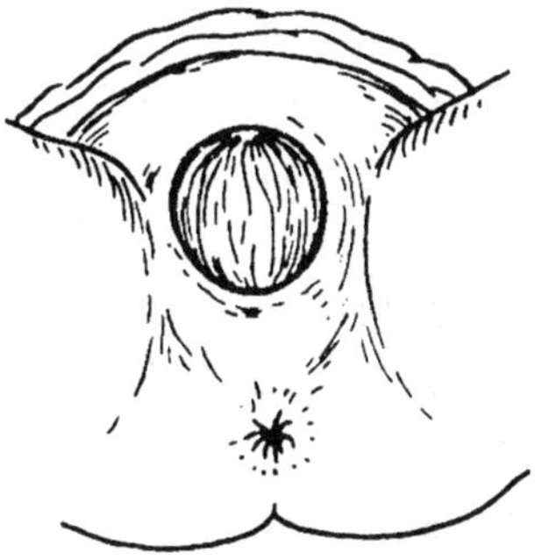

图 7-19 胎头着冠

【观察产程及处理】

1. 密切监测胎心 此时宫缩强度及频率增加，易致胎儿窘迫，需勤听胎心，每 5～10 分钟听一次并作记录，或用胎儿监护仪监测。如有异常变化，应立即处理，尽快娩出胎儿。

2. 指导产妇屏气 宫口开全后，应指导产妇正确运用腹压。方法：宫缩时先深吸气，双手紧握产床两侧的把手，双腿屈曲，两足蹬在床上，如解大便样向下用力；宫缩间歇时全身肌肉放松，安静休息。再次出现宫缩时再做屏气动作。如此反复协助主力逼出胎儿。

3. 接产准备 初产妇宫口开全、经产妇宫口扩张 4cm 且宫缩规律有力时，将产妇送至分娩室作好接产准备。让产妇仰卧于产床上，两腿屈曲分开，露出外阴部，在臀下放清洁塑料布或便盆，用消毒纱布球蘸肥皂水擦洗外阴部，顺序是阴阜、大腿内上 1/3 及大阴唇、小阴唇、会阴、肛门周围。然后用温开水冲洗干净，为防止冲洗液流入阴道，用消毒干纱布球盖住阴道口，最后以 0.1% 苯扎溴铵液或聚维酮碘消毒，消毒顺序依次为大阴唇、小阴唇、阴阜、大腿内上 1/3 及会阴、肛门周围（图 7-20），随后取下阴道口的纱布球和臀下的塑料布或便盆，臀下铺消毒巾。接产者按无菌操作常规洗手、戴手套及穿手术衣后，打开产包，铺好消毒巾准备接产。

4. 接产

（1）会阴撕裂的诱因：会阴过紧缺乏弹性、耻骨弓过低、会阴水肿、胎儿过大、胎儿娩出过快等，均易造成会阴撕裂。

（2）接产要领：保护会阴的同时，协助胎头俯屈，使胎头以最小径线在宫缩间歇时缓慢通过阴道口，是预防会阴撕裂的关键。

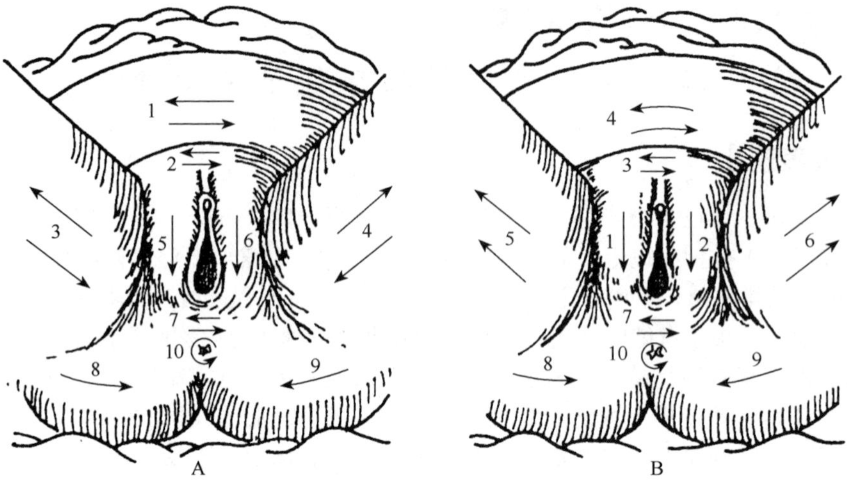

图 7-20　外阴冲洗与消毒顺序

A. 外阴冲洗顺序；B. 外阴消毒顺序

（3）接产步骤：接产人员站在产妇右侧，当胎头拨露阴唇后联合紧张时，开始保护会阴。方法：用无菌巾垫在会阴部，以右肘支在产床上，右手拇指与其他四指分开，用手掌大鱼际肌托住会阴部。宫缩时向上向内托压，左手同时轻压胎头枕部，协助胎头俯屈。宫缩间歇时保护会阴的右手稍放松，以免压迫过久引起会阴水肿。当胎头枕部在耻骨弓下露出时，左手协助胎头仰伸。如宫缩强、胎头枕骨出现在耻骨弓下时，嘱产妇张口哈气解除腹压，让胎头于宫缩间歇时缓慢娩出。胎头娩出后，保护会阴的右手不能松开，左手自鼻根向下颌挤压，挤出口鼻腔内的黏液和羊水，然后协助胎头复位及外旋转，使胎儿双肩径与骨盆出口前后径一致，左手向下轻压胎儿颈部，前肩自耻骨弓下娩出，再托胎颈向上后肩从会阴前缘娩出，双肩娩出后松开保护会阴的右手，继之双手协助胎身及下肢娩出（图 7-21）。

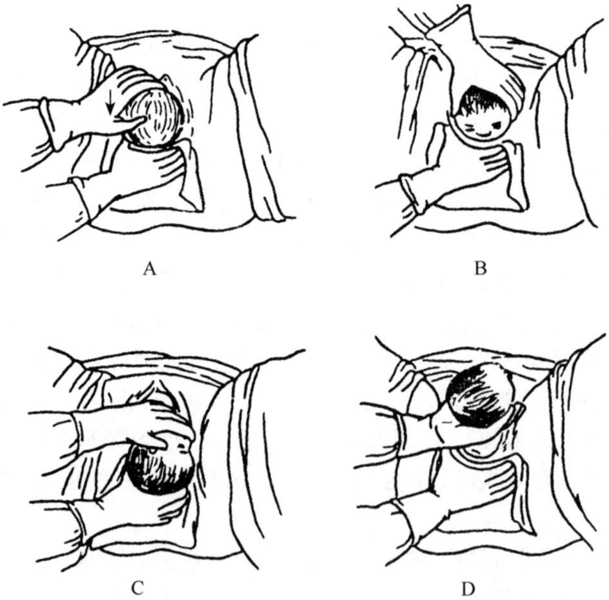

图 7-21　接产步骤

A. 保护会阴协助胎头俯屈；B. 协助胎头仰伸；C. 助前肩娩出；D. 助后肩娩出

胎头娩出时发现脐带绕颈一周且较松者，将脐带顺胎肩推上或从胎头滑下；若绕颈过紧，或绕两周以上者，可用两把止血钳将脐带一段夹住，从中间剪断，松解脐带后再协助胎肩娩出（图 7-22）。

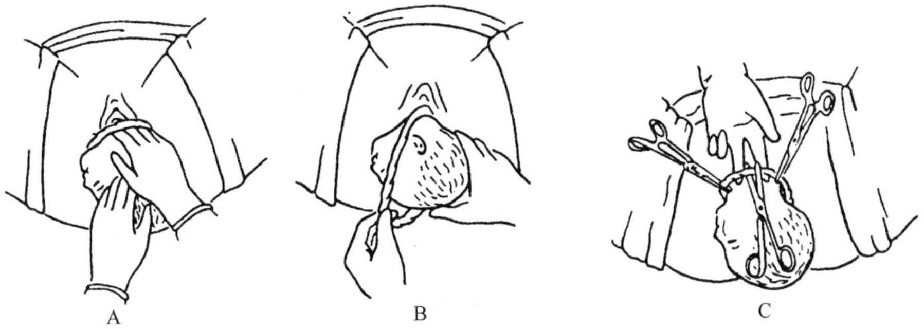

图 7-22　脐绕颈的处理

A. 将脐带顺肩部推上；B. 把脐带从头上退下；C. 用两把血管钳夹住，从中间剪断

（4）会阴切开指征：胎儿过大或会阴过紧，估计分娩时会阴撕裂不可避免者，或母儿有病理情况急需结束分娩者。

考点提示：保护会阴的时机

三、第三产程的临床经过及处理

【临床表现】

胎儿娩出后，产妇感觉轻松，宫底下降至脐平，宫缩暂停，数分钟后又重新开始。由于子宫收缩使宫腔突然缩小，但胎盘不能相应缩小，与宫壁发生错位剥离，剥离面出血形成胎盘后血肿，子宫继续收缩，剥离面积扩大，直至胎盘全部剥离而排出。

胎盘剥离及娩出方式有两种：①胎儿面先娩出，胎盘中央先剥离而后周围剥离，其特点胎盘先排出，后见少量阴道出血；②母体面先娩出，从胎盘边缘先剥离，血液沿胎盘剥离面流出，特点是先有阴道出血，后排出胎盘，出血量较多。

胎盘剥离的征象：①子宫底升高达脐上，宫体变硬呈球形；②阴道有少量流血；③阴道口外露的脐带自行下降延长；④在耻骨联合上缘向下深压子宫下段时，子宫底上升而外露的脐带不再回缩。

考点提示：胎盘剥离的征象

【处理】

1. 新生儿处理

（1）清理呼吸道：胎儿娩出断脐后，继续用新生儿吸痰管或导尿管清除咽部和鼻腔的黏液及羊水，以免发生吸入性肺炎。清理呼吸道后新生儿常大声啼哭，表示呼吸道已通畅，正常呼吸已建立。确认已吸净而仍无啼哭时，可用手轻轻拍打新生儿足底促其啼哭。

（2）阿普加评分（Apgar score）及其意义：判断有无新生儿窒息及窒息的严重程度，用新生儿阿普加评分，依据出生后 1 分钟内的心率、呼吸、肌张力、喉反射及皮肤颜色 5 项体征，每项 0～2 分，满分为 10 分。8～10 属正常新生儿；7 分以上只需一般处理；4～7 分缺氧较严重，为轻度窒息，需清理呼吸道、人工呼吸、吸氧、用药等措施才能恢复；0～3 分缺氧严重，为重度窒息，需紧急抢救，行喉镜直视下气管内插管并给氧。缺氧严重的新生儿应在出生后 5 分钟、10 分钟再次评分（表 7-1）。

表 7-1 新生儿 Apgar 评分法

体征	应得分数			生后 1 分钟评分	生后 5 分钟评分
	0 分	1 分	2 分		
心率	0	<100 次 / 分	≥100 次 / 分		
呼吸	0	浅慢且不规则	佳		
肌张力	松弛	四肢稍屈	四肢活动		
喉反射	无反射	有些动作	咳嗽、恶心		
皮肤颜色	口唇青紫 全身苍白	躯干红，四肢紫	全身红润		
总评分	0	5	10		

考点提示： 新生儿Apgar评分

（3）处理脐带：新生儿啼哭后，在距脐根 10～15cm 处钳夹两把止血钳，于两钳之间剪断脐带，用无菌纱布擦净脐根周围，在距脐根 0.5cm 处用粗丝线结扎第一道，再在结扎线外 0.5cm 处结扎第二道。在第二道结扎线外 0.5cm 处剪断脐带，挤出残余血液。断面用 2.5% 碘酊涂擦，待脐带断面干后，用无菌纱布覆盖包扎。目前多用脐带夹、血管钳、气门芯等方法取代双重结扎脐带法。处理脐带既要扎紧防止出血，又要避免用力过猛造成脐带断裂，同时注意新生儿保暖。

（4）处理新生儿：擦净新生儿皮肤上的血迹、羊水及足底胎脂，打足印及产妇拇指印于新生儿病历上，经详细体格检查后，系以标明新生儿性别、体重、出生时间、母亲姓名和床号的手腕带和包被。将新生儿抱给母亲，进行首次吸吮乳头。

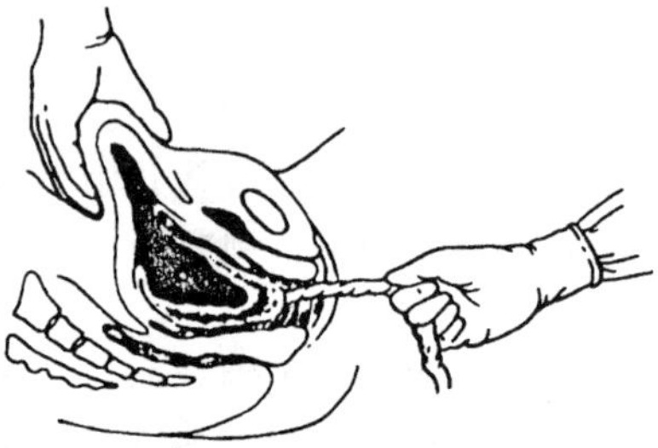
A

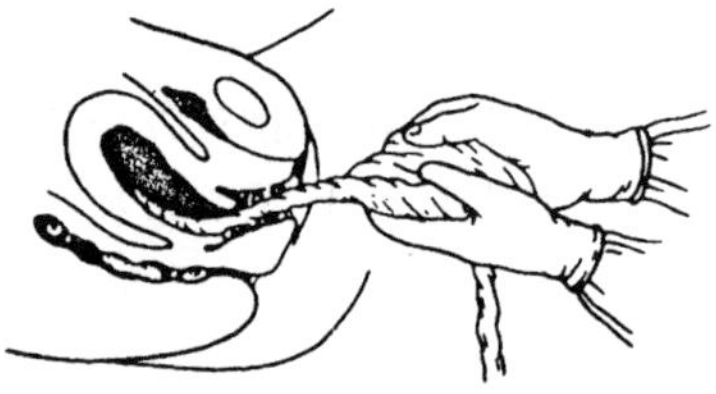
B

图 7-23 助娩胎盘

2. 协助胎盘娩出 当出现胎盘剥离征象后，让产妇用腹压，接产者左手握住宫底（拇指放在子宫前壁，其余 4 指置于子宫后壁）并按压，右手轻拉脐带协助娩出胎盘，当胎盘娩出至阴道口时，接产人员用双手捧住胎盘，向一个方向轻轻旋转并缓慢向外牵拉，使胎盘连同胎膜完整娩出。若发生胎膜部分断裂，可用止血钳夹住断端，继续旋转牵引，直到胎膜完全娩出。胎盘胎膜娩出后，按摩子宫可刺激子宫收缩减少出血，同时观察出血情况（图 7-23）。

3. 检查胎盘及胎膜 将脐带提起先检查胎膜是否完整，胎盘胎儿面边缘有无断裂的血管，能及时发现副胎盘，与正常胎盘分离的小胎盘，二者间的胎膜有血管相连（图 7-24），再将胎盘母体面铺平，检查胎盘小叶有无缺损。若有胎盘小叶缺损，或疑有副胎盘，或有大块胎膜残留时，应在无菌操作下，徒手入宫腔取出残留组织。如确认仅有少许胎膜残留，给予子宫收缩剂待其自然排出，但应严密观察阴道出血情况。

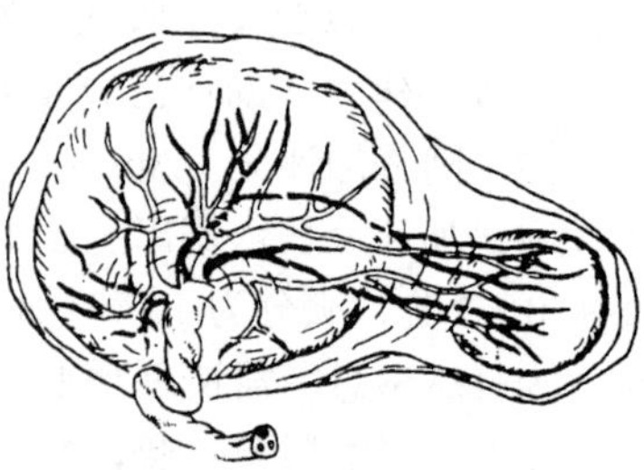
图 7-24 副胎盘

4. 检查软产道 检查胎盘胎膜后，应仔细检查会阴、小阴唇内侧、尿道口周围、阴道及宫颈有无撕裂伤，如有裂伤应立即缝合。

5. 预防产后出血 正常分娩出血量不超过 300ml。对宫缩乏力的产妇或有产后出血史者，在胎儿前肩娩出时用缩宫素10U加入10%葡萄糖溶液20ml缓慢静脉注射，加强宫缩促使胎盘剥离减少出血。如胎盘未全部剥离而出血量多时，应立即手取胎盘术。胎盘娩出后出血多时，用麦角新碱0.2mg肌内注射或经下腹部直接注入子宫体肌壁内，或缩宫素10～20U加入5%葡萄糖溶液500ml静脉滴注。

6．产后观察 产后应在产房观察2小时，注意宫缩情况、宫底高度、膀胱充盈情况、阴道流血量、会阴阴道有无血肿等，并测量血压及脉搏，一切正常者送回病房休息。若产妇自觉肛门坠胀，应进行肛查，以排除阴道血肿；阴道流血虽不多，但宫缩不良而宫底上升者，表明宫腔内有积血，应挤压子宫，排出积血，注射宫缩剂；膀胱充盈可影响宫缩易引起产后出血，应鼓励产妇排尿。

考点提示： 产后观察的时间及内容

案例分析参考答案

案例7-1

1．初步判断：可以经阴道分娩。

2．因为孕期骨盆外测量正常，现已足月，宫缩规律、宫口已扩张，胎心正常、胎儿正常大小无畸形，先露头，无异常情绪反应。

案例7-2

1．诊断：临产。

2．观察产程：依据宫缩持续30秒，间歇5分钟，并逐渐增强，颈管消失，宫口扩张、胎先露下降。观察宫缩是否规律，胎心是否正常，宫口扩张和胎儿先露下降的情况。

本章小结

决定分娩的四因素是产力、产道、胎儿及精神心理因素。“见红”是先兆临产较可靠的征象，出现于分娩前24～48小时。枕左前分娩机制包括衔接、下降、俯屈、内旋转、仰身、复位及外旋转、胎体娩出。临产标志为规律宫缩，宫颈管消失、宫口扩张和胎先露部下降。分娩的全过程称为总产程，临床分为三个产程，第一产程：从规律宫缩开始至宫颈口开全。初产妇需11～12小时，经产妇需6～8小时；第二产程：从宫颈口开全至胎儿娩出。初产妇需1～2小时，经产妇1小时内完成。第三产程：从胎儿娩出至胎盘娩出，不超过30分钟。各产程临床表现：第一产程出现规律宫缩、宫口扩张、胎先露下降和胎膜破裂；第二产程出现会阴膨隆、肛门放松、胎头拨露、着冠和胎儿娩出；第三产程为胎盘娩出。第一产程严密观察产程，第二产程要做好接生准备和接产，第三产程协助胎盘娩出并防止发生产后出血。

目标检测题

A_1 型题

1. 下列不属于软产道组成的是（　　）
   A. 子宫颈
   B. 阴道
   C. 骨盆底软组织
   D. 子宫下段
   E. 子宫峡部
2. 产妇，足月妊娠，宫缩30秒，间歇4分钟，颈管消失，宫口容1指，下列哪项是进入产程的标志（　　）
   A. 规律宫缩
   B. 胎心音正常
   C. 枕左前位
   D. 产妇一般情况良好
   E. 胎先露高浮
3. 不属于临产后正常子宫收缩特点的是（　　）

A. 节律性 B. 对称性
C. 缩复作用 D. 延展性
E. 极性

4. 第一产程观察宫缩下述哪项正确（ ）
A. 嘱产妇自己看表，记录自己的宫缩
B. 嘱家属观察宫缩，记录后汇报给医生
C. 助产人员把手放在产妇腹壁，腹部膨隆子宫变硬为宫缩期
D. 把手放在产妇腹壁，腹部变软是宫缩期
E. 询问产妇，腹部是否膨隆

5. 初产妇宫颈扩张活跃期不超过（ ）
A. 6 小时 B. 1 小时
C. 2 小时 D. 4 小时
E. 8 小时

6. 临产后观察胎先露下降程度的标志是（ ）
A. 骶岬 B. 坐骨棘水平
C. 坐骨结节平面 D. 坐骨切迹
E. 骶尾关节

7. 产妇第一产程，检查时，胎头下降程度为“－1”是指（ ）
A. 胎儿头皮坐骨棘平面下 1cm
B. 胎儿头皮坐骨棘上 1cm
C. 胎儿颅骨最低点在坐骨结节上 1cm
D. 胎儿颅骨最低点在坐骨棘平面下 1cm
E. 胎儿颅骨最低点在坐骨棘平面上 1cm

8. 有关破膜的处理，错误的是（ ）
A. 破膜后即听胎心音
B. 记录破膜的时间
C. 观察羊水性质
D. 胎头高浮者，需抬高床尾
E. 破膜超过 24 小时，需给予抗生素

9. 下属哪个征象可以确定进入第二产程（ ）
A. 宫缩时产妇有便意感
B. 宫口开全
C. 会阴膨隆
D. 胎膜破裂
E. 宫缩强而频繁

10. 第二产程延长是指（ ）
A. 初产妇超过 1 小时
B. 初产妇超过 2 小时
C. 初产妇超过半小时
D. 经产妇超过 2 小时
E. 经产妇超过半小时

11. 某产妇已进入第二产程，宫口开全，开始保护会阴的时机是（ ）
A. 宫口开全
B. 胎头拨露使阴唇后联合紧张时
C. 胎头着冠
D. 胎头仰神时
E. 阴道口见胎头时

12. 新生儿出生后，阿氏评分的内容包括（ ）
A. 出生后半分钟内的心率、呼吸、肌张力、喉反射、体重
B. 出生后半分钟内的心率、呼吸、肌张力、喉反射、皮肤颜色
C. 出生后 1 分钟内的心率、呼吸、血压、喉反射、皮肤颜色
D. 出生后 1 分钟内的心率、呼吸、肌张力、喉反射、体重
E. 出生后 1 分钟内的心率、呼吸、肌张力、喉反射、皮肤颜色

13. 初产妇第三产程的时间不超过（ ）
A. 5～6 小时 B. 2.5 小时
C. 2 小时 D. 1.5 小时
E. 30 分钟

14. 产妇胎盘已娩出，阴道流血量多，检查胎盘、胎膜，下列错误的是（ ）
A. 平铺胎盘，看胎盘母体面小叶有无缺损
B. 提起胎盘，看胎膜是否完整
C. 胎儿面边缘有无断裂的血管
D. 疑有少许小块胎膜残留，应手入宫腔取出
E. 疑有副胎盘或部分残留可手入宫腔取出

15. 张女士顺产，在产房观察 2 小时，不包括下述哪项（ ）
A. 注意子宫收缩
B. 宫底高度
C. 膀胱充盈
D. 会阴、阴道有无血肿
E. 早吸吮

（秦 雯）

第8章 正常产褥

学习目标

1. 掌握正常产褥期妇女的临床表现及产褥期母体变化。
2. 熟悉产褥期、恶露、初乳的概念。
3. 了解正常产褥期妇女常见问题的处理和母乳喂养。

第1节 产褥期临床表现

产褥期（puerperium）是指从胎盘娩出至产妇全身各器官（乳腺除外）恢复或接近孕前状态所需的时间，一般为6周。

考点提示：产褥期概念

案例8-1

产妇，28岁，住院分娩，产后2小时生命体征无异常，阴道流血约200ml，子宫底高度平脐，子宫收缩好，返病室休息。产后4小时产妇诉阴道流血量多，产后未解小便，查产妇：自返病室后阴道流血量约90ml，子宫底高度脐上2指，子宫稍软，膀胱胀满达耻骨联合上3横指。

问题：1. 该产妇产后情况是否正常？

2. 需如何处理？

【生命体征】

产后体温多数在正常范围内，可在产后24小时内体温略升高，一般不超过38℃。产后2～3天，由于乳房血管、淋巴管极度充盈，乳房胀大，体温可升高至38～39℃，一般在24小时内恢复正常，不属病态，称泌乳热。心率在正常范围内。产后腹压降低，膈肌下降，由妊娠期的胸式呼吸变为腹式呼吸，呼吸深慢，14～16次/分。血压变化不大。

考点提示：产后体温情况

【子宫复旧】

考点提示：子宫复旧时间及下降速度

胎盘娩出后，子宫圆而硬，子宫底下降至平脐水平，产后第一日略上升，以后每天以1～2cm的速度逐渐下降，于产后10日降至骨盆腔内，在耻骨联合上触不到宫底，直至产后6周子宫恢复到非孕期大小。

【产后宫缩痛】

产褥早期因子宫收缩引起下腹部阵发性疼痛，称为产后宫缩痛。多见于经产妇，于产后1～2日出现，哺乳时反射性缩宫素分泌增多使疼痛加重，持续3～4日自行消失。

【恶露】

产后子宫蜕膜坏死脱落，与血液一起经阴道排出称为恶露。根据恶露排出的时间、颜色和内容物的不同可分为：

1．血性恶露 产后的3～7天内，恶露颜色鲜红、量多、有时有小血块。主要含多量红细胞、坏死蜕膜及少量胎膜。

2．浆液恶露 产后3～7天后，子宫出血量逐渐减少，浆液增加，恶露转为淡红色。主要含有较多坏死蜕膜、宫腔渗出液、宫颈黏液及少量红细胞、白细胞，另外还有细菌，一般持续10日左右。

3．白色恶露 产后2周后，子宫出血进一步减少，恶露中浆液逐渐减少，其内白细胞多，还有坏死蜕膜、表皮细胞及细菌，恶露颜色进一步变淡呈白色，一般持续3周干净。

正常恶露有血腥味，但无臭味，持续4～6周，总量250～500ml。若子宫复旧不全或宫腔内残留胎盘、多量胎膜或合并感染时，恶露增多，血性恶露持续时间延长并有臭味。

考点提示：恶露的概念及特征

【褥汗】

产后一周内皮肤排泄功能旺盛，排出大量汗液，以夜间睡眠和初醒时更明显，不属病态。

第2节　产褥期母体变化

【生殖系统的变化】

1．子宫 变化最大的生殖器官。妊娠子宫自胎盘娩出后逐渐恢复至未孕状态的过程称子宫复旧，需时6周。主要变化为宫体肌纤维缩复和子宫内膜再生。

（1）宫体肌纤维缩复：胎盘娩出后，由于肌纤维的缩复，子宫肌细胞缩小，使子宫体积缩小。产后1周，子宫缩小至妊娠12周大小；产后10日，子宫降至骨盆腔内；产后6周，恢复到非孕大小。

（2）子宫内膜再生：胎盘、胎膜从蜕膜海绵层分离娩出后，遗留的蜕膜分为2层，表层因白细胞浸润而发生变性、坏死、脱落，形成恶露的一部分自阴道排出；深层即近肌层的子宫内膜基底层逐渐再生新的功能层修复整个子宫内膜。胎盘附着部位外的宫腔表面内膜修复约需3周，胎盘附着部位全部修复约需6周。

（3）子宫颈及子宫下段变化：分娩后的子宫颈松软、呈紫红色，宫颈外口呈环状如袖口。产后1周，宫颈内、外口完全关闭，产后4周，宫颈完全恢复至孕前大小。由于分娩过程宫颈外口在3点及9点处易发生轻度裂伤，初产妇的子宫颈外口由产前的“O”形（未产型）变为“一”字型（已产型）。产后子宫下段收缩，逐渐恢复为未孕时的子宫狭部。

考点提示：子宫的复旧时间及主要变化

（4）子宫血管变化：胎盘娩出后，子宫复旧导致子宫迅速缩小，胎盘附着面立即缩小至原来的一半，穿行于子宫平滑肌的螺旋小动脉和静脉窦被压缩变窄关闭，数小时后血管内血栓形成，使出血逐渐减少至停止。

2．阴道及外阴 分娩后阴道壁松弛且肌张力降低，阴道腔扩大，产褥期可逐渐恢复，产后3周阴道黏膜皱襞逐渐重新出现，但产褥结束时尚不能完全恢复至孕前的紧张度。阴道黏膜及外阴分娩后轻度水肿，2～3日内逐渐消退。会阴部血液循环丰富，若有轻度撕裂或会阴切口缝合后，能在3～5日内愈合。处女膜在分娩时撕裂形成残缺痕迹称处女膜痕。

3．盆底组织 盆底组织在分娩过程中因过度伸展常伴有肌纤维部分撕裂，使组织张力减弱，产褥期结束时常难以恢复至孕前状态。产褥期坚持做产后健身操有助于恢复盆底组织的张力。若盆底组织发生严重撕裂未能及时修复，可造成盆底松弛，加上产褥期过早参加体力劳动，可导致阴道壁彭出、尿失禁甚至子宫脱垂。

4．卵巢 排卵时间受哺乳影响，不哺乳妇女在产后10周左右恢复排卵；哺乳妇女平均在产后 4～6 个月恢复排卵。哺乳期妇女在首次月经来潮前多有排卵，故哺乳期产妇月经虽未来潮，也有可能受孕。

考点提示：恢复排卵时间及避孕

【乳房的变化】

乳房的主要变化是泌乳。随着胎盘剥离娩出，血中雌、孕激素、胎盘生乳素水平急剧下降，使垂体催乳激素水平升高，产生乳汁。以后的乳汁分泌则依赖哺乳吸吮的刺激，当新生儿吸吮刺激乳头时，促使乳汁分泌。此外，乳汁分泌量还与产妇营养、睡眠、情绪和健康状况密切相关。产后 7 日内分泌的乳汁称为初乳，因含 β 胡萝卜素和有形物质呈淡黄色、质稠。初乳中含较多蛋白质、矿物质及多种抗体，尤其是分泌型 IgA（sIgA），脂肪和乳糖含量较少，极易消化，是新生儿早期最理想的天然食物。此后 4 周内乳汁逐渐转为成熟乳，蛋白质含量逐渐减少，脂肪和乳糖含量逐渐增多。乳汁中所含免疫球蛋白，有助于新生儿抵抗疾病的侵袭；所含矿物质、维生素和各种酶等，对新生儿生长发育有重要作用。由于多数药物可经母血渗入乳汁中，故哺乳期妇女用药时，应综合考虑药物在乳汁中的浓度和对新生儿的不良影响。

考点提示：泌乳机制、乳汁成分及母乳喂养的优点

【循环系统及血液的变化】

胎盘娩出后子宫胎盘血循环不复存在且子宫缩复，大量血液回流入体循环，加之妊娠期潴留的组织间液回吸收，致使产后 72 小时内血容量增加 15%～25%，因此，原有心脏病产妇在此期间容易发生心力衰竭。血容量于产后 2～3 周恢复至未孕状态。

产褥早期血液处于高凝状态，有利于减少产后出血。产后 2～4 周，纤维蛋白原、凝血酶、凝血酶原逐渐恢复至正常孕前水平。红细胞和血红蛋白于产后 1 周左右回升。白细胞总数于产褥早期较高，可达（15～30）$\times 10^9$/L，一般 1～2 周恢复正常，中性粒细胞增多，血小板数增多，红细胞沉降率于产后 3～4 周降至正常。

考点提示：血容量及血液成分的变化

【消化系统的变化】

产后 1～2 日内产妇常感口渴，喜进流食或半流食。妊娠期胃肠肌张力及蠕动减慢，加之产褥期活动减少，腹肌及盆底肌松弛，容易便秘。胃肠肌张力约于产后 1～2 周逐渐恢复。

【泌尿系统的变化】

产后 1 周内产妇的尿量增多。由于在分娩过程中膀胱受压使黏膜水肿、充血，肌张力降低，膀胱对内压的敏感性下降，分娩镇痛药物的应用，加之产后会阴切口疼痛、不习惯卧床排尿等原因，容易发生尿潴留，尤其在产后 24 小时内。

【内分泌系统的变化】

分娩后雌、孕激素水平急剧下降，至产后 1 周已降至孕前水平。胎盘生乳素于产后 6 小时不能测出。垂体泌乳素水平取决于是否哺乳，不哺乳产妇于产后 2 周降至孕前水平；哺乳产妇于产后下降，但仍高于非孕水平，吸吮乳汁时泌乳素明显增高。

月经复潮及排卵时间受哺乳影响。不哺乳妇女的月经复潮常在产后 6～10 周，在产后 10 周左右恢复排卵；哺乳妇女的月经复潮时间延迟，有的在哺乳期月经一直不来潮，平均在产后 4～6 个月恢复排卵。哺乳期妇女在首次月经来潮前可有排卵，故哺乳期产妇月经虽未来潮，也有可能受孕。

考点提示：未哺乳妇女产后恢复排卵时间

【腹壁及皮肤的变化】

产后腹壁明显松弛，腹壁紧张度需在产后 6～8 周恢复。妊娠期腹部及面部的色素沉

着，在产褥期会逐渐消退。初产妇腹壁紫红色妊娠纹逐渐转变为银白色。

第3节　产褥期处理及保健

【产褥期处理】

正常产褥的处理主要是观察了解产妇生殖系统、乳房及全身各系统是否按正常规律复旧，若发现异常，及时处理。

1. 产后2小时的处理　产后2小时内极易发生严重并发症，如产后出血、子痫、心力衰竭等，故应在产房密切观察生命体征，每30分钟观察并记录一次子宫收缩情况、宫底高度及膀胱充盈情况。宫底高度逐渐上升者应警惕宫腔内积血。收集阴道流血量，若出血量多，应及时查找原因并处理。若产妇自觉肛门坠胀，应警惕阴道后壁血肿，可经肛查确诊后予及时处理。此期间还应协助产妇首次哺乳。产后2小时一切正常，将产妇连同新生儿送回病室，加强巡视。

2. 观察子宫复旧及恶露　每日应在同一时间手测子宫底高度，了解子宫复旧情况，测量前嘱产妇排尿。每日观察恶露量、颜色及气味。若子宫复旧不全，恶露量增多、色红且持续时间长，应及早给予子宫收缩剂。若恶露有腐臭味且伴有子宫压痛，多合并感染，应给予抗生素控制感染。

3. 饮食与排便　产后1小时可让产妇进食流食或清淡半流食，以后可进普通饮食。食物应富有营养、足够热量和水分，并补充维生素和铁剂。产后4小时内应让产妇排尿。对于排尿困难者，可用以下方法诱导：①微热刺激：用温水缓慢冲洗尿道外口周围诱导排尿，或用热水袋敷下腹正中膀胱部位并予以按摩，刺激膀胱肌收缩；②针灸：针刺关元、气海、三阴交、阴陵泉等穴位；③药物：肌注甲硫酸新斯的明1mg兴奋膀胱逼尿肌促使排尿。若上述方法均无效应予导尿，留置导尿管1～2日，并给予抗生素预防感染。鼓励产妇尽早下床活动，多进食蔬菜及水分，发生便秘者，可酌情用开塞露塞肛或口服缓泻剂车前番泄颗粒。

考点提示： 产妇在产后4小时内应排尿

4. 会阴处理　保持会阴清洁干燥，每日用碘伏消毒液擦洗外阴及切口2～3次。会阴部有水肿者，可用50%硫酸镁湿热敷，产后24小时后可用红外线照射外阴，促进局部血循环。会阴部有缝线者，应每日检查切口有无红肿、硬结及分泌物，于产后3～5日拆线（可吸收线皮内缝合者可不用拆）。若切口感染，应提前拆线引流，按感染伤口清创处理并定时换药。

5. 观察情绪变化　产后由于神经内分泌的急剧变化，以及产妇对哺育新生儿的担心和不适应，产褥期的不适等可造成产妇在产后3～10日内轻度抑郁症，应帮助减轻产妇身体不适，给予精神关怀、鼓励和安慰，使其恢复自信。抑郁严重者，应及时与心理医生共同对其进行心理治疗，必要时服抗抑郁症药物。

6. 乳房护理　鼓励母乳喂养，提倡尽早、按需哺乳。于产后半小时内开始哺乳，哺乳的时间及频率取决于新生儿的需要及乳母奶胀的情况。哺乳前母亲要洗手并用温开水清洁乳房及乳头。哺乳时母亲及新生儿均应选择最舒适的位置，母亲一手拇指放在乳房上方，其余四指放在乳房下方，将乳头和大部分乳晕放入新生儿口中，同时防止乳房堵住新生儿鼻孔。吸空一侧乳房后再吸吮另一侧乳房。每次哺乳后应抱起新生儿轻拍其背部1～2分钟，使胃内空气排出以防吐奶。哺乳期以10个月至1年为宜。若乳汁不足，可适当调节饮食，多食汤水多的食物。乳汁确实不够时，应及时补充按比例稀释的配方奶。

哺乳期如遇下述情况应分别处理：

（1）乳胀：多因乳房过度充盈及乳腺管不通畅所致。可用热毛巾湿热敷乳房3～5分钟后进行按摩，再哺乳，应增加哺乳次数，排空乳房。必要时口服散结通乳中药。

（2）乳头皲裂：多因婴儿含接乳头不正确，哺乳方法不当，过度使用肥皂等清洁剂清洗乳头或婴儿口腔运动功能失调所致。轻者可继续哺乳，哺乳前湿热敷乳头及乳晕3～5分钟，挤出少许乳汁，使乳晕变软，以利于新生儿含吮乳头和乳晕。哺乳后挤少许乳汁涂在乳头和乳晕上，短暂暴露和干燥起保护乳头的作用。严重者停止哺乳，可挤出或用吸奶器将乳汁吸出喂给新生儿。

（3）退奶：因母儿因素不能哺乳者应尽早退奶。最简单的方法是停止哺乳，不排空乳房，少进食汤水多的食物，约有半数妇女感到乳房胀痛，佩戴合适胸罩，一般2～3日后疼痛减轻。其他退奶方法有：生麦芽60～90g，水煎当茶饮，每日一剂，连服3～5日；维生素$B_6$200mg口服，每日3次，共5～7日；芒硝250g分装两纱布袋内，敷于两乳房并包扎，湿硬时更换；戊酸雌二醇3mg，每日3次，连续5～7日。

考点提示：母乳喂养注意事项

母乳喂养的优点

世界卫生组织已将母乳喂养列为卫生工作的重要环节，其优点：为新生儿提供营养及促进发育；提高免疫功能；促进母婴感情联系；吸吮乳头时反射性地引起垂体后叶释放缩宫素，促进子宫收缩防止产后出血；减少母亲患乳腺癌、卵巢癌的风险。

链接

【产褥期保健】

1．饮食起居 合理饮食，保持身体清洁，居室应清洁通风，注意休息，适当活动，有利于体力的恢复、促进排尿和排便，降低静脉血栓塞的发生率，促使骨盆底及腹肌张力恢复。经阴道自然分娩的正常产妇，产后6小时即可起床轻微活动，于产后2日可在室内随意走动。行会阴切开或剖腹产的产妇，可适当推迟活动时间。

2．产后健身操 运动的方式和量因人而异，运动量由大到小，循序渐进。包括能锻炼腹肌的抬腿、仰卧起坐动作；锻炼盆底肌和筋膜的缩肛动作；锻炼腰肌的腰回转动作。产后2周可加做胸膝卧位，预防和纠正子宫后倾。

3．产后访视和健康检查 在产妇出院后3日内、产后14日及28日分别做3次产后访视，了解产妇及新生儿健康状况，内容包括：①产妇饮食、睡眠及精神心理情况；②子宫复旧情况；③伤口情况；④乳房及哺乳情况；⑤新生儿情况。若发现异常及时指导。产后42日，产妇应去医院做健康检查，包括：①全身检查：测血压、脉搏，查血、尿常规，了解乳房及哺乳情况，若有内科或产科合并症应作相应检查和处理；②妇科检查：观察生殖器是否已恢复至非孕状态。同时应带婴儿来医院做一次全面检查。

4．计划生育指导 产褥期内禁性生活。若恢复性生活应采取避孕措施，哺乳者工具避孕，不哺乳者也可选择药物避孕。

案例分析参考答案

案例8-1

1．不正常，考虑子宫收缩不良，原因为膀胱充盈。

2．处理：①嘱产妇排尿后子宫底下降至脐水平，收缩好，阴道流血减少（若产妇自行排尿困难，可诱导排尿或导尿）；②排尿后子宫仍收缩不良，按产后宫缩乏力处理。

本章小结

产褥期是指从胎盘娩出至产妇全身各器官（除乳腺外）恢复或接近正常未孕状态所需的一段时间，通常为6周。此期产妇全身各系统发生巨大变化，尤以生殖系统变化大。临床表现主要是泌乳热、子宫复旧、恶露、褥汗及产妇精神心理改变。医务人员应注意观察上述情况是否正常，特别加强产后2小时内的观察和处理，若发现异常及时处理，并指导产妇定期访视和健康检查。

目标检测题

A_1 型题

1. 产褥期是指（　　）
   A. 从胎儿娩出至生殖器官恢复正常
   B. 从第二产程至生殖器官恢复正常
   C. 从胎儿娩出至全身恢复正常
   D. 从胎儿娩出至恶露干净所需时间
   E. 从胎盘娩出至全身（除乳腺外）各器官恢复或接近孕前状态所需时间
2. 下述哪项叙述是错误的（　　）
   A. 孕期乳腺发育是胎盘分泌的激素引起
   B. 产后生乳素分泌的抑制被解除
   C. 催产素不影响乳汁分泌
   D. 应用大量雌激素可促进乳汁分泌
   E. 心脏病产妇容易在产后72小时内发生心衰
3. 关于产褥期保健下述哪项错误（　　）
   A. 保健人员在产妇出院后应做3次产后访视
   B. 注意休息，禁止走动
   C. 可适当活动及产后健身操
   D. 禁止性生活
   E. 哺乳者不可药物避孕

A_2 型题

4. 关于母乳喂养的优点，下述哪项正确（　　）
   A. 促进子宫收缩，减少产后出血
   B. 营养丰富且易吸收消化
   C. 增强新生儿抗病能力
   D. 方便、经济
   E. 以上均正确
5. 产后何时在耻骨联合上触不到宫底（　　）
   A. 2天　　B. 7天
   C. 10天　　D. 4周
   E. 6周

A_3 型题

（6～8题共用题干）

经产妇，产后第一天，诉下腹痛。查有低热，出汗，咽无充血，无恶心呕吐、腹泻，脐下二横指处触及一子宫底，质硬，白细胞 $11.0\times10^9/L$，中性0.75。

6. 最可能的诊断是（　　）
   A. 产后子宫内膜炎
   B. 产后宫缩痛
   C. 子宫肌瘤红色变性
   D. 卵巢囊肿扭转
   E. 子宫肌炎
7. 正常产后第3天，乳房胀痛，无红肿，乳汁少，伴低热。解决方法首选（　　）
   A. 芒硝敷乳房
   B. 生麦芽煎汤喝
   C. 用吸奶器吸乳汁
   D. 让新生儿多吸吮双乳
   E. 少喝汤水
8. 产后第4天，双乳房胀，乳汁排流不畅，最常见原因是（　　）
   A. 进食少
   B. 卧床不活动
   C. 未及早按摩、热敷乳房
   D. 未给新生儿早吸吮多吸吮
   E. 乳头凹陷

B_1 型题

（9～10题共用备选答案）

A. 产后6周　　B. 产后8周
C. 产后10周　　D. 产后1周
E. 产后30天

9. 产后宫颈内口关闭时间（　　）
10. 不哺乳妇女平均恢复排卵时间（　　）

（卢永丽）

第 9 章　妊娠特有疾病

📖 **学习目标**

1. 掌握妊娠期高血压疾病的病理、分类、临床表现、诊断和治疗。妊娠期糖尿病的诊断标准。

2. 妊娠期糖尿病对母儿的影响、临床表现和治疗。熟悉妊娠期肝内胆汁淤积症对母儿的影响、临床表现诊断和治疗。

3. 了解妊娠剧吐的诊断和治疗。

第 1 节　妊娠期高血压疾病

妊娠期高血压疾病（hypertensive disorderers in pregnancy）是孕妇特有的疾病。一般表现为妊娠 20 周以后出现高血压、蛋白尿、水肿等症状，严重时出现抽搐、昏迷，甚至心、肾功能衰竭，严重影响母婴健康，是造成孕产妇和围生儿病率和死亡率升高的主要原因。多数分娩后随之消失，少数可转变为继发性高血压病。我国发病率为 9.4%～10.4%。

考点提示： 妊娠期高血压疾病的概述

案例 9-1

初孕妇，26 岁，孕 35 周，下肢浮肿 2 周，头痛 2 天，抽搐 2 次入院，Bp160/110 mmHg，水肿（+++），尿蛋白（++），神志不清，无宫缩。

问题：1. 该患者初步诊断什么疾病？

2. 如何治疗？

3. 治疗过程中注意事项？

【高危因素与病因】

1. 高危因素　可能的高危因素有：①初产妇，尤其孕妇年龄小于 18 岁或大于 35 岁的初产妇；②子宫过大，如多胎妊娠、羊水过多、巨大胎儿；③患有糖尿病、慢性高血压、慢性肾炎、抗磷脂抗体综合征等，发病率高，且病情复杂；④有妊娠期高血压病史及家族史；⑤体型矮胖者；⑥营养不良、低社会经济状况、家庭负性重大事件等；⑦冬季与初春寒冷季节和气压升高的条件下，易发生本病。

2. 病因　至今病因不明，当前较合理的有如下几种学说：

（1）胎盘或滋养细胞缺血学说：由于胎盘有不完整的滋养层细胞侵入子宫动脉，致使子宫螺旋动脉发生广泛改变，最终发展为动脉粥样硬化，引起胎盘血流量减少，导致胎盘和滋养细胞缺血、缺氧，引发妊娠期高血压疾病一系列症状。

（2）免疫学说：胎儿胎盘被认为是自然同种异体移植体。胎儿在妊娠期内不受排斥是因胎盘的免疫屏障作用、母体内免疫抑制细胞及免疫抑制物的作用。正常妊娠有赖于母儿间免疫平衡的建立与稳定，妊娠期高血压疾病实质上是胎儿胎盘对母体诱导出的较强的免疫应答反应，也是母儿间免疫失衡的表现。

（3）血管内皮细胞受损：胎盘和胎膜来源的细胞毒性物质和炎性介质如肿瘤坏死因子、白细胞介素-6、极低密度脂蛋白、过氧化脂质等促成氧化应激，导致类脂过氧化物持续生成，产生大量毒性因子，引起血管内皮损伤，导致血管内皮源性舒张因子（氧化亚氮）、血管舒展因子前列环素减少，血管内皮收缩因子增加，提高血管紧张素Ⅱ的敏感性，使血管收缩、血压升高，导致一系列病理变化。

（4）遗传因素：妊娠期高血压疾病的家族多发性，提示该病的发生与遗传因素有关。研究发现携带血管紧张素原基因变异T25的妇女，妊娠期高血压疾病的发生率较高。近年来提出一些基因与该病发生有关，如：内皮型氧化亚氮合酶基因、肾素-血管紧张素-醛固酮系统基因、凝血酶原基因、印迹基因等；单基因假设能解释妊娠期高血压疾病的发生，但多基因遗传也不能排除。

（5）钙平衡失调学说：研究发现妊娠高血压疾病患者细胞内钙离子升高，血清钙下降，导致血管平滑肌细胞收缩，血压升高。妊娠20周后胎儿对钙的需求剧增，孕妇可发生低钙，这种平衡失调，可能导致该病的发生。

（6）胰岛素抵抗：研究发现妊娠高血压疾病患者存在胰岛素抵抗，导致高胰岛素血症，高胰岛素血症可导致一氧化氮合成下降及脂质代谢紊乱，影响前列腺素 E_2 的合成，增加外周血管的阻力，并有拟交感活性，使血压升高。

【病理生理变化及对母儿影响】

妊娠期高血压疾病基本病理生理变化是全身小血管痉挛，并由此引起全身各系统各脏器血流灌注不足，从而产生一系列症状和体征，对母儿造成极为不良的影响。

1. 脑 脑血管痉挛，引起脑组织缺氧、充血、水肿，严重时脑血栓形成及脑出血等，引起头痛、头晕、视物不清、恶心、呕吐等症状，甚至抽搐、昏迷。

2. 肾脏 肾小球毛细血管痉挛缺氧，肾血流量减少，肾小球内皮细胞肿胀，导致肾小球滤过率下降，通透性增加，引起少尿、水肿、蛋白尿和管型。严重时可出现肾功能衰竭。

3. 肝脏 肝内小动脉痉挛使肝细胞缺血坏死，引起黄疸和转氨酶升高，严重时门静脉周围出血、坏死，形成肝包膜下血肿，甚至发生肝破裂危及母儿生命。

4. 心脏 冠状小动脉痉挛，导致心肌缺血、间质水肿，点状出血和坏死，加之心脏左移及小血管痉挛致外周阻力增加，使心脏后负荷增加，心排出量明显减少，心血管系统处于低排高阻状态，严重时导致心力衰竭。

5. 血液系统 全身小血管痉挛，血管壁渗透性增加，血液浓缩；该病患者常伴有一定量的凝血因子缺乏或变异所致的高凝血状态，血浆黏稠度增加，影响微循环灌注，导致DIC。

考点提示： 妊娠期高血压疾病基本病理生理变化

6. 子宫胎盘 血管痉挛导致胎盘灌流下降，影响胎儿的血液供应，损坏胎盘功能，引起胎儿宫内生长迟缓、胎儿窘迫甚至死亡，若胎盘床血管过度痉挛破裂出血可致胎盘早剥；也可因胎盘组织缺氧、梗死，释放组织凝血活酶，导致DIC的发生。

7. 眼底 眼底视网膜小动脉痉挛，导致组织缺氧、水肿、出血，引起眼花、视物不清，严重时可引起视网膜脱离，以至突然失明。

【分类与临床表现】

1. 妊娠期高血压 BP≥140/90mmHg，妊娠期首次出现，并于产后12周恢复正常；

尿蛋白（－）；少数患者可伴有上腹部不适或血小板减少，产后方可确诊。

2. 子痫前期

（1）轻度：血压≥140/90mmHg，妊娠 20 周以后出现；尿蛋白≥0.3g/24h 或随机尿蛋白（＋）；可伴有上腹不适、头痛等症状。

（2）重度：血压≥160/110mmHg，尿蛋白≥2.0g/24h 或随机尿蛋白（＋＋）血清肌酐＞106μmol/L；血小板＜100×10^9/L；微血管病性溶血（乳酸脱氢酶 LDH 升高）；血清丙氨酸氨基转移酶 ALT 或门冬氨酸氨基转移酶 AST 升高；持续性头痛或其他脑神经或视觉障碍，持续性上腹不适。

3. 子痫　子痫前期孕妇抽搐，不能用其他原因解释。

4. 慢性高血压并发子痫前期　高血压孕妇妊娠 20 周以前无尿蛋白，若出现尿蛋白≥0.3g/24h，高血压孕妇妊娠 20 周后突然尿蛋白增加或血压进一步升高或血小板＜100×10^9/L。

5. 妊娠合并慢性高血压　血压≥140/90mmHg，妊娠期无明显加重，孕前或妊娠 20 周后首次诊断高血压并持续到产后 12 周后。

注意事项：①通常正常妊娠、贫血及低蛋白血症均可发生水肿，妊娠期高血压疾病的水肿无特异性，因此不能作为其诊断标准及分类依据；②血压较基础血压升高 30/15mmHg，但低于 140/90mmHg 时，不作为诊断依据，须严密观察；③重度子痫前期是血压升高更明显或有明显的蛋白尿或脑、肝、肾和心血管系统等受累引起的临床症状。

子痫前可有不断加重的重度子痫前期，但子痫也可发生于血压升高不显著、无蛋白尿或水肿病例。若无妊娠滋养细胞疾病，子痫很少发生在孕 20 周前，通常产前子痫较多占 71%，29% 子痫发生于产时与产后。

子痫抽搐进展迅速，前驱症状短暂，开始于口角和颜面部，表现为抽搐、面部充血、口吐白沫、深昏迷；随之深部肌肉僵硬，很快发展成典型的全身高张阵挛惊厥、有节律的肌肉收缩和紧张，持续 1～1.5 分钟，其间患者呼吸暂停；此后抽搐停止，呼吸恢复，但患者仍昏迷，最后意识恢复，但困惑、易激惹、烦躁。

考点提示： 妊娠期高血压疾病的分类和表现

【辅助检查】

1. 血、尿检查　测定全血细胞计数、血红蛋白含量、血细胞比容、血黏度、凝血功能；重度子痫前期和子痫还应测定电解质、二氧化碳结合力，以早期发现酸中毒。测尿比重、尿常规，当尿比重≥1.020 时说明尿液浓缩；尿蛋白（＋）时说明尿蛋白含量 0.3g/24h，当尿蛋白大于 2.0g/24h，提示病情严重，根据病情轻重可反复检查。

2. 肝、肾功能测定　测定谷丙转氨酶、胆红素、尿素氮、尿素氮、肌酐、尿酸等，了解肝、肾功能受损情况。

3. 眼底检查　视网膜小动脉的痉挛程度反映全身小血管痉挛之程度，可反映本病的严重程度。眼底检查可见视网膜小动脉痉挛，正常视网膜动静脉管径比例是 2∶3，若变为 1∶2 甚至更小，即可诊断。

4. 其他　必要时行心电图、超声心动图、胎盘功能、胎儿成熟度检查。

【鉴别诊断】

妊娠期高血压疾病子痫前期应与慢性肾炎和原发性高血压相鉴别，子痫应与癫痫、癔病、脑炎、脑出血、糖尿病高渗性昏迷、低血糖昏迷等相鉴别。

【预防】

1. 建立健全三级妇幼保健网，开展围妊娠期及围生期保健工作。

2. 加强孕妇健康教育，使孕妇掌握孕期卫生的基础知识，自觉进行产前检查，发现异常，及时处理。

3. 指导孕妇合理饮食与休息，保持良好情绪，食用富含蛋白质、维生素、微量元素的食物，一般不限制盐和液体的摄入，但应避免摄盐过多。

4. 对有妊娠期高血压疾病高危因素的孕妇，补钙可预防妊娠期高血压疾病的发生。

【治疗】

妊娠期高血压疾病的治疗目的是争取母体可以完全恢复健康，胎儿生后可存活，以对母儿影响最小的方式终止妊娠。

1. 妊娠期高血压 以门诊治疗为主。

（1）休息：保证充足的睡眠，每日休息不少于10小时，取左侧卧位，改善全身器官及子宫胎盘血流灌注。

（2）饮食：普通饮食即可，一般不需要限盐，对全身水肿者应适当限制盐的摄入。

（3）密切监测母儿状况：适当增加产前检查次数，仔细询问孕妇是否出现头晕、头痛、视力改变、上腹不适等症状；监测体重、血压、尿蛋白、胎儿状况和胎盘功能，病情加重应住院治疗。

（4）间断吸氧：增加血氧含量，改善全身主要脏器和胎盘的氧供。

（5）药物治疗：一般不需药物治疗。对于精神高度紧张、焦虑或睡眠欠佳者可给予镇静剂。如地西泮2.5～5mg，每日3次，或5.0mg睡前口服。

（6）终止妊娠：病情稳定，胎儿已成熟，可在妊娠37周后考虑终止妊娠。

2. 子痫前期 一旦确诊应住院治疗，防止子痫及并发症发生。治疗原则为镇静、解痉、降压、合理扩容和利尿，适时终止妊娠。

（1）休息、饮食：同妊娠期高血压的治疗。

（2）镇静：适当镇静可消除患者的焦虑和精神紧张，达到降低血压，缓解症状及预防子痫发作的作用。常用药物：

1）地西泮：对胎儿、新生儿的影响较小，具有较强的镇静、抗惊厥、肌肉松弛作用。用法：2.5～5.0mg，口服，3次/日，或10mg肌内注射或缓慢静脉注射。

2）冬眠药物：可广泛抑制神经系统，有助于解痉、降压，控制子痫抽搐等，但氯丙嗪可使血压急剧下降，影响肾脏和子宫胎盘血供，对母儿肝脏也有一定损害作用，因此，仅用于硫酸镁治疗效果不佳者。用法：哌替啶100mg、氯丙嗪50mg、异丙嗪50mg，加入5%葡萄糖溶液500ml内静脉滴注；或哌替啶50mg、异丙嗪25mg肌内注射，间隔12小时重复，估计6小时内分娩者禁用。

（2）解痉：首选药物为硫酸镁。

1）作用机制：①镁离子抑制运动神经末梢释放乙酰胆碱，阻断神经肌肉接头间的信息传导，使骨骼肌松弛，有效预防和控制子痫；②镁离子可使血管内皮合成前列环素增多，降低机体对血管紧张素Ⅱ的反应，扩张血管，解除痉挛，降低血压；③镁离子可减少血管内皮损伤；④镁离子可提高孕妇和胎儿血红蛋白的亲和力，改善氧代谢。

2）用药方案：以静脉给药为主，也可肌内注射。①静脉给药：首次负荷剂量25%硫酸镁20ml加于10%葡萄糖注射液20ml中，缓慢静脉注射（5～10分钟推完）；继之25%硫酸镁60ml加入5%葡萄糖注射液500ml静脉滴注，滴速为1～2g/小时；②肌内注射：

用法为 25% 硫酸镁 20ml 加 2% 利多卡因 2ml，臀肌深部注射，每日 1～2 次。因肌内注射局部刺激较大，仅用于静脉给药不便于观察时，如夜间，应取臀肌深部注射。每日总量为 25～30g。

3）毒性反应：硫酸镁治疗妊娠期高血压疾病疗效好，但可发生中毒反应。首先表现为膝反射减弱或消失，继之出现全身肌张力减退、呼吸抑制，尿量减少，甚至心跳骤停，危及生命。

4）注意事项：用药前及用药过程中应检查膝腱反射是否减弱或消失；呼吸不少于 16 次 / 分；尿量每小时不少于 25ml 或每 24 小时不少于 600ml；治疗时准备钙剂作为解毒剂，一旦出现中毒反应，立即缓慢静脉注射 10% 葡萄糖酸钙 10ml（不少于 3 分钟），肾功能不全时应减量或停用硫酸镁；有条件应监测血镁浓度；产后 24～48 小时停药。

（3）降压药物：降压的目的是为了延长孕周或改变围生期结局。对于血压≥160/110mmHg 或舒张压≥110mmHg 或收缩压≥140mmHg 时，为预防脑出血和子痫的发生，可使用降压药。应选择对胎儿无毒性及不良反应的药物，避免血压急剧下降或下降过低，影响胎儿胎盘血供。理想降压至收缩压 140～155mmHg，舒张压 90～105mmHg。常用药物：

1）肼屈嗪：周围血管扩张剂。作用于血管舒缩中枢或直接作用于小动脉、平滑肌，可降低血管紧张度，扩张周围血管，降低血压，并可增加心排量，有益于脑、肾、子宫胎盘灌注。用法：静脉注射起始剂量为 5mg，每 15～20 分钟给药 5～10mg，使舒张压降至 90～100mmHg 为宜，最大量为 20mg/ 次；或以口服，每次 10～20mg，每日 2 次或每日 3 次；或 40mg 加于 5% 葡萄糖溶液 500ml 中静脉滴注。用该药物会引起心率增快、面色潮红等不良反应，因此，妊娠期高血压疾病合并心脏病心力衰竭者不宜使用。

2）拉贝洛尔：为 α、β 受体阻断剂，降低血压而不影响肾及胎盘血流量，并有对抗血小板凝集、促进胎儿肺成熟的作用。用法：首次剂量可给予 20mg，静脉注射，若 10 分钟内无效，可再给予 40mg，10 分钟后仍无效，可再给予 80mg，总剂量每日不超过 220mg，或口服，每次 100mg，每日 2 次。注意呕吐、头皮刺痛等不良反应。

3）硝苯地平：钙离子通道阻滞剂，可解除外周血管痉挛，使全身血管扩张，血压下降，与硫酸镁有协同作用。用法：口服，每次 10mg，每日 3 次，24 小时总量不超过 60mg。注意心悸、头痛等副反应。

4）尼莫地平：钙离子通道阻滞剂，可选择性的扩张脑血管。用法：口服，每次 20mg，每日 2～3 次；或 20～40mg 加入 5% 葡萄糖 250ml 中静脉滴注，每日 1 次，24 小时总量不超过 360mg。注意心悸、头痛恶心及颜面潮红等副反应。

5）其他药物：如甲基多巴、硝普钠等，也可使用。

（4）扩容：一般不主张应用扩容剂，仅用于严重的低蛋白血症、贫血，可选用人血清蛋白、血浆、全血、低分子右旋糖酐等。须在充分解痉的基础上进行。

（5）利尿药物：一般不主张应用，仅用于全身性水肿、急性心力衰竭、肺水肿、血容量过多且伴有潜在性肺水肿者。常用利尿剂有：

1）呋噻米：利尿作用快，对脑水肿、无尿及少尿患者效果显著，与洋地黄类药物合用，对控制心力衰竭和肺水肿疗效显著。用法：20～40mg 加入 25% 葡萄糖溶液 20～40ml 中缓慢静脉注射，根据病情需要可重复使用。用药中注意低钾、低钠等并发症。

2）甘露醇：为渗透性利尿剂，只用于脑水肿，心力衰竭及肺水肿患者禁用。用法：20% 甘露醇 250ml 快速静脉滴注，最好 15～20 分钟内滴完。

（6）适时终止妊娠：终止妊娠是治疗妊娠期高血压疾病的有效措施。

1）终止妊娠的指征：①子痫前期经积极治疗 24～48 小时无明显好转者；②子痫前期患者孕周已超过 34 周；③子痫前期患者孕龄不足 34 周，胎盘功能减退，胎儿已成熟者；

④子痫前期患者孕龄不足34周，胎盘功能减退，胎儿尚未成熟者，可用地塞米松促胎肺成熟后终止妊娠；⑤子痫控制后2小时可考虑终止妊娠。

2）终止妊娠方式：①引产：适用于病情控制后，宫颈条件成熟者。先行人工破膜，羊水清亮者，可给予缩宫素静脉滴注引产。第一产程应密切观察产程进展状况，保持产妇安静和充分休息；第二产程行会阴切开术、阴道助产术缩短产程；第三产程预防产后出血。产程中加强母儿安危状况和血压监测，一旦出现头痛、眼花、恶心、呕吐等症状，血压升高，病情加重，应立即剖宫产结束分娩。②剖宫产：适用于有产科指征，宫颈条件不成熟，短时间内不能经阴道分娩者；或引产失败者；或胎盘功能明显减退，已有胎儿窘迫征象者。

考点提示：硫酸镁的中毒反应

3. 子痫的处理 子痫是妊娠期高血压疾病最严重的阶段，是妊娠期高血压疾病所致母儿死亡的最主要原因。应积极治疗。

（1）处理原则：控制抽搐，纠正缺氧和酸中毒，控制血压，抽搐控制后终止妊娠。

1）一般处理：立即左侧卧位，开放呼吸道、建立静脉通路。

2）控制抽搐：首选药物硫酸镁。用法：25%硫酸镁20ml加于25%葡萄糖溶液20ml静脉注射（>5分钟），继之以每小时2～3g静脉滴注，维持血药浓度，同时应用有效镇静药物，控制抽搐；或20%甘露醇250ml快速静脉滴注降低颅压。

3）血压过高时给予降压药。

4）纠正缺氧和酸中毒：面罩间断吸氧，根据二氧化碳结合力及尿素氮值给予适量4%碳酸氢钠纠正酸中毒。

5）终止妊娠：抽搐控制后2小时可考虑终止妊娠。对于早发性子痫前期治疗效果较好者，可适当延长孕周，但须严密监护孕妇和胎儿。

（2）护理：保持环境安静，避免声、光、翻动刺激；吸氧，防止唇舌咬伤；防止窒息；防止坠地受伤；密切观察体温、脉搏、呼吸、血压、神志、尿量（应保留导尿管监测）等。

考点提示：子痫病人的处理

（3）密切观察病情变化：及早发现心力衰竭、脑出血、肺水肿、血小板减少综合征（HELLP综合征）、肾衰竭、DIC等并发症，并积极处理。

第2节 妊娠合并糖尿病

妊娠合并糖尿病包括两种类型：妊娠期糖尿病（GDM）和糖尿病合并妊娠。妊娠期糖尿病是指在妊娠期首次发现或发生的各种程度的糖代谢异常者，其发生率为1%～14%，分娩后多数孕妇糖耐量试验恢复正常，部分患者将来患糖尿病的机会增加。糖尿病合并妊娠是指原有糖尿病基础上合并妊娠或妊娠之前有隐性糖尿病，妊娠后发展为糖尿病。妊娠合并糖尿病是高危妊娠，它严重危害母儿的健康。妊娠期进行糖尿病的筛查有很重要的意义。

案例 9-2

张女士，28岁，孕2产1，因停经37^{+5}周，阴道流水4小时入院。入院查体：宫高37cm，腹围110cm，腹软无宫缩，胎心率145次/分，规则，头先露，未衔接。内诊：外阴经产型，阴道畅，宫颈管未消，宫口开大1cm，枕左前位，先露S^{-4}。辅助检查：B型超声检查示：双顶径97mm。空腹血糖8.7mmol/L。既往有产巨大儿病史。

问题：1. 该患者初步诊断是什么疾病？

2. 最适宜的分娩方式是什么？

3. 新生儿如何处理？

【妊娠对糖尿病的影响】

1．妊娠可使隐性糖尿病显性化或加重原糖尿病病情。

（1）妊娠早中期：胎儿对营养物质需求量随孕周增加，胎儿从母体获取葡萄糖，因此孕妇空腹血糖水平随妊娠进展而降低。若应用胰岛素治疗的糖尿病孕妇，容易出现低血糖，严重者可发生酮症酸中毒。

（2）妊娠中晚期：孕妇体内各种内分泌激素的分泌量增加，而这些激素具有抗胰岛素样作用，如胎盘催乳素、雌激素、孕酮、皮质醇和胎盘胰岛素酶等使孕妇对胰岛素的敏感性随孕周增加而下降，为维持正常糖代谢水平，胰岛素的用量必须随之增加。对于胰岛素分泌受限的孕妇，妊娠期不能正常代偿这一生理变化而使血糖升高，使原有糖尿病加重或出现 GDM。

2．分娩期 产妇在分娩的过程中，体力消耗量大，临产后进食又少，脂肪酸的氧化分解增强，若没有及时调整胰岛素的用量，易致酮症酸中毒。

3．产褥期 产后随着胎盘的娩出，全身内分泌激素逐渐恢复到非妊娠时期的水平，胎盘分泌的抗胰岛素物质迅速减少，胰岛素的需要量应及时减少，否则容易发生低血糖。

考点提示：妊娠影响胰岛素的用量

【糖尿病对孕妇、胎儿及新生儿的影响】

1．妊娠高血压疾病发生率升高 糖尿病引起小血管内皮细胞的增厚及管腔狭窄，组织供血不足，糖尿病孕妇妊娠期高血压疾病的发病率比正常孕妇高 4～8 倍。

2．产科感染率增加 糖尿病孕妇抵抗力下降，易合并感染，以泌尿系统感染最常见。

3．羊水中糖量过高 刺激羊膜分泌增加，胎儿尿量增多，使羊水过多的发病率较非糖尿病孕妇多 10 倍。相关并发症还有胚胎死亡、流产、胎膜早破、早产、胎儿畸形等。

4．巨大胎儿发生率高 发生率高达 25%～42%。其原因是葡萄糖通过胎盘进入胎儿血循环中，而胰岛素却不能通过胎盘，使胎儿长期处于高血糖状态，刺激胰岛 B 细胞增生，产生大量胰岛素，活化氨基酸转移系统，促进蛋白、脂肪合成和抑制脂解作用所致。巨大儿导致难产发生率增高，剖宫术率升高，由于胎儿过大，常导致肩难产或软产道损伤。

5．产后出血 因巨大胎儿造成产程延长，产道损伤等，易发生产后出血。

6．易发生糖尿病酮症酸中毒 由于妊娠期复杂的代谢变化，高血糖及胰岛素的不足，可进一步发展到脂肪分解，血清酮体急剧上升。在孕早期没有及时减量，也可引起饥饿性酮症。糖尿病酮症酸中毒是导致孕妇死亡的主要原因。

7．新生儿呼吸窘迫综合征发生率增高 高血糖刺激胎儿胰岛素分泌增加，形成高胰岛素血症，胰岛素拮抗糖皮质激素促进肺泡Ⅱ型细胞表面活性物质合成及释放的作用，致胎肺成熟延迟。出生后易发生新生儿窒息。

8．新生儿低血糖 新生儿离开母体高血糖环境后，高胰岛素血症仍存在，若不及时补充糖分，易发生低血糖。增加了新生儿的死亡率。

考点提示：高糖状态致胎肺不成熟

【诊断】

1．病史及临床表现 既往有死胎、死产、巨大儿、畸形儿分娩史及糖尿病家族史，孕期体重骤增、明显肥胖，或出现三多一少（多食、多饮、多尿和体重减轻）症状；或出现外阴瘙痒、阴道及外阴念珠菌感染等；应想到是糖尿病的可能。

2．实验室检查

（1）尿糖测定：对所有初诊孕妇均应作尿糖测定，如果早孕期阴性者，于中、晚期需重复测定。在正常妊娠期中，尤其在妊娠 4 个月后，孕妇肾小管对葡萄糖的再吸收能力减低。

有时血糖值在正常范围内，但由于肾排糖阈的下降而出现糖尿症。在产后泌乳时，还可能发生生理性的乳糖尿。所以尿糖阳性者需要进一步空腹血糖和糖耐量测定以明确诊断。

（2）血糖测定：所有非糖尿病孕妇应在妊娠24～28周左右进行糖筛查（GCT）。正常孕妇的血糖数值一般低于正常值，很少超过5.6mmol/L（100mg/dl），空腹血糖常为3.3～4.4 mmol/L（60～80mg/dl）。

（3）葡萄糖耐量试验（OGTT）：糖筛查阳性者，行75g糖耐量试验。禁食12小时后，口服75g葡萄糖。测空腹血糖及服糖后1小时、2小时、3小时四个时点的血糖，正常值为5.6mmol/L、15.5mmol/L、9.2mmol/L、8mmol/L（即100mg/dl、190mg/dl、165mg/dl、145mg/dl），如果其中有任何两点超过正常值可诊断为妊娠期糖尿病，仅一点高于正常值，诊断为糖耐量异常。

考点提示：妊娠合并糖尿病的诊断

（4）糖尿病诊断标准：①有两次空腹血糖≥5.8mmol/L（105mg/dl）；②口服糖耐量试验结果两次异常；③任何一次血糖≥11.1mmol/L（200mg/dl），且再测空腹血糖≥5.8mmol/L（105mg/dl）。上述中有三项有一项符合即可诊断。

【治疗】

考点提示：不宜妊娠的指标，孕期应控制血糖在5.8mmol/L，妊娠合并糖尿病孕妇住院时间

1. 产前咨询 已有严重的心血管病史、肾功能减退、眼底有增生性视网膜炎者不宜妊娠，若已妊娠应在早期行人工流产术终止妊娠。如血糖控制较好者（控制在5.8mmol/L），可以继续妊娠。如允许继续妊娠，患者应在高危门诊检查与随访，孕28周前，每月检查一次；孕28周后每2周检查一次。每次均应作尿糖、尿酮体、尿蛋白以及血压和体重的测定。糖尿病孕妇一般应在孕34～36周住院，病情严重，应提前住院。

2. 妊娠期血糖的控制

（1）饮食治疗：是糖尿病的基础治疗。每日热量为150kJ/kg（36kcal/kg），其中糖类占饮食总热量的40%～50%，蛋白质占15%～20%，脂肪占30%～35%，然后将上述热量及营养成分转化为食谱，三餐热量分布为1/5、2/5、2/5，并补充维生素、钙及铁剂。如果饮食能控制血糖，孕妇又无饥饿感，则不需药物治疗。

（2）药物治疗：妊娠期不宜采用口服降糖剂，这类药物能透过胎盘，引起严重的新生儿低血糖。当饮食控制失效时，最好应用胰岛素以控制血糖水平。通常应用胰岛素，剂量应根据血糖值测定，血糖控制标准空腹血糖和三餐前血糖值≤5.6mmol/L，三餐后1小时≤7.8mmol/L，2小时≤6.7mmol/L。应用胰岛素治疗应注意防止低血糖或酮症酸中毒。

1）妊娠期使用胰岛素：一般妊娠早期胰岛素需要量较妊娠前约减少1/3，妊娠中期胰岛素需要量逐渐增多，到妊娠后期用量可较妊娠前增加2/3以上。胰岛素剂型可用短效中效或短长效混合注射，每天分2～3次注射。

考点提示：妊娠、分娩、产褥期用胰岛素的量如何调整

2）分娩期使用胰岛素：分娩日早晨用产前胰岛素的1/3～1/2，使产妇的血糖保持稳定，以免发生新生儿低血糖。剖宫产前3～7天停用。术中和术后必须随时监测血糖、尿糖、酮体，并调整糖和胰岛素的比例。

3）产褥期使用胰岛素 产后24小时内胰岛素剂量可减少到产前的1/2，48小时减至原用量的1/3量，有的患者产后甚至可完全不需用胰岛素治疗。使尿糖保持在“＋”～“＋＋”为宜。一般需3～6周才能恢复到妊娠前剂量。

3. 孕期母儿监护 对孕妇动动态监测血糖、尿酮体和糖化血红蛋白。B型超声检查监测胎儿生长发育、胎儿的成熟度、胎盘成熟度等。在孕16周胎体用超声检查以除外先天性畸形。孕36周起定期作无激惹试验（NST），以及进行B型超声检查生物物理评分、多普勒测定胎儿脐血流S/D等。超声检查BPD＞8.5cm者，表示胎儿体重＞2500g，胎儿已成熟；BPD＞10cm，可能为巨大胎儿。孕35周应住院监护，计划分娩前48小时测定L/S比

值，促胎肺成熟，以减少新生儿呼吸窘迫症的发生。注意用药后孕妇血糖的变化，若升高则需加大胰岛素用量。

考点提示：妊娠期监测内容

4. 产科处理

（1）终止妊娠的指征：①如糖尿病经治疗后不能有效地被控制时，如伴有先兆子痫；②孕妇营养不良；③眼底动脉硬化；④动脉硬化性心脏病；⑤胎儿生长发育受限，妊娠 36 周后胎儿在子宫内死亡的发生率增高，妊娠合并糖尿病往往在孕 36～38 周终止妊娠；⑥严重感染；⑦胎儿畸形或羊水过多。终止妊娠前应加强糖尿病的治疗。

（2）分娩时间及分娩方式的选择：糖尿病程度较轻，用药后获得控制，情况稳定，胎盘功能良好，胎儿不过大，则可妊娠至足月，经阴道分娩。糖尿病患者决定引产或经阴道分娩者，当产程达 12 小时应结束分娩，除非确定在其后 4 小时内能经阴道分娩。因为产程超过 16 小时，孕妇的糖尿病就难于控制，有发生酮症酸中毒的可能。

考点提示：分娩时间及分娩方式，注意事项

如果糖尿病病史较长，病情比较严重，胎儿过大，有相对性头盆不称，胎盘功能不良，有死胎或死产史，经阴道分娩若有胎儿窘迫或产程进展缓慢者，应考虑剖宫产，选择硬膜外麻醉。术前 3 小时需停用胰岛素，以防新生儿发生低血糖。

5. 新生儿处理

考点提示：新生儿呼吸窘迫综合征及出生后低血糖的预防

糖尿病产妇娩出的新生儿娩均应按早产儿处理。注意低血糖、低血钙、高胆红素血症。新生儿应尽量少暴露，注意保暖，以预防体温过低。隔 2 小时取毛细管血测血细胞比容和血糖。使血糖维持在 2.2mmol/L（40mg/dl）以上。为防止低血糖的发生，新生儿出生后半小时开始喂葡萄糖水 10～30ml，以后每 4 小时一次，连续 24 小时，多数新生儿在生后 6 小时内血糖恢复至正常值。产后 24 小时可开始哺乳。

第 3 节　妊娠期肝内胆汁淤积症

考点提示：妊娠期肝内胆汁淤积症的定义

妊娠期肝内胆汁淤积症（intrahepatic cholestasis of pregnancy，ICP）是妊娠 28 周以后因肝内胆汁淤积，胆汁酸升高，肝酶代谢异常的一组综合病症。临床特征为妊娠中晚期出现皮肤瘙痒和黄疸，分娩后迅速消失，主要危害胎儿，使早产率及围生儿发病率和死亡率增高，应引起临床医师的重视。

案例 9-3

王女士，28 岁，孕$_1$产$_0$，孕 32^{+3} 周，1 周前自觉手心、脚心瘙痒且逐日加重，现全身皮肤瘙痒，尤以夜间为重，搔抓不能缓解。体检：手臂、小腿多出抓痕，无皮疹等病变，眼角膜轻度黄染，其余未见异常。

问题：1．该孕妇初步诊断是什么疾病？

2．如何明确诊断？

3．制定治疗方案。

【病因】

妊娠期肝内胆汁淤积症的确切病因目前尚不清楚，多认为与体内雌激素水平升高、雌激素代谢异常、肝脏对妊娠期生理性增加的雌激素高敏感性、遗传因素、环境差异及服用一些减少胆小管转运胆汁的药物如：硫唑嘌呤等因素有密切关系。妊娠期肝内胆汁淤积症为多因素引起，其中遗传因素决定患者的易感型，非遗传因素决定妊娠期肝内胆汁淤积症的严重程度。

【对母儿的影响】

妊娠期肝内胆汁淤积症对母体影响不大，但对胎儿影响较为严重。由于胆汁酸的毒性作用使围生儿的发病率和死亡率明显升高，可引起下列情况：胎膜早破、胎儿宫内窘迫、自发性早产、孕期羊水胎粪污染、胎儿生长受限、不能预测的胎儿突然死亡、新生儿颅内出血、新生儿神经系统后遗症及低体重儿等。

【临床表现】

多于妊娠30周后出现，分娩后迅速消失。

1. 瘙痒 多以孕晚期无皮肤损害的皮肤瘙痒为首发症状，约80%患者在妊娠30周后出现，少数可能出现更早。通常瘙痒从手掌和脚掌开始，逐渐向肢体近端延伸，严重者可累及面部，但极少侵及黏膜，瘙痒程度不一，常呈持续性，白昼轻，夜间加剧，搔抓不能缓解，于分娩后数小时或数日内迅速消失。

2. 黄疸 妊娠期肝内胆汁淤积症是引起黄疸的第二大原因，仅次于肝炎，常于瘙痒出现后1～4周出现，多为轻度，有时仅角膜轻度黄染，分娩后数日内消退。

3. 其他症状 可伴有尿色变深和粪便色变浅等高胆红素血症表现，瘙痒严重时引起失眠和疲劳，少数有恶心、呕吐及厌食。

考点提示：妊娠期肝内胆汁淤积症的临床特点

4. 体征 四肢皮肤可见抓痕，但无皮疹等皮肤损伤，20%～50%有轻度黄疸，该症患者有无黄疸与胎儿预后关系密切，有黄疸者羊水粪染、新生儿窒息率及围生儿死亡率均显著增加。无急慢性肝病体征，肝大但质地软，有轻压痛。

【诊断】

根据典型临床表现和实验室检查结果，妊娠期肝内胆汁淤积症诊断并不困难。

1. 临床表现 孕晚期出现无皮肤损伤的瘙痒为主要症状，伴有或不伴有黄疸及其他不适。

2. 实验室检查

（1）血清胆红素升高：为轻、中度升高，极少超过85.5μmol/L，其中间接胆红素占50%以上。

（2）血清胆酸升高：是早期诊断妊娠期肝内胆汁淤积症最敏感的指标，对判断病情严重程度和及时监护、处理，均有参考价值。可升高达正常人的3～10倍，甚至更高，程度和病情预后相关。

（3）肝功能异常：多为门冬氨酸转氨酶（AST）、丙氨酸转氨酶（ALT）轻、中度升高，达60～100U，但超过200U以上者较少，ALT较AST更敏感。

（4）碱性磷酸酶中度升高：由于正常孕妇中碱性磷酸酶值升高较多，其中部分为胎盘分泌的同工酶，因此该项测定在诊断妊娠期肝内胆汁淤积症时无明显价值。

【鉴别诊断】

诊断妊娠期肝内胆汁淤积症需排除其他能引起瘙痒、黄疸和肝功能异常的疾病。主要与妊娠合并病毒性肝炎鉴别，妊娠合并病毒性肝炎也是产科常见的传染病，该病常有消化道症状，但几乎没有瘙痒，血清免疫学检查乙肝五项往往呈阳性，转氨酶及胆红素升高明显，尿三胆（尿胆红素、尿胆原、尿胆素）阳性，胆酸水平不高，病程不随妊娠终止而迅速好转或结束，即可鉴别诊断。除此以外，若患者出现剧烈呕吐、精神症状或高血压，应考虑妊娠期急性脂肪肝和子痫前期；若血压正常、无蛋白尿即减少了子痫前期肝病的可能。

【治疗】

治疗原则是缓解瘙痒，恢复肝功能，降低血胆酸浓度，降低胎儿窘迫及死胎发生率，改善妊娠结局。

1. 一般处理　适当卧床休息，取左侧卧位增加胎盘血流量，给予间断吸氧、高渗葡萄糖、维生素类及能量，达到既保肝又提高胎儿对缺氧的耐受性的目的。定期复查血清胆酸和肝功能，了解病情变化。

2. 药物治疗

（1）腺苷蛋氨酸：为该症患者治疗的首选药物，该药可通过甲基化对雌激素代谢物起灭活作用，防止雌激素升高所引起的胆汁淤积，保护雌激素敏感者的肝脏。可改善妊娠期肝内胆汁淤积症的症状，延缓病情发展。用法：每日 500～2000mg，静脉滴注，连用 2 周后改口服。

（2）熊去氧胆酸：口服抑制肠道对胆酸的重吸收，降低胆酸，改善胎儿胎盘单位的代谢环境，延长胎龄。用法：15mg/（kg·d）分 3 次口服，共 20 日，间隔 2 周，再用 20 日。用后瘙痒症状和生化指标均有明显改善。

（3）地塞米松：可诱导酶活性，降低胎盘产生雌激素，从而减轻胆汁淤积；可以解除小血管痉挛收缩，改善母体循环及灌注能力；能促进胎儿肺成熟，避免早产儿发生呼吸窘迫综合征；可使瘙痒症状缓解甚至消失。一般用量为每日 12mg，连用 7 日，后 3 日逐渐减量而停药。地塞米松也被认为是治疗妊娠期肝内胆汁淤积症的首选药物。

（4）苯巴比妥：是一种酶诱导剂，可以使血中胆红素下降，并影响胆汁酸的生成，增加胆汁流量，改善瘙痒症状。但有引起新生儿呼吸抑制的危险，因此临产前应停用。用法：0.03g，口服，3 次 / 日，连用 2～3 周。

（5）中药治疗：中医理论认为妊娠期肝内胆汁淤积症属湿热内蕴、营卫不和、气滞血行不畅，可以给予中药茵陈蒿汤加减。

（6）其他治疗：如消胆胺、维生素、能量合剂、葡萄糖等。

3. 产科处理

（1）加强产前监护：对高危孕妇，进行系统监护，加强产前宣教，对中重度患者应该提前住院，积极治疗直到分娩。教会孕妇每日按时计数胎动，及早发现胎儿缺氧；每周测宫高、腹围、体重，检测胎儿在宫内生长发育情况；孕 35 周后每周进行胎盘功能测定，了解胎盘功能；B 型超声监测胎儿双顶径及胎盘成熟情况，羊水情况等。

（2）适时终止妊娠：

1）有以下指征应及时终止妊娠：①孕妇出现黄疸，胎龄已达 36 周；②无黄疸、妊娠已足月或胎肺已成熟者；③有胎盘功能明显减退或胎儿窘迫者。

2）终止妊娠的方式：以剖宫产为宜，经阴道分娩会加重胎儿缺氧，甚至死亡。如病情轻，胎盘功能良好，也可以选择引产。

考点提示：妊娠期肝内胆汁淤积症治疗

第 4 节　妊 娠 剧 吐

妊娠剧吐（hyperemesis　gravidarum）是指孕妇早孕反应严重，频繁恶心呕吐，不能进食，以致发生体液失衡及新陈代谢障碍，甚至危及孕妇生命，称为妊娠剧吐。是妊娠特有疾病，严重危害母婴健康，发生率为 0.35%～0.45%。

考点提示：妊娠剧吐概念

案例 9-4

张女士，22 岁，已婚，停经 50 天，呕吐 10 天，加重 3 天。停经 40 天出现恶心、呕吐等早孕反应，近 3 天反应加重，呕吐频繁，不能进食。检查：精神萎靡，面色苍白，皮肤干燥，脉搏细数、呼吸深快、有酮醋味。

问题：1. 初步诊断是什么疾病？

2. 列出诊断依据。

3. 制定治疗方案。

【病因】

病因尚不明确。多认为与孕妇血 hCG 升高关系密切，还与精神过度紧张、焦虑、忧虑，敏感、生活环境和家庭经济状况差有关，与多胎妊娠、葡萄胎、有消化道疾病、营养不良、身体状况差也有一定关系。

【发病特点】

发病特点　为妊娠特有疾病；多出现在妊娠早期；以消化道症状为主；可导致严重并发症，如低血钾或高血钾、食道黏膜裂伤或食管出血即孟勒 - 魏斯综合征（Mallory-weiss syndrome）。

【临床表现】

年轻初孕妇多见，常于停经 6 周左右出现剧烈频繁恶心、呕吐，不能进食，甚至滴水不进，呕吐物中有胆汁、清水或夹血丝。严重者引起脱水及代谢性酸中毒。表现为患者体重减轻、皮肤干燥、呼吸深快、有酮醋味、尿量减少，严重时出现体温升高、血压下降，可引起肾前性急性肾衰竭。

【诊断及鉴别诊断】

根据病史、临床表现及妇科检查不难确诊。妊娠剧吐主要应与葡萄胎及可能引起呕吐的疾病如肝炎、胃肠炎等相鉴别。以下化验检查可协助了解病情。

1. 尿液检查　尿比重升高、酮体（++～++++）。

2. 血液检查　测定红细胞数和血红蛋白含量升高，血液浓缩。动脉血气分析酸中毒表现。

考点提示：妊娠剧吐的诊断

3. 血生化　尿素氮、尿酸、肌酐、谷丙转氨酶、胆红素、血酮体升高。

4. 其他　必要时行眼底检查及神经系统检查。

【治疗】

1. 住院治疗　解除孕妇思想顾虑，保持情绪稳定，患者应禁食。

2. 静脉补液　禁食者每日补液量不少于 3000ml，尿量维持在 1000ml 以上。常用 5%～10% 葡萄糖溶液、5% 葡萄糖盐水、0.9% 氯化钠溶液和复方氯化钠溶液等。补液中应加入氯化钾、维生素 B_6、维生素 C 等，维生素 B_1 肌内注射。如合并代谢性酸中毒时，应根据二氧化碳结合力，静脉补充碳酸氢钠溶液：5 %碳酸氢钠溶液＝［23－实测 CO_2 结合力值（mmol/L）］×体重（kg）×0.52。

3．镇静止吐治疗

（1）氯丙嗪：小剂量可抑制催吐化学感受器，大剂量可抑制呕吐中枢，一般用量为12.5mg，口服，3 次 / 日。

（2）苯巴比妥：口服，0.03g，3 次 / 日。

（3）维生素 B_6：口服，10mg，3 次 / 日；或 100mg 加入补液中静脉滴注。

4．终止妊娠　如出现以下情况，需考虑终止妊娠：①持续黄疸或蛋白尿；②体温持续在 38℃以上；③出现多发性神经炎及神经性体征；④休息时心率≥120 次 / 分；⑤伴发 Wernicke 综合征等。

案例分析参考答案

案例 9-1

1．初步诊断：子痫。

2．治疗：控制抽搐，及时终止妊娠。

3．注意事项：专人守护、单人暗室、环境安静、防止受伤、严密观察。

案例 9-2

1．诊断：①孕 2 产 1，孕 37^{+6} 周，枕左前位未临产；②胎膜早破；③巨大胎儿；④糖尿病。

2．分娩方式：行剖宫产术。

3．新生儿处理：按早产儿处理，隔 2 小时取毛细管血测血细胞比容和血糖。为防止低血糖的发生，新生儿出生后半小时开始喂葡萄糖水 10～30ml，以后每 4 小时一次，连续 24 小时，产后 24 小时开始哺乳。低血钙者给予 10% 葡萄糖酸钙；高胆红素血症者可用光疗。

案例 9-3

1．初步诊断：妊娠期肝内胆汁淤积症。

2．明确诊断：临床表现结合实验室检查。

3．治疗：缓解瘙痒，恢复肝功能，降低血胆酸浓度，降低胎儿窘迫及死胎发生率，改善妊娠结局。

案例 9-4

1．初步诊断：①妊娠剧吐；②酮症酸中毒。

2．诊断依据：①停经 50 日，呕吐 10 日，加重 3 日；②呕吐频繁，不能进食；③精神萎靡，面色苍白，皮肤干燥，脉搏细数、呼吸深快、有酮臭味。

3．治疗：①住院；②补液；③镇静止吐；④经上述治疗不能改善，终止妊娠。

本章小结

常见的妊娠特有疾病有妊娠期高血压疾病、妊娠合并糖尿病、妊娠期肝内胆汁淤积症和妊娠剧吐，其中妊娠期高血压疾病最常见、最重要，应掌握该病的概念、病理生理变化，由此熟悉其临床变现及对母儿的影响，通过学习能进行妊娠高血压疾病的诊断和治疗，并能正确应用药物治疗，把握终止妊娠的指征，使母儿预后良好。妊娠期糖尿病重点是在妊娠不同阶段如何控制血糖、分娩及产后的血糖特点及胰岛素的使用方法。妊娠期肝内胆汁淤积症是发生于妊娠中晚期，以无皮损的皮肤瘙痒和黄疸为临床特点，通过学习能进行该病的诊断和鉴别诊断，给予恰当的处理，改善妊娠结局。妊娠剧吐是频繁严重呕吐，不能进食，以致发生体液失衡及新陈代谢障碍，甚至危及孕妇生命，注意和正常早孕反应鉴别，积极诊断，及时处理。

目标检测题

A_1 型题

1. 妊娠期高血压疾病使用硫酸镁解痉时，应停用药物的情况是（　　）
   A. 尿量每天 700ml
   B. 呼吸 18 次 / 分
   C. 膝反射消失
   D. 血压 130/90mmHg
   E. 自觉症状减轻
2. 控制子痫的首选药物是（　　）
   A. 冬眠 1 号　　B. 硫酸镁
   C. 肼屈嗪　　D. 20% 甘露醇
   E. 双氢克尿塞
3. 关于子痫，正确的是（　　）
   A. 是妊娠期高血压疾病最严重的阶段
   B. 是不可预防的
   C. 于分娩期发生者居多
   D. 全身肌肉先出现强烈抽动，随后出现全身肌肉强直
   E. 抽搐时瞳孔缩小
4. 妊娠高血压疾病重度子痫前期的孕妇治疗首选药物是（　　）
   A. 降压药　　B. 利尿药
   C. 降低颅内压药　　D. 镇静药
   E. 解痉药
5. 糖尿病对孕妇的影响，下述哪项不正确（　　）
   A. 孕妇白细胞吞噬作用增强
   B. 妊娠高血压疾病发病率高于普通孕妇
   C. 羊水过多发生率较非孕妇增加 10 倍
   D. 手术产发生率高于正常孕妇
   E. 易发生真菌性阴道炎

A_2 型题

6. 某孕妇，宫内孕 31 周出现水肿，34 周起主诉头疼。查：血压 160/115mmHg，水肿（+），尿蛋白定量 5.5g/24h，该孕妇孕前血压为 125/90mmHg，诊断为（　　）
   A. 原发性高血压合并妊娠
   B. 妊娠合并慢性肾炎
   C. 妊娠高血压疾病轻度子痫前期
   D. 妊娠高血压疾病重度子痫前期
   E. 子痫
7. 王女士，28 岁，妊娠 36 周，抽搐数次急诊入院，检查：血压 170/120mmHg，全身水肿，尿蛋白 6g/24h，诊断为（　　）
   A. 妊娠高血压疾病轻度子痫前期
   B. 妊娠高血压疾病重度子痫前期
   C. 妊娠水肿
   D. 癫痫
   E. 子痫
8. 第一胎，妊娠 36 周，主诉头晕、头痛、视物模糊、恶心。查血压 160/110mmHg，尿蛋白 6g/24h，诊断可能性最大为（　　）
   A. 妊娠期高血压
   B. 妊娠水肿
   C. 妊娠高血压疾病轻度子痫前期
   D. 妊娠高血压疾病重度子痫前期
   E. 子痫
9. G_1P_0，孕 36 周子痫前期，最恰当的处理原则是（　　）
   A. 积极治疗等待自然分娩
   B. 积极治疗 24～48 小时症状无明显改善时应及时终止妊娠
   C. 积极治疗一周后，终止妊娠
   D. 立即破水引产
   E. 立即行剖宫产

A_3 型题

（10～13 题共用题干）

31 岁，G_3P_1，孕 36 周，头痛、视物不清，面部水肿 2 日，今晨头痛加剧，恶心、呕吐 3 次就诊时突然牙关紧闭，双眼上吊，面部肌肉抽动，四肢肌肉强直，随后剧烈抽搐约 1 分钟渐清醒，测血压 195/120mmHg，胎心 120 次 / 分，有不

规则宫缩，肛查：宫口未开，儿头 S－2，骨产道正常。

10. 突然抽搐应诊断为（　　）
　A. 脑出血　　B. 高血压危象
　C. 子痫　　D. 癔病
　E. 癫痫

11. 首选紧急处理为（　　）
　A. 肌注 654-2
　B. 静脉推注肼屈嗪
　C. 静脉滴注甘露醇
　D. 静脉注射硫酸镁，镇静剂
　E. 肌内注射地西泮

12. 为估计病情严重程度，哪项检查最常用且最有参考价值（　　）
　A. 脑 CT 检查　　B. 眼底检查
　C. 心电图检查　　D. 胎心监护
　E. 腹部 B 超检查

13. 入院治疗 6 小时未再抽搐，血压 195/120 mmHg，最恰当的处理是（　　）
　A. 积极解痉、镇静，防止再次抽搐
　B. 治疗 24～48 小时，血压控制不满意即终止妊娠
　C. 立即人工破膜，催产素静脉点滴引产
　D. 即刻剖宫产终止妊娠
　E. 进入第二产程后应予以引产

B_1 型题

（14～16 题共用答案）
　A. 妊娠合并慢性高血压
　B. 妊娠期高血压
　C. 轻度子痫前期
　D. 重度子痫前期
　E. 子痫

14. 高血压妇女，孕 10 周，血压 140/95mmHg，尿蛋白（－），下肢水肿（＋）（　　）

15. 血压 140/95mmHg，尿蛋白（－），下肢水肿（＋）（　　）

16. 血压 170/110mmHg，尿蛋白（＋＋＋），下肢水肿（＋＋），伴头痛眼花（　　）

（17～19 题共用答案）
　A. 晨起恶心、呕吐
　B. 呕吐严重，不能进食，消瘦
　C. 皮肤瘙痒，但无皮损
　D. 全身皮疹，瘙痒难忍
　E. 皮肤巩膜黄染

17. 早孕反应（　　）

18. 妊娠剧吐（　　）

19. 妊娠期胆汁淤积综合征（　　）

（彭鸿英）

第10章 异常妊娠

📖 学习目标

1. 掌握流产、异位妊娠、前置胎盘、胎盘早剥的概念，临床表现、诊断及治疗。
2. 熟悉流产、异位妊娠、前置胎盘、胎盘早剥的病因及病理。
3. 了解早产、过期妊娠、羊水异常的病因、病理、临床表现、诊断及治疗要点。

第1节 流 产

凡妊娠不足28周、胎儿体重不足1000g而终止者，称为流产（abortion）。流产发生于妊娠12周前者称早期流产，发生在妊娠12周至不足28周者称晚期流产。流产又分为自然流产和人工流产，本节只阐述自然流产。自然流产占妊娠总数的15%左右，80%以上为早期流产。

案例10-1

患者，女，32岁，孕$_1$产$_0$，现妊娠2个月余，阴道流血5天，量少，下腹隐痛。妇科检查：阴道少量流血，宫颈口闭，子宫如2个月妊娠大小，双附件阴性。辅助检查：尿妊娠试验（+）。

问题：1．该患者初步诊断是什么疾病？

2．为确诊，需进一步做哪项辅助检查？

3．如何处理？

【病因】

1．遗传基因缺陷 是引起早期流产的主要原因。在早期流产中有50%～60%的妊娠产物存在染色体异常，多见于染色体数目的异常，其次为染色体结构的异常。

2．母体因素 如全身性疾病（高热、中毒）、内分泌功能失调（甲状腺功能低下、黄体功能不全）、生殖器官疾病（子宫畸形、盆腔肿瘤、宫颈重度裂伤或宫颈内口松弛等）。另外妊娠期腹部手术、身体与精神创伤、胎盘内分泌功能不足等都可导致流产。

3．环境因素 妊娠期孕妇过多接触影响生殖功能的有害化学物质（如砷、铅、苯、甲醛、有机汞等）和物理因素（如放射线、噪音及高温等），均可引起流产。

【病理】

早期流产时胚胎多数先死亡，继之底蜕膜出血，造成胚胎的绒毛与蜕膜层分离，已剥离的胚胎组织如同异物，引起子宫收缩而被排出。8周以内妊娠，胎盘绒毛发育尚不成熟，与子宫蜕膜联系还不牢固，妊娠产物多数完全从子宫壁分离而排出，一般出血不多。妊娠8～12周，胎盘绒毛发育繁盛，与脱膜联系较牢固，妊娠产物往往不易完整分离排出，一般出血较多。妊娠12周后，胎盘已完全形成，流产过程近似于足月分娩，先有腹痛后排出胎儿、胎盘。

【临床表现】

停经、腹痛及阴道流血是流产的主要症状。在流产发展的各个阶段，其症状发生的时间、程度不同，临床表现也不同。流产常分为以下几种类型：

1. **先兆流产**　停经后先出现少量阴道流血，量少于月经，继之出现轻微下腹痛，腰酸、腹坠。妇科检查：宫颈口未开，胎膜未破，妊娠产物未排出，子宫大小与停经月份相符。

2. **难免流产**　流产已不可避免，由先兆流产发展而来。表现为阴道流血量增多，阵发性下腹痛加重。妇科检查：宫颈口已扩张，但组织物尚未排出，晚期可有羊水流出或见胚胎组织或胎囊堵于宫颈口，子宫大小与停经月份相符或略小。

3. **不全流产**　由难免流产发展而来，妊娠组织已部分排出体外，尚有部分残留于宫腔内，从而影响子宫收缩，导致大量阴道出血，严重时可引起失血性休克，下腹痛减轻。妇科检查：宫颈口已扩张，可见胚胎组织堵塞于宫颈口，或部分妊娠物已排致阴道内，部分仍留在宫腔内，有血液持续自宫颈口流出，子宫小于停经周数。

4. **完全流产**　妊娠产物已完全排出，阴道流血逐渐停止，腹痛逐渐消失。妇科检查：宫颈口已关闭，子宫接近正常大小或略大。

流产的特殊类型：

1. **稽留流产**　又称过期流产。指胚胎或胎儿已死亡滞留在宫腔内尚未自然排出者。胚胎或胎儿死亡后，子宫不再增大反而缩小，早孕反应消失，若已至妊娠中期，孕妇不感腹部增大，胎动消失。妇科检查：宫颈口关闭，子宫小于妊娠周数，听诊不能闻及胎心。

2. **习惯性流产**　指自然流产连续发生 3 次或 3 次以上者。目前，常用复发性流产取代习惯性流产。每次流产多发生于同一妊娠月份，其临床经过与一般流产相同。早期流产的原因常为黄体功能不足、甲状腺功能低下、染色体异常等。晚期流产最常见的原因为宫颈内口松弛、子宫畸形、子宫肌瘤等。

3. **流产感染**　流产过程中，若阴道流血时间长、有组织残留于宫腔中或非法堕胎等，有可能引起宫腔内感染。严重时感染可扩展到盆腔、腹腔乃至全身，并发盆腔炎、腹膜炎、败血症及感染性休克等。

一般流产的发展过程如下：

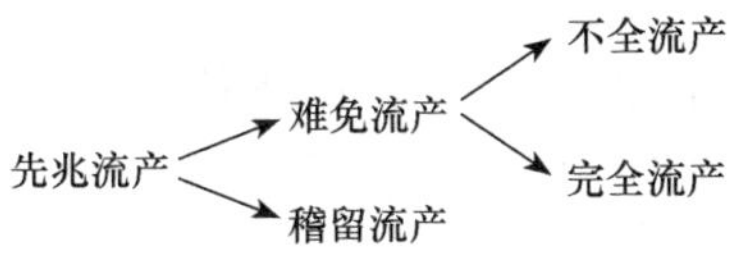

考点提示：流产的临床表现

【诊断】

根据病史及临床表现多能确诊，少数诊断困难者需行辅助检查。

1. **病史及临床表现**　详细询问患者有无停经史、既往有无流产史。有无早孕反应、阴道流血，本次发病时间，询问阴道流血量及持续时间，有无阴道排液及妊娠物排出。询问有无腹痛，腹痛的部位、性质、程度。妇科检查，注意宫颈口是否扩张，有无妊娠物堵塞于宫颈口；子宫大小与停经月份是否相符，有无压痛等。

2. **辅助检查**　①血 β-hCG 测定；② B 型超声检查可显示有无胎囊、胎动、胎心等，指导正确处理；③孕激素测定测定血孕酮水平，有助于判断先兆流产的预后。

【鉴别诊断】

首先鉴别流产的类型（表 10-1）。此外，流产还需与异位妊娠、葡萄胎、功能失调性子宫出血及子宫肌瘤等相鉴别。

表 10-1 各型流产的鉴别诊断

类型	病史			妇科检查		辅助检查	
	出血量	下腹痛	组织排出	宫颈口	子宫大小	hCG	B 型超声
先兆流产	少	无或轻	无	闭	与孕周相符	+	见胎心搏动
难免流产	中→多	加剧	无	扩张	相符或略小	+/−	未见胎心搏动
不全流产	少→多	减轻	部分排出	扩张或有物堵塞	小于孕周	−	见组织物残留
完全流产	少→无	无	全部排出	闭	正常或略大	−	未见胚胎组织

考点提示：各型流产的鉴别诊断要点

【处理】

1．先兆流产 保胎治疗。卧床休息，禁止性生活，减少刺激，保持情绪稳定，增强治疗信心。必要时给予对胎儿危害小的镇静剂：苯巴比妥；黄体功能不足的孕妇，黄体酮 10～20mg，肌内注射，每日一次，至阴道流血停止，再减半量维持 1～2 周停药。并注意行血 β-hCG 测定和超声检查，动态了解胚胎发育情况，避免盲目保胎。

2．难免流产 一经确诊，应尽早使胚胎或胎盘组织完全排出。妊娠小于 12 孕周者应及时行刮宫术，刮出物仔细检查，并送病理检查。大于 12 孕周者，可用缩宫素 10U 加入 5% 葡萄糖注射液 500ml 静脉滴注，促进子宫收缩，当胎儿及胎盘排出后，仔细检查是否完整，必要时行清宫术彻底清除宫腔残留的组织，并应用抗生素预防感染。

考点提示：不全流产的处理

3．不全流产 确诊后，应及时行吸宫术或钳刮术，以尽快清除宫腔内残留组织，防止发生失血性休克及感染。出血量多伴有休克者，应同时输液、输血。出血时间较长者应给予抗生素预防感染。

4．完全流产 流产症状消失，B 型超声检查证实宫腔内无残留物，如无感染征象，一般不需特殊处理。

5．稽留流产 应及时促使胎儿和胎盘排出。稽留时间过长可能发生凝血功能障碍，处理前应做凝血功能检查，若凝血功能正常，先口服雌激素 3 日以提高子宫平滑肌对缩宫素的敏感性。子宫＜12 孕周者可行刮宫术，术前配血备用，术中缩宫素肌内注射。操作应谨慎，避免子宫穿孔，一次不能刮净，于 5～7 日后再次刮宫。子宫＞12 孕周者，应静脉滴注缩宫素引产。若出现凝血功能障碍，应尽早使用肝素、纤维蛋白原及输新鲜血、新鲜冰冻血浆等，待凝血功能好转后再行刮宫或引产。

6．习惯性流产 以预防为主，在受孕前男女双方均应进行详细检查。查明原因，若能纠正者应于受孕前进行治疗；妊娠后，在妊娠早期即按先兆流产处理，保胎至孕 10 周或超过以往发生流产的月份。宫颈内口松弛者，可于妊娠前做宫颈内口修补术，或于孕 14～18 周行宫颈内口环扎术，术后定期随诊，分娩前拆除缝线。

考点提示：不同类型流产的治疗原则

7．流产感染 治疗原则为积极控制感染，尽快清除宫内残留物。若出血不多控制感染后再刮宫；若出血多，应在输血和控制感染的同时，先用卵圆钳将宫腔内残留的大块组织夹出减少出血，术后继续应用抗生素，待感染控制后再行彻底刮宫。若已合并感染性休克，应积极进行抗休克治疗，病情稳定后再行彻底刮宫。

第 2 节 异 位 妊 娠

受精卵在子宫体腔以外着床称为异位妊娠，习称宫外孕。异位妊娠包括输卵管妊娠、卵巢妊娠、腹腔妊娠、子宫颈妊娠、阔韧带妊娠等（图 10-1），而宫外孕仅指子宫以外的妊娠，宫颈妊娠不包括在内。在异位妊娠中，以输卵管妊娠最常见，约占 95%。本节主要介绍输卵管妊娠。

案例 10-2

患者，女，39 岁，输卵管复通术后 4 个月，停经 40 天，阴道不规则流血 5 天，今晨突发左下腹撕裂样疼痛，伴恶心、呕吐，肛门坠胀感。急诊入院。患者平素月经规则，4～5/30 天。体格检查：体温 36.5℃，脉搏 100 次 / 分，呼吸 20 次 / 分，血压 90/55mmHg，左下腹压痛、反跳痛。妇科检查：阴道少量出血，后穹窿饱满，触痛（＋），宫颈举痛，子宫稍饱满，质软，有漂浮感，双附件触诊不满意。

问题：1．该患者可能的诊断是什么？

2．还需要做哪些检查以明确诊断？

3．如何处理？

输卵管妊娠是妇产科常见急腹症之一，当输卵管妊娠流产或破裂时，可引起腹腔内严重出血，如不及时处理，可危及生命。据报道异位妊娠占妊娠相关死亡数的 9%～13%，输卵管妊娠的发生部位以壶腹部最多见，约占 78%，其次为峡部，间质部及伞部妊娠少见。

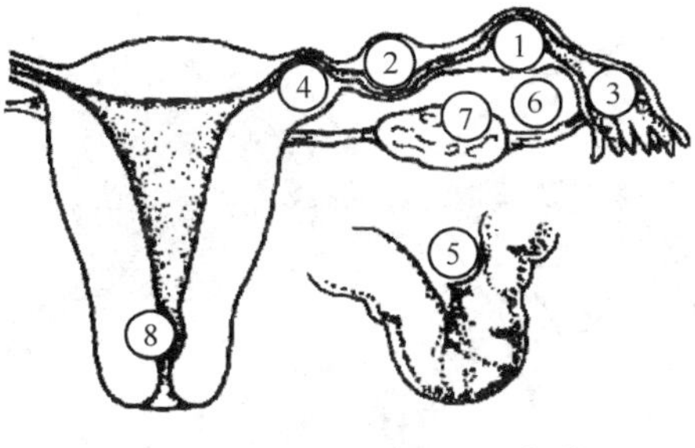

图 10-1 异位妊娠的发生部位

1．壶腹部妊娠 2．峡部妊娠 3．伞部妊娠 4．间质部妊娠
5．腹腔妊娠 6．阔韧带妊娠 7．卵巢妊娠 8．子宫颈妊娠

【病因】

1．慢性输卵管炎 是输卵管妊娠的常见原因。输卵管黏膜炎或输卵管周围炎，可引起输卵管粘连、管腔狭窄或扭曲、肌层蠕动减弱、纤毛缺损等影响受精卵的正常运行，导致输卵管妊娠。

2．输卵管发育异常或功能异常 输卵管过长、肌层发育不良、弯曲、输卵管憩室、黏膜纤毛缺如；输卵管功能异常包括输卵管痉挛和蠕动异常，纤毛活动及上皮细胞分泌异常，均影响受精卵的正常移行而发生输卵管妊娠。

3．辅助生殖技术 近年来随着辅助生殖技术的应用，使输卵管妊娠的发生率增加，既往少见的异位妊娠如：卵巢妊娠、宫颈妊娠、腹腔妊娠的发生率增加。1998 年美国报道因助孕技术的应用所致输卵管妊娠的发生率为 2.8%。

4．其他 输卵管结扎后再通、子宫肌瘤、卵巢肿瘤的压迫以及子宫内膜异位症等均可增加受精卵着床于输卵管的可能性。

考点提示：输卵管妊娠的常见原因

【病理】

输卵管妊娠时，由于输卵管管腔小、管壁薄，缺乏黏膜下组织，其肌层远不如子宫肌壁厚与坚韧，妊娠时不能形成完好的蜕膜，不利于胚胎的生长发育，当胚胎生长到一定程度时，常可引起以下病理结局：

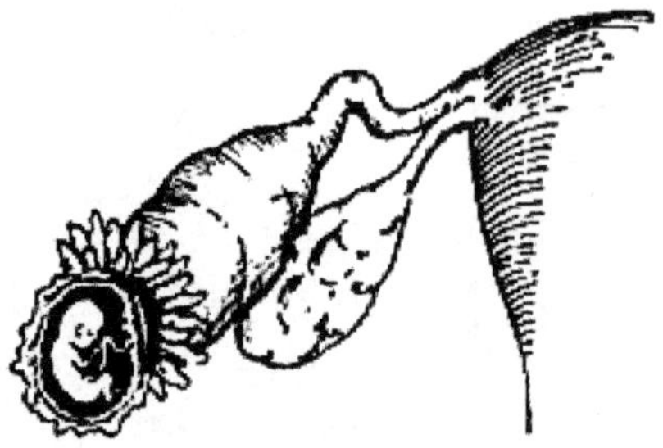

图 10-2　输卵管妊娠流产

1. 输卵管妊娠流产　多见于壶腹部妊娠，常发生在妊娠 8～12 周。由于管壁形成的蜕膜不完整，发育中的囊胚向管腔突出，最终突破包膜而出血。囊胚自管壁附着处与管壁分离，经伞端落入腹腔，形成输卵管妊娠流产。完全流产时出血不多；若囊壁剥离不完整，妊娠产物部分排出到腹腔，部分尚附着于输卵管壁，形成输卵管妊娠不全流产，可发生大量腹腔内出血（图 10-2）。

2. 输卵管妊娠破裂　多见于峡部妊娠，常发生在妊娠 6 周左右。囊胚及绒毛侵蚀管壁肌层、浆膜层，直至穿破管壁全层，形成输卵管妊娠破裂（图 10-3）。输卵管肌层血管丰富，短期内可发生大量腹腔内出血，易致出血性休克。输卵管妊娠破裂出血远较输卵管妊娠流产剧烈，也可反复出血，在盆腔与腹腔形成血肿。间质部妊娠虽少见，但后果严重，由于输卵管间质部管腔周围肌层较厚，血运丰富，妊娠可维持 12～16 周才破裂。其破裂犹如子宫破裂，病情极为严重，往往在短期内出现急性失血性休克症状。

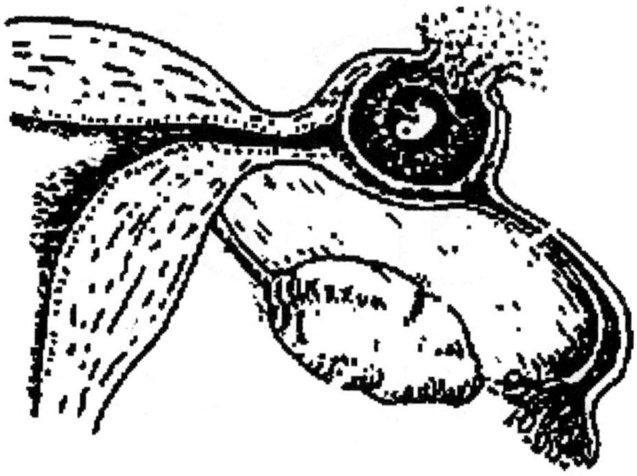

图 10-3　输卵管妊娠破裂

3. 陈旧性宫外孕　输卵管妊娠流产或破裂后，如长期反复内出血所形成的血肿不消散，积聚的血液与周围组织粘连、机化形成包块，或钙化成石胎，称陈旧性宫外孕。

4. 继发性腹腔妊娠　输卵管妊娠流产或破裂后，胚胎多数死亡，若偶尔存活，绒毛组织种植于腹腔脏器或大网膜上，可继续生长发育，称继发性腹腔妊娠。

输卵管妊娠时和正常妊娠一样，滋养细胞产生的 hCG 维持黄体生长，使甾体激素分泌增加。因此，月经停止来潮，子宫亦增大、变软，子宫内膜出现蜕膜反应。一旦胚胎受损或死亡，蜕膜即坏死脱落，呈碎片状排出，有时见蜕膜剥离完整呈三角形蜕膜管型排出，有诊断价值。排出的组织见不到绒毛，组织学检查无滋养细胞。

考点提示：输卵管妊娠病理结局

【临床表现】

输卵管妊娠的临床表现与孕卵着床的部位、有无流产或破裂、出血量多少有关。

1. 症状

（1）停经：多数病人有 6～8 周的停经史，有 20%～30% 的病人没有明显的停经史，有时将不规则的阴道流血误认为是月经，由于月经过期仅数日而不认为是停经。

（2）腹痛：是病人就诊的主要症状。在输卵管妊娠发生流产或破裂之前，由于胚胎在输卵管内逐渐增大，引起输卵管被动扩张，常表现为一侧下腹隐痛或胀痛。当发生流产或破裂时，突感一侧下腹部撕裂样疼痛，常伴有恶心、呕吐。若血液积聚在子宫直肠陷凹，则表现为肛门坠胀感，当血液流向全腹刺激腹膜引起全腹痛，刺激膈肌引起肩胛部放射性疼痛。

（3）阴道流血：胚胎死亡后，常有不规则阴道流血，量少，色暗红，呈点滴状，一般少于月经量，少数患者阴道出血量较多，类似月经。阴道流出的血液可伴有蜕膜管型或蜕膜碎片排出，系子宫蜕膜剥离所致。阴道流血一般常在病灶去除后方能停止。

（4）晕厥与休克：当腹腔内急性出血或剧烈腹痛，可引起病人晕厥或休克，症状的严重程度与阴道出血量不成正比。

（5）腹部包块：输卵管妊娠流产或破裂时所形成的血肿时间较长者，由于血液凝固并与周围组织或器官发生粘连，形成包块，包块较大或位置较高者，腹部检查可扪及。

2. 体征 腹腔内出血多时，患者呈贫血貌，脉快而细弱，血压下降甚至休克。体温一般不高，出血时间长，因腹腔内血液吸收可发热，但不超过 38℃。

（1）腹部检查：下腹部有压痛和反跳痛，尤以患侧为甚，轻度肌紧张；出血多时，叩诊有移动性浊音。

（2）盆腔检查：阴道后穹隆饱满，有触痛，宫颈举摆痛，内出血多时子宫有漂浮感；子宫一侧或后方可触及边界不清、大小不一、压痛明显的包块。

考点提示：输卵管妊娠临床表现

【诊断】

输卵管妊娠未发生流产或破裂时，临床表现不明显，诊断较困难，需采用辅助检查方能确诊。一旦发生流产或破裂，诊断多无困难。对临床表现不典型诊断困难者，可采用下列辅助检查以协助诊断。

1. 妊娠试验 是早期诊断异位妊娠的重要方法，尤其是血 hCG 测定灵敏度高、快速，阳性率可达 80%～100%，但阴性者仍不能完全排除异位妊娠。

2. 超声检查 一般在停经 5～6 周时 B 型超声检查可显示妊娠囊，根据超声探测妊娠囊所在的位置，可协助诊断。

3. 阴道后穹隆穿刺 是一种简单可靠的辅助诊断方法。若抽出暗红色不凝血液提示腹腔内有出血。若穿刺阴性不能排除异位妊娠存在。

4. 腹腔镜检查 目前腹腔镜检查不仅可以视为异位妊娠诊断的金标准，而且可在确定诊断的情况下起到治疗的作用。适用于原因不明的急腹症鉴别及输卵管妊娠尚未发生破裂或流产的早期；大量腹腔内出血或伴有休克者，禁做腹腔镜检查。早期异位妊娠患者，腹腔镜下可见一侧输卵管肿大，表面紫蓝色，腹腔内无出血或有少量出血。

5. 子宫内膜病理检查 诊断性刮宫适用于妊娠试验和 B 型超声检查不能确诊者。宫腔内容物病理检查仅见蜕膜样变组织而不见绒毛，有助于排除宫内妊娠。

【鉴别诊断】

1. 流产 患者阴道流血量与失血表现一致，腹痛位于下腹中央呈阵发性，B型超声检查证实宫内妊娠、阴道后穹隆穿刺阴性可与异位妊娠鉴别。

2. 盆腔炎性疾病 患者多有生殖道感染史，也可有不孕的病史。妇科检查常见阴道炎、宫颈炎体征。阴道后穹隆穿刺无血或抽出脓性分泌物，HCG测定阴性，白细胞计数增高等具有鉴别意义。

3. 急性阑尾炎 患者无停经史，妇科检查多无异常。有转移性右下腹痛的症状及麦氏点压痛的典型体征。

考点提示：输卵管妊娠诊断与鉴别诊断

4. 黄体破裂 本病好发于黄体期，多无停经史，HCG测定阴性为鉴别要点。黄体破裂出血有时可能自行停止，故出血量不多时可在严密观察下保守治疗。

5. 卵巢囊肿蒂扭转 既往有盆腔包块史，突发一侧下腹剧痛，伴有恶心、呕吐甚至休克，但无阴道流血及肛门坠胀。HCG测定阴性，B型超声检查可明确诊断。

【处理】

治疗原则以手术治疗为主，其次是非手术治疗。

1. 手术治疗

（1）根治性手术：即切除患侧输卵管。适用于内出现多并发休克者。有绝育要求的患者，可同时行对侧输卵管结扎术。

（2）保守性手术：即保留患侧输卵管的手术。适用于有生育要求的年轻妇女，特别是对侧输卵管已切除或有明显病变者。

（3）腹腔镜手术：是近年治疗异位妊娠的主要方法。多数输卵管妊娠可在腹腔镜直视下穿刺输卵管的妊娠囊，吸出部分囊液后将药物注入。常用药物为甲氨蝶啶（MTX），50mg一次注入妊娠囊内。也可在腹腔镜下切开输卵管吸出胚胎后注入MTX或行输卵管切除术。

2. 非手术治疗

（1）化学药物治疗：主要适用于早期异位妊娠，要求保留生育能力的年轻患者。符合下列条件可采用：①无药物治疗的禁忌证；②输卵管妊娠未破裂或流产；③输卵管妊娠病灶直径不超过4cm，④无明显内出血；⑤血β-HCG<2000U/L。化疗药物常用甲氨蝶啶（MTX），抑制滋养细胞增生，破坏绒毛，使胚胎组织坏死、脱落、吸收。方法：可全身用药也可局部用药。全身用药常用甲氨喋啶（MTX）0.4mg/kg，每日肌内注射，5日为一疗程。治疗期间应用B型超声或β-HCG进行严密监护，并注意患者病情变化及药物毒副反应。若用药14日β-HCG下降并连续3次阴性，腹痛缓解或消失，阴道流血减少或停止者为显效。若病情无改善，甚至发生急性腹痛或输卵管破裂症状，则应立即手术治疗。局部用药可在B型超声或腹腔镜引导下将药物注入妊娠囊内。

考点提示：输卵管妊娠的治疗原则

（2）中药治疗：适用于出血少，症状轻者。可采用活血化瘀中药。

第3节 妊娠晚期出血

一、前置胎盘

妊娠28周后，胎盘附着于子宫下段，甚至胎盘下缘达到或覆盖宫颈内口，其位置低于胎先露部，称前置胎盘。前置胎盘是妊娠晚期出血的主要原因之一，是威胁母儿生命安全的严重并发症。

案例 10-3

29 岁，初孕妇，妊娠 37 周，无诱因性阴道出血约 200ml，腹部检查：腹软无压痛，胎位清楚，胎心 158 次 / 分，阴道可见少量活动性出血。

问题：1．该患者可能的诊断是什么？

2．首选何种辅助检查？

3．如何处理？

【病因】

前置胎盘确切病因不清，可能与下列因素有关：

1．子宫内膜病变与损伤 多次刮宫、多产、子宫手术、产褥期感染等因素所致的子宫内膜炎或子宫内膜损伤，当再次受孕时子宫蜕膜血管形成不良，胎盘血供不足，刺激胎盘被动增大面积延伸到子宫下段以满足血供，而形成前置胎盘。

2．胎盘面积过大 多胎妊娠，双胎妊娠前置胎盘的发生率较单胎妊娠高一倍。

3．胎盘异常 有副胎盘，主胎盘位置正常而副胎盘位于子宫下段接近宫颈内口；膜状胎盘大而薄，可扩展到子宫下段。

4．受精卵的滋养层发育迟缓 受精卵到达子宫腔后，滋养层尚未发育到可以着床阶段，继续向下游走到达子宫下段，并在该处着床而发育成前置胎盘。

【分类】

以胎盘边缘与子宫颈内口的关系，可将前置胎盘分为 3 种类型（图 10-4）。

1．完全性前置胎盘 又称中央性前置胎盘，胎盘组织完全覆盖宫颈内。

2．部分性前置胎盘 胎盘组织部分覆盖宫颈内口。

3．边缘性前置胎盘 胎盘附着于子宫下段，边缘到达宫颈内口，但未覆盖宫颈内口。

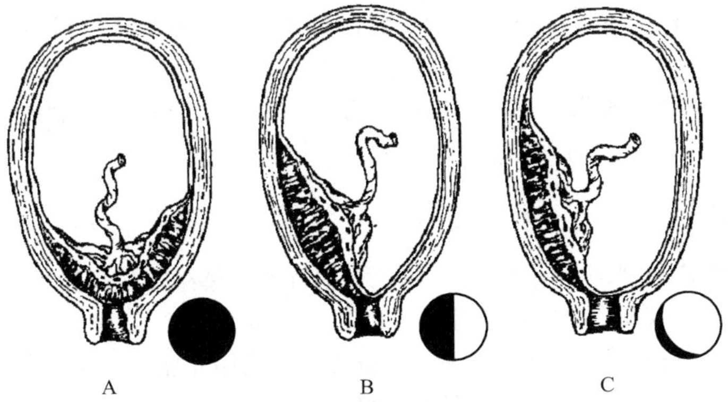

图 10-4 前置胎盘类型

A．完全性前置胎盘；B．部分性前置胎盘；C．边缘性前置胎盘

【临床表现】

1．症状 妊娠晚期或临产时，出现无诱因、无痛性、反复阴道流血是前置胎盘的主要

症状。出血的原因是由于妊娠晚期或临产时，子宫下段逐渐伸展拉长，宫颈管消失，宫口扩张，而附着于子宫下段或宫颈内口的胎盘组织不能相应地伸展，以致前置部分的胎盘自其附着处剥离，血窦开放引起出血。一般阴道流血发生时间的早晚、出血量的多少与前置胎盘的类型有关。完全性前置胎盘往往出血时间早，多在妊娠28周左右就开始出血，反复发生出血的次数多且出血量大，甚至一次出血即可使孕妇处于休克状态；边缘性前置胎盘往往出血时间较晚，多发生在妊娠晚期或临产后，出血量较少；部分性前置胎盘初次出血时间、出血量介于上述两者之间。

2. 体征

（1）全身情况：反复多次出血，可致贫血，其失血程度与外出血量呈正比。大量出血呈现面色苍白、脉搏微弱、四肢厥冷、血压下降等休克体征。

考点提示：前置胎盘分类及主要症状、体征

（2）腹部检查：腹软、无压痛，子宫大小与孕周相符。因子宫下段有胎盘占据，影响胎先露部入盆，易造成胎先露高浮或胎位异常，胎心多正常。也可因孕妇失血过多致胎心异常或消失。

【对母儿的影响】

1. 对母体的影响

（1）产后出血：前置胎盘因胎盘位于子宫下段，子宫下段肌组织菲薄、收缩力差，局部血窦不易闭合，故常发生产后出血。

（2）植入性胎盘：子宫下段蜕膜发育不良，胎盘绒毛可穿透底蜕膜侵入子宫肌层形成植入性胎盘。分娩时胎盘剥离不全而发生产后出血。

（3）产褥感染：贫血产妇抵抗力降低，加上胎盘剥离面靠近子宫颈口，细菌容易经阴道上行侵入胎盘剥离面而发生产褥感染。

考点提示：前置胎盘对母儿的影响

2. 对胎儿及新生儿的影响 出血多可致胎儿宫内窘迫，甚至缺氧死亡。为挽救孕妇或胎儿生命而提前终止妊娠可使早产率增加。

【诊断】

根据病史、临床表现可初步诊断，确诊需以下辅助检查：

1. 超声检查 B型超声检查可以诊断前置胎盘并明确分型，是目前最安全、有效的首选方法。

2. 产后检查胎盘和胎膜 胎盘前置部分有陈旧性血块附着，若胎膜破口距胎盘边缘距离<7cm，则为部分性前置胎盘。

【处理原则】

前置胎盘的治疗原则是：制止出血、纠正贫血和预防感染。根据孕妇的一般情况、孕周、胎儿成熟度、出血量以及产科条件等综合分析制定具体治疗方案。

1. 期待疗法 目的是在保证孕妇安全的前提下，使胎儿能达到或接近足月，从而提高胎儿成活率。适用于妊娠不足36周或估计胎儿体重小于2300g，阴道流血不多，孕妇全身情况良好，胎儿存活者。出血期间应住院，绝对卧床休息，左侧卧位，以防活动引起出血。指导孕妇加强营养，纠正贫血。间断吸氧，每日3次，每次半小时，以增加胎儿血氧供应。应用宫缩抑制剂（硫酸镁、沙丁胺醇等）、镇静剂等。胎儿宫内情况的监测：①指导孕妇数胎动，每日3次，每次1小时。期待治疗过程中，尽量以数胎动代替听胎心音，以减少对子宫的刺激而诱发宫缩；②每日4次监测胎心音，必要时胎心监护；③严密观察出血情况，配血备用。

2. 终止妊娠 适用于入院时出血性休克者，或期待疗法中发生大出血或出血虽少，但妊娠已近足月或已临产者，应采取积极措施选择最佳方式终止妊娠。剖宫产术能迅速结束分娩，既能提高胎儿存活率又能迅速减少或制止出血，是处理前置胎盘的主要手段，应积极做好术前准备。阴道分娩适用于边缘性前置胎盘，枕先露、阴道流血不多、估计在短时间内可结束分娩者。若为阴道分娩，在输血、输液条件下，协助人工破膜，腹部包扎腹带，迫使胎头下降，同时静脉滴注缩宫素以加强宫缩。阴道分娩后，应检查宫颈有无裂伤。

考点提示：前置胎盘的处理原则

二、胎盘早期剥离

妊娠 20 周以后或分娩期，正常位置的胎盘在胎儿娩出前，部分或全部从子宫壁剥离称胎盘早剥。它是妊娠晚期一种严重的并发症，往往起病急，进展快，若处理不当，可危及母儿生命。

案例 10-4

患者，女，30 岁，初孕妇，妊娠 37 周，突然感到剧烈腹痛，并伴少量阴道流血。检查：血压 150/110mmHg，子宫似足月妊娠大小，硬如板状，有压痛，胎位不清，胎心 102 次 / 分。

问题：1. 该患者最可能的诊断是什么?

2. 应完善哪些检查?

3. 该患者的治疗原则是什么?

【病因】

胎盘早剥的确切病因目前尚不十分清楚，可能与以下因素有关：

1. 孕妇血管病变 重度子痫前期、慢性高血压和慢性肾脏疾病，尤其是以全身血管性病变疾病患者胎盘早剥的发生率高。

2. 机械性因素 脐带过短或绕颈、绕体等，外伤，分娩过程中胎儿下降牵拉脐带造成胎盘早剥；外转胎位术纠正胎位时动作粗暴，诱发子宫收缩，胎盘与子宫壁错位分离而致胎盘早剥。

3. 宫腔内压力骤减 双胎妊娠第一个胎儿娩出过快、羊水过多破膜后羊水骤然流出等，宫腔内压力骤减，子宫骤然收缩，胎盘与子宫壁错位剥离。

4. 子宫静脉压突然升高 妊娠晚期孕妇长时间处于仰卧位，妊娠子宫压迫下腔静脉使子宫静脉压升高，引起底蜕膜静脉充血、怒张、破裂，从而导致胎盘自子宫壁剥离。

【病理及类型】

按病理类型可分为显性、隐性和混合性出血 3 种类型（图 10-5）。其主要的病理变化是底蜕膜出血，形成胎盘后血肿，促使胎盘自附着部剥离。

1. 显性剥离（外出血） 当胎盘后血肿使胎盘剥离面不断扩大，血液冲开胎盘边缘及胎膜，沿胎膜与宫壁间经宫颈向外流出。

2. 隐性剥离（内出血） 胎盘边缘附着于子宫壁上，或胎膜与子宫壁未剥离，血液不向外流而积聚在胎盘与子宫壁之间。

3. 混合性剥离（混合性出血） 内出血过多时，血液也可冲开胎盘边缘及胎膜，向宫颈口外流出，形成混合性出血。

胎盘早剥内出血严重时，血液向子宫肌层内浸润，引起肌纤维分离、断裂、变性，此

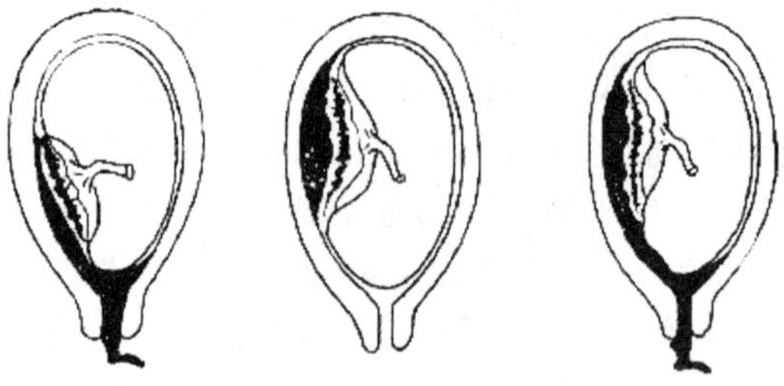

图 10-5 胎盘早剥类型

A. 显性剥离；B. 隐性剥离；C. 混合性剥离

时子宫表面出现紫蓝色瘀斑，尤其在胎盘附着处较明显，称为子宫胎盘卒中。严重的胎盘早剥可能发生凝血功能障碍，主要由于从剥离处的胎盘和蜕膜中释放大量的组织凝血酶，进入母体血液循环，激活凝血系统，从而导致弥漫性血管内凝血（DIC），最终造成产后出血、多器官功能受损，特别是肾功能严重损害。

【临床表现及分类】

我国将胎盘早剥分成轻、重两型。轻型相当于 Sher Ⅰ度，重型包括 Sher Ⅱ、Sher Ⅲ度。

1. 轻型 以外出血为主，胎盘剥离面一般不超过胎盘的 1/3，多见于分娩期。主要症状为阴道流血量较多，色暗红，伴有轻度腹痛或无腹痛。贫血体征不明显，失血程度与外出血相符。腹部检查：子宫软，压痛不明显或局部轻压痛，子宫大小与孕周相符，胎心正常，胎位清楚。产后检查见胎盘母体面有凝血块及压迹。

考点提示：重型胎盘早剥的症状、体征

2. 重型 以内出血为主，胎盘剥离面超过胎盘的 1/3，同时有较大的胎盘后血肿，多见于重度妊娠高血压疾病。主要症状为突然发生持续性腹痛或腰酸、腰痛，严重时伴恶心、呕吐，甚至出现面色苍白、出冷汗、脉搏细速、血压下降等休克症状。可无或只有少量的阴道流血。贫血程度与外出血量不相符。腹部检查：子宫硬如板状，压痛明显，尤其是胎盘附着处压痛最明显。子宫大于孕周，且随着胎盘后血肿的增大，子宫底相应增高，压痛也越来越明显。胎位不清，若剥离面超过 1/2，往往胎儿因缺氧而发生胎死宫内，胎心消失。

胎盘早剥 Sher 分类法

国外多采用 Sher（1985）分类法，将胎盘早期剥离分为Ⅰ、Ⅱ、Ⅲ度。Ⅰ度：轻症，产后按照胎盘后血肿诊断；Ⅱ度：中间型，有胎心改变和典型临床症状；Ⅲ度重症，胎心消失，Ⅲa，无凝血功能障碍，Ⅲb 有凝血功能障碍。

链接

【辅助检查】

1. B 型超声检查 胎盘与子宫壁之间有无液性暗区，同时观察有无胎动及胎心搏动。

2. 实验室检查 血常规检查了解孕妇的贫血程度。血小板计数、出凝血时间、凝血酶原时间、纤维蛋白原测定和 3P 试验等，了解孕妇的凝血功能。

【诊断与鉴别诊断】

根据病史、症状、体征结合相应的辅助检查诊断不很困难，但轻型患者症状和体征不典型需与前置胎盘进行鉴别，可借助 B 型超声检查加以鉴别。重型胎盘早剥与先兆子宫破裂进行鉴别。

考点提示：胎盘早剥鉴别诊断

【并发症】

1．凝血功能障碍 剥离处的胎盘绒毛和蜕膜中释放组织凝血活酶，激活母体凝血系统，发生 DIC；消耗大量的凝血因子，激活纤溶系统导致出血不凝。胎盘早剥是妊娠晚期发生凝血功能障碍最常见的原因，临床表现为黏膜、皮肤及注射部位出血，子宫出血不凝或凝血块较软，甚至有血尿、咯血和呕血。一旦发生 DIC，病死率较高，应积极预防。

2．产后出血 子宫胎盘卒中影响子宫收缩而容易发生出血，若发生 DIC 则更易导致产后出血，且难以控制。

3．急性肾功衰竭 多见于出血多、休克时间长及出现 DIC 者。

4．羊水栓塞 胎盘早剥时羊水可经剥离面开放的子宫血管，进入母体血循环，造成羊水栓塞。

【对母儿的影响】

考点提示：胎盘早剥对母儿影响

胎盘早剥对母儿影响较大。母体剖宫产率、产后出血率、DIC 发生率均升高。胎盘早剥出血可引起胎儿急性缺氧，新生儿窒息率、早产率明显升高，增加了围生儿死亡率。

【治疗】

纠正休克、及时终止妊娠是处理胎盘早剥的原则。此外，对并发症如凝血功能障碍、产后出血和急性肾功能衰竭等进行处理。

1．纠正休克 对处于休克状态的危重患者，立即开放静脉通道，补充血容量，输新鲜血，尽快改善组织血流灌注。

2．终止妊娠 一旦确诊，尽快终止妊娠可减少并发症的发生。根据孕妇病情轻重、胎儿宫内状况、产程进展等决定终止妊娠的方式。

（1）阴道分娩：适用于轻型胎盘早剥，孕妇一般状态好，宫口已开大，估计在短时内能迅速结束分娩者。先行人工破膜使羊水缓慢流出，同时用腹带包裹腹部以压迫胎盘，使其不再继续剥离，必要时静脉滴注缩宫素缩短第二产程。严密观察产程，一旦出现病情加重或胎儿窘迫，应行剖宫产结束分娩。

（2）剖宫产：重型胎盘早剥，估计在短时内不能结束分娩者，尤其是初产妇；产妇病情恶化，胎儿已死；轻型胎盘早剥出现胎儿窘迫，需抢救胎儿者；破膜后产程无进展者。术中若发现子宫胎盘卒中，经按摩及加强宫缩后，仍松弛不收缩，血液不凝，出血不能控制，宜在输新鲜血的同时，将子宫切除。

考点提示：胎盘早剥的处理原则

（3）产后处理：胎儿娩出后立即使用宫缩剂，防止产后出血；纠正贫血；应用抗生素预防感染；及时发现和处理各种并发症。

第 4 节 妊娠时限异常

一、早 产

妊娠满 28 周至不满 37 足周间分娩者称为早产。此时娩出的新生儿称早产儿，出生体重多小于 2500g，各器官发育尚不够成熟。因早产儿生活能力低下，抵抗力差而易患病，是围生儿死亡的重要原因。

案例 10-5

女，27 岁初孕妇，妊娠 35 周，规律宫缩 4 小时，间隔 5～6 分钟，持续约 40 秒，阴道检查：宫颈管消退 80%，宫口扩张 3cm，未破膜，先露 S^{+1}，骨盆外测量未见异常。

问题：1．目前的诊断是什么？

2．如何处理？

【病因】

早产的常见原因有：

1．孕妇因素 孕妇如合并感染性疾病（如下生殖道、泌尿道感染，尤其性传播性疾病）、子宫畸形（如双子宫、宫颈内口松弛）或子宫肌瘤，妊娠合并症与并发症。吸烟、酗酒等不良行为或精神受到刺激以及承受巨大压力时也可发生早产。

2．胎儿、胎盘因素 如前置胎盘、胎盘早剥、胎儿窘迫、胎儿畸形、胎膜早破、胎盘功能减退、羊水过多、多胎等，亦可致早产。

3．其他 外伤、妊娠晚期性交，过重体力劳动，孕妇有吸烟、酗酒等不良行为或精神受到刺激以及承受巨大压力时也可发生早产。

【临床表现及诊断】

考点提示：早产临产的诊断

子宫收缩最初为不规则宫缩，伴有少许阴道流血或血性分泌物，称为先兆早产。一旦出现规则宫缩，同时伴有宫颈管逐渐消退，子宫颈口扩张 2cm 以上或胎膜已破，则可诊断为早产临产。

【早产的预测】

（1）阴道 B 型超声检查并比较宫颈长度及宫颈内口漏斗形成情况，以判断有无早产可能。

（2）阴道分泌物的生化指标检测，预测早产的发生。

【治疗】

治疗原则 若胎儿存活，无胎儿窘迫、胎膜未破，应设法抑制宫缩，尽可能使妊娠继续维持。若胎膜已破，早产已不可避免时，应尽力设法提高早产儿的存活率。

1．一般处理 卧床休息，左侧卧位，改善胎盘的氧供。抬高床尾，减轻胎先露对宫颈的刺激。

2．药物治疗 先兆早产的主要治疗是抑制宫缩，同时还要积极控制感染、治疗合并症和并发症。常用抑制宫缩的药物有：①β_2肾上腺素受体激动剂，副作用为心跳加快、血压下降、血糖增高、血钾降低、恶心、出汗、头痛等，常用药物：利托君、沙丁胺醇等；②硫酸镁：注意事项参看妊娠期高血压疾病；③钙拮抗剂：用药时必须密切注意孕妇血压的变化，若合并使用硫酸镁时更应慎重。

3．预防新生儿呼吸窘迫综合征 在保胎过程中，应行胎心监护，教会病人自数胎动。分娩前给予孕妇地塞米松 5mg 肌内注射，3 次 / 日，连用 3 日，可促胎肺成熟，是避免发生新生儿呼吸窘迫综合征的有效方法。

4．分娩处理 如早产已不可避免，应尽早决定合理分娩的方式，如臀位、横位，而产程又需较长时间者，可选用剖宫产术结束分娩；经阴道分娩者，应考虑使用产钳或会阴切开术以缩短产程。同时，充分做好早产儿保暖和复苏的准备；产程中应给孕妇氧气吸入；新生儿出生后，立即结扎脐带。

5. 控制感染 感染是诱发早产的重要因素，应用抗生素预防感染。

6. 预防早产 做好孕期保健，嘱孕妇保持心情平静。避免诱发宫缩的活动。切实加强对高危妊娠的管理、治疗妊娠合并症、预防胎膜早破、预防亚临床感染。宫颈内口松弛者应于妊娠 14～18 周做宫颈内口环扎术。

考点提示：早产的处理原则

二、过 期 妊 娠

平时月经周期规则，妊娠达到或超过 42 周尚未分娩者称为过期妊娠。其发生率占妊娠总数的 3%～15%。过期妊娠使胎儿、新生儿病率及围生儿死亡率均增加。

【病因】

原因尚未明确，可能与下列因素有关：

1. 头盆不称 因胎儿较大致头盆不称，先露高浮不能很好压迫子宫下段及宫颈内口，影响宫颈成熟及内源性前列腺素分泌。

2. 内分泌因素 雌二醇分泌不足，孕酮过高。

3. 胎儿畸形 如无脑儿无下丘脑，垂体－肾上腺轴发育不良，使肾上腺皮质激素及雌激素的前身物质 16α－羟基硫酸脱氢表雄酮不足使雌激素形成减少；小而不规则的胎儿不能紧贴子宫下段及宫颈内口，引起宫缩，导致过期妊娠。

4. 遗传因素 常见某家族、某个体常反复发生过期妊娠，提示过期妊娠可能与遗传因素有关。

【病理】

1. 胎盘 过期妊娠胎盘有两种类型。一种是足月胎儿胎盘外观及镜检结构正常，胎盘功能正常。另一种为胎盘外观有硬化或钙化，镜下见绒毛血管床减少，绒毛间腔变窄，间质纤维化增加，或血栓形成，胎盘功能减退。

2. 胎儿 过期妊娠胎儿情况与胎盘功能有关，有以下三种：

（1）正常生长及巨大儿：多数属此类型。胎盘功能正常，胎儿在宫腔内继续生长发育，体重明显增加形成巨大儿。巨大儿发病率可为正常妊娠的 2～3 倍。巨大儿使分娩发生困难，母儿产伤的机会最大。

（2）生长（成熟）障碍：因胎盘功能减退，血供不足，胎儿不再继续生长，体重减轻，皮下脂肪减少，皮肤干燥皱褶，头发浓密，指甲长，形似“小老人”。

（3）胎儿宫内发育迟缓：小样儿与过期妊娠并存，更增加围生儿的危险性。

3. 羊水 妊娠足月时羊水量为 800～1000ml。随妊娠过期羊水量逐渐减少，可减少至 300ml 甚至更少。

【诊断】

1. 核实预产期 详细询问月经史；对月经不明或哺乳期受孕者可根据早孕反应时间、胎动出现时间、子宫底的高度、B 型超声检查来综合判断。

2. 判断胎盘功能

（1）B 型超声检查：观察胎动、胎儿肌张力、胎儿呼吸运动及羊水量。羊水暗区＜3cm，提示胎盘功能减退，＜2cm 则提示胎儿危险。

（2）胎盘功能检查：通过胎动计数、尿雌三醇测定、胎儿电子胎心监护等以了解胎盘老化情况。

（3）羊膜镜检查：观察羊水量、羊水颜色，了解有无胎粪污染羊水及污染的程度，确定有无胎儿窘迫。

【治疗】

确诊过期妊娠者，应及时终止妊娠。根据孕妇的全身情况、胎儿大小、胎盘功能、宫颈成熟度等综合分析，决定分娩方式。

1．终止妊娠指征 若有以下情况之一应立即终止妊娠：①宫颈条件已成熟；②估计胎儿体重≥4000g或胎儿生长受限；③12小时胎动<10次或NST无反应型；④胎盘功能减退；⑤羊水过少（羊水暗区<3cm）和（或）羊水粪染；⑥过期妊娠有合并症者。

2．终止妊娠方式应根据母儿情况而定

（1）引产：宫颈条件成熟，应予引产；胎头已衔接，通常采取人工破膜，若羊水多而清，可严密监护下阴道分娩。宫颈不成熟者，可用促宫颈成熟的药物，如普拉睾酮200mg/d，静脉注射，连用3日。也可用缩宫素、前列腺素等药物引产。

（2）剖宫产指征：①头盆不称；②巨大儿；③胎位不正；④宫颈不成熟；⑤羊水过少或浑浊；⑥胎儿宫内窘迫；⑦骨盆狭窄；⑧产程进展缓慢或引产失败者；⑨同时存在妊娠并发症或合并症者；⑩高龄初产妇等。

考点提示：过期妊娠的诊断及处理

产时应指导产妇左侧卧位、吸氧。加强胎儿监护，密切观察胎儿的宫内情况。同时做好新生儿抢救准备工作，过熟儿、低体重儿、窒息儿均按高危儿治疗及护理。

第5节　羊水量异常

一、羊水过多

凡在妊娠任何时期内羊水量超过2000ml者，称为羊水过多。临床有急性和慢性两种类型。若羊水量在数日内急剧增加，称急性羊水过多；若羊水量在较长时间内缓慢增多，称慢性羊水过多。

案例10-6

患者，女，28岁，初孕妇，妊娠24周，近一周来自感腹部增大迅速，并有心悸气急，不能平卧而入院。检查：P 102次/分，R 32次/分，Bp 130/80mmHg，宫底脐上3横指，胎位不清，胎心遥远。

问题：1．该患者最可能的诊断是什么？

2．需做何种辅助检查确诊？

3．该患者的治疗原则是什么？

【病因】

羊水过多的确切原因目前还不十分清楚，可能与下列因素有关：

1．多胎妊娠 多胎妊娠并发羊水过多者是单胎的10倍，以单卵双胎居多。

2. 胎儿畸形　无脑儿、脊柱裂胎儿；脑积水；食管或小肠闭锁等。

3. 母体患病　糖尿病、妊娠高血压疾病、母儿血型不合、急性肝炎、孕妇严重贫血等。糖尿病孕妇胎儿血糖水平也增高，胎儿多尿及胎盘胎膜渗出增加，使羊水增多。母儿ABO或Rh血型不合时，胎盘水肿增重，绒毛水肿影响液体交换导致羊水量增多。

4. 其他　胎盘脐带病变（胎盘绒毛血管瘤、脐带帆状附着等）、特发性羊水过多（原因不明，约占30%）。

【临床表现】

1. 急性羊水过多　多发生于妊娠20～24周，由于羊水急剧增多，可使子宫在短期内迅速增大，而出现明显的压迫症状，如呼吸困难、不能平卧、腹部疼痛，下肢及外阴部水肿、静脉曲张，行走不便，还可伴有消化不良及便秘等表现。

2. 慢性羊水过多　较多见。多发生于妊娠晚期，羊水在数周内缓慢增加，孕妇多能适应，所以症状不明显。产科检查子宫底高度和腹围大于妊娠月份，腹部皮肤紧张发亮，触诊腹部有液体震荡感。胎位不清，胎心遥远或听不到。

考点提示：急性羊水过多的典型症状、体征

3. 并发症　羊水过多孕妇易并发妊娠高血压疾病、胎位异常、胎膜早破及早产；破膜时易引起脐带脱垂，因宫腔内压力骤降还可导致胎盘早剥、休克；分娩时易发生宫缩乏力及产后出血。

【诊断】

依据病史、临床表现结合B型超声检查可确诊是否羊水过多及胎儿有无畸形。

1. B型超声检查　可显示羊水量、胎儿数目及胎儿有无畸形等。羊水最大暗区垂直深度测定（AFV）>7cm、羊水指数（AFI）>18cm为羊水过多。

2. 羊水或母血甲胎蛋白（AFP）含量的测定　若为神经管缺陷胎儿，其羊水AFP值超过正常妊娠平均值3个标准差以上；母血清AFP值超过正常妊娠平均值2个标准差以上。

【治疗】

治疗主要取决于胎儿有无畸形和孕妇自觉症状的严重程度。

1. 羊水过多合并有胎儿畸形　一经确诊应及时终止妊娠。通常采用经腹羊膜腔内穿刺放出适量羊水后，注入依沙吖啶50～100mg引产。也可采用人工破膜引产，高位小孔破膜，让羊水缓慢流出，放羊水后腹部放置沙袋以避免腹压骤降引起胎盘早剥、休克等并发症。破膜后多能自然临产，若破膜12小时无宫缩，静脉滴注缩宫素诱发宫缩，并给予抗生素预防感染。

2. 羊水过多但胎儿正常者　应根据羊水过多的程度与胎龄决定处理方法。

（1）妊娠<37周，胎儿不足月，尽量延长孕周。自觉症状轻应注意休息，低盐饮食，必要时给予镇静剂。前列腺素合成酶抑制剂：吲哚美辛有抗利尿作用，可通过抑制胎儿利尿减少羊水量。但有促使动脉导管闭合的作用，不宜长期使用。孕妇症状明显，可行羊膜腔穿刺放羊水以缓解症状。放羊水时速度不宜过快，控制在每小时500ml，一次放羊水量不超过1500ml。注意严格无菌操作。必要时3～4周后再次放羊水，减轻症状，维持妊娠。

（2）妊娠已达37周者，行人工破膜引产。破膜时应警惕脐带脱垂和胎盘早剥发生。若破膜后子宫收缩乏力，可静脉滴注低浓度缩宫素加强宫缩，密切观察产程。胎儿娩出后及时应用缩宫素，预防产后出血。

考点提示：急性羊水过多的处理

二、羊水过少

妊娠晚期羊水量少于300ml称为羊水过少。发生率为0.4%～4%，羊水过少约1/3有胎儿畸形。羊水过少严重影响围生儿的预后，若羊水量少于50ml，胎儿窘迫的发生率达50%以上，围生儿的死亡率也高达88%，应引起高度重视。

【病因】

羊水过少确切病因不明，可能与下列因素有关：

1. 母体因素 孕妇脱水、服用某些药物（如前列腺素合成酶抑制剂吲哚美辛、血管紧张素转化酶抑制剂、利尿剂、布洛芬等）均有引起羊水过少的报道。

2. 胎儿畸形 先天性肾缺如、肾功能不全、泌尿道畸形等。

3. 胎盘功能异常 过期妊娠、胎儿宫内生长迟缓、胎盘退行性变等均可导致胎盘功能异常。

【临床表现】

孕妇常于胎动时感觉有腹痛，自觉腹部增大不明显，体重增加较少。检查宫高、腹围明显小于正常孕周，子宫敏感度较高，易激惹宫缩，临产后阵痛剧烈，宫缩不协调，宫口扩张缓慢，产程延长。羊水过少可造成胎儿斜颈、曲背、手足畸形等异常；还可发生肺发育不全、胎儿生长受限、胎儿宫内窘迫与新生儿窒息等。

考点提示：羊水过少的典型症状

【诊断】

1. 产科检查 羊水过少者宫高、腹围增长缓慢，电子胎心监护发现宫缩时可以出现晚期减速图形。

2. B型超声检查 测量单一最大羊水暗区垂直深度，≤2cm即可考虑羊水过少；≤1cm为严重羊水过少。若用羊水指数法，则≤5.0cm作为诊断羊水过少的绝对值。另外，B型超声检查还可发现胎儿发育畸形。

【处理原则】

1. 终止妊娠 明确有胎儿畸形者，应及时引产终止妊娠。

2. 期待疗法 若妊娠未足月，辅助检查未发现胎儿异常，可保守治疗，延长孕期。

3. 羊膜腔输液 近年应用羊膜腔输液法治疗妊娠中晚期羊水过少，提高了围生儿的存活率。方法是：向羊膜腔注入（37℃）0.9%氯化钠注射液，同时进行胎心监护，以每分钟15～20ml的速度灌注羊膜腔，通过羊膜腔输液可解除脐带受压，使胎心变异减速率、胎粪排出率以及剖宫产率降低，提高新生儿成活率，是一种安全、经济、有效的方法，但多次羊膜腔输液有发生绒毛膜羊膜炎等并发症的可能。应注意严格无菌操作，同时给予抗感染药物，防止发生感染。

考点提示：羊膜腔输液注意事项

案例分析参考答案

案例10-1

1. 初步诊断：先兆流产。

2．确诊：需进一步做盆腔 B 型超声检查。

3．处理：①卧床休息，避免刺激，营养支持；②保持情绪稳定，增强信心；③给予镇静及必要的保胎药物。

案例 10-2

1．初步诊断：异位妊娠。

2．确诊，需进一步做盆腔 B 型超声检查。

3．处理：①积极补血补液抗休克；②手术治疗。

案例 10-3

1．可能的诊断：孕 37 周，G_1P_0，前置胎盘。

2．为确诊，需进一步做盆腔 B 超检查。

3．处理：因妊娠已达 37 周，应积极止血补液等处理后，终止妊娠。终止妊娠方式视孕妇及胎儿一般情况，宫颈是否成熟等具体情况而定。

案例 10-4

1．可能的诊断：①孕 37 周，G_1P_0；②妊娠期高血压疾病；③胎盘早剥。

2．检查：①尿蛋白测定；②肝肾功能检查；③ B 超及胎儿电子监护。

3．治疗原则：因本例是妊娠期高血压疾病并发胎盘早剥，应积极止血补血等处理后，立即终止妊娠。终止妊娠方式宜首选剖宫产。

案例 10-5

1．目前诊断：早产临产。

2．处理：①预防新生儿呼吸窘迫综合征：分娩前给予孕妇地塞米松 5mg 肌内注射，3 次 / 日，连用 3 日；②人工破膜阴道助产。

案例 10-6

1．可能的诊断：孕 24 周，G_1P_0，羊水过多。

2．为确诊，需进一步做 B 型超声检查。此检查还可明确胎儿有无畸形。

3．处理：① B 型超声检查有合并胎儿畸形，应及时终止妊娠；② B 型超声检查胎儿正常者，因本例孕 24 周＜37 周，胎儿不足月，尽量延长孕周。孕妇症状明显，可行羊膜腔穿刺放羊水以缓解症状。

本章小结

流产的主要症状是停经后阴道流血和腹痛，各类型流产根据流血量、腹痛程度、妇科检查及辅助检查加以区别。异位妊娠以输卵管妊娠最常见，主要症状是停经后突发下腹一侧剧痛，严重者出现晕厥与休克，手术治疗为主。前置胎盘与胎盘早剥都是妊娠晚期出血性疾病，前置胎盘是因为胎盘位置不正常而引起的妊娠晚期无诱因、无痛性反复阴道流血，出血的量、时间取决于前置胎盘的类型，B 型超声检查可确诊。出血少、胎龄小、无胎儿窘迫者采用期待疗法；出血多者需立即终止妊娠。胎盘早剥的主要原因是血管病变，临床特点是突发下腹痛伴有阴道流血，是妊娠晚期严重的并发症，一经确诊应立即终止妊娠。早产和过期妊娠容易导致胎儿窘迫、新生儿窒息、产伤等，应积极处理。凡在妊娠任何时期内羊水量超过 2000ml 者，称为羊水过多。羊水过多处理原则主要取决于胎儿有无畸形及症状的严重程度，羊膜腔穿刺放羊水注意放羊水时速度不宜过快，一次放羊水量不超过 1500ml。

妊娠晚期羊水量少于300ml称为羊水过少，羊水过少围生儿死亡率高，应引起重视。

目标检测题

A_1 型题

1. 关于先兆流产处理不妥的是（　　）
   A. 多运动，保持心情愉快
   B. 禁止性生活
   C. 必要时给予对胎儿危害小的镇静剂
   D. 黄体功能不足的孕妇，每日肌注黄体酮保胎
   E. 及时行超声检查，了解胚胎发育情况
2. 异位妊娠最常见的部位是（　　）
   A. 宫颈妊娠　B. 宫角妊娠
   C. 输卵管妊娠　D. 阔韧带妊娠
   E. 腹腔妊娠
3. 不全流产患者，一经确诊，以下哪项正确（　　）
   A. 绝对卧床
   B. 尽快行清宫术清除宫内残留组织
   C. 减少刺激
   D. 保持情绪稳定，增强保胎信心
   E. 不需特殊处理
4. 有助于异位妊娠诊断的检查不包括（　　）
   A. 盆腔检查　B. 妊娠试验
   C. B型超声　D. 阴道后穹隆穿刺
   E. 大便隐血试验
5. 引起输卵管妊娠的常见原因是（　　）
   A. 输卵管发育不良
   B. 内分泌失调
   C. 输卵管炎症
   D. 输卵管功能异常
   E. 输卵管结扎后再通
6. 关于胎盘早剥，下列叙述正确的是（　　）
   A. 阴道流血量与病情严重程度呈正比
   B. 以无诱因、无痛性反复阴道流血为特点
   C. 是妊娠早期的一种严重并发症，起病急，进展快
   D. 重型胎盘早剥孕妇的子宫硬如板状，有压痛
   E. 重型胎盘早剥孕妇的子宫大小与停经月份一致
7. 胎盘早剥不会带来的变化是（　　）
   A. 子宫胎盘卒中　B. 凝血功能障碍
   C. 肾衰竭　D. 胎盘前置
   E. 产后出血

A_2 型题

8. 初孕妇，停经50天出现阴道少量出血，伴轻微下腹痛。妇科检查：宫颈口关闭，子宫增大约孕50天大小，妊娠试验阳性，最可能的诊断是（　　）
   A. 难免流产　B. 不全流产
   C. 先兆流产　D. 完全流产
   E. 稽留流产
9. 27岁初孕妇，妊娠36周枕左前位，有少量阴道流血，无宫缩，胎心140次/分。本例最恰当的处理是（　　）
   A. 期待疗法　B. 药物引产
   C. 立即人工破膜　D. 行剖宫产术
   E. 静脉滴注缩宫素
10. 孕妇，妊娠37周，无诱因性阴道出血约200ml，腹部检查：腹软无压痛，胎位清楚，胎心158次/分，阴道可见少量活动性出血，最可能的诊断是（　　）
    A. 胎盘早剥
    B. 早产
    C. 前置胎盘
    D. 妊娠期高血压疾病
    E. 凝血功能障碍
11. 孕妇，妊娠38周，突然感到剧烈腹痛，并伴少量阴道流血。检查：血压150/110 mmHg，子宫似足月妊娠大小，硬如板状，有压痛，胎位不清，最可能的诊断是（　　）
    A. 见红　B. 临产
    C. 前置胎盘　D. 早产
    E. 胎盘早剥
12. 孕妇，妊娠35周，宫缩规律，间隔5～6分钟，持续约40秒，查宫颈管消退80%，宫口扩张3cm，诊断为（　　）
    A. 先兆临产　B. 早产临产
    C. 假临产　D. 足月临产
    E. 生理性宫缩

A_3 型题

（13～15 题共用题干）

患者，女，30 岁。第一次怀孕，现妊娠 35 周，有高血压病史，今晨突感腹部剧烈疼痛，伴少量阴道流血来诊。查体：血压 80/60mmHg，脉搏 120 次 / 分，子宫如孕 36 周大小，腹壁硬如板状，压痛明显，胎心 102 次 / 分。

13. 该患者最可能的诊断是（　　）
    A. 早产临产　B. 前置胎盘
    C. 先兆子宫破裂　D. 胎盘早剥
    E. 妊娠高血压疾病
14. 为确诊，首选的辅助检查方法是（　　）
    A. CT 检查
    B. 腹部 X 线摄片
    C. B 型超声
    D. 阴道检查
    E. 腹腔镜检查
15. 诊断明确后检查宫口未开，最合适的处理措施是（　　）
    A. 期待治疗
    B. 静脉滴注缩宫素引产
    C. 加强监护
    D. 配血备用，剖宫产终止妊娠
    E. 等待自然分娩

B_1 型题

（16～17 题共用答案）

A. 镇静、保胎与休息
B. 立即行剖宫产术
C. 不需特殊处理
D. 需做凝血功能检查
E. 妊娠 14～16 周行子宫内口缝扎术

16. 先兆流产的处理（　　）
17. 稽留流产的处理（　　）

（18～20 题共用答案）

A. 剖宫产术　B. 阴道试产
C. 期待疗法　D. 毁胎术
E. 产钳术

18. 边缘性前置胎盘临产，头先露，流血不多，应选择的处理措施为（　　）
19. 胎盘早剥，宫口未开，处于休克状态，但胎儿已死亡，应选择的处理措施是（　　）
20. 孕 35 周，前置胎盘，阴道流血较多、胎心 110 次 / 分，应选择的处理措施是（　　）

（储丽琴）

第 11 章 多胎妊娠与巨大胎儿

学习目标

1. 掌握双胎妊娠的分类、双胎输血综合征、多胎妊娠的诊断。
2. 熟悉多胎妊娠的临床表现及并发症、治疗措施。
3. 了解多胎妊娠的病因、巨大胎儿的概念、病因、诊断方法及处理原则。

第 1 节 多胎妊娠

一次妊娠宫腔内同时有两个或两个以上的胎儿，称为多胎妊娠。我国统计双胎与单胎之比为 1 ∶ 66～104，三胎及以上者少见。另外，多胎妊娠有家庭性倾向：凡夫妇一方家庭中有分娩多胎者，多胎的发生率增加；且近年来生殖辅助技术，促排卵药物的应用使多胎妊娠发生率增加。多胎妊娠在妊娠期、分娩期的并发症多，围生儿死亡率均较单胎妊娠明显高，属于高危妊娠，应加强孕期保健并重视分娩期处理。本节重点介绍双胎妊娠。

案例 11-1

徐女士，32 岁，孕 $_5$ 产 $_1$，停经 35^{+5} 周入院待产。查体生命体征正常，心肺正常，腹膨隆，软，肝脾肋缘下未触及，双下肢无水肿。产科检查：宫高 37cm，腹围 100cm，胎心率 158/150 次 / 分，规则，无宫缩，头先露，未衔接。未做阴道检查。B 型超声检查示：双胎头位，晚期妊娠。

问题：1．初步诊断？

2．进一步处理？

3．如果继续妊娠至足月选择什么分娩方式？

4．如何判断是双卵双胎还是单卵双胎？

【分类】

1．双卵双胎 由两个卵子分别受精形成的双胎妊娠，约占双胎妊娠的 70%。两受精卵着床后形成各自的胎盘，有时两个胎盘也可融合为一个，但两个胎盘的血循环互不相通，胎盘胎儿面有两个羊膜腔，中间隔有两层羊膜、两层绒毛膜，胎儿分别位于自己的胎囊中。因双卵双胎的两个胎儿基因不同，其性别和血型可以相同，也可以不同，貌似一般兄弟姐妹（图 11-1）。

2．单卵双胎 由一个受精卵分裂形成的双胎妊娠，约占双胎妊娠的 30%。由于胎儿的基因相同，因此其两个胎儿的血型、性别相同，容貌相似（图 11-2）。单卵双胎的胎盘和胎膜因受精卵在早期发育阶段发生分裂的时间不同而有差异。

（1）发生在桑椹期（即受精后的 1～3 天）：两个胎儿拥有各自的胎盘、绒毛膜及羊膜，发生率约占单卵双胎的 30%。

（2）发生在囊胚期（即受精后的 4～8 天）：两个胎儿共有一个胎盘及绒毛膜，有各自

图 11-1　双卵双胎的胎盘及胎膜

A. 两个胎盘分开，两层绒毛膜，两层羊膜；B. 两个胎盘融合，两层绒毛膜已融合，两层羊膜

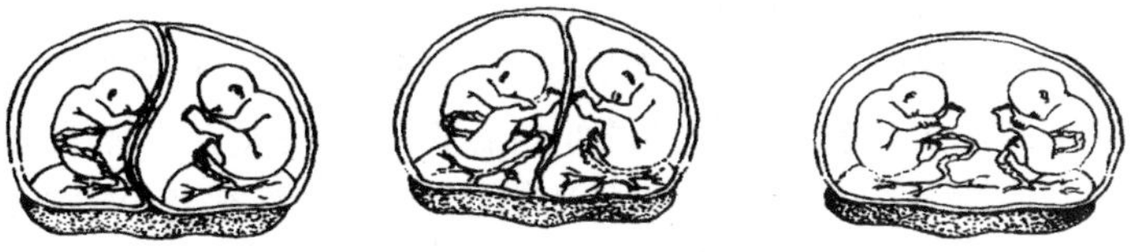

图 11-2　受精卵在发育不同阶段形成的单卵双胎的胎膜类型

A. 桑椹期（受精后的 1～3 天）；B. 囊胚期（受精后第 4～8 日）；
C. 羊膜囊形成后（受精后第 9～13 日）

考点提示：单卵双胎、双卵双胎及双胎输血综合征如何判断

的羊膜囊，发生率约占单卵双胎的 68%。

（3）发生在羊膜囊已形成后（即受精后的 9～13 天）：两个胎儿共一个胎盘、绒毛膜及羊膜囊，两个胎儿共存于一个羊膜腔内，共有一个胎盘，发生率约占单卵双胎的 1%～2%。

（4）发生在受精后两周以后（即受精后 14 天以后）：可形成不同形式的联体儿畸形。

单绒毛膜性双胎由于两个胎儿的血循环通过胎盘互相通连，可能发生双胎输血综合征，即一个胎儿接受另外一个胎儿的大量血液，一方面引起受血胎儿心脏负荷过重，尿量增多致羊水过多；另一方面供血胎儿因自身血液供应差面发育不良或死亡，成为“贴附儿”。

【临床表现及并发症】

1．妊娠期　多胎妊娠时，早孕反应较重，持续时间较长。孕 10 周以后，子宫体积明显大于单胎妊娠，至孕 24 周后更加明显，由于过度增大的子宫而产生明显压迫症状，如推挤横膈上升，压迫胸腔引起呼吸困难；压迫盆腔，阻碍静脉回流，引起下肢水肿及静脉曲张。由于血容量增加多、铁的需要量大而摄入不足或吸收不良，孕妇多有缺铁性贫血。常伴有妊娠期高血压疾病。羊水过多比单胎妊娠高 10 倍左右。因胎盘面积大，易扩展至子宫下段而覆盖子宫颈内口，形成前置胎盘。由于子宫过度伸展，尤其胎儿个数多、并发羊水过多时，宫内压力过高，早产发生率高。此外，双胎妊娠胎儿畸形率比单胎高 2 倍，单卵双胎畸形儿数又是双卵双胎的 2 倍。

2．分娩期　由于子宫过度膨胀，子宫壁肌纤维过度拉伸，易发生宫缩乏力，使产程延长；因常有羊水过多，胎儿较小或胎位异常，宫内压力增高，易发生胎膜早破或脐带脱垂；当第一个胎儿娩出后，易发生胎盘早剥，第二个胎儿易发生宫内窘迫；若第一胎儿为臀先露，第二个胎儿为头先露，在第一个胎头尚未娩出时，第二个胎儿头已降至骨盆腔，则两个胎头的颈部交锁在一起，称胎头交锁；两个均为头先露的胎头同时入盆，相互碰撞造成阻塞性难产，称胎头碰撞。当第一个胎儿娩出后，宫腔容积较大，第二个胎儿易发生胎位异常；因子宫过度膨胀，宫缩较差，加上胎盘剥离面积较大，容易造成产后出血；分娩前腹腔内压力大，分娩后因腹压骤减，易发生休克。

考点提示：双胎输血综合征、胎头交锁、胎头碰撞

3．产褥期　双胎妊娠并发症多，常伴有贫血、抵抗力差，分娩时有两次或以上的阴道助产，容易发生产褥感染。

【诊断】

1. 病史 双方家庭中有多胎分娩史；此次受孕前接受促排卵药物治疗；早孕反应较重；进入孕中期后，体重增加多、下腹作胀不适。

2. 腹部检查 子宫体积明显大于相应孕周。可触及3个或是个以上胎极，胎儿肢体多，位在子宫腔内多处。听诊时，在子宫不同部位闻及频率相差10次/分以上的胎心率；或胎心率虽相差不多，但两个胎心音心之间相隔一无音区。

3. 辅助检查 B型超声检查是目前确诊多胎妊娠的最主要方法。在孕6周时，就可显示着床在宫内不同部位的胚囊个数，每个胚囊与周围蜕膜组成具有双环特征的液性光环。至孕7周末以后，胚芽内出现有节律搏动的原始心管。孕12周后，胎头显像，可测出各胎头的双顶径。随孕周的增长，诊断正确率可达100%。用多普勒超声检查，孕12周后，用多普勒胎心仪可听到频率不同的胎心音。

考点提示：确诊多胎妊娠最主要的方法

4. 绒毛膜性判断 在妊娠6～10周，可通过宫腔内孕囊数目进行绒毛膜性判断，如宫腔内有两个孕囊，为双绒毛膜双胎，如仅见一个孕囊，则单绒毛膜性双胎可能性大。

【治疗】

考点提示：多胎妊娠如何预防早产及住院时间

1. 妊娠期处理 定期产前检查，预防贫血和妊娠高血压疾病，注意休息及加强营养，避免过度劳累，防止早产。监测胎儿生长发育情况及胎盘功能。双胎孕妇于35～36孕周住院，三胎及以上之多胎妊娠孕妇，孕中期需住院及卧床休息。若行生殖辅助技术，应注意消除三胎及以上多胎妊娠的高危性及不良预后。

2. 分娩期处理

（1）分娩方式的选择：关于双胎的分娩方式，多数双胎能经阴道分娩。有下列情况之一，应考虑剖宫产：①第一胎儿为肩先露、臀先露；②宫缩乏力致产程延长，经保守治疗效果不佳；③胎儿窘迫，短时间不能经阴道分娩；④联体双胎孕周大于26周；⑤严重妊娠并发症需尽快终止妊娠，如重度子痫前期、胎盘早剥等。无论阴道分娩还是剖宫产，均需积极预防产后出血。

考点提示：分娩方式的选择

（2）经阴道分娩三个产程的处理：双胎妊娠经阴道分娩，第一产程应严密观察产程及胎心、胎位变化。做好一切急救准备，掌握剖宫产指征。若产程进展顺利，第一胎儿娩出不宜过速，以防发生胎盘早期剥离。第一胎儿娩出后，立即断脐，胎盘端脐带必须夹紧，以防造成第二胎儿失血；立即行腹部检查，尽可能扶正第二胎儿使之呈纵产式。若第二个胎儿为横位或斜位，立即行外转胎位术尽可能纠正为头位或臀位，若外转胎位术不成功，则立即破膜行内倒转术。必要时第二胎采用剖宫产术终止妊娠。第一个胎儿娩出后，宜争取在20分钟内结束分娩。若等待15分钟，仍无宫缩，在监测胎心的同时，予以人工破膜，然后静脉滴注低浓度缩宫素。如发现脐带脱垂或疑有胎盘早期剥离，应及时用产钳助产或行臀位牵引术娩出第二胎儿。第二胎儿娩出后，缩宫素静脉滴注速度可加快，腹部放置1kg重沙袋或用腹带紧裹腹部以防腹压突然下降引起休克。密切观察宫底高度及阴道流血情况，积极处理第三产程以防产后出血。胎盘娩出后，应仔细检查胎盘、胎膜是否完整，判断为单卵或双卵双胎。产后2小时，产妇血压及心率平稳后，减轻砂袋重量，24小时后撤去。

考点提示：经阴道分娩第一胎儿娩出后及第二胎儿娩出后的处理

（3）单绒毛膜双胎及其特有并发症的处理：如在26周确诊为双胎输血综合征，可在胎儿镜下手术治疗，双胎输血综合征合并羊水过多可行羊水减量术，对于严重的sIUGR或一胎畸形可行选择性减胎术。若无并发症，单绒毛膜性双胎的分娩孕周一般为35～37周，不超过37周。单绒毛膜单羊膜囊的分娩孕周为32～34周。

第2节　巨大胎儿

巨大胎儿指出生胎儿的体重达到或超过 4000g。随着我国人民生活水平的提高，孕期营养的加强，巨大儿的发生率逐年上升。巨大儿在分娩过程中可造成头盆不称、难产、肩难产等，如处理不当可发生严重并发症，给母儿造成较大的伤害。

案例 11-2

吴女士，27 岁，初产妇，妊娠 39 周因阵发性腹痛 2 小时入院待产。入院时查体：宫高 38cm，腹围 110cm，胎心率 142 次 / 分，规则，有规律宫缩，25 秒 /12～14 分钟，头先露，头高浮，跨耻征（＋）。阴道检查：宫颈管未消失，宫口开大 0.5cm。B 型超声检查示：单胎晚孕，头位，双顶径 9.6cm，羊水平段 5.2cm。既往无流产史。

问题：1．初步诊断？

2．最适宜的处理是什么？

【病因】

1．糖代谢异常　包括糖尿病合并妊娠和妊娠期糖尿病。糖尿病是造成巨大儿的最常见原因。糖尿病的病情程度及血糖高低与巨大儿的发生率显著相关，如不能有效控制血糖，发生巨大儿的可能增加 50% 左右。

2．孕妇高危因素　孕期肥胖、过期妊娠、孕妇高龄、孕产次多、父母身材高大、有巨大胎儿分娩史、种族及民族因素。

【临床表现及诊断】

孕妇可有巨大胎儿分娩史、糖尿病病史。腹部检查：腹部明显膨隆，测量宫高、腹围大于孕周；触及胎体大，先露高浮；胎心音较正常响。辅助检查：B 型超声检测胎儿双顶径（BPD）、头围（HC）、腹围（AC）及股骨长（FL），根据所测参数推算出胎儿的体重。

1. 胎儿体重（g）＝宫高 × 腹围＋200，该公式对巨大儿预测准确率可达 60% 以上，但此方法常受孕妇胖瘦、羊水多少、胎先露高低等因素影响。

2.（子宫底高度＋腹围）≥140.0cm，B 型超声检测双顶径（BPD）≥9.5cm，股骨长径（FL）≥7.5cm。此 3 项指标中，有 2 项符合可拟诊为巨大儿。

3. BPD＋FL≥16.5cm 作为预测巨大儿的标准，符合率达 84.7%，该方法简便易行，且不受胎先露高低、孕妇腹壁脂肪厚薄、羊水多少的影响。

考点提示：巨大胎儿的诊断标准

【处理】

1．分娩方式的选择　巨大胎儿分娩过程中，常因低估胎儿体重、处理不当而导致母儿严重并发症。产前应结合 B 型超声检查，仔细检查胎儿及骨盆大小，并检查孕妇有无合并妊娠期糖尿病。估计胎儿体重≥4000g，且合并糖尿病者，建议剖宫产终止妊娠。估计胎儿体重≥4000g 而无糖尿病者，可阴道试产，但需放宽剖宫产指征。由于巨大胎儿易发生头位难产和肩难产，通常把巨大胎儿和第二产程延长作为肩难产的预警信号，如果肩难产一旦发生，应熟悉肩难产的处理方法并及时处理。

考点提示：剖宫产指征

2. 新生儿处理

考点提示：剖宫产指征

（1）巨大胎儿出生后应注意呼吸、心率、血压、血氧饱和度，同时查血常规和血细胞比容等，检测血糖、血钙、血电解质和胆红素。

（2）对于妊娠期糖尿病或合并糖尿病患者，应预防新生儿呼吸窘迫症。给予地塞米松促进胎肺成熟。新生儿一旦出现呼吸窘迫症，及时应用肺表面活性物质治疗。

考点提示：巨大胎儿出生后并发症的处理

（3）巨大胎儿出生后要防止低血糖出现，出生后 1～2 小时开始喂糖水，2 次后喂奶。出现低血糖的症状时应及时输注葡萄糖，剂量不宜过大；对低血钙者可给予 10% 葡萄糖酸钙；高胆红素血症者可用光疗。

【预防】

考点提示：尿糖阳性孕妇进行糖筛查的时间

1. 妊娠期积极控制胎儿体重，预防巨大胎儿的发生，并及时诊断。有巨大胎儿的孕妇应进行营养咨询，合理调节膳食结构，同时进行适当的运动。

2. 加强孕期监护和卫生宣教，及早诊治糖尿病，孕妇应作尿糖测定，尿糖阳性者应在孕 24～28 周行糖筛查。对于妊娠期糖尿病者要积极控制血糖，必要时予以胰岛素治疗，控制胎儿的体重增长。

案例分析参考答案

案例 11-1

1．诊断：孕$_5$产$_1$，孕 35 + 6 周，双胎妊娠。

2．处理：血、尿常规、血 AFP、凝血功能、肝肾功能、胎儿电子监测；促胎肺成熟，保胎治疗。

3．分娩方式：经阴道分娩。若宫缩乏力、产程延长，则行剖宫产术。

4．判断：检查胎盘胎膜，判断双胎的类型。

案例 11-2

1．诊断：①孕$_1$产$_0$孕 39 周临产；②头盆不称；③巨大胎儿。

2．处理：行剖宫产术。

本章小结

多胎妊娠是指一次妊娠有两个或两个以上胎儿者。双胎妊娠最常见，可分为双卵双胎及单卵双胎，诊断依据：有无家族史及使用促排卵药，结合临床表现，B 型超声检查多可确诊。处理：多胎妊娠由于孕妇和围生儿发病率及死亡率均高，故视为高危妊娠，应特别重视孕期保健和分娩期的处理，预防并发症。分娩期做好助产和剖宫产的双重准备工作，严密观察产程，防止产程中出现的胎位异常、胎盘早剥、宫缩乏力、脐带脱垂、产后出血等情况，保证母儿平安度过分娩期。产后应防止产后出血及感染，对早产儿进行重点监护。

巨大胎儿，应查明原因，糖尿病孕妇则需积极治疗，于孕 36 周后根据胎儿成熟度、胎盘功能及血糖控制情况择期引产或行剖宫产，及时终止妊娠。

目标检测题

A_1 型题

1. 关于巨大胎儿，下列哪项错误（　　）
   A. 胎儿体重≥4000g 称为巨大胎儿
   B. 近年来发生率明显上升
   C. 分娩时可发生头盆不称
   D. 可出现肩难产
   E. 占出生儿总数的 8%～10%
2. 巨大胎儿经阴道分娩不可能发生哪一项(　　)
   A. 胎儿臂丛神经损伤
   B. 胎儿肝脾等内脏受挤压致破裂
   C. 锁骨骨折
   D. 颅内出血
   E. 颈椎脱位
3. 引起巨大胎儿的相关因素哪项例外（　　）
   A. 遗传因素，父母身体高大
   B. 妊娠期糖尿病
   C. 部分过期妊娠
   D. 孕妇饮食摄入过多，活动太少
   E. 初产妇胎儿体重大于经产妇
4. 双卵双胎下列哪项正确（　　）
   A. 双卵双胎的胎儿基因不尽相同，故性别不同
   B. 两个卵子均来自同一成熟卵泡
   C. 有时两个胎盘可紧靠在一起合并成一个，此时则血循环也可沟通
   D. 两个胎囊之间间隔两层羊膜，两层绒毛膜
   E. 约占双胎妊娠的 1/3
5. 单卵双胎哪项错误（　　）
   A. 由一个受精卵分裂而成的双胎妊娠
   B. 与促排卵药的应用无关
   C. 两胎儿基因完全相同
   D. 可能引起双胎输血综合征
   E. 约占双胎妊娠的 2/3
6. 下列哪项不是双胎妊娠的并发症（　　）
   A. 母儿血型不全　　B. 妊娠高血压疾病
   C. 羊水过多　　D. 前置胎盘
   E. 胎儿畸形

（陈　萍）

第 12 章　胎儿发育异常及死胎

教学目标

1. 掌握胎儿生长受限、死胎的临床表现、诊断和治疗。
2. 了解胎儿生长受限、死胎的病因。

胎儿发育异常是指胎儿在宫内发生的各种异常，包括胎儿形态异常和功能异常。在本章中仅学习胎儿生长受限和死胎。

第 1 节　胎儿生长受限

考点提示：FGR 概念

胎儿生长受限（fetal growth restriction，FGR）是指足月胎儿出生体重小于 2500g 或低于同孕龄平均体重的两个标准差。我国发病率平均为 6.39%。FGR 围生儿死亡率为正常生长儿的 4～6 倍，对远期体格和智能发育均有影响。

【病因】

目前确切病因不清，可能与多胞胎、各种因素致胎盘供血不足及遗传有关。

【分类及临床表现】

根据胎儿生长受限发生时间、胎儿体重以及病因分为以下三类。

1. 内因性匀称型 FGR　妊娠早期由于遗传物质异常、宫内病毒感染或环境有害物质作用于受精卵或胚胎，胎儿各器官细胞数目均减少，在体重、身长、头径和腹围几方面均受限，故称均称型。特点是新生儿体重、身长、头径均相称，但均小于该孕龄。外表无营养不良表现，器官分化或成熟度与孕龄相符，但各器官的数目均减少（脑细胞数目减少，新生儿多有神经发育障碍），出生缺陷多见，预后不良。

2. 外因性不均称型 FGR　妊娠中晚期由于胎盘功能不全或胎盘血流障碍致胎儿生长的营养供应不足，导致继发性胎儿生长受限。特点是新生儿发育不匀称，身长、头径与孕龄相符但体重偏低。外表呈营养不良或过熟儿状态。胎儿常有宫内缺氧。产后新生儿常伴有低血糖、脑神经受损。

3. 外因性均称型 FGR　因重要生长因素如叶酸、微量元素等营养物质缺乏的外在因素影响了整个妊娠期，导致原发性胎儿生长受限，为上述两型之混合型。特点是新生儿身长、体重、头径相称，但均较小，外表有营养不良表现。各器官数目和细胞体积均较少，新生儿的生长与智力发育常受影响。

【诊断】

根据孕妇体重、子宫长度、超声检查等各项衡量胎儿生长发育的指标及其动态情况综合判断，及早诊断。

1．病史　询问有无引起 FGR 的高危因素，子宫增长较慢等病史。

2．临床指标

（1）子宫底高度：子宫底高度连续 3 周均低于第 10 百分位数者为筛选 FGR 的指标，预测准确率达 85% 以上。

（2）计算胎儿发育指数：胎儿发育指数＝子宫底高度（cm）－3×（月份＋1），指数在－3 和＋3 之间为正常，小于－3 提示有 FGR 的可能。

（3）孕妇腹围及体重增长缓慢可间接反映胎儿生长受限。

3．辅助检查

（1）超声检查常用指标：①顶臀径（CRL）：孕早期反映胎儿生长发育的敏感指标；②双顶径（BPD），如每 2 周增加＜2mm，则为 FGR；③头围与腹围的比值（HC/AC）小于正常同孕周平均值的第 10 百分位数，应考虑有 FGR 的可能；④其他：羊水量、胎盘成熟度和胎儿生物物理检测对判断胎儿宫内缺氧现象有意义。

（2）实验室检查尿 E_3 和 E/C 比值、TORCH 感染检测等寻找有无胎盘功能异常和引起 FGR 母儿双方的因素。

（3）胎儿电子监护仪：有利于判断胎儿宫内的状况，指导分娩时机及方式。

考点提示：FGR 诊断

B 型超声检查动态测定双顶径

正常妊娠 24 周前，双顶径每周增加约 3mm，25～32 周每周增加约 2mm，33～38 周至足月每周增加约 1mm。38 周后胎儿生长速度明显减慢，甚至可能停止生长。单次测定不可靠，B 型超声检查需连续测定动态观察其变化。

链接

【治疗】

定期产前检查，及时发现高危因素，尽早处理。FGR 治疗越早，效果越好。

孕 32 周前开始治疗效果佳，孕 36 周后治疗效果差。

1．孕期治疗　去除不良因素，改善胎儿供氧及营养状况。

（1）一般治疗：纠正不良习惯，远离有害物质，均衡膳食补充营养，休息吸氧，左侧卧位，改善胎盘血循环。

（2）药物治疗：口服复合氨基酸片 1～2 片 / 日；10% 葡萄糖注射液 500ml 加维生素 C 或能量合剂，静脉滴注，1 次 / 日，连续 10 天；适量补充维生素 E、维生素 B 族、叶酸、钙、铁剂、锌等维生素和微量元素。β 肾上腺素受体激动剂、硫酸镁、钙拮抗剂等松弛子宫，舒张血管改善胎盘血循环；低分子右旋糖苷、肝素可疏通血液微循环进一步改善子宫胎盘血流，提高胎盘功能。

2．产科处理

（1）明确诊断 FGR 的早、中期妊娠：其原因多为遗传疾病或严重畸形，产前诊断明确后立即终止妊娠。

（2）继续妊娠：若胎儿无严重畸形，未成熟，宫内情况良好，经治疗后 FGR 有好转，孕妇无妊娠并发症和合并症，可以在密切监护下尽量延长孕周，直至胎儿成熟，但不能超过预产期。

（3）适时终止妊娠：

1）终止妊娠的指征：治疗后 FGR 无好转，胎儿停止生长 3 周以上；有胎儿宫内缺氧表现；妊娠合并症、并发症加重，继续妊娠将危及母儿安全，应及时终止妊娠。对于胎龄不足34周者，应促胎肺成熟后再终止妊娠。

2）分娩方式的选择：①经阴道分娩：经治疗胎儿宫内情况良好，胎盘功能正常，胎儿成熟，宫颈条件良好，羊水及胎位正常，无剖宫产指征者可经阴道分娩；②剖宫产：胎位异常、产道条件差、胎儿宫内出现窘迫需短时间内结束分娩；或者孕妇因妊娠合并症、并发症不宜经阴道分娩等有剖宫产指征者应果断选择剖宫产。因FGR的胎儿对缺氧耐受性差，难以耐受分娩过程中子宫收缩时的缺氧状态，可适当放宽剖宫产指征。

考点提示：FGR的处理

【预防】

孕期加强卫生宣教，注意营养，禁烟、酒，避免接触有害毒物和放射线，在医生指导下用药。注意FGR的高危因素，积极防治妊娠合并症和并发症。加强产前检查，早诊断、早干预减少后遗症的发生。

第2节 死　胎

妊娠20周后胎儿在宫内死亡，为死胎（fetal death）。胎儿在分娩过程中死亡，为死产（stillbirth），仍属死胎的范畴。死胎未及时排出，滞留于宫内时间过长时，可引起母体凝血功能障碍。

案例12-1

24岁女性，停经33周，自觉胎动消失1周就诊。无腹痛及阴道排液。查：T 36.3℃，P89次/分，R 19次/分，BP115/75mmHg，心肺（－），宫底脐与剑突之间，无宫缩，未闻及胎心音，肛查宫颈管未消失，宫口未开。

问题：1. 最可能的诊断是什么？还应完善哪些辅助检查？

2. 确诊后应如何处理？

【病因】

导致死胎的原因很多，主要为各种原因致胎儿宫内缺氧和染色体异常或遗传基因突变。

1. 胎盘及脐带因素 前置胎盘、胎盘早剥、脐带脱垂、脐带打结、脐带缠绕、胎盘功能不全、急性绒毛膜羊膜炎等。

2. 孕妇因素 严重妊娠合并症和并发症（如妊娠期高血压疾病、子宫破裂、过期妊娠、糖尿病、慢性肾炎、心脏病、全身和腹腔感染、休克等）；生殖器肿瘤或畸形（如子宫肌瘤）。

3. 胎儿因素 严重胎儿畸形、母儿血型不合、胎儿宫内感染、胎儿生长受限等。

【临床表现】

一旦胎儿死亡，孕妇便自觉胎动消失，子宫停止增大，体重下降，乳房胀痛消失。产科检查子宫小于停经月份，听不到胎心音。约80%的死胎在胎儿死亡后2～3周内自然排出。若胎儿死亡后3周仍未排出，胎盘组织发生退行性变，释放凝血活酶进入母血循环，激活血管内凝血因子，引起弥散性血管内凝血（DIC）。胎死宫内4周以上DIC发生机会明显增多，分娩时可引起严重出血。

考点提示：死胎的临床表现

【诊断】

根据胎动消失，子宫小于停经月份，多普勒胎心仪检查无胎心音，彩超检查未见胎心搏动和胎动可明确诊断。若胎儿死亡过久可见颅板塌陷，颅骨重叠，呈袋状变形。

【处理】

死胎一经确诊，应尽早引产。经羊膜腔内注入依沙吖啶引产，或用地诺前列酮促宫颈成熟，再用缩宫素静脉滴注或米非司酮加米索前列醇引产。胎儿死亡 4 周仍未排出者，应做有关凝血功能的检查。若纤维蛋白原含量＜1.5g/L，血小板＜100×10^9/L，提示凝血功能异常，可用肝素 25mg 静脉滴注，每 6 小时给药一次，用药期间监测试管凝血时间。一般 24～48 小时可使纤维蛋白原和血小板恢复到有效止血水平，然后再引产，并备新鲜血，预防产后出血和感染，产后仔细检查胎盘、脐带和胎儿，寻找死胎发生原因。

考点提示：死胎的处理原则和注意事项

案例分析参考答案

案例 12-1

1．诊断：G_1P_0，孕 33 周死胎。

2．辅助检查：超声检查未见胎心搏动，血、尿、大便常规检查，心电图检查，孕妇肝、肾功能检查及出凝血功能检查未见异常。

3．处理：缩宫素静脉滴注引产。

本章小结

胎儿发育异常是指胎儿在宫内发生的各种异常。胎儿生长受限仅仅是胎儿发育异常的其中一种。其诊断需要准确计算孕周和子宫高度及相关辅助检查，做到早诊断、早处理，减少后遗症的发生。死胎是指妊娠 20 周后胎儿在宫内死亡，依据临床表现和检查不难诊断，一经确诊，应及时引产，并做好预防产后出血和感染的措施。

目标检测题

A_1 型题

1. 胎儿生长受限是指（　　）
   A. 足月胎儿出生体重小于 2500g 或低于同孕龄平均体重的两个标准差
   B. 胎儿出生体重小于 1500g 或低于同孕龄平均体重的两个标准差
   C. 胎儿出生体重小于 2000g 或低于同孕龄平均体重的十个标准差
   D. 胎儿出生体重小于 2500g 或低于同孕龄平均体重的十个标准差
   E. 胎儿出生体重小于 500g 或低于同孕龄平均体重的两个标准差

A_2 型题

2. 关于死胎临床表现，下述错误的是（　　）
   A. 胎动消失　B. 子宫停止增大
   C. 乳房胀痛消失　D. 胎心音消失

E. 孕妇体重增加

A_3 型题

（3～4 题共用题干）

胎儿死亡四周尚未排出

3. 应首先施行以下哪项措施（　　）
   A. 羊膜腔穿刺行依沙吖啶引产
   B. 行凝血相关功能检查
   C. 宫腔上水囊以引产
   D. 地诺前列酮引产
   E. 静脉滴注催产素引产

4. 凝血功能检查提示纤维蛋白原 1.5g/L，血小板<100×10^9/L，以下哪项治疗正确（　　）
   A. 立即肝素治疗，同时监测凝血时间
   B. 羊膜腔穿刺行依沙吖啶引产
   C. 宫腔上水囊以引产，同时复查凝血功能
   D. 备新鲜血同时予催产素引产
   E. 补充外源性纤维蛋白原和血小板

B_1 型题

（5～6 题共用答案）

A. <32 周　B. <33 周
C. <34 周　D. >36 周
E. <36 周

5. 治疗 FGR 上述何孕周开始治疗时效果最佳（　　）

6. 治疗 FGR 上述何孕周开始治疗时效果最差（　　）

（卢永丽）

第 13 章　胎儿窘迫与胎膜早破

📖 学习目标

1. 掌握胎儿窘迫的病因、临床表现、诊断及处理。
2. 掌握胎膜早破的概念、病因、诊断、对母儿的影响及处理。
3. 熟悉胎儿窘迫的概念及病理生理变化。

第 1 节　胎 儿 窘 迫

胎儿窘迫是指胎儿在子宫内有缺氧征象危及胎儿健康和生命者。发病率为 2.7%～38.5%。胎儿的中枢神经系统及脑细胞对缺氧最敏感，严重者可导致胎儿死亡，或留下脑部后遗症，如脑瘫、抽搐、智力低下等。胎儿窘迫临床上有急性和慢性两种类型。急性胎儿窘迫多发生在分娩期；慢性胎儿窘迫常发生在妊娠晚期，临产后往往表现为急性胎儿窘迫。

案例 13-1

张女士，27 岁，孕 41 周，G_2P_0，阵发性腹痛 16 小时。肛查宫颈口开大 4cm，LOA，胎心 120 次 / 分，电子胎心监护显示"晚期减速"，胎儿头皮血 pH 值 7.16。

问题：1. 目前孕妇产程进展中有无异常？

2. 如何处理？

【病因】

1. 母体血氧含量不足　任何引起母体血氧含量减少的因素，均可导致胎儿宫内窘迫。如妊娠合并严重的心血管疾病，急性失血、严重贫血，各种原因引起的休克与急性感染发热，妊娠高血压疾病、慢性肾炎、糖尿病等。

2. 脐带胎盘因素　脐带绕颈、脐带打结、脐带扭转、脐带脱垂；过期妊娠、胎盘老化、胎盘早剥、前置胎盘。

3. 胎儿因素　胎儿有严重的心血管系统疾病、呼吸系统疾病；胎儿畸形；胎儿宫内感染；产程延长，胎头受压过久，导致颅内出血、颅脑损伤均可致胎儿宫内窘迫。

4. 难产处理不当　过多使用镇静、麻醉剂；缩宫素使用不当，引起宫缩过强；产程延长等。

【病理生理变化】

胎儿缺氧，血氧含量降低、二氧化碳蓄积、高碳酸血症等，导致呼吸性酸中毒，通过自主神经反射，兴奋交感神经使胎儿心跳加快；若继续缺氧，继发迷走神经兴奋，胎心率减慢，无氧酵解增加，致丙酮酸等有机酸增加，出现代谢性酸中毒；另外缺氧使迷走神经兴奋，肠蠕动亢进，肛门括约肌松弛，胎粪排出，羊水粪染，呼吸运动加深，出生后可导致新生儿吸入性肺炎的发生。

【临床表现及诊断】

1. 急性胎儿窘迫

（1）胎心率异常：是急性胎儿窘迫最重要的征象。缺氧早期，交感神经兴奋，胎心率加快，在无宫缩情况下，持续>160次/分；缺氧继续，迷走神经兴奋，胎心率减慢<120次/分，当胎心率<100次/分或不规则，是缺氧严重的征象。胎儿电子胎心监护可出现多发晚期减速、重度变异减速。

（2）胎动改变：缺氧初期胎动频繁。如缺氧进一步加重，则胎动逐渐减少甚至消失。一般胎动消失若不及时处理，意味着胎心将很快消失。

（3）羊水粪染：羊水污染程度与胎粪排出时间及量有关。羊水污染程度分为三度：Ⅰ度淡绿色，质稀，常见于胎儿慢性缺氧；Ⅱ度深绿色或黄绿色，质较稠，提示胎儿急性缺氧；Ⅲ度呈混浊的棕黄色，质厚糊状，提示胎儿缺氧严重。破膜可直接观察羊水性状。若未破膜可经羊膜镜检查了解羊水性状。

考点提示：急性胎儿窘迫最重要的征象

（4）酸中毒：胎儿缺氧与酸中毒之间关系密切，采集胎儿头皮血进行血气分析，可反映胎儿宫内安危情况。若pH<7.20，PO_2<10mmHg，PCO_2>60mmHg，可诊断为酸中毒。

2. 慢性胎儿窘迫 慢性胎儿窘迫多发生于妊娠晚期，主要因妊娠合并症或并发症引起胎盘功能减退所致，临产后多转为急性胎儿窘迫。主要表现为胎儿生长发育受限。下述检查可协助诊断：

（1）胎盘功能检查：测24小时尿雌三醇（E_3），若急骤减少30%～40%，或多次测定在10mg以下；尿雌三醇/肌酐（E/C）<10；妊娠特异β_1糖蛋白（SP_1）<100mg/L；胎盘生乳素<4mg/L，均提示胎盘功能低下。

（2）胎儿电子胎心监护：NST无反应型（20分钟胎心率加速≤15bpm、持续时间≤15秒、基线变异<5bpm）；OCT可见频繁晚期减速和变异减速。

（3）胎动计数：胎动过频或胎动减少均为胎儿缺氧的征象，每日监测胎动可预测胎儿宫内安危。胎动<10次/12小时为胎动减少，为胎儿缺氧的重要表现。临床上见胎动消失24小时后胎心将会消失，应予警惕。监测方法：孕妇早、中、晚各数1个小时的胎动数，3次胎动数相加再乘以4，即为12小时的胎动次数。

（4）胎儿生物物理评分：根据B型超声检查监测胎动、胎儿呼吸运动、胎儿肌张力、羊水量及胎儿电子监护NST结果进行综合评分，每项2分，满分10分，≤3分提示胎儿窘迫，4～7分为可疑缺氧。

【处理】

1. 急性胎儿窘迫 积极寻找病因，并针对病因采取果断处理。

（1）病因治疗：如缩宫素使用不当引起的宫缩过强，应立即停用缩宫素，必要时应用宫缩抑制剂，如硫酸镁肌内注射或静脉滴注抑制宫缩；若为羊水过少，可经腹羊膜腔输液；若有脐带受压，立即指导患者朝向脐带受压对侧卧位。

（2）纠正缺氧和酸中毒：左侧卧位。用面罩或鼻导管高浓度吸氧，10L/min，30分钟/次，间隔5分钟。应用5%碳酸氢钠溶液100～200ml静脉滴注，纠正酸中毒。

（3）尽快终止妊娠：

1）若宫口开全：胎先露达坐骨棘下，尽快阴道助产。

2）若宫口未开全：胎儿窘迫不严重，嘱孕妇左侧卧位，用面罩高浓度间歇吸氧，静脉滴注 10% 葡萄胎 500ml 加 2g 维生素 C，继续观察 10 分钟，如经上述处理胎心仍未改善或胎儿窘迫严重、伴有头盆不称者，立即剖宫产。剖宫产指征有：①胎心率＜120 次 / 分或＞180 次 / 分，伴羊水污染 II 度；②羊水污染III度，伴羊水过少；③胎儿电子监护 CST 或 OCT 出现频繁晚期减速或重度变异减速；④胎儿头皮血 pH＜7.20。

2. 慢性胎儿窘迫　应针对病因、妊娠周数、胎儿成熟度和胎儿窘迫程度决定处理方案。

（1）一般处理：左侧卧位，定时吸氧，每日 2～3 次，每次 30 分钟。积极治疗妊娠合并症及并发症。

（2）期待疗法：妊娠未足月，估计胎儿娩出后存活可能性小，尽量保守治疗以延长孕周，并给予地塞米松促进胎儿肺成熟，争取胎儿成熟后终止妊娠。

（3）终止妊娠：妊娠近足月，胎动减少，OCT 出现晚期减速或重度变异减速，或生物物理评分＜3 分者，应以剖宫产终止妊娠。

考点提示：急性胎儿窘迫的防治

第 2 节　胎膜早破

临产前胎膜破裂称为胎膜早破（premature rupture of membranes，PROM）。胎膜早破是常见的分娩期并发症，妊娠满 37 周后其发生率为 10%，妊娠不满 37 周发生率为 2.0%～3.5%，一旦发生胎膜早破对妊娠、分娩均有不利影响，可引起早产、脐带脱垂及母儿感染。

考点提示：胎膜早破的概念

案例 13-2

周女士，32 岁，孕 37 周，突发阴道大量流液 1 小时入院。流液不能自控，无腹痛，无流血。查体：T 36.7℃，P 90 次 / 分，R 20 次 / 分，Bp 110/70mmHg，宫高 33cm，腹围 90cm，LOA，胎心 142 次 / 分，无宫缩。肛查：宫口未开。骨盆外测量无异常。

问题：1．该患者初步诊断是什么疾病？

2．为确诊，进一步应做哪些检查？

3．如何处理？

【病因】

导致胎膜早破往往是各种因素综合作用的结果，常见的原因有：

1. 生殖道病原微生物上行感染　引起胎膜炎，使胎膜局部张力下降导致破裂。

2. 羊膜腔压力增高　双胎、羊水过多、巨大儿等。

3. 胎先露与骨盆入口衔接不良　胎位异常、头盆不称、骨盆狭窄，先露不能衔接，胎膜受压不均，导致破裂。

4. 营养因素　维生素 C、铜元素缺乏使胎膜张力下降而破裂。

5. 宫颈内口松弛　前羊水囊受压不均匀及胎膜发育不良，导致胎膜破裂。

6. 机械因素　妊娠晚期性交、腹部受到外伤、羊膜镜检查等机械刺激均可诱发胎膜早破。另外，性交易引起胎膜感染，精液中前列腺素可引起子宫收缩，亦可诱发胎膜早破。

【临床表现】

临产前孕妇突感较多液体自阴道流出，清亮或混浊，继之少量间断流出，当腹压增加时如咳嗽、打喷嚏、负重时阴道流液增多，不能自控。无腹痛等其他产兆。肛诊触不到前羊水囊，上推胎先露阴道流液增多，并发感染时，阴道流液有臭味，伴发热、母儿心率增快、子宫压痛、白细胞计数增多，C- 反应蛋白升高。

【诊断】

根据病史、临床表现诊断并不困难，但症状不典型时可结合以下辅助检查以明确诊断：

1. 阴道窥器检查 见液体自宫颈管流出，可混有胎脂或胎粪。

2. 阴道酸碱度检查 正常阴道液 pH 值为 4.5～5.5，羊水的 pH 值为 7.0～7.5，用 pH 试纸检测，若流出液的 pH≥6.5 提示胎膜早破。如混有血液、尿液、宫颈黏液、精液及细菌污染可出现假阳性。

考点提示：胎膜早破羊水的 pH 值

3. 阴道液涂片检查 干燥后见到羊齿叶状结晶。

4. 羊膜镜检查 可直视胎先露部，见不到前羊膜囊。

【对母儿的影响】

1. 对母体影响 破膜后下生殖道病原菌易上行至宫腔，孕产妇宫内感染和产褥感染率增加；羊膜腔感染后易发生产后出血；若突然破膜，羊水流出迅猛，有时可致胎盘早剥。

考点提示：胎膜早破的并发症

2. 对胎儿影响 因胎膜早破未达足月使早产儿娩出增加；并发绒毛膜羊膜炎时，可引起胎儿及新生儿感染；脐带脱垂或受压，导致胎儿窘迫。以上均可致围生儿死亡率增加。

【处理】

根据妊娠周数、胎儿成熟情况、剩余羊水量、是否伴有感染等情况综合处理。

1. 期待疗法 适用于妊娠 28～35 周，胎膜早破不伴感染，羊水池深度≥3cm 者。

（1）绝对卧床休息：抬高臀部左侧卧位，勤听胎心，防止脐带脱垂。

（2）促进胎儿肺成熟：地塞米松 10mg，静脉滴注，每日 1 次，共 2 次。

（3）预防感染：期待治疗期间，保持外阴清洁，每日外阴擦洗两次，勤换会阴垫，尽量少做肛查和阴道检查；破膜后 12 小时，给予抗生素预防感染。

（4）应用子宫收缩剂：有宫缩者，用硫酸镁或沙丁胺醇、利托君等宫缩抑制剂。

2. 终止妊娠 孕周≥35 周或期待疗法中发生宫腔感染者需终止妊娠。终止妊娠的方法根据情况可经阴道分娩或剖宫产。

考点提示：胎膜早破的处理原则

3. 足月胎膜早破 观察 12～24 小时，80% 患者可自然临产；若破膜 24 小时仍未临产且无头盆不称，应予以引产。引产失败，应选择剖宫产终止妊娠。

【预防】

1. 加强围生期卫生宣教和指导，妊娠后期禁止性生活，妊娠晚期避免负重及腹部受撞击，避免腹压突然增加。

2. 加强营养，补充足够的维生素以及铁、铜、锌、钙等微量元素。

3. 积极预防及治疗下生殖道感染。

4. 宫颈内口松弛者，于妊娠 14～16 周行宫颈环扎术并卧床休息。

5. 胎位异常、头盆不称、骨盆狭窄孕妇应提前入院待产，临产后应卧床休息，不宜灌肠，少做肛查。

案例分析参考答案

案例 13-1

1．该孕妇在产程进展中出现急性胎儿窘迫。

2．处理：因电子胎心监护显示“晚期减速”，胎儿头皮血 pH＜7.20 提示胎儿窘迫较严重，应立即剖宫产，并做好新生儿窒息抢救的准备。

案例 13-2

1．初步诊断：胎膜早破。

2．为确诊，需做阴道液 pH 值检查。

3．处理：因该孕妇妊娠已达 37 周，应观察 12～24 小时，等待自然分娩。若破膜 24 小时仍未临产且无头盆不称，应予以引产。

本章小结

胎儿窘迫是胎儿宫内缺氧的危急状态，分为急性和慢性两种。以急性胎儿窘迫为主，多发生在分娩期，胎心改变是急性胎儿窘迫最早的表现，分娩期严密监测胎心变化和产程进展，可以早期发现胎儿异常，及时处理。胎膜早破时孕妇突感有液体自阴道流出，继而间断流出，不能自控，无腹痛等产兆。胎膜早破可引起母儿感染、早产和脐带脱垂、胎儿窘迫，应加强围生期保健，防止发生。

目标检测题

A_1 型题

1. 最简便而又较准确地测定胎儿安危的方法是（　　）
   A. 胎动计数
   B. 羊膜镜检查
   C. 测定孕妇尿雌三醇值
   D. 胎心监测
   E. 胎儿头皮血 pH 测定
2. 下列何种情况不属于胎膜早破的好发因素（　　）
   A. 创伤　　B. 宫颈内口松弛
   C. 胎膜炎　　D. 临产
   E. 羊水过多

A_2 型题

3. 某孕妇，妊娠 32 周，因“胎膜早破”14 小时入院，检查发现胎心正常，无腹痛，错误的处理措施是（　　）
   A. 绝对卧床休息
   B. 严密观察孕妇生命体征
   C. 监测白细胞计数
   D. 监测胎儿宫内安危
   E. 无需使用抗生素
4. 28 岁孕妇，39 周妊娠临产，产程进展顺利，宫口开全时突然出现胎心音变化，减慢至 100 次 / 分，则下一步处理欠妥的是（　　）
   A. 吸氧　　B. 积极寻找原因
   C. 尽快终止妊娠　　D. 立即剖宫产
   E. 左侧卧位

A_3 型题

（5～7 题共用题干）

患者，女，30 岁，妊娠 38 周，臀位，住院待产，床边排尿时突感有较多液体持续性从阴道流出。

5. 该患者正确的诊断是（　　）
   A. 胎儿窘迫

B. 胎膜早破
C. 前置胎盘
D. 胎盘早剥
E. 临产

6. 对患者采取的处理措施不恰当的是（　　）
A. 绝对卧床休息，左侧卧位，抬高臀部
B. 及时听取胎心
C. 观察羊水性状
D. 记录破膜时间
E. 指导去B超室检查

7. 该患者易并发的是（　　）
A. 新生儿窒息　　B. 脐带脱垂
C. 早产　　D. 过期产
E. 宫缩过强

B_1 型题
（8～10题共用答案）
A. 朝向切口对侧卧位
B. 右侧卧位
C. 抬高臀部，左侧卧位
D. 左侧卧位
E. 半坐卧位

8. 胎儿窘迫一般采取的体位是（　　）
9. 胎膜早破孕妇正确的卧位是（　　）
10. 产后会阴有侧切口的产妇应采取的卧位是（　　）

（储丽琴）

第 14 章　妊娠合并症

📖 **学习目标**

1. 掌握妊娠合并内外科疾病对妊娠和分娩的影响及产科处理原则，妊娠合并心脏病患者最易发生心衰的时间。妊娠合并感染性疾病对妊娠和分娩的影响，产科处理原则。

2. 熟悉妊娠、分娩对妊娠合并内外科疾病的影响，妊娠合并症终止妊娠的指征。

3. 了解妊娠合并内外科疾病的诊断及其处理，妊娠期阑尾炎的特点。妊娠合并感染性疾病的诊断及其处理，性传播疾病的定义。

第 1 节　妊娠合并心脏病

妊娠合并心脏病是产科严重合并症，发病率为 0.5%～1.5%。妊娠、分娩、产褥期均可使心脏病患者的心脏负担加重而诱发心力衰竭，是孕产妇死亡的主要原因之一，在我国孕产妇死亡顺位中排第二位，为非直接产科死亡的第一位。确诊和处理妊娠合并心脏病对降低孕产妇及围生儿死亡率有非常重要的意义。

案例 14-1

王女士，37 岁，第二胎孕 20 周，诉家务劳动后感胸闷气短，近一周夜间经常咳嗽咯痰，不能平卧，检查：心率 120 次 / 分，心界向左扩大，心尖区可闻及Ⅲ级收缩期杂音，双肺底闻及小水泡音，双下肢水肿（＋）。

问题：1．该患者初步诊断是什么疾病？

2．为确诊，进一步做哪项检查？

3．最适宜的处理是什么？

【妊娠、分娩、产褥期对心脏病的影响】

1．妊娠期　妊娠期妇女循环血容量自妊娠 6 周开始逐渐增加，至妊娠 32～34 周达最高峰，血液总量增加 30%～45%，并维持高水平到足月。此后维持在较高水平，产后 2～6 周逐渐恢复正常。血容量的增加引起心输出量增加和心率增快。妊娠早期主要引起心输出量增加，妊娠 4～6 个月时增加最多，平均较妊娠前增加 30%～50%。妊娠中晚期需增加心率以适应血容量增多，分娩前 1～2 个月心率平均约增加 10 次 / 分。妊娠晚期子宫明显增大，致膈肌抬高，心脏呈横位，血管扭曲，右心室压力升高等，机械性地加重了心脏的负担。当妊娠合并心脏病时，妊娠晚期容易发生失代偿而致心力衰竭。

2．分娩期　分娩期为心脏负担最重的时期。第一产程由于每次宫缩 250～500ml 血液从子宫中被挤入体循环，因此全身血容量增加；每次宫缩时心输出量约增加 24%，同时有血压增高、脉压增宽及中心静脉压升高。第二产程除子宫收缩外，骨骼肌都参加活动，使外周阻力更加增加，又因屏气用力，动静脉压同时增加，尤其是肺循环压力极度增高，加之腹压加大，使内脏血液涌向心脏。因此，在第二产程时心脏的负担特别重；第三产程胎儿娩出后，子宫缩小，胎盘循环停止，子宫血窦内有500ml血突然进入体循环，另外腹腔内压力骤减，血液流向内脏，回心血量急剧减少，造成血流动力学的急剧变化，此时患心脏病的产妇易发生心力衰竭。

考点提示：妊娠合并心脏病孕产妇最易发生心衰的时期

3. 产褥期 产后3天内仍是心脏负荷较重的时期。除子宫收缩使一部分血液进入体循环外，妊娠期组织间潴留的液体也开始回到体循环。妊娠期出现的一系列心血管变化，在产褥期尚不能立即恢复到妊娠前状态，心脏负荷又再度加重，仍有可能发生心力衰竭。

综上所述，妊娠合并心脏病孕妇在妊娠32～34周、分娩期及产后3天内心脏负荷最重，易发生心力衰竭，临床上应给予密切监护。

【心脏病对妊娠的影响】

妊娠合并心脏病对胎儿的影响，与病情严重程度及心脏功能代偿状态等有关。病情较轻、代偿机能良好者，对胎儿影响不大；病情重，则因长期慢性缺氧，可致胎儿宫内发育受限和胎儿窘迫，若发生心衰，可因子宫淤血及缺氧而引起流产、早产或死产。围生儿的死亡率是正常妊娠的2～3倍。

【妊娠合并心脏病的种类】

1. 先天性心脏病 根据血流动力学变化将先天性心脏病分为3组：

（1）无分流型（无青紫型）：即心脏左右两侧或动静脉之间无异常通路和分流，不产生发绀。包括主动脉缩窄、肺动脉瓣狭窄、主动脉瓣狭窄以及肺动脉瓣狭窄、单纯性肺动脉扩张、原发性肺动脉高压等。

（2）左向右分流组（潜伏青紫型）：此型有心脏左右两侧血流循环途径之间异常的通道。如房间隔缺损、室间隔缺损、动脉导管未闭、主肺动脉隔缺损，以及主动脉窦动脉瘤破入右心或肺动脉等。

（3）右向左分流组（青紫型）：此型右侧心血管腔内的静脉血，通过异常交通分流入左侧心血管腔，大量静脉血注入体循环，故可出现持续性青紫。如法洛四联症、法洛三联症、右心室双出口和完全性大动脉转位、永存动脉干等。

大部分无发绀型患者能安全度过孕产各期，少部分患者因有不同程度的肺动脉高压，在第二产程，产妇屏气用力时使肺动脉压力进一步升高，以及产后出血在体循环压力下降而发生血液右向左分流，出现发绀而诱发心衰。发绀型患者对妊娠血流动力学改变的耐受力差，合并妊娠，母儿的死亡率高达30%～50%，因此不宜妊娠。

2. 风湿性心脏病 以二尖瓣狭窄最为多见，其次是二尖瓣狭窄合并关闭不全，主动脉病变少见。如二尖瓣狭窄时，狭窄的二尖瓣阻碍血流从左心房到左心室，使左心房压力骤增，造成急性肺水肿及心力衰竭。因此风湿性心脏病患者按是否可以妊娠分为下列两种类型：

（1）可以妊娠的风湿性心脏病患者：心脏瓣膜病变轻，心功能Ⅰ～Ⅱ级的风湿性心脏病患者，可允许妊娠，并争取在年轻时生育，因心脏病代偿功能随年龄增大热降低。

（2）不宜妊娠的风湿性心脏病患者：

1）对心功能Ⅰ～Ⅱ级二尖瓣狭窄的病人，由于妊娠后对心肺血流动力学危害较大，故不宜妊娠。

2）心脏病变重，心功能Ⅲ级以上，或虽为Ⅰ～Ⅱ级过去有心衰史，年龄在35岁以上，经产妇过去妊娠，分娩有心力衰竭史者于再次妊娠易复发，故不宜妊娠。

3）风心病有肺动脉高压，慢性心房颤动，高度房室传导阻滞，并发细菌性心内膜炎，孕产期心力衰竭或休克发生率高，皆不宜妊娠。

因此，风心病患者早期和年轻时是生育的最佳时机，越晚对病情的危险越大。

3. 妊娠期高血压疾病性心脏病　既往无心脏病史及体征，妊娠期出现妊娠期高血压疾病，多骤然发生心衰。诊断及时、治疗得当，常能度过妊娠及分娩，产后病因消除，病情会渐缓解，多不遗留器质性心脏病变。

4. 围生期心肌病　是指既往无心脏病史，于妊娠最后 3 个月或产后 6 个月首次发生的以累及心肌为主，类似扩张型心肌病者称为围生期心肌病。本病的特点之一是体循环或肺循环栓塞的出现频率较高。多发生在 30 岁左右的经产妇。如能早期诊断、及时治疗，一般预后良好。安静、增加营养、服用维生素类药物十分重要。

围生期心肌病死亡的主要原因是左室附壁血栓导致的血栓栓塞，因此抗凝治疗应当是围生期心肌病治疗的一部分。围生期心肌病发病率虽然不高，但后果严重，基于再次妊娠有复发的倾向，应积极预防，采取避孕或绝育措施。

5. 心肌炎　心肌炎可发生在妊娠任何阶段，是心肌本身局灶性或弥漫性炎性改变。目前认为与病毒感染有关。若急性心肌炎病情控制良好者，可在密切监护下妊娠。心功能严重受累者，妊娠期发生心衰的危险性很大。

【诊断】

1. 妊娠合并心脏病的诊断

（1）病史：初诊时应详细询问妊娠前有无心脏病史，尤其是风湿性心脏病和风湿病史。过去诊疗情况，有无心力衰竭等。

（2）体格检查：①发绀，杵状指，持续颈静脉怒张。②心脏听诊，如发现舒张期杂音，一般提示有器质性病变。Ⅲ级或Ⅲ级以上收缩期杂音，性质粗糙而时限较长者应考虑心脏病的诊断。有时诊断比较困难，须待产后随访再确诊。③严重的心律失常，如心房扑动、心房颤动、房室传导阻滞、舒张期奔马律出现，均提示有心肌病变；而过早搏动和阵发性室上性心动过速有时可在无心脏病的孕妇中发现，应注意识别。

2. 心功能的分级　以孕妇日常体力活动耐受能力为依据，将心脏功能分为四级，适用于各种类型心脏病。

Ⅰ级：一般体力活动不受限制。

Ⅱ级：一般体力活动略受限制，日常劳动后有疲劳、心跳、气短或胸闷等不适，休息后恢复如常。

Ⅲ级：一般体力活动显著受到限制，日常活动量少于一般体力活动即有疲劳、心跳、气短或心绞痛等不适，休息时无症状。

Ⅳ级：休息时即有心功能不全症状，任何轻微体力活动即可致不适或加重不适，有明显心力衰竭现象。

3. 早期心衰的诊断

（1）轻微活动即有心慌、胸闷、气短。

（2）夜间常因胸闷而坐起呼吸，或到窗口呼吸新鲜空气。

（3）休息时，心率＞110 次 / 分，呼吸＞24 次 / 分。

（4）肺底部可听到少量持续性湿啰音等，咳嗽后不消失。

4. 心力衰竭的诊断

（1）症状：气急、发绀、咳嗽、咯血及粉红色泡沫样痰（其内可找到心衰细胞）、端坐呼吸、心动过速或心房纤颤等。

考点提示：早期心衰的临床表现

（2）体征：心率增快、呼吸次数增多，唇面发绀、颈静脉怒张、下肢明显水肿、静卧休息时呼吸脉搏仍快、肺底部有持续性湿啰音及肝脾肿大、压痛等。

（3）辅助检查：X线检查可显示心界扩大。心电图提示心律失常或心肌缺血等。

【防治】

1. 心脏病患者对妊娠耐受力的判断 取决于心脏病的种类、病变程度、是否手术矫治、心功能级别及具体医疗条件等因素。

（1）可以妊娠：心功能Ⅰ～Ⅱ级，既往无心衰史，心脏病变较轻。

（2）不宜妊娠：心功能Ⅲ～Ⅳ级，既往有心衰史或妊娠早期即发生心衰者、心脏病变较重、有肺动脉高压、发绀型先天性心脏病及心肌炎、严重心律失常、活动性风湿热、亚急性细菌性心内膜炎及有严重的心律失常者。

2. 妊娠期处理

（1）终止妊娠：凡不宜妊娠的心脏病孕妇，在妊娠12周前终止妊娠。妊娠12周以内行人工流产术，超过12周而不足14周者，钳刮术终止妊娠。中期引产，尤其须手术时，有较大危险性，应尽量避免；如有条件，可在积极治疗观察下，使妊娠继续；凡出现心衰者，应在内科治疗控制心衰后，再终止妊娠。妊娠超过28周以上者，引产的危险不亚于继续妊娠，故一般不宜终止妊娠，应在严密观察下使其安全度过妊娠期。对顽固性心衰患者，应与内科医生配合，严格监护下行剖宫产术，常能改善预后。

（2）继续妊娠：对心功能Ⅱ级以下患者应加强产前检查，至少每2周1次，32周后每周应检查1次，及早发现心衰的早期征象。预防心衰的发生，患者应有足够的休息，避免较重的体力劳动，进低盐饮食，注意预防呼吸道感染，有贫血者应积极治疗，最好在预产期前2周入院待产。有心衰者应及时入院治疗。

1）体位、活动度及休息：日间餐后有0.5～1小时的休息，夜间要有10小时的睡眠，休息时取左侧卧位和头肩高位；限制体力劳动，适当减少活动量。心功能Ⅲ级以上者要以卧床为主，尽可能采用半卧位或半坐位，以患者舒适为标准。

2）加强母胎监护，指导孕妇自我监测：测12小时胎动计数并记录，发现异常及时汇报医生，同时进行胎心监护并给予氧气吸入等，及时了解胎儿及胎盘功能。

3）预防心衰：孕妇对洋地黄类药物耐受性较差，用药时（尤其在快速洋地黄化时）应注意毒性反应，如呕吐、脉搏缓慢及胸痛等。孕期最好服用作用及排泄较迅速的洋地黄类药物，如地高辛0.25mg，口服，每日2次，2～3天后酌情改服一次，不要求达饱和量，以防万一发生心衰后，能有加大剂量的余地。因长期用维持量较难掌握，离预产期远者，病情好转后可停药，临产后如需要可快速洋地黄化。

3. 分娩期处理 妊娠的晚期应选择好适宜的分娩方式，减少心衰的发生，改善预后。

考点提示：剖宫产指征

（1）剖宫产术：适应于胎儿偏大、产道条件不佳及心功能Ⅲ级或Ⅲ级以上者。剖宫产时血液动力学的改变比阴道分娩小，故应放宽剖宫产指征。可考虑在硬膜外麻醉下行剖宫产术，同时心脏监护，术中、术后应严格限制输液量，不宜妊娠者，应同时行输卵管结扎术，术中由心血管医师协助监护。

（2）经阴道分娩：心功能Ⅰ～Ⅱ级、胎儿不大、胎位正常、宫颈条件良好者，可经阴道分娩。产时严密监护心功能。

1）第一产程：安慰和鼓励产妇，稳定其情绪。患者取半坐卧位，每半小时测血压、脉搏、呼吸一次，持续进行胎儿电子监护。适当应用镇静剂，如哌替啶50～100mg肌内注射。

给予抗生素预防感染。发现早期心衰，应积极处理，高浓度面罩给氧，尽快给予强心利尿药物等。可遵医嘱给予氨茶碱、毒毛旋花子苷 K 或西地兰，必要时给吗啡。注意电解质平衡。如心衰不易控制，则应在控制心衰的同时行剖宫产术。

2）第二产程：宫口开全后，行阴道助娩术（胎头吸引术、产钳术或臀牵引术）尽可能缩短第二产程，以免产妇过度用力。

3）第三产程：注意防治产后出血。胎儿娩出后，腹部立即置放 1kg 重的沙袋（或用手按压），以防因腹压骤减致大量血液倾注内脏血管引起周围循环衰竭。为防治产后出血，必要时可肌内注射缩宫素 10U，禁止使用麦角新碱，防止静脉压升高。皮下注射吗啡 10mg，或哌替啶 50mg，使产妇安静休息。

考点提示： 第二、第三产程处理原则

4. 产褥期处理　产后勿立即移动产妇，严密观察，2 小时后情况稳定，可送回病房。产后 3 天内，尤其是前 24 小时内必须加强观察，警惕发生心衰，并做好一切抢救准备。产后应卧床休息两周，有心衰者应酌情延长，一般以不哺乳为宜，无心衰者，可酌情哺乳。产后易并发感染及亚急性细菌性心内膜炎，可预防性应用抗生素。病情较轻者，应注意避孕；对不宜再生育者，应劝行绝育手术。手术可在产后 1 周左右进行，此时心脏情况已趋稳定，体力基本恢复，产后感染已排除。有心衰者，先行控制后，再选择适当时间行绝育术。

考点提示： 妊娠合并心脏病孕产妇主要死亡原因

5. 心脏病手术指征　妊娠期血流动力学的改变使心脏储备能力下降，影响心脏手术的恢复，加之术中用药及体外循环对胎儿的影响，一般不主张在孕期手术，尽可能在幼年、孕前或延至分娩后再行心脏手术。

第 2 节　妊娠合并病毒性肝炎

病毒性肝炎是常见的传染病，病原体主要包括甲型、乙型、丙型、丁型、戊型 5 种肝炎病毒，其中以乙型肝炎最为常见。孕妇肝炎约为非孕妇发生率的 6 倍，死亡率国内为 1.7%～8.1%。而急性重型肝炎为非孕妇的 66 倍，是孕产妇主要死亡原因之一。

案例 14-2

张女士，25 岁，孕 40 周，1 周前开始感食欲不振，乏力。3 天前病情加重，巩膜发黄，小便变黄，胎动消失 1 天，不规则下腹痛 6 小时，入院查：血压 140/90mmHg，ALT248U，胆红素 170μmol/L，尿蛋白（—），尿胆红素阴性。

问题：1. 该患者初步诊断是什么疾病？

2. 为确诊，进一步做哪项检查？

3. 如何治疗？

【妊娠期肝脏的生理变化】

1. 妊娠期肝脏大小形态不变，组织学正常，肝糖原稍增加。

2. 血清蛋白　由于妊娠期血容量增加，血液被稀释，血清总蛋白约半数低于 60g/L，主要是白蛋白降低。

3. 血清酶活性　谷丙转氨酶（ACT）和谷草转氨酶（AST）多在正常范围内，少数在妊娠晚期稍升高，产后很快恢复正常。碱性磷酸酶（ALP）在妊娠前半期轻度升高，在妊娠 7 个月后可达非孕时 2 倍，其升高主要来自胎盘。

4. 凝血功能检查　妊娠晚期血浆纤维蛋白原较非孕时增加 50%，凝血因子Ⅱ、Ⅴ、

Ⅶ、Ⅷ、Ⅸ、Ⅹ均增加0.2～0.8倍，凝血酶原时间正常。

【妊娠、分娩对病毒性肝炎的影响】

1. 妊娠期 妊娠新陈代谢增加，营养消耗增多，肝糖原储备不足，胎盘产生的大量雌激素、孕激素及泌乳素在肝脏分解，使肝脏负担加重。妊娠对病毒性肝炎患者的影响有：①容易感染；②容易混淆而漏诊或误诊；③可使原有的疾病病情加重；④容易发展为急性肝坏死；⑤容易转为慢性肝炎。

2. 分娩期 分娩过程中的疲劳、出血、损伤及麻醉药物等引起组织缺氧和新陈代谢障碍，加重肝功能损害。

【病毒性肝炎对妊娠的影响】

1. 对母体的影响 妊娠早期合并病毒性肝炎，可使妊娠反应加重。发生于妊娠晚期，患者妊娠期高血压疾病的发生率增高，可能与肝病时醛固酮灭活能力下降有关。分娩时由于肝凝血因子合成功能减退，产后出血率增高。若为重症肝炎，常并发DIC，直接威胁母儿生命。

2. 对胎儿的影响 妊娠早期患肝炎，胎儿畸形发生率升高约2倍。妊娠时肝炎病毒感染胚胎、胎儿，可引起流产、早产、死胎、死产或新生儿死亡。围生儿死亡增加。此与妊娠晚期患急性黄疸型肝炎特别是重症甚或暴发性肝炎有关。

3. 母婴传播 其传播情况因病毒的类型不同而有所不同。

（1）甲型肝炎（HAV）和戊型肝炎（HEV）：一般都是经粪-口途径传播，不通过胎盘或其他途径传给胎儿。孕妇一旦感染HEV，病情常很严重，其抗原检测困难，急性期常难以诊断。

（2）乙型肝炎病毒（HBV）的主要传播途径：孕期经胎盘垂直传播、分娩时通过软产道接触母血或羊水传播，或产后接触母亲唾液或母乳传播。HBV宫内感染率为9.1%～36.7%，其中产前及产时传播占40%～60%。

考点提示：母婴传播

（3）丙型肝炎病毒（HCV）：患者孕晚期约2/3发生母婴传播，1/3以后发展为慢性肝病。

（4）丁型肝炎病毒（HDV）：HDV的母婴垂直传播少见，而性传播相对重要。

【临床表现及诊断】

1. 病史 有与病毒性肝炎患者密切接触史，或半年内曾接受输血，注射血制品史。

2. 临床表现 不同的类型潜伏期不同，甲型肝炎潜伏期为2～7周，乙型肝炎，潜伏期为1.5～5个月，丙型肝炎潜伏期是2～26周，丁型肝炎潜伏期是4～20周，戊型肝炎潜伏期是2～8周。甲型肝炎发病急，病程短，14～21天可完全恢复。乙型肝炎起病缓慢，病程长达3～5个月，易迁延成慢性。甲、乙两型肝炎的临床表现相似，有消化系统症状（恶心、呕吐）及乏力、肝区胀痛、肝肿大、压痛，可伴黄疸、皮疹等。

3. 实验室检查 血清丙氨酸氨基转移酶（ALT）增高，血清胆红素在17μmol/L（1mg/dl）以上，尿胆红素阳性。人感染肝炎病毒后备血液中会出现相关的血清学标志物。甲型肝炎若抗HAV-IgM阳性，提示HAV急性感染；若抗HAV-IgG阳性，提示HAV感染后长期或终生存在。乙型肝炎病毒外层含有乙肝表面抗原（HBsAg）、内层含有核心抗原（HBcAg）核心抗体（抗HBc）及相关乙肝e抗原（HBeAg）。有关乙型肝炎实验室检测项目及其临床意义见表14-1。

表 14-1 乙型肝炎病毒血清病原学阳性者的临床意义

项目	临床意义
HBsAg	是 HBV 感染的标志，多见于乙肝患者或病毒携带者
HBsAb	曾感染过 HBV，或已接种乙肝疫苗，提示机体获得了免疫力
HBeAg	反映乙肝病毒复制的活性，传染性很强
HBeAb	一般当 HBeAg 在血中消失，而后出现抗 HBe，提示病毒复制减少，传染性降低，病情多渐趋稳定
HbcAb-IgM	乙肝病毒复制阶段，出现在于 HBV 感染期
HbcAb-IgG	妊娠期阑尾炎的特点、慢性持续性肝炎或既往感染者

根据临床症状、体征、肝功能测定和血清学指标的检测，对妊娠合并乙肝的诊断可明确。新生儿是否发生乙肝病毒宫内感染，可依据血清学诊断：①新生儿脐血清 HBsAg 阳性可为参考指标；②新生儿脐血清 HBcAb-IgM 阳性即可确定宫内感染；③如有条件测脐血清，乙肝病毒 DNA 阳性，即可确诊。

考点提示：乙型肝炎病毒血清病原学阳性者的临床意义

4. 妊娠合并重症肝炎 妊娠晚期易发生急性重型肝炎，起病急骤，寒战、高热、黄疸进行性加重，进一步加剧后出现持续呕吐、消化道出血、腹水、肝浊音界缩小，最后出现肝性昏迷等，其诊断要点如下：

（1）血清胆红素≥171μmol/L（10mg/dl），或黄疸加深。

（2）凝血酶原时间明显延长，较正常值延长 0.5～1 倍甚或更长。全身有出血倾向，ALT 升高反不如胆红素明显，即酶胆分离现象；白 / 球蛋白比值倒置。

（3）肝进行性缩小，严重者可出现肝臭。

（4）中毒性肠麻痹，出现腹水和严重的消化道症状，如食欲不振，频繁呕吐等。

（5）迅速出现肝性脑病的神经症状，嗜睡、烦躁不安、神志不清及不同程度的肝昏迷。

（6）肝肾功能综合征出现急性肾功能衰竭。

考点提示：重症肝炎的诊断标准

【鉴别诊断】

1. 妊娠呕吐引起的肝损害 妊娠早期因呕吐致严重失水、尿少，长期饥饿引代谢性酸中毒，尿酮体（+），有时血清胆红素及 ALT 轻度升高，少数病例出现黄疸。在纠正酸中毒及补充水分后症状好转。病原血清学检查为阴性。

2. 妊娠期高血压疾病引起的肝损害 表现为高血压、蛋白尿、水肿。ALT、AST 轻、中度升高，胃肠道症状不明显，妊娠终止后恢复。但应警惕妊娠期病毒性肝炎合并妊娠期高血压疾病。

3. 药物性肝损害 妊娠期引起肝损害的药物主要是：氯丙嗪、四环素、利福平、异烟肼及巴比妥类药物。用氯丙嗪后 4 周内可引起黄疸，常伴皮疹、寒战、高热、肌痛等，嗜酸性粒细胞增多，但血清 ALT 升高不明显，且停药后肝损害很快康复。无病毒性肝炎史。

4. 妊娠肝内胆汁淤积症（ICP） 亦称为妊娠特发性黄疸，发生率仅次于病毒性肝炎，占妊娠期黄疸的 1/5。常有家庭史或口服避孕药后发病的病史。病理学检查为肝小叶中央区毛细胆管内胆汁淤积。胎盘组织也胆汁沉积，引起胎盘血流灌注量不足，胎儿窘迫。临床表现出为全身瘙痒、黄疸，但孕妇一般情况好，无典型肝炎表现。妊娠终止后瘙痒、黄疸迅速消退，再次妊娠可复发。实验室检查：ALT 轻度升高；血清直接胆红素升高，但不超过 102.6μmol/L（6mg/dl）；血清胆酸在症状出现前明显升高。

考点提示：ICP 的诊断标准

5. 妊娠急性脂肪肝 本病少见，病因不明，但母婴死亡率达85%。多发于妊娠30周以后，以初产妇居多。临床表现与重症肝炎相似，尿胆红素多为阴性，B型超声检查显示典型脂肪肝图像。若凝血酶原时间尚正常时作肝活检，病理学结果为肝小叶中心肝细胞急性脂肪变性可确诊。

【治疗】

妊娠期病毒性肝炎与非孕期病毒性肝炎处理原则相同。

1. 一般处理 注意休息，加强营养，补充高维生素、足量碳水化合物饮食。避免使用镇静剂、麻醉剂、雌激素很有成效可能损害肝脏的药物。注意预防感染，产时严格消毒，并用广谱抗生素，以防内源性感染诱发肝昏迷。积极防止产后出血，观察凝血功能指标，若有异常及早补充凝血因子，纠正凝血功能障碍，并给以大量缩宫素加强宫缩。

2. 保肝治疗 每天需给大量维生素C、维生素K_1及维生素B_1、B_6、B_{12}等。因维生素C为机体参与氧化还原过程的重要物质，有增加抗感染能力、促进肝细胞再生与改善肝功能的作用；维生素K_1可促进凝血酶原、纤维蛋白原和某些凝血因子（因子Ⅶ、Ⅹ）合成作用，同时给予能量合剂促进肝细胞代谢。对ALT高者可用强力宁80ml、门冬氨酸钾镁20ml加入10%葡萄糖溶液500ml中，静脉滴注。输新鲜血、人体白蛋白或血浆，可纠正低蛋白血症。

3. 妊娠合并重症肝炎的处理 需专人护理，正确记录血压、呼吸、脉搏及出入水量；为预防及治疗肝昏迷，应限制蛋白质摄入量每日＜0.5g/kg，增加糖类，使热能保持在为6276kJ/d（1500kcal/d）以上，并予以大量维生素；保持大便通畅，减少氨及毒素的吸收。口服新霉素抑制大肠埃希菌，减少游离氨及其他毒素的形成。每日给三磷酸腺苷20mg、100U辅酶A及3g维生素C加入10%葡萄糖溶液250ml，静脉滴注以保护肝脏。为了防止肝细胞坏死，可用胰高血糖素-胰岛素联合治疗，即胰高血糖素1～2mg加胰岛素4～8U，溶于5%葡萄糖溶液250ml内，再加入10%氯化钾8ml，静脉滴注，注意防止低血糖。

出现肝昏迷或有前驱症状时，给谷氨酸钠（钾）每日23～46g或精氨酸每日25～50g静脉滴注以降低血氨，改善脑功能。14-氨基酸-800 250ml或复方支链氨基酸250ml，静脉滴注，每日1～2次，可促进肝脏情况好转。无论有无感染征象，均应予以对肝肾功能影响最小的广谱抗生素。为了改善神经细胞的功能，促进意识障碍的恢复，用左旋多巴0.1g静脉滴注，以后每12小时增加0.05g，神志好转后逐渐减量。若发生肾功能衰竭或DIC应积极处理。产前4小时至产后12小时内不宜应用肝素，以免产后出血。

4. 产科处理

（1）妊娠期：甲型肝炎病毒无宫内传播，不必进行人工流产或中期妊娠引产，但有可能影响母体代谢而致早产，在孕晚期必须加强胎动计数等自我监护。乙型肝炎妊娠早期，如HBsAg滴定度高且HBeAg阳性伴有临床表现者应在积极治疗情况下，可行人工流产术。但妊娠中晚期的患者应尽量避免终止妊娠，避免手术或药物对肝脏的影响。若经过各处保守治疗效，病情继续发展，也可考虑终止妊娠。

考点提示： 妊娠合并肝炎剖宫产术后禁用镇痛剂，不宜哺乳，退奶禁用雌激素

（2）分娩期：分娩前数日肌内注射维生素K_1，每天20～40mg。临产时加用20mg静脉注射，并准备好新鲜血液，做好抢救休克和新生儿窒息的准备，注意缩短第二产程、预防产后出血和产褥感染。胎肩娩出后立即静脉注射缩宫素，以减少产后出血。产后应常规留脐血检测肝功能和肝炎血清学指标。重症肝炎，有肝昏迷者积极治疗24小时后，应尽快结束分娩。以剖宫产为宜。但术后禁用哌替啶等镇痛药，以免加重肝脏负担使病情加剧，甚或死亡。如果患者在肝素治疗过程中突然临产或需剖宫产，则应立即停用肝素，待4小时

后方可进行手术。

（3）产褥期：继续护肝，防止产褥感染，选用对肝肾无不良影响的抗生素控制感染；不宜哺乳者，退奶药物禁用雌激素。

5. 新生儿的处理 对 HBsAg 阳性孕妇所生的新生儿，采取被动免疫和主动免疫相结合的方法：新生儿出生后 24 小时内注射乙肝疫苗 30μg，出生后 1 个月、6 个月各注射乙肝疫苗 10μg。若 HbsAg 阳性、HbeAg 均阳性的孕妇所生的新生儿，出生后半小时内应注射乙肝免疫球蛋白（HBIG）100U，出生后 1 个月、6 个月各注射乙肝疫苗 10μg。

考点提示： 新生儿免疫方法

【预防】

加强卫生宣传教育，注意饮食卫生，增强抵抗力。加强围生期保健，重视孕期监护，产前门诊应常规检查肝功能和肝炎病毒抗原抗体系统。肝炎患者或病毒携带者应在入院分娩时及产后隔离，所用器械、敷料、衣服等应彻底消毒。

第 3 节 妊娠合并贫血

贫血是由多种病因引起，通过不同的病理过程，使人体外周血红细胞容量减少，低于正常范围下限的一种常见的临床症状。常以血红蛋白（Hb）浓度作为诊断标准。由于妊娠期血容量增加，且血浆增加多于红细胞增加，血液呈稀释状态，又称“生理性贫血”。在妊娠各期，贫血对母儿均可造成一定危害，在某些贫血较严重的国家和地区，是孕产妇死亡的重要原因之一。在妊娠期各种类型贫血中，缺铁性贫血最常见。

【妊娠期贫血的诊断标准】

考点提示： 妊娠合并贫血的诊断标准

由于妊娠期血液循环的生理变化，妊娠期贫血的诊断标准不同于非妊娠期。WHO 标准为：孕妇外周血红蛋白＜110g/L 及血细胞比容＜0.33 为妊娠期贫血。妊娠期贫血分为轻度贫血和重度贫血，血红蛋白＞60g/L 为轻度贫血，血红蛋白≤60g/L 为重度贫血。

【贫血与妊娠的相互影响】

（一）对母体的影响

妊娠可使原有贫血病情加重，而贫血则使孕妇妊娠风险增加。由于贫血母体耐受力差，孕妇易产生疲倦感，而长期倦怠感会影响孕妇在妊娠期的心理适应，将妊娠视为一种负担而易影响亲子间的感情及产后心理康复。重度贫血可导致贫血性心脏病、妊娠期高血压疾病性心脏病、产后出血、失血性休克、产褥感染等并发症的发生，危及孕产妇生命。

（二）对胎儿的影响

孕妇骨髓和胎儿在竞争摄取母体血清铁的过程中，一般以胎儿组织占优势，由于铁通过胎盘的转运为单向性运输，因此，一般情况下胎儿缺铁程度不会太严重。若孕妇缺铁严重时，会影响骨髓造血功能致重度贫血，则缺乏胎儿生长发育所需的营养物质和胎盘养分，可造成胎儿生长受限、胎儿宫内窘迫、早产、死胎或死产等不良后果。

一、缺铁性贫血

缺铁性贫血是妊娠期最常见的贫血，占妊娠期贫血的 95%。由于胎儿生长发育及妊娠期血容量的增加，对铁的需要量增加，尤其是在妊娠后半期，孕妇因铁摄入不足或吸收不良均可发生贫血。

【妊娠期缺铁的发生机制】

铁的需要量增加是孕妇缺铁的主要原因。以每毫升含铁0.5mg计算，妊娠期因血容量增加而需铁650～750mg。胎儿生长发育需铁250～350mg。两者共需铁1000mg左右。每日饮食中含铁10～15mg，吸收利用率仅为10%，1～1.5mg，而孕妇每日需铁约4mg。妊娠后半期，虽然铁的最大吸收率可达40%，但仍不能满足需要，致使孕妇易患缺铁性贫血。

【临床表现及诊断】

1. 病史 既往有月经过多等慢性疾病史；有长期偏食、妊娠早期呕吐、胃肠功能紊乱导致的营养不良病史等。

2. 临床表现 轻者无明显症状，或只有皮肤、口唇黏膜和睑结膜稍苍白；重者可有乏力、头晕、心悸、气短、食欲缺乏、腹泻、腹胀、皮肤黏膜苍白、毛发干燥、指甲脆薄及口腔炎、舌炎等。

3. 实验室检查

（1）血象：外周血涂片为小红细胞低血红蛋白性贫血。血红蛋白＜110g/L，红细胞＜3.5×10^{12}/L，血细胞比容＜0.3，红细胞平均体积（MCV）＜80fl，红细胞平均血红蛋白浓度（MCHC）＜32%，而白细胞计数及血小板计数均在正常范围内。

（2）血清铁浓度：能灵敏反映缺铁情况，正常成年妇女血清铁为7～27μmol/L。若孕妇血清铁浓度＜6.5μmol/L，可以诊断为缺铁性贫血。

（3）骨髓象：红系造血呈轻度或中度增生活跃，以中、晚幼红细胞增生为主，骨髓铁染色可见细胞内外铁均减少，尤以细胞外铁减少明显。

【治疗】

治疗原则是补充铁剂和去除导致缺铁性贫血的原因。一般性治疗包括增加营养和食用含铁丰富的饮食，对胃肠道功能紊乱和消化不良给予对症处理等。

1. 补充铁剂 以口服给药为主。硫酸亚铁0.3g或琥珀酸亚铁0.1g，每日3次，同时服维生素C0.1～0.3g促进铁的吸收。也可选用10%枸橼酸铁胺10～20ml，每日3次口服。对妊娠晚期重度缺铁性贫血或因严重胃肠道反应不能口服铁剂者，可用右旋糖酐铁或山梨醇铁，两种制剂分别含铁25mg/ml和50mg/ml，给药途径为深部肌肉注射，首次给药应从小剂量开始，第1日50mg，若无副作用，第2日可增至100mg，每日1次。目前，临床上蔗糖铁应用也较多。

2. 输血 多数缺铁性贫血孕妇经补充铁剂后血象很快改善，不需输血。当血红蛋白≤60g/L、接近预产期或短期内需行剖宫产术者，应少量、多次输红细胞悬液或全血，避免加重心脏负担而诱发急性左心衰。

3. 产时及产后处理 严重贫血产妇于临产后应配血备用。严密监护产程，防止产程过长，可阴道助产缩短第二产程，但应避免发生产伤。积极预防产后出血。当胎儿前肩娩出后，肌内注射或静脉注射缩宫素10～20U。若无禁忌证，胎盘娩出后可肌内注射或静脉注射麦角新碱0.2mg，同时，应用缩宫素20U加于5%葡萄糖注射液中静脉滴注，持续至少2小时。出血多时应及时输血。产程中严格无菌操作，产时及产后应用广谱抗生素预防感染。

【预防】

妊娠前应积极治疗失血性疾病如月经过多等，以增加铁的贮备。孕期加强营养，鼓励进食含铁丰富的食物，如猪肝、鸡血、豆类等。在产前检查时，孕妇必须定期检测血常规，尤其在妊娠晚期应重复检查。

二、巨幼细胞贫血

巨幼细胞贫血是由叶酸或维生素 B_{12} 缺乏引起 DNA 合成障碍所致的贫血。外周血呈大细胞正血红蛋白性贫血。其发病率国外报道为 0.5%～2.6%，国内报道为 0.7%。

【病因】

叶酸和维生素 B_{12} 均为 DNA 合成过程中的重要辅酶。当叶酸和（或）维生素 B_{12} 缺乏，可引起 DNA 合成障碍，导致红细胞核发育停滞，细胞浆中核糖核酸（RNA）因不能转变成 DNA 而大量聚积，细胞增大，而红细胞核发育处于幼稚状态，形成巨幼红细胞。因其寿命较正常红细胞短，过早死亡而发生贫血。妊娠期本病 95% 是叶酸缺乏。引起叶酸与维生素 B_{12} 缺乏的原因有：①长期偏食或挑食；②孕妇患有慢性消化道疾病；③妊娠期叶酸的需要量增加并从肾脏排泄增加。

【巨幼红细胞性贫血对妊娠的影响】

重度贫血时，贫血性心脏病、妊娠期高血压疾病、胎盘早剥、早产、产褥感染等疾病的发病率明显增多。叶酸缺乏可致胎儿神经管缺陷等多种畸形。胎儿生长受限、死胎等的发生率也明显增多。

【临床表现与诊断】

1. 贫血　本病多发生在妊娠中、晚期，起病较急，贫血多为中、重度。表现为乏力、头晕、心悸、气短、皮肤黏膜苍白等。

2. 消化道症状　食欲缺乏、恶心、呕吐、腹泻、腹胀、厌食、舌炎、舌乳头萎缩等。

3. 周围神经炎症状　手足麻木、针刺、冰冷等感觉异常以及行走困难等。

4. 其他　低热、水肿、脾大、表情淡漠者也较常见。

5. 实验室检查

（1）外周血象：为大细胞性贫血，红细胞比容降低，红细胞平均体积（MCV）＞100fl，红细胞平均血红蛋白含量（MCH）＞32pg，大卵圆形红细胞增多，中性粒细胞分叶过多，粒细胞体积增大，核肿胀，网织红细胞减少，血小板通常减少。

（2）骨髓象：红细胞系统呈巨幼细胞增生，不同成熟期的巨幼细胞系统占骨髓细胞总数的 30%～50%，核染色质疏松，可见核分裂。

（3）叶酸及维生素 B_{12} 值：血清叶酸＜6.8nmol/L，红细胞叶酸＜227nmol/L 提示叶酸缺乏。血清维生素 B_{12}＜90pg，提示维生素 B_{12} 缺乏。叶酸和（或）维生素 B_{12} 缺乏的临床症状、骨髓象及血象改变均相似，但维生素 B_{12} 缺乏常有神经系统症状，而叶酸缺乏无神经系统症状。

【防治】

1. 加强孕期营养，改变不良饮食习惯，多食新鲜蔬菜、水果、瓜豆类、肉类、动物肝及肾等食物。对有高危因素的孕妇，应从妊娠 3 个月开始，每日口服叶酸 0.5～1mg，连续服用 8～12 周。

2. 补充叶酸　确诊为巨幼细胞性贫血孕妇，应每日口服叶酸 15mg，或每日肌内注射叶酸 10～30mg，直至症状消失、贫血纠正。若治疗效果不显著，检查发现缺铁，应同时补充铁剂。有神经系统症状者，单独使用叶酸有可能使神经系统症状加重，应及时补充维生素 B_{12}。

3. 维生素 B_{12} 100～200μg肌内注射，每日1次，2周后改为每周2次，直至血红蛋白值恢复正常。

4. 血红蛋白≤60g/L时，应少量间断输新鲜血或红细胞悬液。

5. 分娩时避免产程延长，预防产后出血，预防感染。

第4节 妊娠合并特发性血小板减少性紫癜

特发性血小板减少性紫癜（ITP）是一种常见的自身免疫性血小板减少性疾病。因免疫性血小板破坏过多致外周血血小板减少。临床主要表现为皮肤黏膜出血、月经过多，严重者可致内脏出血，甚至颅内出血而死亡。本病是产科常见血液系统合并症。

【发病机制】

分为急性型与慢性型，急性型好发于儿童，慢性型多见于成年女性。慢性型与自身免疫有关，80%～90%的患者血液中可检测到血小板相关免疫球蛋白（PAIg），包括PA-IgA、PA-IgM、PA-C3等。当结合了这些抗体的血小板经过脾、肝时，可被单核巨噬细胞系统破坏，使血小板减少。

【ITP与妊娠的相互影响】

1. 妊娠对ITP的影响 妊娠本身通常不影响本病病程及预后。但妊娠有使稳定型ITP患者复发及活动型ITP患者病情加重的倾向，使ITP患者出血机会增多。

2. ITP对孕产妇的影响 ITP对妊娠的影响主要是出血，尤其是血小板＜50×10^9/L的孕妇。在分娩过程中，孕妇用力屏气可诱发颅内出血，产道裂伤出血及血肿形成。若产后子宫收缩良好，产后大出血并不多见。

3. ITP对胎儿及新生儿的影响 由于部分抗血小板抗体能通过胎盘进入胎儿血循环，引起胎儿血小板破坏，导致胎儿、新生儿血小板减少。血小板＜50×10^9/L孕妇的胎儿（新生儿）血小板减少发生率为9%～45%，严重者有发生颅内出血的危险。血小板减少为一过性，脱离母体的新生儿体内抗体逐渐消失，血小板将逐渐恢复正常。胎儿及新生儿血小板减少几率与母体血小板不一定成比例。胎儿出生前，母体抗血小板抗体可以间接帮助了解胎儿血小板状况，诊断胎儿血小板减少往往依赖胎儿羊皮采血和经母体腹壁胎儿脐静脉穿刺抽血证实。

【临床表现及诊断】

主要表现是皮肤黏膜出血和贫血。轻者只有四肢及躯干皮肤的出血点、紫癜及瘀斑、鼻出血、牙龈出血，严重者可出现消化道、生殖道、视网膜及颅内出血。脾脏不大或轻度增大。实验室检查，血小板低于100×10^9/L，一般血小板低于100×10^9/L时才有临床症状。骨髓检查，巨核细胞正常或增多，成熟型血小板减少。血小板抗体测定大部分为阳性。通过以上表现及实验室检查，本病的诊断并不困难，但应排除其他引起血小板减少的疾病，如再生障碍性贫血、药物性血小板减少、妊娠合并HELLP综合征、遗传性血小板减少等。

【治疗】

1. 妊娠期处理 ITP患者一旦妊娠一般不必终止，只有当严重血小板减少未获缓解者，在妊娠早期就要用肾上腺皮质激素治疗者，可考虑终止妊娠。妊娠期间治疗原则与单纯ITP患者相同，用药时尽可能减少对胎儿的不利影响。除支持疗法、纠正贫血外，可根据病情选择应用肾上腺皮质激素、输入丙种球蛋白、脾切除、输血小板等治疗。

2. 分娩期处理　ITP 孕妇的最大风险是分娩是出血。分娩方式原则上以阴道分娩为主，剖宫产手术创口大，增加出血危险，故 ITP 孕妇剖宫产的指征可适当放宽。剖宫产指征为：血小板＜50×10^9/L；有出血倾向；胎儿头皮血或胎儿脐血证实胎儿血小板＜50×10^9/L。产前或术前应用大剂量皮质激素，氢化可的松 500mg 或地塞米松 20～40mg 静脉注射，并准备好新鲜血或血小板，防止产道裂伤，认真缝合伤口。

3. 产后处理　妊娠期应用皮质激素治疗者，产后应继续应用。孕妇常伴有贫血及抵抗力低下，产后应预防感染。产后立即抽新生儿脐血检查血小板，并动态观察新生儿血小板是否减少，必要时给予新生儿泼尼松或免疫球蛋白。ITP 不是母乳喂养的禁忌证，但母乳中含有抗血小板抗体，是否母乳喂养视母亲病情及胎儿血小板情况而决定。

第 5 节　妊娠合并急性阑尾炎

急性阑尾炎是妊娠期最常见的外科合并症。孕妇急性阑尾炎的发病率与非孕期相同，可发生在妊娠各期，以妊娠中期最为多见。因妊娠期急性阑尾炎不易诊断，病情发展较快，并发症多，故早期诊断及时处理极为重要。

案例 14-3

患者，女，28 岁，孕 1 产 0，孕 22 周。因突感心窝部疼痛，延及脐周，有恶心、呕吐，未治疗，2 小时后缓解，第 2 天感畏寒、发热，右下腹隐痛，大小便正常，故而入院治疗。查体：T38℃，R20 次 / 分，BP120/85mmHg，心肺（－），肝脾（－），腹软，压痛（＋），反跳痛（＋），无移动性浊音，肠鸣音减弱，宫底平脐，无宫缩，B 型超声检查示：胎儿发育正常，附件未见异常，阑尾探及不清，血常规：WBC11.2×10^9/L（中性粒细胞 83%），RBC3.5×10^{12}/L，HBG112g/L。

问题：1. 该患者初步诊断是什么疾病？

2. 应当与哪些病相鉴别？

3. 如何处理？

【妊娠期阑尾位置的改变】

由于阑尾基底部与盲肠的关系固定，阑尾的解剖位置随盲肠位置而变动。妊娠前阑尾和盲肠一般位于右髂窝内，体表投射点为右下腹麦氏点，即右髂前上棘至脐连线的中外 1/3 处。妊娠后逐渐增大的妊娠子宫的影响向上、向外、向后移位。通常在妊娠 3 个月末阑尾位于髂嵴下 2 横指，妊娠 5 个月末在髂嵴水平，妊娠 8 个月末在髂嵴上 2 横指，妊娠足月时可达下缘。产后 10 天阑尾基本加复到妊娠前位置。

考点提示： 妊娠期阑尾的位置

【临床表现和诊断】

1. 症状

（1）腹痛：大多数妊娠合并急性阑尾炎时转移性腹痛这一固有的规律不变，腹痛往往先从剑突下开始，延及脐周，数小时或十几个小时后，转移至右侧下腹部。一部分病人症状不典型。妊娠早期，阑尾炎的症状与非妊娠时相似，妊娠中后期，由于妊娠子宫的增大，阑尾的位置发生改变，孕妇疼痛的部位可达右肋下肝区或右后腰区，疼痛可能较非孕期轻。

（2）其他症状：可有恶心、呕吐、腹泻等症状，有些患者可伴有发热、全身不适或乏力。

（3）妊娠期阑尾炎病程发展快，阑尾穿孔、腹膜炎的发生率明显高于非孕期，妊娠晚期穿孔率、坏死率又明显高于妊娠早、中期。

2. 体征 妊娠期阑尾炎的压痛点可随子宫的增大而不断上移，妊娠早期，右下腹麦氏点处，有压痛和反跳痛，伴有肌紧张。如阑尾发生坏疽或穿孔，可形成阑尾周围脓肿或弥漫性化脓性腹膜炎，出现相应体征。妊娠中晚期，压痛点可偏高，腹部反跳痛和肌紧张等不明显。如伴有阑尾周围脓肿，可触及包块，并伴有压痛。妊娠期阑尾的压痛点可采用以下方法协助诊断：①Bryan试验：可作为区别阑尾炎与子宫疾病的可靠体征，嘱患者采取右侧卧位，妊娠子宫移至右侧而引起疼痛，可提示疼痛非子宫的疾病造成；②Aldel试验：病人平卧，检查者将手指放在阑尾区最明显的压痛点上，然后嘱咐病人左侧卧位，子宫倒向左侧后，如压痛减轻或消失，说明疼痛来自子宫。如压痛较平卧位时更明显，提示疼痛来自子宫以外病变，即阑尾本身的病变可能性较大。

3. 辅助检查

考点提示：主要症状及体检时的压痛点及其检查方法

（1）血白细胞计数：正常妊娠孕期白细胞在（6～16）$\times10^9$/L，分娩期可高达（20～30）$\times10^9$/L。因此白细胞计数对诊断帮助不大，但白细胞持≥18$\times10^9$/L，或计数在正常范围但分类有核左移也有意义。

（2）B型超声检查：在妊娠早、中期可见肿大的阑尾呈多层管状结构，准确性与非孕期相同，且方便安全；妊娠晚期由于盲肠移动使检查有一定困难。

【鉴别诊断】

1. 妊娠早期 若急性阑尾炎临床表现典型，诊断无困难，但需与右侧卵巢囊肿蒂扭转及右侧输卵管妊娠破裂相鉴别地。

2. 妊娠中期 患急性阑尾炎较多见，妊娠子宫使阑尾明显移位，应与右侧卵巢囊肿蒂扭转、右侧急性肾盂肾炎、右侧输尿管结石、急性胆囊炎相鉴别。

3. 妊娠晚期 妊娠子宫充满腹腔，阑尾明显向外上方移位，上腹部腹痛，需与重症胎盘早剥和子宫肌瘤红色样变鉴别。

4. 分娩期 急性阑尾炎应与子宫破裂相鉴别。通过详细询问病史、体格检查，多能做出正确的诊断。

5. 产褥期 急性阑尾炎应与产褥感染相鉴别。

【治疗】

1. 处理原则 一经确诊，在给予大剂量广谱抗生素的同时，应立即手术。因病情发展迅速，一旦并发阑尾穿孔和弥漫性腹膜炎，将明显增加母儿死亡率。因此，不论在妊娠的任何时期，高度怀疑阑尾炎时，有剖腹探查的指征。

2. 手术注意事项

（1）手术切口：妊期早期可采取麦氏切口，中孕期及晚期取右腹直肌旁切口为宜，同时将手术床向左倾斜30°，使增大的子宫左移，便于寻找阑尾。

（2）手术操作轻柔：用纱布保护切口，尽量避免刺激子宫。手术中尽量避免缺氧与低血压，以免胎儿受损。

（3）阑尾切除后一般不放置腹腔引流管，以避免对子宫的刺激。若阑尾已穿孔，应切除阑尾后尽量吸净脓液，则应开放腹腔引流。术后行脓液细菌培养并作药敏试验，给予大剂量广谱抗生素。

（4）如妊娠已近预产期：术中暴露阑尾困难，应先行剖宫产术，随后再切除阑尾。如行腹膜外剖宫产术后再开腹膜切除阑尾则更好。孕末期如已发展成腹膜炎或腹腔脓肿时，应考虑做剖宫产同时行子宫次全切除术，并放置引流管，但这样可能明显增加产妇的病死率。

考点提示：妊娠合并阑尾炎的治疗原则，手术切口的选择

（5）术后给大量抗生素：若孕妇继续妊娠，在阑尾术后 3～4 天内，可给宫缩抑制剂和镇静药等保胎治疗。如静注利托君、硫酸镁，或口服沙丁胺醇，维生素 E，黄体酮注射液，绒毛膜促性腺激素等，以减少流产与早产的发生。

【预后】

妊娠期急性阑尾炎的预后与妊娠时期和手术时阑尾病变严重程度相关。妊娠早期，阑尾炎诊断较易，预后较好。越近妊娠晚期，诊断越困难，误诊率越高。延误治疗导致阑尾穿孔，甚至发生弥漫性腹膜炎休克，导致孕妇死亡率升高。

第 6 节　妊娠合并急性胰腺炎

急性胰腺炎是妊娠期常见的急腹症之一，多发生于妊娠晚期及产褥期，急性胰腺炎的发病机制可能与胆石症、高脂血症等有关。根据病理特点，急性胰腺炎可分为急性水肿性胰腺炎、急性出血性胰腺炎和急性坏死性胰腺炎 3 种。根据临床表现、生化改变、器官功能障碍、局部并发症以及对液体补充治疗的反应性等指标，可分为轻症胰腺炎和重症胰腺炎。妊娠合并急性胰腺炎多为轻症，重症占 10%～20%，具有发病急、并发症多、病死率高等特点，威胁母婴健康。

【临床表现与诊断】

1. 临床表现

（1）症状：妊娠期急性胰腺炎的症状与非妊娠期相同。突然发作的持续性上腹部疼痛常为本病的主要表现和首发症状。腹痛呈持续性、阵发性加剧，可放射至腰背肩部。多伴有恶心、呕吐、腹胀、发热等。

约 20% 的妊娠期急性胰腺炎患者，可出现不同程度的黄疸，以轻中度黄疸多见。出血坏死性胰腺炎者由于广泛腹膜炎，继发麻痹性肠梗阻，可有严重腹胀。患者常有烦躁不安、神志淡漠、谵妄、情绪低落等精神症状。严重者发病后迅速出现脉搏细速、血压下降、四肢厥冷等休克症状。部分严重患者可以发生呼吸衰竭及肾衰竭，表现呼吸急促、尿少等症状。

（2）体征：轻者仅为腹部压痛。重者常有上腹部压痛、反跳痛和腹肌紧张，肠蠕动减弱或消失，腹部移动性浊音阳性，Grey-Turner 征、Cullen 征等。

2. 胰酶测定　淀粉酶或脂肪酶升高，大于等于正常值上限 3 倍，有诊断价值。淀粉酶在正常妊娠期有生理性增高，因此动态监测血淀粉酶不断升高对诊断更有帮助。血清淀粉酶是诊断急性胰腺炎的重要标志，一般于腹痛 8 小时开始升高，24 小时达高峰，3～5 日降至正常。尿淀粉酶变化仅供参考。血清脂肪酶升高持续时间较淀粉酶长，诊断急性胰腺炎的敏感性和特异性一般优于淀粉酶。

3. B 型超声　可见胰腺体积弥漫性增大，实质结构不均匀。出血坏死时可出现粗大强回声，胰腺周围渗出液积聚呈无回声区。

4. CT 增强扫描　可见胰腺肿大，外形不规则，有明显低密度区，周围有不同程度液体积聚。

若患者具备急性胰腺炎特征性的腹痛，而血清胰酶水平低于正常值上限 3 倍，则需结合影像学检查结果才可确诊急性胰腺炎。

【鉴别诊断】

1. 临产 妊娠期因胰腺位置相对较深，合并胰腺炎时体征可不典型，炎症刺激子宫，可引起宫缩，从而掩盖腹痛，易被误诊为临产。

2. 胎盘早剥 有腹膜炎时，腹肌紧张、板状腹、压痛，甚至出现休克，易被误诊为胎盘早剥。

3. 其他 还需与消化性溃疡、胆囊炎、阑尾炎、胃肠炎、肠梗阻等疾病相鉴别。

【处理】

对水肿性胰腺炎采取非手术治疗，多数病例可以有效治愈。对急性出血坏死性胰腺炎主张急诊手术，争取在发病48～72小时内手术。

妊娠合并急性胰腺炎多数为轻症胰腺炎，无器官功能障碍与局部并发症，对液体补充治疗反应良好，以保守治疗为主，经过3～7日治疗后，多数病情缓解。

1. 非手术治疗

（1）禁食、禁水、胃肠减压，直至腹痛消失。

（2）补液、营养支持和抗休克治疗，中心静脉插管，给予胃肠外高营养，注意维持水、电解质平衡。

（3）缓解疼痛，首选哌替啶50～100mg，可用阿托品。

（4）抑制胰液分泌，如生长抑素及其类似物、H_2受体拮抗剂或质子泵抑制剂等。

（5）给予大剂量广谱抗生素抗感染。

2. 手术治疗 若保守治疗无效，病情不见好转，B型超声或CT提示胰腺周围浸润范围持续扩大者，需行外科手术治疗。

3. 产科处理 治疗过程中应积极保胎并密切监测胎儿宫内情况。多数可自然分娩，产程中监测病情变化；重症胰腺炎病情较重，估计胎儿已可存活时，腹腔穿刺有血性腹腔积液合并高脂血症者，可适当放宽剖宫产指征。

第7节 妊娠合并感染性疾病

妊娠合并感染性疾病是孕产妇和胎儿发病与死亡的重要原因之一。妊娠期妇女因机体内环境改变，免疫功能下降，易受各种病原体感染，包括细菌、病毒、螺旋体、衣原体、支原体、真菌、原虫及寄生虫8类。近年我国妊娠期感染性疾病，特别是性传播疾病（STD）发病率明显上升，如淋病、梅毒、尖锐湿疣、生殖器疱疹、非淋菌性尿道炎和艾滋病等。孕妇感染后，绝大部分病原体可以通过胎盘、产道、产后哺乳或密切接触感染胚胎、胎儿或新生儿，导致流产、早产、胎儿生长受限、死胎、出生缺陷或新生儿感染等，严重危害母儿健康。

一、妊娠合并淋病

案例14-4

孕妇，22岁，未婚，因停经46天要求终止妊娠。自诉同居男友有多个。体征：外阴及阴道口可见较多黏稠脓性分泌物，阴道壁充血，宫颈充血水肿，糜烂，宫颈口脓性分泌物溢出，后穹隆有大量脓性分泌物。宫颈触痛明显增加。子宫增大与停经周数相符。尿

HCG（＋）。

问题：1．该患者初步诊断是什么疾病？

2．为确诊，进一步应做哪些检查？

3．最适宜的处理是什么？

淋病是由革兰染色阴性的淋病奈瑟菌（简称淋菌）引起的以泌尿生殖系统化脓性感染为主的性传播疾病，近年其发病率居我国性传播疾病首位。

【传播途径】

主要通过性接触经黏膜传播，淋菌侵入女性宫颈柱状上皮引起炎症；间接传播途径主要通过接触染菌衣物、毛巾、床单和消毒不彻底的检查器械等。妊娠期感染主要局限于下生殖道，包括宫颈、尿道、尿道旁腺和前庭大腺，急性淋病性输卵管炎极少见。妊娠期盆腔供血增多及免疫功能改变可使播散性淋病增加，感染后可累及羊膜腔导致胎儿感染，新生儿也可在分娩时因通过感染的产道而感染。

【临床表现】

多数感染后无症状，部分表现为宫颈炎、尿道炎、尿道旁腺炎及前庭大腺炎。由于淋菌喜生长于柱状上皮和移行上皮，通过淋球菌菌毛上的黏附因子，黏附于泌尿生殖道的黏膜细胞表面，然后进入上皮细胞内繁殖，引起黏膜下层的炎症反应，易致急性输卵管炎、子宫内膜炎、急性盆腔炎等，常见症状有白带增多、下腹痛等。如果淋菌侵入血流可表现发热、寒战、倦怠等，称为播散性淋病。孕早期感染淋菌，流产率也很高，若孕早期做流产手术，流产后子宫内膜炎的发生率明显升高，甚至发生严重的淋菌性盆腔炎。妊娠中、晚期可致胎膜早破、早产、胎儿生长受限等。产后致产褥感染。新生儿可因分娩时接触产道或宫内感染引起淋菌性结膜炎，可见眼睑肿胀发红，渗出脓性分泌物，不经治疗可致失明。新生儿还可因密切接触患淋病的母亲而间接感染淋菌，发生急性外阴炎、阴道炎、尿道炎或尿道旁腺炎，肺炎，甚至出现淋菌性败血症。

考点提示： 妊娠合并淋病的临床表现，对胎儿、新生儿的影响

【诊断】

1．病史　患者有不洁性生活史，有相关临床症状和体征。

2．实验室检查

（1）取尿道口、宫颈管分泌物涂片行革兰染色，在多核白细胞内见到多个革兰阴性双球菌可作出诊断，但阳性率较低，只有 50%～60%。

（2）分泌物淋菌培养，准确率高，是当前诊断淋病的金标准，其阳性率达 80%～90%。并可做药敏试验，指导用药。

（3）PCR 方法，取分泌物测淋菌 DNA，PCR 检测淋球菌 DNA 敏感性高，但易产生假阳性，不能作为淋病的诊断和判愈标准的方法。

考点提示： 诊断淋病的金标准

【治疗】

治疗原则为早期诊断，早期治疗。必须及时足量规范用药，治疗必须要彻底。根据不同病情选用适合的药物，有条件可在用药前先行药敏试验。淋病孕妇主要选用抗生素治疗，首选头孢曲松钠 1g，或头孢噻肟 1g，或头孢哌酮钠舒巴坦钠 4g，或大观霉素 4g，静

考点提示：治疗原则、治愈标准及首选的抗生素

脉注射或肌内注射，每日 1 次，为预防并发衣原体或支原体感染，可同时口服琥珀酸乙酯红霉素 0.5g，每日 4 次，7～10 天为一疗程。性伴侣应同时检查，有感染者必须同时接受治疗。治疗后的 3～8 天，连续三次作宫颈分泌物涂片及淋菌培养，若为阴性，则为治愈。

淋病孕妇娩出的新生儿，应预防用药，青霉素 10 万 U 每 8 小时一次静脉滴注，红霉素眼膏涂双眼每日 2 次，或 1% 硝酸银滴眼。

二、妊娠合并尖锐湿疣

考点提示：尖锐湿疣的病原体

尖锐湿疣是由人乳头瘤病毒（HPV）感染引起的常见的 STD，近年来发病率增长最快的性病，发病人数仅次于淋病，位居第二。主要是 HPV6、11 型相关，其次是 HPV16、18 型。性交为其主要传播途径，一次性接触的感染率可达 60%。孕期 HPV 感染率明显高于非孕期，且亚临床感染率可达 10%。

【传播途径】

HPV 主要通过性接触传播，不排除间接传播可能。孕妇感染 HPV 可传染给新生儿，但其传播途径是经胎盘感染、分娩过程中感染还是出生后感染尚无定论，一般认为是胎儿经过软产道时因吞咽含 HPV 羊水、血或分泌物而感染。

【临床表现】

考点提示：妊娠合并尖锐湿疣的病灶表现及对胎儿、新生儿的影响

潜伏期一般为 2 周至 8 个月。好发部位以外阴部（阴唇后联合、小阴唇内侧面等）最常见，占 93%。其次是宫颈占 32%，阴道仅占 18%。病灶特点是多发性鳞状上皮乳头状增生，质硬突出表皮，表面粗糙，有肉质蒂柄，多聚生成群，也可融合在一起形成丛状、乳头状生长或呈鸡冠花、菜花状或桑葚状。但自觉症状少，有时出现疼痒。妊娠期病灶生长迅速，能融合成大菜花状，阻塞阴道口，分娩时可引起大出血，有垂直传播的危险。母婴传播一般不致胎儿生长发育畸形，但在分娩的过程中，胎儿经产道易感染 HPV，可引起新生儿咽喉或呼吸道乳头瘤病。

【诊断】

1. 根据病史和临床表现，病灶特征诊断较为容易，进一步可做组织活检，进行病理学检查。

2. 辅助检查

（1）醋酸白试验：皮损表面涂 5% 醋酸溶液，若皮损处发白，为醋酸白试验阳性。

（2）组织病理检查：表皮角化不全，棘层高度肥厚，表皮突行长呈乳头瘤样增生，颗粒层和棘细胞层上有空泡形成，可见空泡细胞。

考点提示：妊娠合并尖锐湿疣的确诊方法

（3）免疫组织学检查：常用过氧化物酶抗过氧化物酶方法（PAP），显示湿疣内病毒蛋白，以证明疣损害中有病毒抗原，若 HPV 蛋白阳性，在湿疣的浅表上皮细胞内可出现淡红色的弱阳性反应。

（4）基因诊断：组织做 PCR 检测 HPV 核酸阳性。

【治疗】

尖锐湿疣的治疗目前尚无理想的抗病毒药物，除临床上明显的疣体切除外，主张联合用药减少复发。应根据皮肤损害的大小、数目及个体情况，选择适合的治疗方法。

1. 局部外用药 若妊娠期尖锐湿疣病灶小，仅在外阴部，可用 1% 酞丁安膏涂擦，每日 3～5 次，4～6 周可望痊愈。亦可用 50% 的氯醋酸（TCA），或足叶草酯或足叶草毒素局

部外涂病灶，每周 1～2 次。

2. 物理疗法 若病灶大，有蒂者常用冷冻、电灼、CO_2、激光等治疗，高能粒子尖锐湿疣治疗仪能彻底清除潜在的 HPV 病毒，从根本上解决复发问题。

3. 手术疗法 大的尖锐湿疣可行切除术或结扎术。对宫颈、阴道或穹隆的巨型疣，应等胎儿有存活能力时或剖宫产之后再治疗。

4. 产科处理 妊娠合并尖锐湿疣的分娩方式主要根据产科指征。剖宫产并不能防止胎儿宫内感染。若生殖道巨型湿疣梗阻产道可视为剖宫产指征。对阴道分娩的新生儿应密切随诊。

考点提示：治疗原则及产科处理

三、妊娠合并梅毒

梅毒是由苍白密螺旋体引起的慢性全身性 STD。根据其传播途径不同分为后天梅毒与先天梅毒。

【传播途径】

性接触为最主要传播途径，占 95%。未经治疗者在感染后 1 年内最具传染性，随病程延长，传染性逐渐减弱，病程超过 4 年者基本无传染性；5% 由接吻、输血或接触梅毒螺旋体携带者的衣物、用具、医疗器械等而传播。梅毒螺旋体通过胎盘或分娩时经产道传给胎儿。

【临床表现】

梅毒分三期。一期、二期为早期梅毒，病程在两年内；病程在两年以上为三期梅毒。

1. 一期梅毒 潜伏期 10～90 天，多在 6 周左右。在梅毒螺旋体侵入部位出现硬下疳，妊娠期硬下疳好发于宫颈，如不治疗一般 2～6 周治愈。

2. 二期梅毒 发生在硬下疳消退后 3～4 周，在孕妇外生殖器、肛周附近可有扁平湿疣，或斑丘疹。

3. 三期梅毒 发生在感染后两年或更长。除皮肤黏膜损害外，心血管系统、骨骼及中枢神经系统均被累及。

一期、二期梅毒的孕妇传染性最强，几乎 100% 传给胎儿，可致早期流产、死胎、死产，即使胎儿存活出生，也可形成先天梅毒。早期先天性梅毒多数在出生后 5 周内发病，表现为营养不良、体重减轻、呈小老人样；皮肤有斑、丘疹和脓疱疹。晚期先天性梅毒常在 2 岁后发生间质性角膜炎、神经性耳聋、楔形齿、鞍鼻、骨膜炎等。

考点提示：妊娠合并梅毒的临床表现、对胎儿及新生儿的危害

【诊断】

1. 有不洁性生活史和临床表现。

2. 实验室检查极为重要。目前仍采用梅毒血清试验，主要采用非梅毒螺旋体抗原血清试验，主要试验包括：快速血浆反应素环状片试验（RPR），性病研究实验室玻片试验（VDRL），不加热血清反应（USR），梅毒螺旋体血凝试验（TPHA），荧光梅毒螺旋体抗体吸收试验（FTA-ABS）等。TP-IgM 对诊断新生儿先天性梅毒意义很大。新生儿出生后 TP-IgM 阳性，说明已有母胎的垂直传播。

考点提示：诊断梅毒主要的实验室检查项目

【治疗】

治疗原则是尽早确诊，及时治疗，用药正确、足量、规则、全面治疗。

1. 孕妇早期梅毒的治疗 包括一、二期梅毒及早期潜伏梅毒。首选青霉素疗法：

（1）普鲁卡因青霉素 80 万 U 肌内注射，每日 1 次，连用 10～15 日。

（2）苄星青霉素 240 万 U/ 次，分两侧臀部肌内注射，每周 1 次，共 3 次。

（3）对青霉素过敏者可改用红霉素 0.5g，每 6 小时 1 次，连用 15 日。禁用四环素、多西环素等抗生素。

2. 孕妇晚期梅毒的治疗 包括三期梅毒及晚期潜伏期梅毒。首选：

（1）普鲁卡因青霉素 80 万 U，肌内注射，每日 1 次，连用 20 日，必要时隔 2 周后重复治疗一疗程。

（2）苄星青霉素 240 万 U/ 次，分两侧臀部肌内注射，每日 1 次，连续 3 次。

（3）对青霉素过敏者可改用红霉素 0.5g，每 6 小时 1 次，连用 30 日。

考点提示：妊娠合并梅毒首选治疗药物、治疗原则及产科处理

3. 先天性梅毒 脑脊液 VDRL 阳性者，普鲁卡因青霉素 5 万 U/（kg·d），肌内注射，连用 10～15 日；脑脊液 VDRL 阴性者，苄星青霉素 5 万 U/（kg·d），一次肌内注射。孕期梅毒给予红霉素治疗的母亲分娩的婴儿，应按先天性梅毒处理进行重复治疗。梅毒孕妇在抗梅毒治疗后最好终止妊娠，并随诊两年后，梅毒血清学阴性后再计划妊娠。如坚持妊娠，应在妊娠 16 周前经过充分的治疗，同时每月检测 RPR 与 VDRL 滴度至分娩，可预防先天梅毒儿的发生。治疗后应严格考核疗效并定期追踪观察，严格掌握治愈标准，以防复发。

四、妊娠合并生殖器疱疹

考点提示：HSV-2 感染是生殖器疱疹的主因

生殖器疱疹是单纯疱疹病毒（HSV）引起的 STD。单纯疱疹病毒分为 HSV-1、HSV-2 两个血清型，原发性生殖器疱疹 70%～90% 是 HSV-2 感染所致，HSV-2 对下生殖器的皮肤黏膜组织有亲和性，主要引起生殖器疱疹（阴唇、阴蒂、宫颈等）。肛门及腰以下皮肤疱疹中，直接由性接触传播占绝大多数。孕妇患病可通过胎盘、产道直接传播给胎儿。近年来，口 - 生殖器性行为方式导致 HSV-1 引起的生殖器疱疹的比例逐渐增加 10%～30%。复发性生殖器疱疹主要由 HSV-2 引起。

案例 14-5

患者，女，25 岁，妊娠 10 周。因外阴瘙痒、伴烧灼感就诊。自述见大小阴唇处红色丘疹，有灼热感，检查见大、小阴唇处多个丘疹、小水疱，部分已形成糜烂、溃疡。再三询问患者，证实其有不洁性接触史。

问题：1. 该患者初步诊断为什么疾病？

2. 该疾病对胎儿的影响？

【传播途径】

HSV-2 存在于皮损渗液中、宫颈和阴道分泌物、精液和前列腺中，主要通过性接触传播。

妊娠期生殖器疱疹致新生儿受累者，85% 通过感染的产道引起胎儿感染，10% 为产后感染，只有 5% 为宫内感染，后者主要经胎盘或生殖道上行感染所致。胎儿感染的风险与生殖道 HSV 感染状况、HSV 型别、损伤性产科操作和孕妇感染时的孕周有关。孕妇近分娩期患生殖器疱疹，母儿传播率为 30%～50%，而有复发性疱疹病史或在妊娠早期患生殖器疱疹的孕妇，母儿传播率不到 1%。

【临床表现及分型】

1. 初感染的急性型 潜伏期 2～7 日，突然发病，自觉外阴剧痛，影响排尿和走路。外阴阴道、宫颈见群集性、散在性小水疱，或伴有病性红斑、丘疹、糜烂、溃疡。经 10 日

左右进入恢复期，病灶干燥、结痂，痊愈后不留瘢痕或硬结，机体可产生 IgM 抗体。此型病程约有 4 周或更长。

2. 再活化诱发型　孕妇在妊娠前经常出现外阴复发疱疹，已感染的 HSV 潜伏于体内，因妊娠再活化诱发，外阴有 2～3 个溃疡或水疱，病程短，约 1 周左右可自愈。

妊娠期 HSV 感染对胎儿的危害极大，可致胎儿病毒血症、胎儿先天畸形、胎儿宫内发育迟缓、死胎、流产、早产等。经产道感染最常见，新生儿疱疹多为播散性，多在出生后 4～7 日发病，出现发热、出血倾向、吸吮力差、黄疸、水疱、肝肿大等，可累及中枢神经系统而发生 HSV 脑炎，死亡率达 60%～80%，存活者也常发生畸形或智力障碍。

考点提示： 妊娠合并 HSV 的危害

【诊断】

1. 有不洁性交史或配偶感染病史。
2. 外阴阴道部等见小水疱或伴红斑、丘疹、糜烂、溃疡。

3. 辅助检查

（1）病毒分离培养和分型：是生殖器疱疹实验室诊断的“金标准”。标本可来自皮损、尿道、宫颈管。病毒培养的初步结果，可通过免疫学方法和分子生物学方法来进行鉴定和作病毒分型。

（2）皮损疱液细胞涂片检查：见多核巨细胞及核内病毒包涵体，涂片细胞间接免疫荧光检查测定病毒抗原。

（3）PCR 单纯疱疹病毒核酸为阳性。

（4）血清学诊断：检测 HSV 抗体可用来判断是否感染的方法，尤其是型特异性血清抗体检测（主要是 WBA 和一部分 ELISA 试验）是发现亚临床症状感染者的最可行手段。

考点提示： 生殖器疱疹实验室诊断的金标准

【治疗】

1. 抗病毒治疗　选用阿昔洛韦 0.2g 口服，每日 5～6 次，5～7 日为一疗程。此药能抑制 HSV 的 DNA 合成，但用于孕妇安全性尚未完全肯定，治疗时应权衡利弊，知情选择。严重病例可静脉给药。对耐药病毒可选用病毒唑（三氮唑核苷）或磷甲酸，病毒唑 0.3g/ 次，每日 3 次，3 天后改为 0.3g/ 次，每日 2 次，共 5 天。磷甲酸 40～60mg/d，静脉注射每 8 小时 1 次，连续 4 日。

2. 局部治疗　保持局部清洁干燥，避免强烈的摩擦刺激。局部可用 3% 过氧化氢溶液或 0.1% 依沙吖啶溶液清洗或湿热敷，然后外涂 0.25% 疱疹净霜，或复方新霉素软膏，或阿昔洛韦软膏等。

3. 产科处理　软产道有疱疹的产妇，或病变已愈合但病程不足一个月者，分娩方式均为剖宫产术。发病 1 周以上的复发型可以阴道分娩。

考点提示： 妊娠合并生殖器疱疹的产科处理

五、妊娠合并生殖道沙眼衣原体感染

沙眼衣原体（CT）是一种寄生在细胞内的微生物。CT 感染是流行最广的 STD 之一，在发达国家，CT 感染占 STD 第一位，我国的发病人数呈上升趋势。孕期感染易产生不良妊娠结局，并通过母婴传播使新生儿发病。

【传播途径】

成人主要经性接触传播，间接传播少见。孕妇发生后可发生宫内感染，通过产道感染或出生后感染新生儿，其中经产道感染是最主要的传播途径。

【临床表现】

感染 CT 后潜伏期为 10～20 天，孕妇白带增多为脓性，宫颈充血、糜烂、水肿。上行感染可引起流产、早产、胎膜早破、死胎、胎儿宫内发育迟缓等。胎儿经阴道分娩时大多被感染，引起新生儿眼结膜炎、肺炎。

【诊断】

根据病史及临床表现可初步诊断。实验室检查方法有：细胞培养法、血清抗体检测法（直接免疫荧光法、酶联免疫吸附试验、PCR 技术）、衣原体抗体检测法等。

【治疗】

治疗原则应首先查明病原体，然后再及时针对性治疗，用药要连续不间断，不能停药过早。强调规则、足量、彻底治疗。

考点提示：衣原体感染治疗首选红霉素

1. 首选红霉素 0.5g，每 6 小时口服 1 次，连用 7 日；或 0.25g 每 6 小时 1 次，连用 14 日。也可选择有阿奇霉素 1g 单剂口服。禁用喹诺酮类、克拉霉素及四环素。对新生儿眼炎及肺炎，可用 10% 硝酸银滴眼，红霉素 50mg/kg，分 4 次口服，连用 14 日。
2. 保持局部清洁卫生，污染衣物及时清洗并消毒，防止重复感染。

六、妊娠合并生殖道支原体感染

感染人体的支原体有十余种，以生殖道分离出人型支原体（MH）及解尿支原体（UU）最常见。近年发现肺炎支原体（MP）、生殖道支原体（MG）等也可引起母儿感染。

【传播途径】

支原体存在于阴道、尿道口周围、宫颈外口及尿液中，主要通过性接触传播。孕妇感染后，可经胎盘垂直传播，或经生殖道上行扩散引起宫内感染。在分娩过程中，也可经污染的产道感染胎儿。

【临床表现】

MH 感染多引起阴道炎、宫颈炎和输卵管炎，UU 多引起非淋菌性尿道炎。支原体多与宿主共存，不表现感染症状，仅在某些条件下引起机会性感染，常合并其他致病原共同致病。

【诊断】

根据病史及临床表现可初步诊断。实验室检查方法有：①支原体培养：取阴道和尿道分泌物联合培养，可获较高阳性率；②血清学检查：无症状妇女血清 MH 及 UU 特异抗体水平低，再次感染后血清抗体可显著升高；③PCR 技术较培养法更敏感、特异、快速，对临床诊断有价值。

【治疗】

考点提示：孕妇支原体感染治疗首选阿奇霉素

MH 或 UU 对多种抗生素均敏感。孕妇首选阿奇霉素 1g 顿服，替代疗法为红霉素 0.5g 口服，每日 2 次，连用 14 日。新生儿感染选用红霉素 25～40mg/（kg·d），分 4 次静脉滴注，或口服红霉素，连用 7～14 日。

七、妊娠合并获得性免疫缺陷综合征

获得性免疫缺陷综合征（AIDS），又称艾滋病，是由人免疫缺陷病毒（HIV）引起的一种 STD。HIV 引起 T 淋巴细胞损害，导致持续性免疫缺陷，多个器官出现机会性感染及罕见肿瘤，最终导致死亡，是主要致死性传染病之一。HIV 属反转录 RNA 病毒，分 HIV-1 型和 HIV-2 型，HIV-1 引起世界流行，HIV-2 主要在非洲本部局部流行。

【传播途径】

考点提示：获得性免疫缺陷综合征的病原体和传播途径

HIV 存在于感染者血液、精液、阴道分泌物、泪液、尿液、乳汁、脑脊液中，艾滋病患者及 HIV 携带者均有传染性，主要经性接触传播，如吸毒者、接受 HIV 感染的血液或血制品、接触 HIV 感染的血液或黏液等。

【临床表现】

无症状 HIV 感染：无任何临床表现，HIV 抗体阳性，CD4 淋巴细胞总数正常，CD4/CD8 比值＞1，血清 p24 抗原阴性应诊断为无症状 HIV 感染。

有症状者表现为发热、体重下降，全身浅表淋巴结肿大，常合并各种条件性感染（如口腔念珠菌感染、卡氏肺囊虫肺炎、巨细胞病毒感染、疱疹病毒感染、弓形虫感染、隐球菌脑膜炎及活动性肺结核等）和肿瘤（如卡波西肉瘤、淋巴瘤等）。

【诊断】

实验室检查，抗 HIV 抗体阳性，CD4 淋巴细胞总数＜$200mm^3$，或 200～$500mm^3$；CD4/CD8 比值＜1；血清 p24 抗原阳性；外周血白细胞计数及血红蛋白含量下降；β_2 微球蛋白水平增高，合并机会性感染病原学或肿瘤病理依据均可协助诊断。

【治疗】

目前尚无治愈方法，主要采取抗病毒药物治疗和一般支持对症处理。HIV 感染的孕产妇若在产前、产时或产后正确应用抗病毒药物治疗，其新生儿 HIV 感染率有可能显著下降（＜8%）。

1．抗病毒药物 妊娠期应用核苷类反转录抑制剂齐多夫定（ZDV）可降低 HIV 的母婴传播率。用法：500mg/d 口服，从妊娠 14～34 直至分娩。临产后，首次 2mg/kg 静脉注射后 1mg/（kg·h）持续静脉滴注直至分娩。产后 8～12 小时开始，齐多夫定 2mg/kg，每 6 小时 1 次，至产后 6 周。

2．其他免疫调节药 α 干扰素、IL-2 等也可应用。

3．支持对症治病 加强营养，治疗机会性感染及恶性肿瘤。

4．产科处理 尽可能缩短破膜距分娩的时间；尽量避免使胎儿暴露于血液或体液危险增加的操作，如会阴侧切术、人工破膜、胎头吸引器或产钳助产术、宫内胎儿头皮血检测等；建议在妊娠 38 周时选择性剖宫产以降低 HIV 母婴传播。不推荐 HIV 感染者母乳喂养。对于产后出血建议用催产素和前列腺素类药物，不主张用麦角生物碱类药物，因其可与反转录抑制剂和蛋白酶抑制剂协同促进血管收缩。

【预防】

AIDS 无治愈方法，重在预防。①利用各种形式进行宣传教育，了解 HIV/AIDS 危害性及传播途径；②取缔吸毒；③对 HIV 感染的高危人群进行 HIV 抗体检测，对 HIV 阳性者进行教育及随访，防止继续播散，有条件应对其性伴侣检测抗 HIV 抗体；④献血人员献血前检测抗 HIV 抗体；⑤防止医源性感染；⑥广泛宣传阴茎套的预防 AIDS 传播作用；⑦及时治疗 HIV 感染的孕产妇。

本章小结

妊娠、分娩可使合并的疾病加重或发展迅速，不易早期诊断；同时，合并的疾病可导致妊娠与分娩期并发症、异常分娩和围产儿疾病的发生率升高，严重者直接威胁到母儿的生命。应引起高度重视，做好早期诊断，采取严格避孕，或终止妊娠，或加强围生期监护等相应的措施。

注意几个疾病的重点：①心脏病：防治心力衰竭，尤其在妊娠 32～34 周，分娩期和产后 3 天内；②病毒性肝炎：具有传染性，注意隔离和阻断母婴传播；③阑尾炎：一旦确诊应尽早手术治疗；④性传播性疾病：性传播性疾病近年的发病率明显升高，病原体包括：细菌、病毒、真菌、螺旋体、支原体、衣原体、原虫、寄生虫。艾滋病、淋病、梅毒、尖锐湿疣、生殖器疱疹、非淋菌性尿道炎、软下疳和性病性淋巴肉芽肿是我国重点监测的 8 种性传播疾病。母体感染性传播疾病均可影响围生儿，感染方式可以是宫内感染 、产时感染、产后感染。医护人员应根据各种性传播性病症的传染途径、传染时间等，制定隔离措施，预防感染。

案例分析参考答案

案例 14-1

1．诊断：①妊娠合并心脏病；②二尖瓣关闭不全；③急性左心衰。

2．检查：①心电图；②心脏彩超。

3．处理：控制心衰后终止妊娠。

案例 14-2

1．诊断：①妊娠合并急性病毒性肝炎；②死胎。

2．检查：①病毒血清病原学检查；②肝肾功能；③腹部 B 超（包括肝、脾、胆、胰腺、产科情况)；④凝血功能。

3．治疗：①注意休息；②加强营养；③补充维生素、糖类；④控制血压 ；⑤降酶退黄等保肝治疗；⑥使用维生素 Kl，病情控制后引产；⑦预防产后出血及 DIC。

案例 14-3

1．诊断：妊娠合并阑尾炎。

2．鉴别：①右侧卵巢囊肿蒂扭转；②右侧急性肾盂肾炎；③右侧输尿管炎；④急性胆囊炎。

3．处理：抗感染同时立即手术。术后保胎治疗。

案例 14-4

1．诊断：①早孕；②急性淋球菌性阴道炎、宫颈炎。

2．检查：①病原学检查：阴道分泌物涂片检查、分泌物细菌培养＋药敏试验、分泌物 PCR 检测；②腹部 B 超。

3．处理：抗感染治疗，足量规则应用抗生素，控制炎症后行人流术。

案例 14-5

1．诊断：妊娠合并生殖器疱疹。

2．影响：可致胎儿病毒血症、胎儿先天畸形、胎儿宫内发育迟缓、死胎、流产、早产等。

目标检测题

A_1 型题

1. 心脏病孕妇妊娠期间，最危险期的时期是（　　）
   A. 妊娠 35～38 周
   B. 妊娠 32～34 周
   C. 妊娠 24～27 周
   D. 妊娠 28～31 周
   E. 产褥期 7 天之后
2. 关于妊娠合并心脏病心功能 I 级，产妇分娩期处理，正确的是（　　）
   A. 应行剖宫产术
   B. 应缩短第二产程
   C. 忌用吗啡
   D. 无感染者不需使用抗生素
   E. 为预防产后出血，应肌注缩宫素
3. 妊娠晚期合并急性病毒性肝炎，对产妇威胁最大的原因是（　　）
   A. 易发生妊娠高血压疾病
   B. 易发生早产
   C. 易发生宫缩乏力、产程延长
   D. 易发展为重症肝炎，孕产妇死亡率高
   E. 易发生产后出血 DIC
4. 病毒性肝炎对妊娠的影响，下列哪项除外（　　）
   A. 孕早期致畸发生率高
   B. 孕晚期易患妊娠高血压疾病
   C. 分娩期产后出血率高
   D. 围生期病死率高
   E. 妊娠早期易发展为急性肝坏死
5. 乙肝母婴传播途径中哪项除外（　　）
   A. 经胎盘传播
   B. 分娩时接触母血及羊水传播
   C. 产后接触母亲唾液
   D. 乳汁传播
   E. 粪便传播
6. 妊娠合并病毒性肝炎产褥期的处理，哪项错误（　　）
   A. 产后不宜哺乳　　B. 雌激素回奶
   C. 新生儿必须隔离　　D. 预防感染
   E. 宜用工具避孕
7. 妊娠合并阑尾炎，处理正确的是（　　）
   A. 以保守治疗为主
   B. 一经确认诊立即手术治疗
   C. 终止妊娠后行保守治疗
   D. 终止妊娠后手术治疗
   E. 手术治疗的同时应行剖宫产术
8. 急性淋病的治疗，首选的抗生素是（　　）
   A. 链霉素　　B. 头孢曲松
   C. 庆大霉素　　D. 阿米卡星
   E. 四环素
9. 淋病的好发部位应除外（　　）
   A. 尿道旁腺　　B. 前庭大腺
   C. 子宫颈管　　D. 子宫内膜
   E. 输卵管
10. 关于尖锐湿疣，下列何项错误（　　）
    A. 由人乳头瘤病毒引起
    B. 主要感染上皮细胞
    C. 与宫颈癌和外阴癌的发病有关
    D. 典型体征为外阴乳头状疣
    E. 发病率在我国性传播疾病中占首位
11. 关于尖锐湿疣的病因病史描述，正确的是（　　）
    A. 由人乳头瘤病毒感染引起
    B. 大多数通过医用器械传染
    C. 患病半年时传染性最强
    D. 婴儿可以通过与母亲的密切接触传染
    E. 与宫颈癌、外阴癌的发病无关
12. 孕妇生殖道感染沙眼衣原体正确的是（　　）
    A. 多为宫内感染
    B. 产道感染少见

C. 影响胎儿易患结膜炎、肺炎
D. 产褥期感染多见
E. 喹诺酮类药物有显效

13. 艾滋病的传播途径下列哪项是错误的(　　)
A. 共用针头或注射器　B. 性接触
C. 日常生活接触　D. 母婴传播
E. 血、血制品及器官移植

A_2 型题

14. 26 岁，足月妊娠合并风湿性心脏病，心功能Ⅱ级，胎头吸引助产产后 2 小时阴道出血 300ml，心率 110 次 / 分，双肺音清，宫底脐下 2 指，对该患者正确的处理是(　　)
A. 立即开放静脉快速补液
B. 立即肌内注射麦角新碱 0.2mg
C. 西地兰 0.2ml＋25% 葡萄糖 20mg 静脉注射
D. 立即肌内注射缩宫素 10 单位
E. 无感染者产后不加用抗生素

15. 27 岁，G_1P_0 宫内孕 2 个月，合并风心前来就诊，确诊为“二狭”，心功能Ⅱ级，既往无心衰史。此孕妇正确的处理及其预后是(　　)
A. 在产科和内科大夫监护下可继续妊娠
B. 应尽早终止妊娠
C. 应劝其长期避孕，今后亦不宜妊娠
D. 分娩过程中易发生肺水肿
E. 孕期心力衰竭发生率明显增高

16. 37 岁，第二胎孕 20 周，轻微家务劳动后感胸闷气短，近一周夜间经常咳嗽、咯痰，不能平卧，检查：心率 120 次 / 分，心界向左扩大，心尖区可闻及Ⅲ级收缩期杂音，双肺底闻及小水泡音，双下肢水肿（＋），最适宜的处理是(　　)
A. 加强产前监护
B. 限制食盐摄入
C. 立即终止妊娠
D. 控制心衰继续妊娠
E. 控制心衰后终止妊娠

17. 26 岁孕妇，孕 1 产 0，孕 28 周来院行产前检查，ALT40U，HbsAg（＋），HbeAg（＋），其他常规检查正常，产科检查正常，其母婴传播的情况可能是(　　)
A. 乙肝病毒不通过胎盘传递给胎儿
B. 其婴儿多半受感染
C. 分娩时通过母血传播，但其唾液和汗液不传播给婴儿
D. 孕中期患急性乙肝者，婴儿感染率为 70%
E. 其婴儿将不会成为病毒携带者

18. 初产妇，23 岁，孕 39 周，1 周前开始感觉食欲差、乏力。3 天前病情加重，巩膜发黄，小便变黄，胎动消失 1 天，不规则下腹痛 6 小时，入院查：血压 140/90mmHg，ALT284U，胆红素 171μmol/L，尿蛋白（－），尿胆红素阴性，最可能的诊断是(　　)
A. 妊娠急性脂肪肝
B. 妊娠肝内胆汁淤积症
C. 妊娠高血压疾病肝损害
D. 急性病毒性肝炎
E. 药物性肝损害

19. 初产妇，28 岁，孕 35 周，既往有肝炎病史。半月前感觉食欲差、乏力。近 5 天病情加重，伴呕吐，上腹疼痛，巩膜发黄，神志欠清入院，查体：血压 130/90mmHg，ALT45U，胆红素 185μmol/L，尿胆红素（＋），尿蛋白（－）。最可能的诊断是(　　)
A. 妊娠急性脂肪肝
B. 妊娠肝内胆汁淤积症
C. 妊娠高血压疾病肝损害
D. 妊娠合并重症肝炎
E. 药物性肝损害

（杨淑珍　王　凌）

第 15 章 异常分娩

📖 **学习目标**

1. 掌握宫缩乏力的分类、表现、处理，骨盆狭窄的类型、诊断、处理原则，臀先露、肩先露的诊断及处理原则，难产的诊断。

2. 熟悉宫缩乏力对母儿的影响，骨产道异常的种类及特点，臀先露、肩先露对母儿的影响，难产的处理原则，以及常见的胎儿畸形。

3. 了解宫缩过强的分类、表现、对母儿的影响及处理原则，骨盆狭窄的分级，巨大儿的定义及对母儿的危害。

决定分娩的四因素产力、产道、胎儿及精神心理素中任何一个，或一个以上的因素发生异常，以及四个因素之间相互不能适应，导致分娩过程受阻，称为异常分娩，又称难产。

第 1 节 产力异常

分娩过程中，最重要的产力是子宫收缩力，贯穿于分娩全过程。在分娩过程中，子宫收缩的节律性、对称性及极性不正常或强度、频率有改变，称子宫收缩力异常，亦称为产力异常。临床分类见图 15-1。

- 子宫收缩力异常
  - 子宫收缩乏力
    - 协调性
      - 原发性
      - 继发性
    - 不协调性
  - 子宫收缩过强
    - 协调性
      - 急产
      - 病理缩复环
    - 不协调性
      - 强直性子宫收缩过强
      - 子宫痉挛性狭窄环

图 15-1 子宫收缩力异常的分类

一、子宫收缩乏力

案例 15-1

初孕妇，26 岁。妊娠 38 周，规律宫缩 8 小时，宫口开大 6cm，先露 S^{+1}，胎膜已破，胎儿体重估计 3000g，血压 130/80mmHg，胎心 144 次 / 分。2 小时后肛查：宫口仍 6cm，边薄，先露 S^{+1}，宫缩力弱，20 秒 /5～6 分，胎心好。

问题：1. 本案例初步诊断是什么？

2. 如何处理？

【病因】

1．头盆不称或胎位异常 胎儿先露部不能紧贴子宫下段及宫颈内口，因而不能引起反射性子宫收缩，是导致继发性宫缩乏力的最常见原因。

2．子宫因素 子宫发育不良、子宫畸形、子宫壁过度膨胀（如双胎妊娠、羊水过多等）、经产妇子宫肌纤维变性、子宫肌瘤等，都可引起宫缩乏力。

3．精神心理因素 产妇精神紧张使大脑皮层功能紊乱，睡眠减少，临产后进食不足，过多消耗体力，可影响子宫收缩。

4．内分泌因素 临产后雌激素、缩宫素、前列腺素等分泌不足，孕激素下降缓慢，使子宫肌的敏感性降低，收缩力减弱。

5．其他因素 临产后使用大剂量镇静剂，均可导致继发性宫缩乏力。

【临床表现】

根据宫缩乏力发生时期可分为原发性和继发性两种。原发性宫缩乏力是指产程开始就出现宫缩乏力，宫口不能如期扩张，胎先露部不能如期下降，导致产程延长；继发性宫缩乏力是指产程开始子宫收缩正常，在产程较晚阶段子宫收缩减弱，产程进展缓慢甚至停滞。

考点提示： 协调性宫缩乏力的临床特点

1．协调性宫缩乏力 子宫收缩存在正常的节律性、对称性和极性，但收缩力弱，持续时间短，间歇期长且不规律，宫缩＜2次/10分钟。宫缩高峰时，宫底部肌壁隆起不明显，指压仍可出现凹陷，导致产程中宫口扩张及胎先露下降缓慢。此种宫缩乏力又称为低张性宫缩乏力。

考点提示： 不协调性宫缩乏力的症状

2．不协调性宫缩乏力 子宫收缩失去了正常的节律性和对称性，兴奋点可来自子宫一处或多处，子宫收缩波由下向上扩散，极性倒置。宫缩时宫底部弱而下段强，宫缩间歇期子宫壁不能完全松弛，这种宫缩属无效宫缩，宫腔内压力虽高但不能使宫口扩张及胎先露下降。产妇往往有头盆不称和胎位异常，自觉下腹部持续疼痛、拒按，烦躁不安，肠胀气；胎儿-胎盘循环障碍，出现胎儿宫内窘迫；产科检查：下腹部有压痛，胎位触不清，胎心不规律，宫口扩张缓慢或停滞，胎先露下降延缓或停滞，产程延长或停滞。此种宫缩乏力又称为高张性宫缩乏力。

3．产程曲线异常 宫缩乏力导致产程曲线异常有以下8种：

（1）潜伏期延长：从规律宫缩开始到宫口扩张3cm称为潜伏期，初产妇潜伏期约需8小时，超过16小时称潜伏期延长。

（2）活跃期延长：从宫口扩张3cm到宫口开全称为活跃期，初产妇活跃期约需4小时，超过8小时称活跃期延长。

（3）活跃期停滞：进入活跃期后，宫口不再扩张达2小时以上，称活跃期停滞。

（4）第二产程延长：第二产程初产妇超过2小时，经产妇超过1小时尚未分娩，称第二产程延长。

（5）第二产程停滞：第二产程达1小时胎头下降无进展，称第二产程停滞。

考点提示： 异常产程曲线的类型及共同特点

（6）胎头下降延缓：活跃期晚期及第二产程，胎头下降速度初产妇＜1.0cm/h，经产妇＜2.0cm/h，称为胎头下降延缓。

（7）胎头下降停滞：活跃期晚期，胎头停留超过1时不下降，称为胎头下降停滞。

（8）滞产：总产程超过24小时。

【对母儿的影响】

1．对产妇的影响 由于产程延长，产妇不能很好休息，体力消耗过大，可出现疲乏无力、肠胀气、尿潴留等，严重时可引起脱水、酸中毒；第二产程延长，膀胱、尿道受压过久，导致组织缺血、坏死，形成膀胱阴道瘘或尿道阴道瘘；胎膜早破及多次肛查或阴道检查感染机会增加；产后胎盘滞留容易引起产后出血。

2．对胎儿的影响 协调性宫缩乏力、产程延长或停滞，使胎头在产道受压过久，易发生胎儿窘迫，颅内出血甚至死亡。不协调性宫缩乏力影响胎儿 - 胎盘循环，易发生胎儿窘迫甚至胎死宫内。

【处理】

1．协调性宫缩乏力 首先应寻找原因，确定有无头盆不称与胎位异常。估计不能经阴道分娩者，应及时行剖宫产术；若无头盆不称和胎位异常，估计能经阴道分娩者，应加强宫缩，预防产后出血及感染。

（1）第一产程：

1）一般处理：加强心理支持，消除顾虑，鼓励多进食，注意营养与水分的补充，不能进食者静脉补充营养。过度疲劳者，缓慢静脉注射地西泮 10mg，或肌内注射哌替啶 100mg。排尿困难者及时导尿，破膜 12 小时以上未分娩应给予抗生素预防感染。

2）加强子宫收缩：确诊为协调性宫缩乏力且无头盆不称者加强宫缩。①人工破膜：宫口扩张 3cm 以上、无头盆不称、胎头已衔接者，可行人工破膜。Bishop 提出用宫颈成熟度评分法（表 15-1），该评分法满分为 13 分。若产妇得分＞9 分均成功，7～9 分的成功率约为 80%，4～6 分的成功率约为 50%，≤3 分人工破膜均失败，应改用其他方法；②地西泮静脉注射：适用于宫口扩张缓慢及宫颈水肿。常用剂量为 10mg，间隔 2～6 小时可重复应用，与缩宫素联合应用效果更佳；③缩宫素静脉滴注：将缩宫素 2.5U 加于 5% 葡萄糖液 500ml 内，从 8～10 滴 / 分钟开始，根据宫缩强弱进行调整，通常不超过 40 滴 / 分钟，维持宫缩持续 40～60 秒、间歇 2～3 分钟，宫腔内压力达 50～60mmHg。对于不敏感者，可酌情增加缩宫素剂量。缩宫素静脉滴注过程中，应有专人观察宫缩、听胎心率及测量血压。若出现宫缩持续 1 分钟以上或胎心率有变化，应立即停止使用。明显产道梗阻和瘢痕子宫不宜使用缩宫素。

表 15-1 Bishop 宫颈成熟度评分

指标	分数			
	0	1	2	3
宫口开大（cm）	0	1～2	3～4	5～6
宫颈管消退（%）（未消退为 2～3cm）	0～30	40～50	60～70	80～100
先露位置（坐骨棘水平＝0）	−3	−2	−1～0	+1～+2
宫颈硬度	硬	中	软	
宫口位置	后	中	前	

考点提示：人工破膜的指征，加强宫缩的方法、缩宫素的使用及注意事项

经上述处理，若产程仍无进展或出现胎儿窘迫征象时，应及时行剖宫产术。

（2）第二产程：若胎头双顶径已通过坐骨棘平面，而协调性宫缩乏力仍未纠正，应继续加强宫缩，等待自然分娩，或行会阴切开加胎头吸引术或产钳术助产；若胎头仍未衔接或伴有胎儿窘迫征象，应行剖宫产术。

（3）第三产程：为预防产后出血，当胎儿前肩娩出时，可静脉注射缩宫素 10U 或静脉注射麦角新碱 0.2mg，同时给予缩宫素 10～20U 静脉滴注，若产程延长、破膜时间长，应给予抗生素预防感染。

2．不协调性宫缩乏力 处理原则是调节子宫收缩，恢复正常节律性及极性。给予镇静剂哌替啶 100mg，充分休息后不协调性宫缩多能恢复为协调性宫缩；若未能恢复，伴有胎儿窘迫征象或头盆不称，应行剖宫产术。若不协调性宫缩已被纠正，但宫缩仍弱，可用协

调性宫缩乏力加强宫缩的各种方法。在宫缩恢复为协调性之前，严禁应用缩宫素。

二、协调性子宫收缩过强

协调性子宫收缩过强指子宫收缩的节律性、对称性和极性均正常，仅子宫收缩过频、过强。如无产道梗阻，总产程不足 3 小时者，称急产，多见于经产妇。

【临床表现】

产程过快，往往来不及消毒接产，导致软产道裂伤、产后感染；产后子宫肌纤维缩复差，可引起产后出血；胎儿可因宫缩强、胎盘血循环受阻而发生胎儿窘迫、新生儿窒息或死亡；胎头急速娩出，来不及接生，引起颅内出血、新生儿坠地、骨折、外伤等。

【处理】

凡有急产史者在预产期前 1～2 周不宜外出远行，应提前住院待产。临产后避免灌肠，提前做好接产及预防产后出血、抢救新生儿窒息的准备工作。产后仔细检查软产道。分娩未经消毒者，母儿应用抗生素，必要时新生儿注射 1500U 破伤风抗毒素。新生儿应肌内注射维生素 K_1。

考点提示：急产的定义

三、不协调性子宫收缩过强

（一）强直性子宫收缩

强直性子宫收缩即宫颈内口以上的子宫肌层部分出现强直性痉挛性收缩，官缩间歇短或无间歇。其发生多由于外界因素引起，如产妇在临产后发生分娩梗阻、宫缩剂应用不适当或胎盘早剥导致血液浸润至子宫肌层内。

【临床表现】

产妇腹部持续疼痛，烦躁不安，拒按。无法触清胎位以及听清胎心。血尿、病理缩复环等先兆子宫破裂征象可出现。

【处理】

确诊为强直性子宫收缩后，应立即给予硫酸镁或肾上腺素等宫缩抑制剂，用法如下，25% 硫酸镁 20ml 加入 5% 葡萄糖注射液 20ml 内，缓慢静脉注射（时间不应少于 5 分钟），肾上腺素 1mg 加于 5% 葡萄糖注射液 250 ml 内，静脉滴注。若上述方法无效，不能缓解强直性子宫收缩，应行剖宫产术。若由于分娩梗阻引起强制性子宫收缩，应立即行剖宫产术。若胎死宫内，可用乙醚吸入麻醉。

（二）子宫痉挛性狭窄环

子宫痉挛性狭窄环即子宫上下段交界处环肌发生不协调过强收缩形成环状狭窄。也可在围绕胎体最小部位，如颈、腰等处。多由于产妇精神紧张、过度疲劳、宫缩剂的应用不合适或阴道内操作粗暴所致。

【临床表现】

产妇持续性腹痛，烦躁不安。宫缩时，胎体被环卡住，先露部下降受阻，产程停滞。阴道检查在宫腔内可触及坚硬而无弹性的狭窄环，不同于病理缩复环，特点是此环位置不随宫缩而上升。

【处理】

应立即停止产科操作，停用宫缩剂，给予镇静解痉剂如阿托品 0.5～1mg，或 0.1% 肾上腺素 0.15～0.3ml，或哌替啶 100mg，肌内注射使环松解。如环已缓解，宫口已开全，则阴道助产结束分娩。如环未放松，可在乙醚麻醉下行阴道助产。如不协调性子宫收缩不能控制，宫口未开全、胎先露高或胎儿窘迫者，应行剖宫产术。

第 2 节 产道异常

产道是胎儿经阴道娩出时必经的通道，分骨产道及软产道两部分，临床上以骨产道异常为多见。

一、骨产道异常

骨盆的结构、形态异常或径线较正常值短，通常称狭窄骨盆，是造成异常分娩的一个重要因素。

【骨盆狭窄的临床分类】

1. 入口平面狭窄 大多数表现为入口平面前后径狭窄，即扁平型骨盆（图 15-2）。其骶耻外径＜18cm，前后径＜l0cm，对角径＜11.5cm。妊娠末期或临产后，胎头矢状缝多不能以斜径进入骨盆入口，而衔接于入口横径上，为头盆均倾；胎头侧屈使两顶骨先后依次入盆，呈头盆倾势不均；若前顶骨先露时，则矢状缝偏后，称前不均倾；若后顶骨先露时，则矢状缝偏前，称后不均倾，当胎头双顶部均通过入口平面时，则可顺利经阴道分娩。

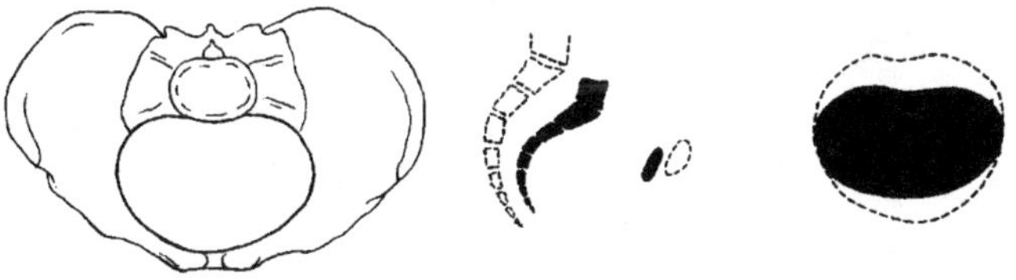

图 15-2 扁平骨盆

2. 中骨盆及出口平面狭窄 大多数表现为骨盆入口各径线值均正常，而中骨盆及出口平面均狭窄，骨盆腔两侧壁向内倾斜似漏斗状，称漏斗型骨盆（又称男型骨盆，骨质较厚）。其坐骨棘间径＜10cm，坐骨结节间径＜8cm，坐骨切迹变窄，耻骨弓角度＜90°，出口横径与后矢状径之和＜15cm（图 15-3）。临产后胎头下降至中骨盆或出口时，常影响旋转及娩出，导致持续性枕横位、枕后位，造成分娩困难。

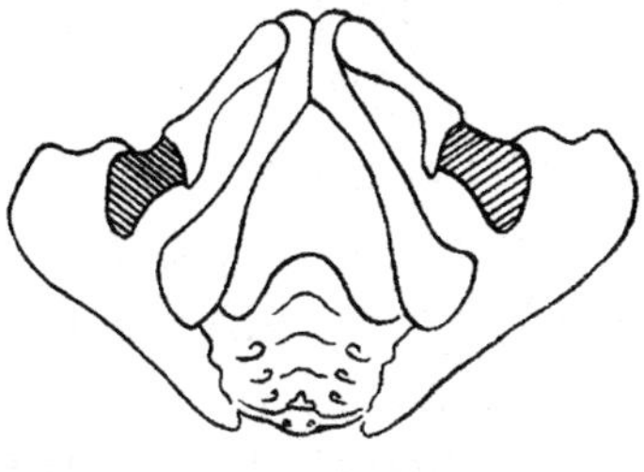

图 15-3 漏斗骨盆出口

3. 骨盆三个平面均狭窄 骨盆入口、中骨盆及出口平面均狭窄，形态如女型骨盆，骨盆各径线均较正常值＜2cm 或更多，称均小骨盆。多见于身材矮小、体型相称的妇女。如胎儿相对较小，胎位正常，产力良好的情况下，可能经阴道分娩，反之，不能经阴道分娩。

4. 畸形骨盆 骨盆外形失去正常形态及对称性。有先天发育异常或外伤引起的畸形骨盆；髋关节病变所致的偏斜型骨盆，骨质软化症骨盆等，近年来已为罕见。一般常需行剖宫

考点提示：骨产道狭窄的分类及骨盆特点

产结束分娩。

【诊断】

1．病史 询问既往有无结核、佝偻病、骨软化症及外伤等病史，并了解既往分娩经过。

2．一般检查 测量身高，若<150cm应警惕均小骨盆；注意体态及步态，有无跛行和脊柱及髋关节畸形等；有无尖腹或悬垂腹；检查米氏菱形区是否对称。

3．腹部检查 若腹部呈悬垂腹或尖腹可能是骨盆倾斜度较大；测量宫底高和腹围，借助B型超声测胎头双顶径、胸径、股骨长度等多项指标估计胎儿大小，以判断胎儿是否能通过骨盆；妊娠末期或临产后，胎位仍异常，如横位、臀位不易矫正者，应考虑有骨盆狭窄的可能。

4．估计头盆关系 初产妇临近分娩期胎头仍浮动者，可做跨耻征检查：孕妇排空膀胱、仰卧，两腿伸直。检查者将一手置于孕妇耻骨联合上方，另一手将胎头向骨盆方向推压，若胎头进入骨盆入口，胎头低于耻骨联合平面，表示头盆相称，为跨耻征阴性；若二者在同一平面，表示头盆可能不称，为跨耻征可疑阳性；若胎头高于耻骨联合平面，表示明显头盆不称，为跨耻征阳性。跨耻征阳性者，改取半卧位，再以同法检查胎头能否入盆，如能入盆，表示骨盆倾斜度异常，并非头盆不称。

5．骨盆测量 除需对髂棘间径、髂嵴间径、骶耻外径和坐骨结节间径进行测量，除此之外，还需测量耻骨弓角度、坐骨切迹宽度、骶尾关节活动度等指标，以充分估计骨盆各平面的情况。

【对母儿的影响】

1．对母体的影响 骨盆狭窄阻碍胎头入盆，常致胎位异常，胎膜早破，脐带脱垂及继发子宫收缩乏力，或因宫缩过强而发生产道裂伤。产程延长可引起产后感染和产后出血。胎头压迫软产道过久，以致形成生殖道瘘。

2．对胎儿的影响 骨盆狭窄，头盆不称，可致胎膜早破，脐带先露或脱垂，可引起胎儿窘迫、手术产机会增多、新生儿窒息、颅内出血甚至死亡。

【处理】

原则是根据骨盆狭窄的类型和程度，结合产力、胎位、胎儿大小、产妇年龄、产次等因素，决定分娩方案。

1．骨盆入口狭窄的处理

（1）明显头盆不称：骶耻外径≤16cm，骨盆入口前后径≤8.0cm，足月活胎不能经阴道分娩，应行剖宫产。

（2）轻度头盆不称：骶耻外径16.5～17.5cm，骨盆入口前后径8.5～9.5cm，应结合产力、胎位、胎儿大小等条件，严密监护下试产。若试产2～4小时，胎头仍不能入盆，应及时行剖宫产术。试产中出现不利于母儿的情况，如先兆子宫破裂，胎儿窘迫等，应立即停止试产，改行剖宫产术。

2．中骨盆及出口平面狭窄的处理 子宫颈口开全，若双顶径下降至坐骨棘水平以下或更低，则可经阴道助产；若胎头双顶径阻滞在坐骨棘水平以上或胎儿窘迫时，行剖宫产术。出口横径与后矢状径之和<15cm，足月活胎不易经阴道娩出，应行剖宫产术。若两者之和>15cm，应做较大会阴切开，经阴道手术助产。

3．骨盆三个平面均狭窄的处理 胎儿较小，胎位正常，宫缩良好，则可试产，反之，应尽早行剖宫产术。

4. 畸形骨盆的处理　根据情况具体分析，凡畸形严重，头盆明显不称者，应及时行剖宫产术。

考点提示：骨产道狭窄的处理原则

二、软产道异常

较少见，但有时也影响阴道分娩。如外阴坚硬、水肿，阴道狭窄、阴道膈，宫颈坚韧、宫颈肿瘤及严重的宫颈水肿等。一般应于妊娠早期进行一次阴道检查，以了解有无异常，临产后认真分析，估计经阴道分娩的可能性，对确实不能经阴道分娩者，应行剖宫产术。

第3节　胎位异常

一、臀先露

臀先露是最常见的异常胎位，由于胎儿臀小于头，胎头缺少变形的机会，往往后出胎头发生困难，易发生新生儿产伤、窒息，使围生儿死亡率增高。

【原因】

原因尚未明确，可能与下列因素有关：①胎儿在宫腔内活动范围较大（如羊水过多）；②胎儿在宫腔内活动受限（如双胎、羊水过少）；③胎头衔接受阻（如前置胎盘、骨盆狭窄）。

【临床分类】

1. 单臀位或腿直臀位　胎儿两侧髋关节屈曲，膝关节伸直，以臀部为先露。最多见。

2. 混合臀位或完全臀位　胎儿双髋关节及膝关节均屈曲，先露为胎儿的臀部和双足。

3. 足位　单足或双足先露，有时以单膝或双膝为先露。

【诊断】

1. 腹部检查　宫底触到硬而圆的胎头，在耻骨联合上方可扪及软而较宽的胎臀，胎心音位置在脐的左上方或右上方。

2. 肛门检查或阴道检查　能触到软而形状不规则的胎臀或胎足。子宫颈口扩张2cm以上，且已破膜时阴道检查可触到胎臀、外生殖器及肛门。

3. B型超声检查　能准确探清臀先露类型，胎儿大小及胎头姿势。

【对母儿影响】

因先露部不易紧贴子宫颈，易发生胎膜早破和宫缩乏力，易发生产后出血和产褥感染；分娩时宫口未开全即强行牵引，可造成产道裂伤；脐带脱垂，致使胎儿窘迫，甚至死亡；分娩时易发生后出胎头困难、颅内出血、骨折、臂丛神经损伤等产伤。

【处理】

1. 妊娠期　妊娠30周后仍为臀先露予以矫正。常采用膝胸卧位：孕妇排空膀胱，松解裤带，姿势如（图15-4），此法可使胎臀退出盆腔，借助胎儿重心改变，增加转为头先露的机会，每次15分钟，每日2次，连续做1周后复查；激光照射或艾灸至阴穴，每次15～20分钟，每日1次。若以上处理无效，可于妊娠32～24周时试行外转胎位术：术前排尿，屈膝仰卧，使先露松动，沿胎头俯屈方向转动，最好在B型超声及胎儿电子检测下进行。操作过程中随时注意听胎心音，如胎心音有变化或孕妇感腹痛，应立即停止操作或转回原位。外转胎位术成功，胎心音正常者，应在胎头两侧放置毛巾垫，再用腹带包扎固定，按时作产前检查。

图 15-4 膝胸卧位

2. 分娩期 根据产妇的年龄、胎次、骨盆大小、胎儿大小、是否存活、臀位种类、有无并发症等，决定分娩方式。对高龄初产、骨盆狭窄、胎儿巨大、脐带先露、不完全臀先露、胎儿窘迫、有难产史者，均应行剖宫产术。经阴道分娩者产程处理应注意以下情况：

（1）第一产程：取侧卧位，少做肛查，禁止灌肠，以免胎膜早破。一旦破膜应立即听胎心，并检查了解宫口开大程度及有无脐带脱垂。当宫口开大4～5cm时消毒外阴，使“堵”外阴方法直至宫口开全。即当宫缩时用无菌巾以手掌堵住阴道口（图 15-5），每10～15分钟听胎心一次。其目的是避免胎足脱出并使胎臀下降，起到充分扩张软产道的作用，有利于胎头顺利娩出，并作好抢救新生儿窒息的准备工作。

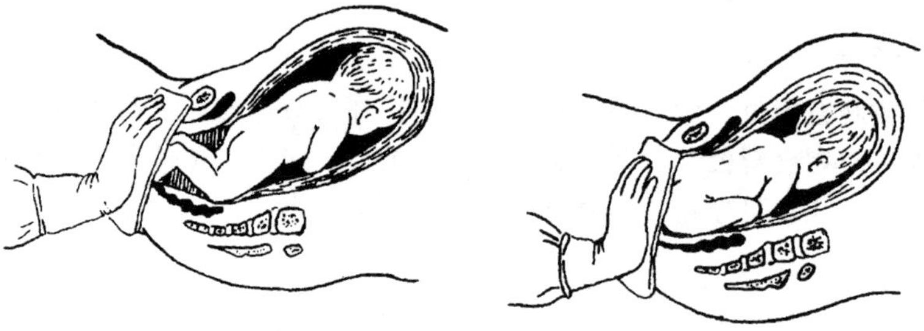

图 15-5 用手堵住外阴

考点提示：臀先露的处理原则

（2）第二产程：导尿排空膀胱，初产妇做会阴切开术，酌情行臀位助娩或臀位牵引术。注意从脐部娩出后，一般应在2～3分钟娩出胎头，最长不能超过8分钟。

（3）第三产程：应用缩宫素预防产后出血，检查软产道有无裂伤并及时缝合，预防感染。

二、横位（肩先露）

胎体纵轴与母体纵轴相垂直，称为横位。先露部为肩，又称肩先露。多发生于骨盆狭窄，前置胎盘或胎儿活动范围过大如羊水过多等情况。

【临床表现】

先露部为肩，不能紧贴子宫下段，易发生宫缩乏力；胎肩对前羊膜囊压力不均，易致胎膜早破、脐带及上肢脱垂，造成胎儿窘迫或死亡；随宫缩增强，胎肩和部分胸廓挤入盆腔，胎体折叠弯曲，颈部拉长，上肢脱出阴道口外，但胎头及胎臀仍被阻于骨盆入口上方，形成嵌顿性（忽略性）横位。如宫缩继续加强，宫体部逐渐变厚，下段被扩张拉长变薄，在上下段交界处形成环状凹陷，并随宫缩逐渐升高，甚至达脐上，称病理缩复环，是先兆子宫破裂的临床征象（图 15-6）。

【诊断】

1. 腹部检查 子宫呈横椭圆形，耻骨联合上方空虚，腹部两侧分别可触及胎头及胎臀。肩前位时胎背朝向母体腹壁，肩后位时胎儿肢体朝向母体腹壁，胎心音在脐周最清楚。

2. 阴道检查 如胎膜已破，宫口开大可触到肩胛骨、肋骨、腋窝，有时还能触到脱垂的脐带及胎手，根据腋窝尖端的指向或脱出的胎手可确定肩前位或肩后位。

3. B 型超声检查 能准确探清肩先露，鉴别宫内情况。

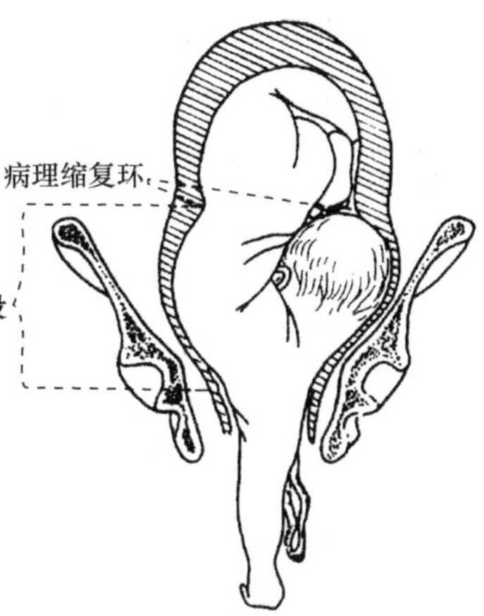

图 15-6 嵌顿性横位及病理性缩复环

【处理】

1. 妊娠期 妊娠 30 周后应矫正胎位，方法同臀先露。如不成功，应提前住院决定分娩方式。

2. 分娩期 根据产次，胎儿大小及存活情况，宫颈口扩张程度，是否破膜，有无并发症等情况，决定分娩方法。足月活胎或伴有产科指征如骨盆狭窄、前置胎盘、有难产史及先兆子宫破裂者，无论胎儿是否存活，均应行剖宫产术。若经产妇胎膜刚破不久，羊水尚未流尽，子宫颈口开大 5cm 以上，胎心音好，无先兆子宫破裂征象，可在全身麻醉下行内倒转术，转成臀先露，待宫口开全再行臀牵引术。胎儿已死，无先兆子宫破裂，宫口开全后作断头术或除脏术。产后常规检查宫腔，有裂伤及时缝合，产后预防出血及感染。

考点提示： 肩先露的处理原则

三、持续性枕横位及持续性枕后位

分娩过程中至分娩后期，胎头枕部持续位于母体骨盆侧方或后方，致分娩发生困难者，分别称为持续性枕横位或枕后位。常由骨盆异常、胎头俯屈不良、宫缩乏力等引起。

【临床表现】

临产后胎头衔接较晚及俯屈不良，不能与子宫下段紧贴，致宫缩乏力。由于胎头枕部向后压迫直肠，使产妇过早使用腹压，引起宫颈水肿和产妇疲劳。产程延长，胎头因受压过久可发生胎儿窘迫。

【诊断】

1. 腹部检查 先露为头，胎背偏向母体后方或侧方，其对侧或腹部前方易触及胎儿肢体。胎心在脐下偏外侧听得最清。

2. 肛门或阴道检查 枕后位时矢状缝与骨盆斜径一致，小囟门在骨盆左（或右）后方；枕横位时矢状缝与骨盆横径一致，大、小囟门在骨盆两侧。触不清时行阴道检查，可借助胎儿耳廓及耳屏方向判断胎位。

3. B 型超声检查 可准确探清胎头方位以明确诊断。

【处理】

明显头盆不称者，应行剖宫产术。无明显头盆不称，产力较好，可在严密观察下试产。

1. 第一产程 保证产妇充分休息与营养。让产妇朝向胎背的对侧方向侧卧。宫口开大3～4cm出现产程进展缓慢，除外头盆不称可行人工破膜，静脉滴注缩宫素，产妇不宜过早使用腹压，防止宫颈水肿。

2. 第二产程 若第二产程进展缓慢，应行阴道检查。胎头双顶径达坐骨棘水平以下，则行会阴切开阴道助产。若胎头位置较高，疑有头盆不称，则行剖宫产术。

3. 第三产程 用缩宫素预防产后出血。若有软产道裂伤，应及时缝合，并预防感染。

第4节 胎儿发育异常——脑积水

胎头脑室内有大量脑脊液贮存可使颅腔体积增大，颅缝增宽，囟门明显增大，常合并脊柱裂、足内翻等，因头围较大，常发生分娩梗阻，如处理不当，可造成子宫破裂。

【诊断】

腹部检查可触及胎头宽大、较软且有弹性，与胎体的比例不相称；阴道检查见颅缝宽，囟门大且紧张，骨质薄而软，胎头有乒乓球感；B超检查双顶径在11cm以上，脑室内有液性暗区，脑中线偏移，如合并脊柱裂，可致羊水中甲胎蛋白含量明显增高；X线摄片可见头颅大，骨质薄，颅缝囟门宽大，面部相对变小等。

【处理】

应以保护母体为原则，一旦确诊及早引产。宫口开大3cm以上时，用腰椎穿刺针行囟门或颅缝穿刺，臀位者，后出胎头时由枕骨大孔处穿刺，流出脑脊液使胎头体积缩小即可娩出。

案例分析参考答案

案例 15-1

1. 初步诊断：①孕1产0，孕38周宫内活胎，临产；②协调性宫缩乏力。
2. 处理：①一般处理；②加强子宫收缩：人工破膜；缩宫素静脉滴注。

本章小结

产力异常指在分娩过程中，子宫收缩的节律性、对称性及极性不正常或强度、频率有改变。分为协调性和不协调性。产力异常首先确定其类型、有无头盆不称，然后制定处理原则。协调性宫缩乏力：加强宫缩，不协调性宫缩乏力：恢复子宫正常节律性和极性；协调性宫缩过强的处理原则：预防急产，不协调性宫缩过强的处理原则：解除子宫痉挛性狭窄环。产道异常以骨产道异常（狭窄骨盆）多见，分为均小骨盆、扁平骨盆、漏斗骨盆、畸形骨盆。骨盆入口平面狭窄影响胎头衔接，中、出口骨盆平面狭窄影响胎头在骨盆内旋转，导致宫缩乏力、产程延长，软产道裂伤，胎儿窘迫、新生儿窒息，甚至发生梗阻性难产。及早诊断，明确狭窄骨盆的类别和程度，了解胎位、胎儿大小、胎心率、宫缩强弱、宫口扩张程度、破膜是否，结合年龄、产次、既往史进行综合判断，决定分娩方式。胎位异常包括臀位、横位、持续性枕横位或枕后位等，胎位异常对母儿可产生严重危害，孕期检查应及早发现，及时纠正。其处理应根据胎位异常的类型结合产力、产道等因素，综合考虑，避免母儿并发症的发生。

目标检测题

A_1 型题

1. 初产妇第二产程停滞是指（　　）
   A. 第一产程达 1 小时，胎头下降无进展
   B. 第一产程达 30 小时，胎头下降无进展
   C. 第一产程达 2 小时，胎头下降无进展
   D. 第一产程达 1 小时，胎头下降 1cm
   E. 第一产程达 2 小时，胎头下降 1cm
2. 滞产是指总产程超过多长时间（　　）
   A. 12 小时　　B. 18 小时
   C. 24 小时　　D. 30 小时
   E. 36 小时
3. 协调性宫缩乏力的处理原则是（　　）
   A. 阴道检查，了解胎方位及头盆相称程度
   B. 镇静、调整宫缩
   C. 催产素加强子宫收缩
   D. 观察宫缩及产程进展
   E. 纠正酸中毒、补液、给氧、进行胎儿宫内复苏

A_2 型题

4. 初产妇，足月妊娠，先露臀，骶骨位于母体骨盆的左前方，其胎方位是（　　）
   A. 骶左前　　B. 骶左横
   C. 骶左后　　D. 骶右前
   E. 骶右后
5. 妊娠 38 周，初产妇，纵产式，腹部检查，先露臀胎体和肢各占 1/2，胎心在脐右上方最清楚，胎方位是（　　）
   A. 骶左前　　B. 骶左横
   C. 骶左后　　D. 骶右前
   E. 骶右后
6. 初产妇，骨盆测量，髂棘间径 26cm，髂嵴间径 28cm，骶耻外径 17cm，对角径 10cm，坐骨棘间径 10cm，坐骨结节间径 9cm，后矢状径 8cm，本例应属于下列哪项（　　）
   A. 骨盆入口横径狭窄
   B. 骨盆入口前后径狭窄
   C. 中骨盆横径狭窄
   D. 骨盆出口横径狭窄
   E. 骨盆出口前后径狭窄
7. 初产妇，妊娠 40 周，规律性腹痛 14 小时，阴道流水 4 小时，胎心率 158 次 / 分，宫缩 20～25 秒 /3～5 分钟，宫口开大 6cm，先露头 S0，矢状缝在右斜径上，小囟在 1 点处，坐骨棘间径 10cm，入院 2 小时产程无进展，正确的诊断是（　　）
   A. 胎膜早破　　B. 胎儿宫内窘迫
   C. 协调性宫缩乏力　　D. 中骨盆狭窄
   E. 持续性枕后位
8. 初产妇，24 岁，妊娠 40 周，骨盆测量正常，第一产程潜伏期 8 小时，自宫口开大 5cm 后，2 小时产程无进展，宫缩 30 秒 /6 分钟，胎心率 156 次 / 分，应首选哪项处理（　　）
   A. 立即剖宫产术
   B. 静滴催产素
   C. 宫缩时让产妇加腹压
   D. 消毒后做阴道检查
   E. 无需处理

A_3 型题

（9～10 题共用题干）

初产妇，26 岁，足月妊娠临产 16 小时，自然破膜半小时，宫缩 20～25 秒 /5～6 分钟，宫口开大 2cm。

9. 首先考虑下列哪项处理为宜（　　）
   A. 立即剖宫产　　B. 胎头吸引术
   C. 肌注哌替啶　　D. 肥皂水灌肠
   E. 静滴催产素
10. 用镇静药后产程无进展，应选用下列哪种最佳方法（　　）
   A. 肌内注射阿托品　　B. 剖宫产
   C. 缩宫素静脉滴注　　D. 无需处理
   E. 催产素合谷穴位封闭

（11～12 题共用题干）

初产妇，30 岁，妊娠 42 周，规律宫缩 10 小时，胎头已衔接，胎心 140 次 / 分，估计胎儿体重 3000g，宫口开大 4cm，胎膜未破。

11. 下列处理哪项不恰当（　　）
   A. CST 试验　　B. 催产素催产
   C. 供氧　　D. 人工破膜
   E. 地西泮
12. 不协调性宫缩乏力的处理则是（　　）
   A. 导尿及皮肤准备
   B. 镇静、休息、恢复其节律性

C. 禁食、纠酸、静脉补液
D. 积极完善术前准备
E. 观察血压、脉搏等生命体征

（13～14 题共用题干）

初产妇，36 岁，妊娠 39 周，胎方位 LSA，臀先露，骨盆正常，B 超测胎儿双顶径 9.5cm，胎心音 140 次 / 分

13. 产前指导，下列哪项是正确的（ ）
A. 外倒转术
B. 取臀高位
C. 阴道流水后入院待产
D. 胸膝卧位
E. 无需处理

14. 最佳的处理方法是哪项（ ）
A. 出现异常剖宫产
B. 临产后剖宫产
C. 择期剖宫产术
D. 外转胎位术
E. 内倒转术

B_1 型题

（15～18 题共用答案）

A. 吸引器　B. 臀牵引术
C. 剖宫产术　D. 穿颅术
E. 产钳术

15. 胎儿脑积水，头盆不称（ ）
16. 臀位、后出头娩出困难（ ）
17. 第二产程、臀位、胎儿窘迫（ ）
18. 臀位、半入盆、未临产、已破水（ ）

（韩春婷）

第16章 分娩期并发症

📖 学习目标

1. 掌握产后出血的定义、原因、临床表现及诊断、处理原则和方法。
2. 熟悉产后出血的预防，子宫破裂的病因、临床表现及防治措施。
3. 了解羊水栓塞的病因、病理、临床表现、处理及脐带异常的类型。

第1节 产后出血

产后出血（postpartum hemorrhage）指胎儿娩出后24小时内失血量超过500ml，为分娩期严重并发症，居我国产妇死亡原因首位。其发病率占分娩总数的2%～3%，由于分娩时收集和测量失血量有一定难度，实际发病率更高。国外报道不用任何干预措施产后出血的发生率约为18%。

案例16-1

产妇产后2小时，阴道流血量多伴血块，产妇心慌、头晕、出冷汗。

查体：T37.2℃，Bp90/60mmHg，P110次/分，R20次/分，面色苍白，检查宫底脐上一指，子宫轮廓不清，阴道出血约850ml，胎盘胎膜完整娩出，妇科检查：阴道及宫颈无裂伤。

问题：1．产妇出血的原因是什么？

2．如何处理？

【病因】

子宫收缩乏力、胎盘因素、软产道裂伤及凝血功能障碍是产后出血的主要原因。这些原因可共存、互为因果或相互影响。

1．子宫收缩乏力 是产后出血最常见的原因，占产后出血的70%～75%。影响子宫肌纤维收缩和缩复功能的因素，均能引起子宫收缩乏力性出血。常见原因有：

（1）全身因素：产妇对分娩恐惧，精神过度紧张，过度疲劳；体质虚弱或合并慢性全身性疾病等。

（2）产科因素：产程延长致产妇体力消耗过多；产科并发症：妊娠期高血压疾病、前置胎盘、胎盘早剥、宫腔感染等均可引起子宫肌纤维水肿或渗血，影响子宫收缩。

（3）子宫因素：①子宫肌纤维过度伸展（羊水过多、巨大胎儿、多胎妊娠）；②子宫肌壁损伤（剖宫产史、急产、子宫肌瘤剔除术后、产次过多）；③子宫病变（子宫肌瘤、子宫肌纤维变性、子宫畸形）。

（4）药物因素：临产后过多使用镇静剂、子宫收缩抑制剂、麻醉剂。

（5）膀胱、直肠过度充盈：因三者同位于大网膜与后腹膜转折部之间，子宫夹持在膀胱与直肠之间，膀胱、直肠过度充盈可影响子宫复旧。

2. 胎盘因素

（1）胎盘滞留：胎儿娩出后 30 分钟胎盘仍未娩出，称胎盘滞留。常见原因：①膀胱充盈，使已剥离胎盘滞留宫腔；②子宫收缩药物使用不当，宫颈内口肌纤维出现环形收缩，使已剥离的胎盘嵌顿于宫腔；③第三产程过早牵拉脐带或按压子宫，影响胎盘正常剥离，致胎盘剥离不全。以上原因导致胎盘剥离面血窦不能关闭发生产后出血。

（2）胎盘粘连或胎盘植入：胎盘绒毛仅穿入子宫壁表层为胎盘粘连；胎盘绒毛穿入子宫壁肌层为胎盘植入。分为部分性或完全性。部分性胎盘粘连或植入表现为胎盘一部分剥离，一部分未剥离，已剥离面血窦开放发生致命性大出血。完全性胎盘粘连与植入无出血。因多次人工流产、宫腔感染损伤子宫内膜或子宫内膜炎、原发性蜕膜发育不良等引起。

（3）胎盘部分残留：胎盘小叶、副胎盘部分残留于宫腔，或部分胎膜残留宫腔，影响子宫收缩而出血。

3. 软产道裂伤 外阴、会阴、阴道、宫颈裂伤后未及时检查发现，导致产后出血。宫颈 3 点、9 点处，阴道 5 点、7 点处常见，原因有阴道手术助产如产钳助产、臀牵引术等，巨大儿分娩、急产、软产道组织弹性差而产力过强。

另外，隐匿软产道损伤，可因子宫动脉阴道支受损伤断裂发生阴道血肿，产后未见阴道活动性血肿，但病人有失血体征。

4. 凝血功能障碍 任何原发或继发的凝血功能异常，均能发生产后出血。产科并发症：胎盘早剥、重度子痫前期、死胎、羊水栓塞等，可引起弥散性血管内凝血（DIC）而导致子宫大出血。再生障碍性贫血、原发性血小板减少、肝脏疾患等产科合并症，因凝血功能障碍引起产后切口及子宫血窦大量出血。

考点提示： 产后出血的常见原因

【临床表现】

产后出血的主要临床表现为胎儿娩出后阴道流血过多及失血性休克等相应症状和体征。

1. 阴道流血 胎儿娩出后立即发生阴道流血，色鲜红，应首先考虑软产道裂伤；胎儿娩出后数分钟出现阴道流血，色暗红，应考虑胎盘因素；胎盘娩出后阴道流血量较多，考虑子宫收缩乏力或胎盘、胎膜残留；胎儿娩出后阴道流血持续且血液不凝，应考虑凝血功能障碍；阴道流血不多但失血表现明显伴阴道疼痛，考虑隐匿性软产道损伤，如阴道血肿。

2. 休克症状 出现烦躁、皮肤苍白湿冷、脉搏细数，脉压缩小时，产妇可能已处于休克早期。

【诊断】

1. 测量失血量有 4 种方法

（1）容积法：用产后接血容器收集血液后，放入量杯测量失血量。

（2）称重法：失血量（ml）=［胎儿娩出后接血敷料湿重（g）－接血前敷料干重（g）］/1.05（血液比重 g/ml）

（3）面积法：可按接血纱布血湿面积粗略估计失血量。即 $1cm^2$ 为 1ml 计算失血。

（4）根据失血性休克程度估计失血量（为粗略估计）：

休克指数=脉率 ÷ 收缩压

指数=0.5，为血容量正常

指数=1，丢失血量 10%～30%（500～1500ml 血容量）

指数=1.5，丢失血量 30%～50%（1500～2500ml 血容量）

指数=2，丢失血量 50%～70%（2500～300ml 血容量）

根据失血性休克程度估计失血量，对产后未做失血量收集产妇，或外院转诊者作失血量的估计，可指导抢救休克和补液。

2. 产后出血原因的诊断 根据阴道流血发生时间、量与胎儿胎盘娩出之间的关系，能初步判断引起产后出血的原因。重点观察阴道流血量、持续时间，子宫的软硬及缩复情况（表 16-1）。

表 16-1 不同原因产后出血的临床特点

临床特点 \ 原因	宫缩乏力	胎盘因素	软产道裂伤	凝血功能障碍
出血时间	胎盘剥离时	胎盘剥离时	胎儿娩出后	产前有出血倾向
出血特点	出血量与宫缩有关，持续 / 间歇	间歇性，暗红色	持续性，鲜红色	持续性，不凝血，无血块
子宫	松软，轮廓不清	收缩佳	收缩佳	收缩不良
胎盘	正常	不完整	正常	正常
实验室检查	凝血功能正常	凝血功能正常	凝血功能正常	凝血功能异常

考点提示： 不同原因产后出血的临床特点

（1）子宫收缩乏力：正常情况胎盘娩出后，宫底下降至平脐或脐下一横指，子宫收缩呈球形、质硬。子宫收缩乏力时，宫底升高，子宫轮廓不清、质软，阴道流血多。按摩子宫及应用缩宫剂后，子宫变硬，阴道流血减少或停止，即可确诊为子宫收缩乏力。

（2）胎盘因素：胎儿娩出后 10 分钟内胎盘未娩出，阴道大量流血，应考虑胎盘因素，如胎盘部分剥离、嵌顿、部分粘连或植入，其中胎盘残留是引起产后出血的常见原因，胎盘娩出后应常规检查胎盘、胎膜是否完整，确定有无残留。如胎盘胎儿面有断裂血管，应想到副胎盘残留的可能。

（3）软产道裂伤：疑有软产道裂伤时，应立即仔细检查软产道，注意有无会阴裂伤、阴道裂伤、宫颈裂伤。宫颈裂伤常发生在宫颈 3 点与 9 点处，有时可上延至子宫下段、阴道穹隆。阴道、会阴裂伤按损伤程度分为 4 度：Ⅰ度裂伤指会阴部皮肤及阴道入口黏膜撕裂，出血不多；Ⅱ度裂伤指裂伤已达会阴体筋膜及肌层，累及阴道后壁黏膜，向阴道后壁两侧沟延伸并向上撕裂，解剖结构不易辨认，出血较多；Ⅲ度裂伤指裂伤向会阴深部扩展，肛门外括约肌已断裂，直肠黏膜尚完整；Ⅳ度裂伤指肛门、直肠和阴道完全贯通，直肠肠腔外露，组织损伤严重，出血量不多。

（4）凝血功能障碍：产妇持续阴道流血、血液不凝、止血困难、全身多部位出血时，根据病史及血小板计数、纤维蛋白原、凝血酶原时间等凝血功能检测可作出诊断。

【处理】

处理原则：针对出血原因，迅速止血；补充血容量，纠正失血性休克；防止感染。

1. 子宫收缩乏力 导尿，排空膀胱后采用以下方法加强宫缩，能迅速止血。

（1）按摩子宫：胎盘娩出后，术者一手置于宫底，拇指在前、其余四指在后，在下腹部均匀有节律按摩并压迫宫底，挤出宫腔内积血，至宫缩恢复正常为止。如效果不佳，可选用腹部—阴道双手压迫子宫法：一手戴无菌手套伸入阴道握拳置于阴道前穹隆，顶住子宫前壁，另外一只手在腹部按压子宫后壁，使宫体前屈，两手相对紧压子宫并均匀有节律地按摩，直至宫缩恢复正常为止（图 16-1）。

（2）应用宫缩剂：①缩宫素 10U 加入 5% 葡萄糖注射液 500ml 中静脉滴注，必要时缩宫

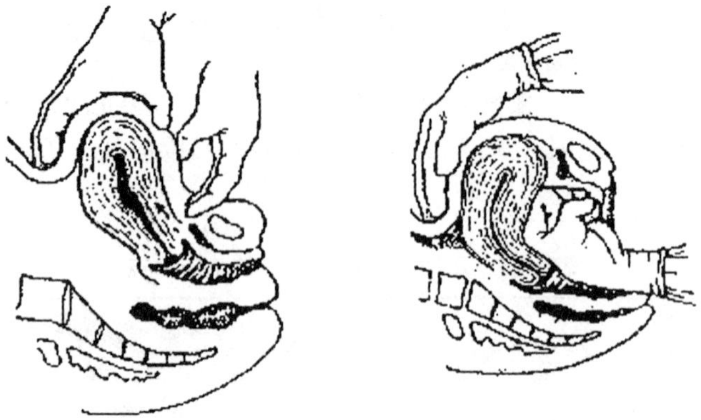

腹部按摩宫底　　　　腹部–阴道按摩子宫法

图 16-1

素 10U 直接宫体注射。②麦角新碱 0.2～0.4mg 肌内注射或快速静脉滴注，或加入 25% 葡萄糖注射液 20ml 中缓慢静脉注射，心脏病、高血压和妊娠期高血压疾病患者慎用。③前列腺素类药物：米索前列醇 200μg 舌下含化；卡前列甲酯栓 lmg 阴道后穹隆或直肠给药；地诺前列酮 0.5～1mg 直接宫体注射。

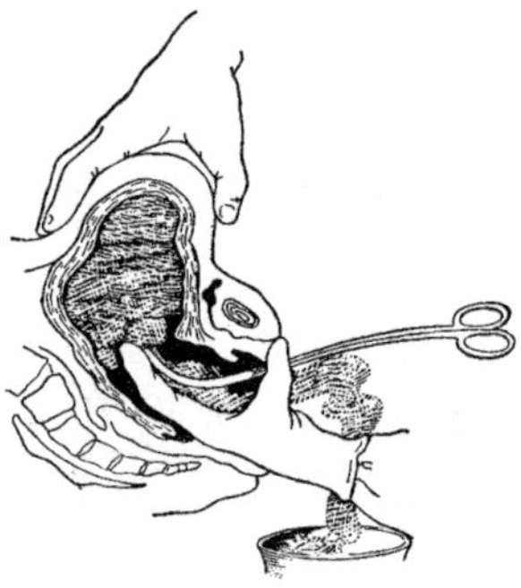

图 16-2　填塞宫腔

（3）宫腔纱条填塞：将长 1～1.5m、宽 6～8cm、4～6 层消毒纱布条填塞宫腔，助手在腹部固定子宫，术者用卵圆钳自宫底由内向外填紧宫腔，压迫止血（图 16-2）。填塞不留空隙以免造成隐性出血，24 小时后取出纱条，取出前静脉滴注缩宫素 10U，给予抗生素预防感染。操作轻柔，防子宫穿孔。

（4）手术止血：

1）结扎盆腔血管：经上述处理无效，出血不止，为抢救产妇生命，先经阴道结扎子宫动脉上行支，若无效可经腹结扎子宫动脉或髂内动脉（图 16-3）。

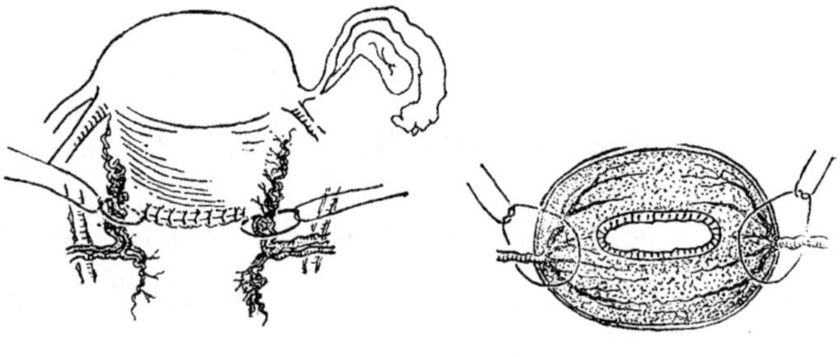

图 16-3　子宫动脉上行支缝扎

2）髂内动脉或子宫动脉栓塞：适用于产妇生命体征稳定时进行。行股动脉穿刺插入导管至髂内动脉或子宫动脉，注入明胶海绵栓塞动脉。栓塞剂可于 2～3 周后吸收，血管复通。

3）切除子宫：经积极抢救无效、危及产妇生命时，行子宫次全切除或子宫全切除术，挽救产妇生命。

2. 胎盘因素　疑有胎盘滞留立即检查阴道及宫腔，如胎盘已剥离取出胎盘。若为胎盘粘连，行徒手剥离胎盘后取出。如剥离困难疑有胎盘植入，切忌强行剥离，若出血多，以手术切除子宫为宜；若未出血或出血不多时，可在 B 型超声监视下注射 MTX、子宫收缩剂及刮取处理。胎盘和胎膜残留行钳刮术或刮宫术。

3. 软产道损伤　及时、准确、按解剖层次逐层缝合裂伤，不留死腔。缝合第一针应超过裂口顶端 0.5cm，间断缝合；如裂伤延及子宫下段，缝合时避免损伤膀胱和输尿管。阴道后壁或会阴缝合时，缝线勿穿过直肠黏膜。软产道血肿应切开血肿、清除积血，彻底止血、缝合，必要时置橡皮引流。

4. 凝血功能障碍　首先排除子宫收缩乏力、胎盘因素、软产道损伤等原因引起的出血。尽快输新鲜全血，补充血小板、纤维蛋白原、凝血因子。若并发 DIC 应按 DIC 处理。

5. 出血性休克处理　产后出血往往量多而急，产妇因血容量急剧下降发生低血容量性休克。休克程度与出血速度、出血量及产妇自身状况相关。抢救治疗过程中需注意：①正确估计出血量，判断休克程度；②针对原因止血的同时，积极抢救休克：③建立有效静脉通道，同时监测中心静脉压，补充晶体平衡液、血液等，纠正低血压；④吸氧，纠正酸中毒，给予升压药物及肾上腺皮质激素，改善心肾功能；⑤广谱抗生素防治感染。

考点提示： 产后出血的处理原则

【预防】

重视产前保健，正确处理产程、加强产后观察，是有效降低产后出血发病率的关键。

1. 重视产前保健　加强孕前及孕期保健，有凝血功能障碍和相关疾病者，积极治疗且认真避孕，已妊娠者孕早期终止妊娠。有产后出血危险的孕妇，提前住到有抢救条件的医院待产。做好避孕宣教工作，减少人工流产次数。

2. 正确处理产程　第一产程：重视产妇饮食、休息，防止疲劳和产程延长，合理使用宫缩剂及镇静剂；第二产程：正确掌握会阴切开时机，认真保护会阴，阴道手术动作应规范、轻柔，指导产妇正确使用腹压，避免胎儿娩出过快；第三产程：是预防产后出血的关键，胎儿娩出后，不过早牵拉脐带，如阴道流血量多应查明原因，及时处理，胎盘娩出后仔细检查胎盘、胎膜及软产道有无裂伤和血肿。

3. 加强产后观察　产后 2 小时是产后出血发生的高峰期，产妇应在产房内观察 2 小时。观察会阴切开缝合处有无血肿、产妇生命体征、宫缩及阴道流血情况，发现异常及时处理。离开产房前鼓励产妇排空膀胱，母亲与新生儿早接触、早吸吮，能反射性引起子宫收缩，减少出血量。

考点提示： 预防产后出血的主要措施

第2节　羊水栓塞

分娩过程中羊水突然进入母体血循环引起急性肺栓塞、过敏性休克、弥散性血管内凝血（DIC）、肾衰竭或猝死的综合征称羊水栓塞。

其发病率为 4～6/10 万，是产科严重分娩并发症。发生于妊娠早、中期流产，病情较轻，死亡率低，约 10%；发生于足月妊娠，产妇死亡率高达 70%～80% 以上。近年研究认为，羊水栓塞主要是过敏反应，建议命名为“妊娠过敏反应综合征”。

案例 16-2

26 岁，初产妇，因妊娠 39 周，头盆不称，在硬膜外麻醉下行剖宫产术，胎儿取出后，产妇突感寒战，呼吸困难。Bp100/50mmHg，心率快而弱，肺部听诊有湿啰音，子宫出血不止。

问题：1. 可能的疾病有哪些？

2. 为明确诊断还应做哪些检查？

3. 发生的原因是什么？

4. 应如何处理？

【病因】

羊水及其有形物质（胎儿毳毛、角化上皮、胎脂、胎粪）进入母体血循环有三个途径：①经子宫颈内膜静脉；②经胎盘附着部位的血窦；③经子宫壁血窦进入，病理状态下羊水从开放宫壁血窦进入。羊水栓塞发生的基本条件：①羊膜腔内压力增高（子宫收缩过强）；②胎膜破裂；③宫颈或宫体损伤处有开放的静脉或血窦。高龄初产妇和多产妇、过强宫缩、急产、胎膜早破、胎盘早剥、前置胎盘、子宫破裂、剖宫产术、羊膜腔穿刺、大月份钳刮等均可诱发羊水栓塞的发生。

【病理生理】

羊水进入母体血循环后，通过阻塞肺小血管，引起变态反应并导致凝血机制异常，使机体发生一系列病理生理变化。

1. 肺动脉高压 羊水内的有形物质进入母体血循环形成栓子，经肺动脉进入肺循环阻塞小血管，同时羊水有形物质激活凝血过程，使肺毛细血管内形成弥散性血栓，进一步阻塞肺小血管。羊水有形物质还刺激血小板和肺间质细胞释放血管活性物质，使肺小血管痉挛。肺小血管阻塞反射性引起迷走神经兴奋，引起支气管痉挛、支气管分泌物增加，使肺通气、换气量减少。肺小血管阻塞引起的肺动脉压升高导致急性右心衰竭，继而呼吸循环功能衰竭、休克，甚至死亡。

2. 过敏性休克 羊水有形物质进入母体血循环成为致敏原，引起Ⅰ型变态反应，发生过敏性休克。多数病例先出现血压骤降甚至消失呈急性休克，继而心肺功能衰竭，可致产妇突然死亡。

3. 弥散性血管内凝血（DIC） 妊娠期母血呈高凝状态。羊水中含有大量促凝物质，进入母血后激活凝血系统，在血管内形成大量的微血栓，发生弥散性血管内凝血。DIC时由于大量凝血物质消耗和纤溶系统激活，产妇血液系统由高凝状态迅速转变为纤溶亢进，血液不凝固，发生严重产后出血及失血性休克。

考点提示： 羊水栓塞的病理生理

4. 急性肾衰竭 由于休克和DIC，肾急性缺血导致肾功能障碍和衰竭。

【临床表现】

羊水栓塞起病急骤、病情凶险。多发生于分娩过程中，尤其是胎儿娩出前后的短时间内；也可发生在临产前、产后、剖宫产手术过程中，在人工流产术、钳刮术、中期引产术及羊膜腔穿刺术时均可发生。典型临床经过分三个阶段：

1. 呼吸循环衰竭和休克 在分娩过程中，刚破膜不久，产妇突然出现寒战、呛咳、气急、烦躁不安、恶心、呕吐等前驱症状，继而出现呼吸困难、发绀、心率加快、肺底部湿啰音、抽搐、昏迷，脉搏细数、血压急剧下降，病情严重者，产妇惊叫一声或打一个哈欠后，血压迅速下降，于数分钟内死亡。

2. DIC引起的出血 患者渡过呼吸循环衰竭和休克进入凝血功能障碍阶段，表现为大量阴道流血且难以控制，血液不凝，咯血、切口渗血、全身皮肤黏膜出血、消化道大出血及血尿，产妇可死于出血性休克。

3. 急性肾功能衰竭 后期存活的患者出现少尿、无尿及尿毒症表现。因休克、弥散性血管内凝血导致肾脏器质性损害。

以上三个阶段又称羊水栓塞的三大症候群，基本按顺序出现，有时可不全出现或出现的症状不典型。

考点提示： 羊水栓塞的临床表现

【诊断】

根据病史、临床表现可初步诊断，应立即进行抢救，为确诊进一步做以下检查：

1. 血涂片查找羊水有形物质　采集下腔静脉血或末梢静脉血，镜检见到羊水成分可以确诊。

2. 床旁胸部 X 线摄片　双肺弥散性点片状浸润影，沿肺门周围分布，伴右心扩大。

3. 心功能检查　床旁心电图或心脏彩色多普勒超声：提示右心房、右心室扩大，ST 段下降。

4. 与 DIC 有关的实验室检查等。

【处理】

考点提示： 羊水栓塞的处理原则

一旦出现羊水栓塞的临床表现，应立刻抢救，处理原则：抗过敏，纠正呼吸循环功能衰竭、改善低氧血症，抗休克、防止 DIC 和肾功能衰竭发生，预防感染。

1. 解除肺动脉高压，改善低氧血症

（1）供氧：改善缺氧是抢救成功的关键之一。保持呼吸道通畅，立即面罩加压给氧，必要时行气管插管或气管切开人工呼吸机给氧；保证供氧，预防、减轻肺水肿；改善心、脑、肾等脏器的缺氧状况。

（2）抗过敏：早期使用肾上腺糖皮质激素，氢化可的松 100～200mg 加入 5% 葡萄糖注射液 100ml 快速静脉滴注，然后 300～800mg 加入 5% 葡萄糖注射液 500ml 静脉滴注；或地塞米松 20mg 加于 25% 葡萄糖注射液静脉注射后，再加 20mg 于 5% 葡萄糖注射液中静脉滴注。

（3）缓解肺动脉高压：解痉药物能改善肺血流灌注，预防右心衰竭所致的呼吸循环衰竭。首选盐酸罂粟碱，30～90mg 加入 10%～25% 葡萄糖注射液 20ml 缓慢静脉注射，每日剂量不超过 300mg。也可用阿托品、氨茶碱、酚妥拉明。

2. 抗休克

（1）补充血容量：扩容用右旋糖酐 500～1000ml 静脉滴注，并应补充新鲜血液和血浆。有条件者测定中心静脉压（central venous pressure，CVP），了解心脏负荷，指导输液量及速度。

（2）升压药物：多巴胺 10～20mg 加入 10% 葡萄糖注射液 250ml 静脉滴注，也可用间羟胺，滴速 20～30 滴 / 分。

（3）纠正酸中毒：作血氧分析及血清电解质测定。有酸中毒时，5% 碳酸氢钠液 250ml 静脉滴注。

（4）纠正心衰：去乙酰毛花苷 0.2～0.4mg 加入 10% 葡萄糖注射液 20ml 缓慢静脉滴注；或毒毛花苷 K，必要时 4～6 小时重复用药。

3. 防治 DIC　早期应用抗凝剂如肝素钠，是控制 DIC 发展的关键；后期继发纤溶亢进时，以补充凝血因子和抗纤溶药物治疗为主。

4. 预防肾衰竭　治疗过程中密切观察尿量，血容量补足后尿量仍少，应选用呋塞米 20～40mg 静脉注射或 20% 甘露醇 250ml 快速静脉滴注（有心衰时慎用）预防肾衰，同时检测血电解质。

5. 预防感染　选用肾毒性小的广谱抗生素预防感染。

6. 产科处理　第一产程发病，行剖宫产终止妊娠，去除病因。第二产程发病，行阴道助产结束分娩。若发生产后大出血，经积极处理仍不能止血者，应行子宫切除，以减少胎盘剥离面开放的血窦出血，争取抢救时机。

【预防】

1. 正确人工破膜　宫缩间歇时人工破膜。

2. 正确使用缩宫素 掌握缩宫素引产指征，应用缩宫素时，避免过强宫缩。

3. 严格掌握剖宫产指征和安全操作。

4. 钳刮术、中期引产注意操作规程。

第3节 子宫破裂

子宫破裂是指在妊娠晚期或分娩期子宫体部或子宫下段发生破裂。是产科的严重并发症，若未及时诊治可导致胎儿及产妇死亡，主要死于出血、感染、休克。随着产科质量的提高，城乡妇幼保健网的建立和逐步健全，发生率显著下降。

案例 16-3

29岁，经产妇，G_2P_1。因骨盆狭窄剖宫产术后1年，现妊娠38周，阵发性腹痛2小时，到当地医院就诊，剖宫产手术准备后，因医院停电转院急诊，途中产妇突感撕裂样腹部剧痛。

查体：Bp40/10mmHg，脉搏不清，呼吸困难，全腹有压痛及反跳痛，在腹壁下可扪及胎体，胎心消失，经抢救无效，产妇死亡。

问题：1. 产妇死亡的原因是什么？

2. 死亡的原因是否可以避免？

3. 如何避免？

【病因】

1. 梗阻性难产 是引起子宫破裂最常见的原因。骨盆狭窄、头盆不称、胎位异常、胎儿畸形等，致胎先露下降受阻，为克服阻力子宫强烈收缩，子宫下段过分伸展变薄发生子宫破裂。

2. 瘢痕子宫 剖宫产或子宫肌瘤剔除术后，子宫肌壁留有瘢痕，妊娠晚期或分娩期宫腔内压力增高可使瘢痕破裂。前次手术后伴感染及切口愈合不良者再次妊娠，发生子宫破裂的危险性更大。

3. 子宫收缩药物使用不当 分娩前肌内注射缩宫素或静脉滴注缩宫素过量，或使用前列腺素栓剂，可导致子宫收缩过强，发生子宫破裂。高龄、多次刮宫、子宫畸形或发育不良、有宫腔严重感染史的孕妇，若应用子宫收缩药物不当，更易发生子宫破裂。

4. 产科手术损伤 宫颈口未开全行产钳或臀牵引术，可造成宫颈及子宫下段撕裂伤；肩先露无麻醉下行内转胎位术或强行剥离植入性胎盘或严重粘连胎盘，可引起子宫破裂；毁胎术、穿颅术可因器械、胎儿骨片损伤子宫导致破裂。

【分类】

子宫破裂按发生原因，分为自然破裂及损伤性破裂；按其破裂部位，分为子宫体部破裂和子宫下段破裂；按其破裂程度，分为完全性破裂和不完全性破裂。

【临床表现】

子宫破裂多发生于分娩期，可分为先兆子宫破裂和子宫破裂两个阶段。

1. 先兆子宫破裂 分娩过程中，由于先露下降受阻，子宫呈强直性或痉挛性过强收缩，子宫体部肌肉增厚变短，子宫下段肌肉拉长变薄，在子宫体部和子宫下段之间形成环状凹陷，称为病理缩复环（图 16-4）。产妇烦躁不安、呼吸、心率加快，下腹剧痛难忍，出现少量阴道流血。可见该环逐渐上升达脐平或脐上，压痛明显，膀胱受压充血，出现排尿困难及血尿。胎儿触不清，胎心率快且不规则。子宫病理缩复环、下腹部压痛、胎心率异常和血尿，是先兆子宫破裂的四大表现。

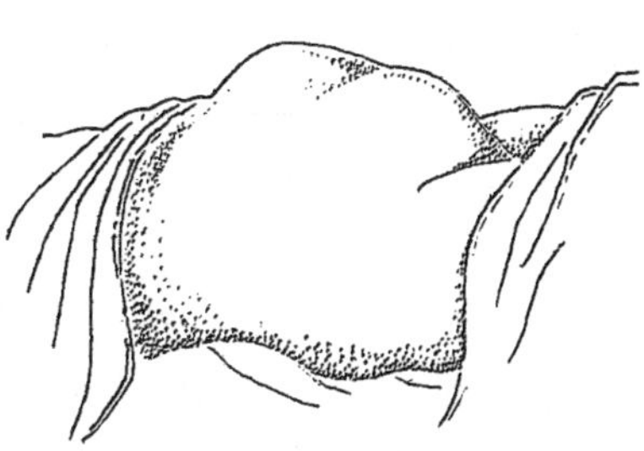
图 16-4　先兆子宫破裂时腹部外观

考点提示：先兆子宫破裂的临床表现

2. 子宫破裂

（1）不完全性子宫破裂：子宫肌层部分或全层破裂，浆膜层未破裂，宫腔与腹腔不相通，胎儿及其附属物仍在宫腔内，称为不完全性子宫破裂。缺乏先兆破裂症状，仅有腹痛，腹部检查：在不全破裂处有明显压痛，若破裂口累及两侧子宫血管可发生急性大出血或形成阔韧带内血肿，在子宫一侧可扪及逐渐增大且有压痛的包块，胎心音多不规则或消失。多见于子宫下段剖宫产切口瘢痕破裂。

（2）完全性子宫破裂：子宫肌壁全层破裂，宫腔与腹腔相通，称为完全性子宫破裂。继先兆子宫破裂症状后，产妇突感下腹撕裂样剧痛，随之子宫收缩消失，随后转为全腹持续性疼痛。出现面色苍白、呼吸急促、脉搏细数、血压下降等休克征象。腹部检查：全腹压痛、反跳痛，腹壁下可清楚扪及胎体，子宫位于侧方，胎心、胎动消失。阴道检查见鲜血流出，胎先露部升高，开大的宫颈口缩小，有时可扪及子宫破裂口。B 型超声检查腹腔内有游离液体。

【诊断】

根据典型子宫破裂病史、症状、体征可确诊。B 型超声检查能协助确定破口部位及胎儿与子宫的关系。

【鉴别诊断】

1. 胎盘早剥　起病急、剧烈腹痛、胎心变化、内出血休克等表现，可与先兆子宫破裂混淆，有妊娠期高血压疾病史或外伤史，子宫呈板状硬，无病理缩复环，胎位不清，B 型超声检查常有胎盘后血肿。

2. 难产并发腹腔感染　有产程长、多次阴道检查史，腹痛及腹膜炎体征，容易与子宫破裂混淆，阴道检查胎先露部无上升、宫颈口无回缩；查体及 B 型超声检查发现胎儿位于宫腔内、子宫无缩小；患者体温升高和血白细胞计数增多。

【处理】

1. 先兆子宫破裂　立即抑制子宫收缩，哌替啶 100mg 肌内注射，或静脉全身麻醉，同时立即行剖宫产术。

2. 子宫破裂　在输液、输血、吸氧和抢救休克的同时，无论胎儿是否存活均应尽快手术治疗。

（1）子宫破口整齐距破裂时间短无明显感染者，或患者全身状况差不能承受大手术，行破口修补术；子宫破口大不整齐有明显感染者，行子宫次全切除术。破口大撕裂伤超过宫颈者，行子宫全切除术。开腹探查还应仔细检查膀胱、输尿管、宫颈和阴道，如发现损伤，应及时修补。

（2）手术前后给予大剂量广谱抗生素控制感染。休克严重者尽可能就地抢救，若必须转院，应输液、输血、包扎腹部后方可转送。

【预防】

子宫破裂发生后，处理困难，可危及孕产妇和胎儿生命。定期产前检查，正确处理产程，提高产科质量，绝大多数子宫破裂可避免发生。

1．做好计划生育工作 避免多次人工流产，节制生育，减少多产。

2．做好围生期保健工作 作好产前检查，瘢痕子宫、产道异常等高危因素者，提前入院待产。

考点提示：先兆子宫破裂预防要点

3．提高产科质量 严密观察并正确处理产程，发现先兆子宫破裂征象及时处理；正确合理使用缩宫素、前列腺素制剂；掌握阴道手术助产指征及操作常规，术后仔细检查宫颈及宫腔，发现损伤及时修补；前次剖宫产指征为骨盆狭窄应行剖宫产终止妊娠。

第4节 脐带异常

脐带是胎盘与胎儿之间的转运通道，与胎儿生命息息相关，有重要的生理作用。脐带异常有多种，有些产前无法发现，有些产时发现情况危急，需及时诊断、紧急处理。

一、脐带缠绕

脐带围绕胎儿颈部、四肢或躯干者，称为脐带缠绕（cord entanglement），占分娩总数的20%左右。90%为脐带绕颈，以绕颈一周者居多。

脐带缠绕发生与脐带过长、羊水过多、胎儿小及胎动频繁等有关，脐带绕颈对胎儿影响与脐带缠绕周数、缠绕松紧及脐带长短有关。

【临床特点】

1．胎先露部下降受阻 脐带缠绕使脐带相对变短，影响胎儿先露部入盆，可使产程延长或停滞。

2．胎儿窘迫 当缠绕过紧、周数多使脐带受牵拉，或因宫缩时使脐带受压，导致胎儿血循环受阻，胎儿缺氧。

3．胎心监护 出现频繁的变异减速。

4．彩色多普勒超声检查 在胎儿颈部发现脐带血流信号。

5．B型超声检查 见脐带缠绕处皮肤有明显压迹。

考点提示：脐带缠绕的临床特点

出现上述情况应高度警惕脐带缠绕，尤其是胎心监护出现频繁的变异减速，经吸氧、改变体位不能缓解时，及时终止妊娠。产前超声诊断为脐带缠绕，在分娩过程中需加强监护，一旦出现胎儿窘迫，应及时处理。

二、脐带先露与脐带脱垂

胎膜未破，脐带位于胎先露部前方或一侧，称为脐带先露（presention of umhlical cord）。若胎膜已破，脐带随先露部下降至子宫下段，处于两者之间，称隐性脐带脱垂。胎膜已破，脐带脱出于宫颈口外，降至阴道内，甚至露于外阴部，称脐带脱垂（prolapse of umbilical cord）。

【病因】

头盆不称、胎头入盆困难；臀先露、肩先露、枕后位等胎位异常；胎儿过小；羊水过多；脐带过长；脐带附着异常及低置胎盘，胎先露部尚未衔接时容易发生。

【对母儿的影响】

1．对产妇影响 剖宫产率增加。

2．对胎儿影响　胎儿先露部尚未衔接、胎膜未破时发生脐带先露，因宫缩时胎先露部下降，一过性压迫脐带导致胎心率异常。胎儿先露部已衔接、胎膜已破，脐带受压于胎先露部与骨盆之间，可引起胎儿缺氧，甚至胎心完全消失。以头先露最严重，肩先露最轻。若脐带血循环阻断超过 7～8 分钟，则胎死宫内。

考点提示： 脐带先露与脐带脱垂对胎儿影响

【诊断】

存在脐带脱垂危险因素时，应警惕脐带脱垂的发生。胎膜未破，在胎动、宫缩后胎心率突然变慢，改变体位、上推胎先露部及抬高臀部后胎心率迅速恢复者，应考虑有脐带先露的可能，B 型超声及彩色多普勒超声检查等有助于明确诊断，临产后应监护胎心。胎膜已破出现胎心率异常，应立即行阴道检查，了解有无脐带脱垂及脐带血管有无搏动，在胎先露部旁或其前方以及阴道内触及脐带，或脐带脱出于外阴者，即可确诊。

【治疗】

1．脐带先露　经产妇、宫缩良好、胎膜未破者，取头低臀高位，密切观察胎心率，等待胎头衔接，如宫口逐渐扩张，胎心持续良好者，可经阴道分娩。初产妇，足先露或肩先露者，应行剖宫产术。

2．脐带脱垂　发现脐带脱垂，胎心尚好，胎儿存活者，应争取尽快娩出胎儿。

（1）宫口开全：胎头已入盆，行产钳术；臀先露行臀牵引术。

（2）宫颈未开全：产妇立即取头低臀高位，将胎先露部上推，应用抑制子宫收缩的药物，并严密监测胎心，尽快行剖宫产术。

【预防】

临产后胎先露部迟迟不入盆者，超声检查有助于及早发现脐带先露，尽量不做或少做肛查或阴道检查。需人工破膜者，行高位破膜，避免脐带随羊水流出发生脐带脱垂。

三、脐带长度异常

脐带正常长度为 30～70cm，平均长度为 55cm。

1．脐带过短　脐带短于 30cm 者，称为脐带过短。如胎盘附着于宫底，脐带长度至少 32cm 方能正常分娩。脐带过短妊娠期间无临床征象，临产后胎先露部下降，脐带被牵拉过紧，致胎儿血循环受阻缺氧，出现胎心率异常，发生胎盘早剥，引起产程延长，以第二产程延长多见。经抬高床脚、吸氧，胎心率仍无改善，应立即行剖宫产结束分娩。

2．脐带过长　脐带长度超过 80cm 者，称为脐带过长。过长的脐带易造成脐带绕颈、绕体、打结、脱垂或脐带受压。

案例分析参考答案

案例 16-1

1．诊断：产后出血（宫缩乏力）；休克早期。

2．处理原则：补充血容量，纠正失血性休克；针对宫缩乏力，给予缩宫素并按摩子宫促进宫缩；防止感染。

案例 16-2

1．诊断：可能为羊水栓塞。

2．确诊检查：血涂片查找羊水有形物质，镜检见到羊水成分可以确诊；床旁胸部X线摄片；心功能检查；床旁心电图或心脏彩色超声多普勒；与DIC有关的实验室检查等。

3．发生的原因：可能是剖宫产时羊水进入母体血循环引起肺动脉栓塞、弥散性血管内凝血。

4．处理：应立刻抢救，并做辅助检查以确诊。以抗过敏、纠正呼吸循环功能衰竭和改善低氧血症、抗休克、防止DIC和肾衰竭发生、预防感染为主要原则。

案例 16-3

1．死亡原因：子宫破裂，并发休克而致死亡。

2．此例产妇死亡是完全可以避免的。

3．因既往有剖宫产手术史为瘢痕子宫，应提前入综合实力较强的医院待产，以避免子宫破裂的发生。

本章小结

产后出血是指胎儿娩出后24小时内的出血量超过500ml。病因为子宫收缩乏力、胎盘因素、产道损伤、凝血机制异常，子宫收缩乏力是产后出血的首要原因。治疗原则：控制出血，纠正休克，防治DIC及预防感染。羊水栓塞是指在分娩过程中羊水突然进入母体血循环引起急性肺栓塞、过敏性休克、弥散性血管内凝血（DIC）、肾衰竭或猝死的严重分娩并发症。临床表现为呼吸循环衰竭和休克、DIC引起的出血、急性肾功能衰竭。初步诊断后立即抢救，同时进一步检查确诊。处理原则：抗过敏，纠正呼吸循环功能衰竭、改善低氧血症，抗休克、防止DIC和肾功能衰竭发生，预防感染。子宫破裂指子宫体部或子宫下段于妊娠晚期或分娩期发生破裂，梗阻性难产是引起子宫破裂最常见的原因。分为先兆子宫破裂和子宫破裂两个阶段，子宫病理缩复环、下腹部压痛、胎心率异常和血尿，是先兆子宫破裂的四大表现。发现先兆子宫破裂征象，立即给予抑制宫缩的药物，尽快行剖宫产术，防止子宫破裂。一旦确诊为子宫破裂，无论胎儿是否存活，均应在抢救休克的同时手术治疗。脐带异常包括脐带缠绕、脐带先露、脐带脱垂、脐带过短和过长等。

目标检测题

A_1 型题

1. 关于产后出血的定义哪项正确（　　）
   A. 分娩过程中，出血量达500ml以上者
   B. 胎盘娩出后，阴道流血达500ml以上
   C. 胎儿娩出后，阴道流血达500ml以上者
   D. 胎儿娩出后，24小时内阴道流血达500ml以上者
   E. 产后24小时后到产后10天内，阴道流血达500ml以上者
2. 胎盘娩出后，阴道活动性出血，子宫轮廓不清，下列何项处理最恰当（　　）
   A. 按摩子宫，并注射缩宫素
   B. 阴道检查有无软产道裂伤
   C. 配血
   D. 查凝血功能
   E. 开放静脉输液
3. 出现羊水栓塞症状时，最早的治疗措施是下列哪项（　　）
   A. 正压输氧
   B. 纠正酸中毒
   C. 地塞米松20～40mg，静脉注射
   D. 静注氨茶碱
   E. 使用肝素
4. 产后出血，最常见的病因为（　　）
   A. 子宫收缩乏力　　B. 产妇体力衰弱
   C. 急产　　D. 胎盘残留

E. 副胎盘

5. 胎儿娩出后阴道持续出血，色鲜红，子宫轮廓清、硬，应选择哪项止血措施（　　）

A. 按摩子宫

B. 注射催产素

C. 输血

D. 娩出胎盘，详细检查软产道

E. 注射抗生素

A_2 型题

6. 关于产后出血的预防，哪项错误（　　）

A. 子宫收缩间歇时娩出胎肩及胎体

B. 对有可能发生产后出血者，常规于前肩娩出后静脉注射缩宫素

C. 密切注意胎盘剥离征象，及时娩出胎盘

D. 产后 2 小时内在产房观察阴道出血、宫缩及一般情况

E. 胎儿娩出后阴道流血多时，立即协助娩出胎盘

7. 下列哪项不是先兆子宫破裂的临床表现（　　）

A. 脉搏增快

B. 突然出现贫血状况

C. 呼吸短促

D. 宫缩过强

E. 病理缩复环出现

8. 羊水栓塞起病急，病情凶，死亡率高，临床基本表现不包括以下哪项（　　）

A. 肺动脉高压

B. 阴道出血，弥散性血管内凝血

C. 肾功能衰竭

D. 过敏性休克

E. 子宫卒中

9. 子宫破裂的原因不包括（　　）

A. 骨盆狭窄　　B. 头盆不称

C. 横位　　D. 子宫收缩不协调

E. 产程较长

10. 下列哪项不是子宫破裂的临床表现（　　）

A. 突然剧烈腹痛

B. 子宫出现生理缩复环

C. 胎心消失

D. 很快进入休克

E. 再无宫缩

11. 以下哪项不是产后宫缩乏力性出血的一般止血方法（　　）

A. 按摩子宫

B. 子宫腔内填塞纱布条

C. 注射催产素

D. 行子宫全切术

E. 宫底注射麦角新碱

A_3 型题

患者 25 岁，第一胎，妊娠足月，规律宫缩 1 小时就诊，宫口开大 4cm，由于宫缩过强，在产妇用力下，胎儿顺利娩出，当时有鲜血流出，5 分钟后胎盘自然娩出，检查胎盘完整，子宫收缩良好，但有持续性阴道出血（鲜红色伴有血块）达 400ml，检查会阴无裂伤。

12. 最可能的出血原因为（　　）

A. 乏力性子宫出血　　B. 羊水栓塞

C. 胎膜残留　　D. 宫颈裂伤

E. 凝血功能障碍

28 岁孕妇，于分娩期突然发生原因不明的休克，随后呼吸困难，发绀，痉挛发作，数分钟死亡。

13. 最可能的诊断是下列哪项（　　）

A. 胎盘早剥　　B. 急性左心衰竭

C. 子痫　　D. 羊水栓塞

E. 产后血循环衰竭

A_4 型题

（14～16 题共用题干）

28 岁经产妇，孕 5 产 1，5 年前行剖宫产，现妊 33 周，因下腹疼痛 12 小时，由外院转来。在门诊产妇突然晕厥，意识尚清醒。查体：Bp60/34mmHg，P120 次 / 分，贫血貌，腹部膨隆，移动性浊音（＋），子宫轮廓不清楚，腹部可触及胎体。

14. 最可能的诊断（　　）

A. 子宫破裂　　B. 先兆早产

C. 胎盘早剥　　D. 自发性脾破裂

E. 妊娠合并卵巢肿物破裂

15. 最好马上检查（　　）

A. 阴道检查　　B. B 超

C. X 线腹部摄片　　D. 纤维蛋白原

E. CA_{125}

16. 最合适的处理（　　）

A. 开放静脉　　B. 输新鲜血

C. 开腹探查　　D. 纠正休克

E. 吸氧

（17～18 题共用题干）

孕足月，临产 3 小时后破水，羊水黄绿，胎心 110～120 次 / 分，宫缩 40 秒 /2～3 分，立即行

剖宫产，取出胎儿后，产妇突感呼吸困难，烦躁不安，呛咳，发绀，血压 80/50mmHg，呼吸 50 次 / 分，双肺听诊有湿啰音。

17. 最可能的诊断为（　　）
   A. 子痫　　B. 休克
   C. 羊水栓塞　　D. 心力衰竭
   E. 急性肺炎

18. 需要立即进行处理，不正确的是（　　）
   A. 正压给氧
   B. 静脉注射氨茶碱、缓解肺高压
   C. 静脉注射呋塞米，消除肺水肿
   D. 静脉注射地塞米松，抗休克
   E. 缩宫素静脉滴注加强宫缩

B_1 型题

（19～20 题共用答案）
   A. 宫缩乏力性出血
   B. 产道损伤所致之出血
   C. 凝血机制障碍
   D. 胎盘剥离不全
   E. 子宫胎盘卒中

19. 胎盘娩出后，大量阴道流血，子宫体松软，轮廓不清

20. 胎盘娩出前，断断续续有大量暗红色血液流出，伴有血块

（叶秋香）

第17章 异常产褥

学习目标

1. 掌握产褥感染的临床表现、诊断及防治措施。
2. 熟悉产褥感染的常见病因、诱因、病理变化，晚期产后出血的病因、临床表现、诊断要点及防治。
3. 了解产褥期抑郁症的临床表现、治疗、预防，产褥中暑的临床表现与治疗原则。

第1节 产褥感染

产褥感染（puerperal infection）是指分娩及产褥期生殖道受病原体侵袭，引起局部或全身感染，其发病率6%。分娩24小时以后的10日内，每日用口表测量体温4次，间隔4小时，有2次体温≥38℃称产褥病率。产褥病率主要由产褥感染引起，其次由生殖道以外感染如急性乳腺炎、上呼吸道感染、泌尿系感染、血栓静脉炎、药物热等原因所致。产褥感染、产后出血、妊娠合并心脏病及严重的妊娠期高血压疾病目前仍是导致孕产妇死亡的四大原因。

案例17-1

产妇刘某，产钳助产术后12天，发热及下腹痛2天，持续血性恶露，前来就诊。查体：T38.9℃，Bp140/80mmHg，P108次/分，双乳房无红肿及压痛，下腹有压痛及反跳痛。妇检：阴道黏膜充血，脓血性分泌物，宫颈闭合，子宫手拳大，质略软，压痛（+），双附件触痛。

问题：1. 可能的诊断是什么？
2. 原因可能是什么？
3. 应与哪些疾病进行鉴别？
4. 如何治疗和预防？

【病因】

1. 诱因 分娩可降低或破坏女性生殖道自然防御机能，并增加感染机会。以下因素均可成为产褥感染的诱因，如孕期贫血、营养不良、慢性疾病，产前失血、妊娠晚期性生活、胎膜早破、羊膜腔感染、产程延长、产科手术操作、产妇体质虚弱、产后出血等。

2. 病原体种类 外源性：以性传播疾病的病原体为主，如支原体、衣原体、淋病奈瑟菌等；内源性：孕期及产褥期生殖道内寄生大量需氧菌、厌氧菌、假丝酵母菌及支原体等，以厌氧菌为主。许多非致病菌在特定环境下可致病。

（1）需氧性链球菌：β-溶血性链球菌是外源性产褥感染的主要致病菌，致病性最强，能产生致热外毒素与溶组织酶，引起严重感染。

（2）厌氧革兰阳性球菌：消化球菌和消化链球菌存在于正常阴道内。产道损伤、胎盘残留坏死时，细菌迅速繁殖，并与大肠埃希菌混合感染，放出异常恶臭气味。

（3）大肠杆菌属：大肠埃希菌与其相关的革兰阴性杆菌、变形杆菌是菌血症和感染性休克最常见的病原菌，常寄生于阴道、会阴、尿道口周围，并且能产生内毒素。

（4）葡萄球菌：主要致病菌是金黄色葡萄球菌和表皮葡萄球菌。前者多为外源性感染，并能产生青霉素酶，引起伤口严重感染，易对青霉素耐药；后者存在于阴道菌群中，引起的感染较轻。

（5）类杆菌属：是一组厌氧的革兰阴性杆菌，能加速血液凝固，引起感染致邻近部位血栓性静脉炎。

（6）厌氧芽胞梭菌：主要是产气荚膜梭菌，产生外毒素，毒素能溶解蛋白质致产气及溶血。引起的感染，轻者为子宫内膜炎、腹膜炎，败血症，重者导致溶血、黄疸、血红蛋白尿、急性肾衰竭、循环衰竭、气性坏疽而死亡。

（7）其他：支原体、沙眼衣原体、淋病奈瑟菌均可导致产褥感染。

3. 感染途径

（1）外源性感染：外界病原菌通过助产人员的手套、器械、辅料或临产前性生活及被污染衣物、用具等途径侵入产道引起感染。

（2）内源性感染：寄生于正常孕妇生殖道的病原体多数不致病，当抵抗力降低、产道损伤等感染诱因出现时，大量繁殖，由非致病菌转化为致病菌而引起感染。近年研究表明，内源性感染不仅引起产褥感染，还可导致流产、早产、胎儿生长受限、胎膜早破、死胎等，因此内源性感染更为重要。

考点提示：产褥感染的途径

【病理及临床表现】

考点提示：产褥感染的主要症状

产褥感染三大主要症状为发热、疼痛、异常恶露。由于感染部位、程度、扩散范围不同，临床表现也不同。

1. 急性外阴、阴道、宫颈炎 以葡萄球菌、大肠埃希菌感染为主。分娩时会阴部损伤或手术产导致感染，表现为会阴部疼痛、坐位困难，局部伤口红肿、触痛、硬结，脓性分泌物流出，可出现低热，拆线后伤口裂开。阴道裂伤感染表现为黏膜充血、水肿、溃疡、脓性分泌物增多。感染部位较深时，可引起阴道旁结缔组织炎。宫颈裂伤感染向深部蔓延可达宫旁组织，引起盆腔结缔组织炎。

2. 急性子宫内膜炎、子宫肌炎 病原体经胎盘剥离面侵入，扩散至子宫蜕膜层称为子宫内膜炎，侵入子宫肌层称为子宫肌炎，两者常伴发。阴道手术助产、剖宫产、产程延长是引起产后急性子宫内膜炎、子宫肌炎最重要的原因。若为子宫内膜炎，内膜充血、坏死，阴道内有大量脓性分泌物，浑浊且臭。若为子宫肌炎，腹痛，恶露增多呈脓性，子宫压痛明显且复旧不良，突然寒战、高热、头痛，白细胞明显升高等明显全身感染症状。

3. 急性盆腔结缔组织炎、急性输卵管炎 病原体沿宫旁淋巴和血行达宫旁组织后，使局部水肿、充血、渗出，形成炎性包块，同时波及输卵管，形成急性输卵管炎。若侵及整个盆腔，可形成“冰冻骨盆”。临床表现下腹痛、肛门坠胀，伴寒战、高热、脉速、头痛等全身症状。检查：下腹压痛、反跳痛明显、肌紧张，宫旁一侧或两侧结缔组织增厚、压痛，可触及包块且界限不清。淋病奈瑟菌沿生殖道黏膜上行感染，达输卵管与盆腹腔形成脓肿后，高热不退。患者白细胞持续增高，中性粒细胞明显增多，出现核左移。

4. 急性盆腔腹膜炎及弥漫性腹膜炎 炎症继续发展，扩散至子宫浆膜，形成盆腔腹膜炎，继而发展为弥漫性腹膜炎，全身中毒症状明显，表现为高热、恶心、呕吐、腹胀，检查时下腹部有明显压痛、反跳痛及肌紧张。腹膜面大量炎性渗出，引起肠粘连，也可积聚于直肠子宫陷凹形成局限性脓肿。若脓肿波及肠管及膀胱，可出现里急后重、腹泻、排尿困难。如抢救不及时因中毒性休克而死亡，急性期治疗不彻底可发展为盆腔炎性疾病后遗症导致不孕。

5. 血栓静脉炎 多发生于产褥感染的同时或之后，厌氧菌为常见病原体。

（1）盆腔内血栓静脉炎：来源于胎盘剥离面感染，常侵及子宫静脉、卵巢静脉、髂内静脉、髂总静脉及阴道静脉。病变常为单侧，产后 1～2 周发病，表现为弛张热，寒战与高热交替，持续数周或反复发作。由于病变部位较深，多无典型的阳性体征，检查不易与盆腔结缔组织炎鉴别。

（2）下肢血栓静脉炎：病变多在股静脉、腘静脉及大隐静脉，多继发于盆腔静脉炎。产后 2～3 周突发寒战、高热，呈弛张热，下肢持续性疼痛，局部静脉压痛，触之硬索状。因血液回流受阻，引起下肢水肿，皮肤发白，习称“股白肿”。病变轻时无明显阳性体征，彩色多普勒超声检查可协助诊断。

6. 脓毒血症及败血症 感染血栓脱落进入血循环可引起脓毒血症，随后并发感染性休克和迁徙性脓肿（肺脓肿、左肾脓肿）。若病原体大量进入血循环并繁殖形成败血症，表现为持续高热、寒战、全身中毒症状明显，可危及患者生命（表 17-1）。

表 17-1 产褥感染病理及临床表现

病理	临床表现
急性外阴、阴道、宫颈炎	局部伤口红肿、发硬、压痛明显，脓性分泌物流出，较重时可出现低热
急性子宫内膜炎、子宫肌炎	恶露增多呈脓性，腹痛，子宫压痛明显，可伴发高热、寒战，白细胞明显增高
急性盆腔结缔组织炎、急性输卵管炎	寒战、高热、下腹痛，严重者形成“冰冻骨盆”
急性盆腔腹膜炎及弥漫性腹膜炎	全身中毒症状，下腹部压痛、反跳痛
血栓静脉炎	寒战、高热，持续或反复发作。栓塞肢体较健侧肿胀
脓毒血症及败血症	持续高热、寒战、全身中毒症状明显

【诊断】

1. 病史 详细询问病史及分娩全过程，有无产后引起感染的原因和诱因。

2. 检查 全身及局部检查，仔细检查腹部、盆腔及会阴伤口，血、尿常规化验，检测血清 C 反应蛋白＞8mg/L，有助于早期诊断感染。B 型超声、彩色多普勒超声检查，CT、磁共振成像等辅助检查手段，能够对感染形成的炎性包块、脓肿做出定位及定性诊断。

3. 确定病原体 方法包括宫腔分泌物、脓肿穿刺物、后穹隆穿刺物做细菌培养和药物敏感试验，血培养和厌氧菌培养。病原体抗原和特异抗体检测可以作为快速确定病原体的方法。

考点提示： 产褥感染与哪些疾病鉴别

【鉴别诊断】

与上呼吸道感染、急性乳腺炎、泌尿系感染、产褥中暑相鉴别。

【治疗】

1. 支持疗法 加强营养，增强机体抵抗力，注意电解质平衡，防治酸中毒。贫血或病情严重者，少量多次输新鲜血或血浆。取半卧位使炎症局限于盆腔并利于恶露引流。

2. 应用抗生素 产褥感染病情重，变化快，抗生素使用以广谱、联合、足量、静脉、彻底为原则。未能确定病原体时，应根据临床表现及临床经验选用广谱高效抗生素。然后依据细菌培养和药敏试验结果调整抗生素种类和剂量，保持有效血药浓度。中毒症状严重者，短期加用肾上腺皮质激素，提高机体应激能力。

3. 切开引流 腹部切口或会阴伤口感染，及时行切开引流术；疑盆腔脓肿可经腹或后穹隆切开引流。

4. 胎盘胎膜残留处理 抗感染同时，清除宫腔内残留物。患者急性感染伴高热，应首先控制感染，体温下降后再彻底刮宫，避免刮宫引起感染扩散和子宫穿孔。

5. 血栓静脉炎的治疗 在应用大剂量抗生素同时，加用肝素，即150U/（kg·d）肝素加入5%葡萄糖注射液500ml静脉滴注，每6小时一次，体温下降后改为每日2次，连用4～7日；尿激酶40万U加入0.9%氯化钠注射液或5%葡萄糖注射液500ml，静脉滴注10日，用药期间监测凝血功能。也可口服双香豆素、阿司匹林或用活血化瘀中药治疗。

考点提示： 产褥感染的治疗原则及抗生素应用原则

6. 手术治疗 子宫感染严重，经积极治疗无效，炎症继续发展，出现不能控制的出血、败血症或脓毒血症，应及时行子宫切除术，清除感染源，抢救患者生命。

7. 中医中药治疗 治疗原则以清热解毒，活血化瘀为主。

【预防】

加强孕期卫生知识宣教。妊娠晚期避免性生活及盆浴，保持外阴清洁，加强营养，增强体质。积极治疗外阴阴道炎、宫颈炎症等慢性疾病和并发症。避免胎膜早破、滞产、产道损伤与产后出血。消毒产妇用物，接产过程严格无菌操作，正确掌握手术指征，必要时给予广谱抗生素预防感染。

第2节　晚期产后出血

分娩24小时后，在产褥期内发生的子宫大量出血，称为晚期产后出血（late puerperal hemorrhage）。产后1～2周发病最常见，亦有迟至产后6周发病者。表现为持续或间断阴道流血，有血凝块排出，有时出现急骤大量流血，因失血过多导致严重贫血或失血性休克，产妇多伴有寒战、低热。

【病因与临床表现】

1. 胎盘、胎膜残留 多发生于产后10日左右。残留胎盘组织发生变性、坏死、机化，形成胎盘息肉。当坏死组织脱落时，基底部血管暴露，引起大量出血。表现为血性恶露持续时间延长，反复出血或突然大量流血。检查发现子宫复旧不全，宫口松弛，有时可触及残留组织。

2. 蜕膜残留 正常蜕膜多在产后1周内脱落，并随恶露排出。若蜕膜因剥离不全而长时间残留，可影响子宫复旧，继发子宫内膜炎症，引起晚期产后出血。临床表现与胎盘残留不易鉴别，宫腔刮出物病理检查可见坏死蜕膜，不见绒毛。

3. 子宫胎盘附着面感染或复旧不全 胎盘娩出后其附着面血管即有血栓形成，继而机化及玻璃样变，血管上皮增厚，管腔变窄堵塞。胎盘附着部边缘有内膜向内生长，子宫内膜逐渐修复，此过程需6周。若胎盘附着面感染、复旧不全可引起血栓脱落，血窦重新开放，导致子宫出血。多发生在产后2周左右，表现为突然大量阴道流血，检查发现子宫大而软，宫口松弛，阴道及宫口有血块堵塞。

4. 感染 多见于子宫内膜炎症，感染引起胎盘附着面复旧不良和子宫收缩欠佳，血窦关闭不全导致子宫出血。

5. 剖宫产术后子宫伤口裂开 近年广泛开展子宫下段横切口剖宫产，横切口裂开引起大出血的报道已不罕见，常见于子宫下段剖宫产横切口两侧端，应引起重视。引起切口愈合不良造成出血的主要原因有：手术切口、缝合技术不当；横切口选择过低或过高；切口感染。上述因素均可使肠线溶解脱落，血窦重新开放，出现大量阴道流血，甚至引起休克，多发生在术后 2～3 周。

6. 其他 产后子宫滋养细胞肿瘤、子宫粘黏膜下肌瘤等均可引起晚期产后出血。

考点提示：晚期产后出血的病因

【诊断】

1. 病史 阴道分娩者，应注意产程进展及产后恶露变化，有无反复或突然阴道流血病史；若为剖宫产，应了解手术指征、术式及术后恢复情况。

2. 症状和体征

（1）阴道流血：胎盘胎膜残留、蜕膜残留引起的阴道流血多在产后 10 日发生。胎盘附着部位复旧不良常发生在产后 2 周左右，可反复多次阴道流血，也可突然大量阴道流血。剖宫产子宫切口裂开或愈合不良所致的阴道流血多在术后 2～3 周发生，常常是子宫突然大量出血，可导致失血性休克。

（2）腹痛和发热：常合并感染，伴恶露增加且恶臭。

（3）全身症状：继发性贫血，严重者因失血性休克危及生命。

（4）体征：子宫复旧不良可扪及子宫增大、变软，宫口松弛，有时可触及残留组织和血块，子宫压痛明显。

3. 辅助检查

（1）血、尿常规：了解感染及贫血程度。

（2）超声检查：了解子宫大小、宫腔有无残留物及子宫切口愈合情况。

（3）病原菌和药敏敏感试验：选择有效广谱抗生素。

（4）血 β-hCG 测定：有助于排除胎盘残留及绒毛膜癌。

（5）病理检查：宫腔刮出物或切除子宫标本应送病理检查。

【治疗】

1. 少量或中等量阴道流血 应给予广谱抗生素、子宫收缩剂、中医及支持疗法。

2. 疑有胎盘、胎膜、蜕膜残留或胎盘附着部位复旧不全 在静脉输液、备血及准备手术的条件下刮宫，操作应轻柔，以防子宫穿孔。刮出物应送病理检查，以明确诊断。术后继续给予抗生素及子宫收缩剂。

3. 疑剖宫产子宫切口裂开 少量阴道流血应住院密切观察病情变化，给予广谱抗生素及支持疗法，大量阴道流血，可行剖腹探查。若切口周围组织坏死范围小、炎症反应轻微，可行清创缝合及髂内动脉、子宫动脉结扎止血或行髂内动脉栓塞术。若组织坏死范围大，酌情作低位子宫次全切除术或子宫全切除术。

4. 肿瘤引起的阴道流血 应做相应处理。

【预防】

考点提示：预防晚期产后出血的方法

大力宣传正常产应阴道分娩，严格掌握剖宫产指征，剖宫产手术合理选择切口，避免子宫下段横切口两侧角部撕裂及合理缝合。产后应仔细检查胎盘、胎膜，如有残缺，及时取出，不能排除胎盘残留时，应探查宫腔，术后应用抗生素预防感染，同时给予中药，扶正、化瘀、缩宫，促进子宫复旧，减少晚期子宫出血的发生。

第3节　产褥期抑郁症

产妇在产褥期出现抑郁症状，称为产褥期抑郁症（postpartum depression），是产褥期精神障碍常见的一种类型。国外报道其发病率为30%，多在产后2周内出现症状。

【病因】

病因不明，产后内分泌、环境的变化及社会心理因素与本病的发生可能有关。

1. 内分泌方面　一般认为本病的发生与β-hCG和孕酮的急剧下降有关，也有人认为产后抑郁症与皮质醇的波动和泌乳素的变化有关。

2. 社会、心理因素方面　如缺少家庭支持、婴儿的性别和健康情况、住房困难、夫妻关系不睦以及家庭经济等都是重要的诱发因素。在心理因素方面，对担任母亲角色的不适应、性格内向、保守和固执的性格好发本症。因此，目前多数人认为本病的主要原因是社会心理性的。

【临床表现】

1. 情绪改变　情绪淡漠、心情压抑、沮丧，甚至焦虑、恐惧、易怒，夜间加重。有时表现为孤独、不愿见人或伤心、流泪。

考点提示：产褥期抑郁症的临床表现

2. 自我评价降低　自罪感、自暴自弃，对身边的人充满敌意，与家人、丈夫关系不协调。

3. 创造性思维受损，主动性降低。

4. 对生活缺乏信心，觉得生活无意义，出现厌食、易疲倦、睡眠障碍、性欲减退。严重者甚至绝望，出现自杀或杀婴倾向，有时陷于错乱或昏睡状态。

【诊断】

产褥期抑郁症至今尚无统一的诊断标准。《精神疾病的诊断与统计手册》（美国精神学会，1994）制定产褥期抑郁症诊断标准（表17-2）。

表17-2　产褥期抑郁症诊断标准

1. 在产后2周内出现下列5条或5条以上的症状，必须具备（1）（2）两条
（1）情绪抑郁
（2）对全部或多数活动明显缺乏兴趣或愉悦
（3）体重显著下降或增加
（4）失眠或睡眠过度
（5）精神运动性兴奋或阻滞
（6）疲劳或乏力
（7）遇事均感毫无意义或有自罪感
（8）思维能力减退或注意力不集中
（9）反复出现想死亡的想法
2. 在产后4周内发病

【治疗】

包括心理治疗和药物治疗。

1. 心理治疗　为重要的治疗手段。通过心理咨询，解除致病的心理因素，如婚姻关系紧张、想生男孩却生女孩、既往有精神障碍史等。对产褥期妇女多加关心和无微不至地照顾，尽量调整好家庭关系，指导其养成良好的睡眠习惯。

2. 药物治疗 尽量选用不进入乳汁的抗抑郁药，并在医师指导下用药为宜。

（1）5- 羟色胺再吸收抑制剂：①帕罗西汀：起始口服剂量每日 20mg，逐渐增至每日 50mg；②舍曲林：起始口服剂量每日 50mg，逐渐增至每日 100mg；③氟西汀：起始口服剂量每日 20mg，逐渐增至每日 80mg。

（2）三环类抗抑郁药：阿米替林：起始口服剂量每日 50mg，逐渐增至每日 150～300mg。

【预防】

产褥期抑郁症的发生受心理、社会及妊娠因素的影响，应加强对孕产妇的精神关怀。利用孕妇学校等多种渠道普及有关妊娠、分娩常识，减轻孕产妇对妊娠、分娩的紧张、恐惧心理。运用医学心理学、社会学等知识对产妇在分娩过程中多加关心和爱护，对预防产褥期抑郁症有价值。

【预后】

预后良好，约 70% 患者于 1 年内治愈，极少数患者持续 1 年以上。再次妊娠复发率约 20%。其下一代认知能力可能受一定影响。

第 4 节 产褥中暑

产褥期因高温、高湿、通风不良的环境使体内余热不能及时散发，引起中枢性体温调节功能障碍的急性热病，称为产褥中暑（puerperal heat stroke），表现为高热、水电解质紊乱，循环衰竭和神经系统功能损害等。本病起病急骤，发展迅速，处理不当可遗留严重后遗症，甚至死亡。

【病因】

产妇体内在妊娠期间储存相当多的水分，产褥早期需要将多余水分排出体外，除尿量增多外，产妇皮肤排泄功能旺盛，排除大量汗液习称褥汗，出汗是产妇散热的一种重要方式。当人体处于超过散热机制能力的极度热负荷时，因体内热积蓄过度而引起高热，发生中暑。当外界气温超过 35℃时，机体靠汗液蒸发散热，汗液蒸发需要空气流通才能完成。旧风俗习惯怕产妇“受风”，要求关门闭窗，产妇深居室内，包头盖被，穿长袖衣裤，紧扎袖口、裤脚，使居室和产妇处于高温、高湿环境，严重影响产妇出汗散热，导致体温调节中枢功能衰竭而出现高热、意识丧失和呼吸循环功能衰竭。

【临床表现】

1. 中暑先兆 发病急骤，发病前多有短暂的先兆症状，称为中暑先兆。表现为口渴、多汗、恶心、心悸、胸闷、四肢无力。此时体温正常或低热。

2. 轻度中暑 中暑先兆未及时处理，产妇体温逐渐升高超过达 38.5℃，随后出现面色潮红、胸闷、呼吸急促、脉搏增快、口渴、痱子布满全身。

3. 重度中暑 产妇体温继续升高达 41～42℃，呈稽留热型，出现面色苍白、呼吸急促、谵妄、抽搐、昏迷。数小时内可因呼吸、循环衰竭而死亡。幸存者也常遗留中枢神经系统不可逆的后遗症。

【诊断和鉴别诊断】

从发病季节、患者家居环境、产妇衣着以及临床表现不难诊断产褥中暑，但需与产后子痫、产褥感染、败血症等相鉴别。产褥感染产妇可以发生产褥中暑，产褥中暑患者又可并发产褥感染。

【治疗】

治疗原则：立即改变高温和不通风环境，迅速降温，及时纠正水、电解质紊乱及酸中毒。迅速降低产妇体温是抢救成功的关键。

1. 立即将患者置于阴凉、通风处，脱去产妇过多衣物，室内温度应降至25℃。用冷水、75%乙醇溶液擦洗。在头、颈、腋下、腹股沟、腘窝浅表大血管分布区放置冰袋，快速物理降温。按摩四肢，促进肢体血液循环。已发生循环衰竭者，慎用物理降温，避免血管收缩加重循环衰竭。药物降温时，严密观察生命体征。加强护理，注意体温，血压、心脏及尿量。

2. 重视纠正脑水肿，用20%甘露醇注射液快速静脉滴注。抽搐时用地西泮、硫酸镁等抗惊厥，同时药物降温，用4℃葡萄糖氯化钠注射液1000～1500ml静脉滴注，盐酸氯丙嗪25～50mg加入5%葡萄糖注射液500ml静脉滴注，1～2小时滴完，4～6小时可重复一次。当血压下降时，停用盐酸氯丙嗪改用地塞米松。情况紧急时也可用盐酸氯丙嗪加盐酸异丙嗪静脉滴注，体温降至38℃时，应停止降温。

3. 降温同时积极纠正水、电解质紊乱和酸中毒，24小时补液量控制在2000～3000ml。注意补充钾、钠。

4. 高热、昏迷、抽搐的危重患者，或物理降温后体温复升者，可用冬眠疗法，常用冬眠Ⅰ号（哌替啶100mg＋氯丙嗪50mg＋异丙嗪50mg）半量静脉滴注。

5. 给予抗生素预防感染。

6. 出现心、脑、肾合并症时，及时对症处理。心力衰竭选用毛花苷C、毒毛花苷K等。呼吸衰竭选用尼可刹米、洛贝林、戊四氮等对症治疗，必要时行气管插管。

【预防】

产褥中暑关键在于预防，做好卫生宣教，破除旧风俗习惯，居室保持通风，避免室温过高，产妇衣着应宽大透气，利于散热。及早识别产褥中暑先兆症状。

案例分析参考答案

案例17-1

1. 诊断：产褥感染（急性子宫内膜炎、子宫肌炎）。

2. 病因：因分娩和产科手术助产降低或破坏女性生殖道防御功能，病原体入侵感染所致。

3. 鉴别：上呼吸道感染、急性乳腺炎、泌尿系感染、产褥中暑。

4. 治疗：取半卧位，加强营养，纠正水、电解质失衡，确定病原体，合理使用抗生素。用药期间暂停母乳喂养。

本章小结

产褥感染是指分娩及产褥期生殖道受病原体侵袭，引起局部或全身感染，是产妇死亡的四大原因之一。发热、疼痛、异常恶露是主要症状。治疗包括支持治疗、清除宫腔残留物、按药敏试验结果选用广谱高效抗生素，血栓静脉炎加用肝素。晚期产后出血是指分娩 24 小时后，在产褥期内发生的子宫大量出血，产后 1～2 周发病。临床表现持续或间断阴道流血，有血凝块排出，有时出现急骤大量流血。治疗包括应用足量广谱抗生素、子宫收缩药，疑有胎盘、胎膜、蜕膜残留或胎盘附着面复旧不全时应刮宫；剖宫产术后阴道流血必要时开腹探查。产褥期抑郁症是指产妇在分娩后出现抑郁症状，是产褥期精神综合征中最常见的一种类型，产后 2 周出现症状。治疗包括心理治疗及药物治疗，选择 5- 羟色胺再吸收抑制剂，三环类抗抑郁药等，预后良好。产褥中暑是指产褥期因高温、高湿、通风不良的环境使体内余热不能及时散发，引起中枢性体温凋节功能障碍的急性热病。治疗原则：立即改变高温和不通风环境，迅速降温，及时纠正水、电解质紊乱及酸中毒，迅速降温是抢救成功的关键重在预防。

目标检测题

A_1 型题

1. 产褥感染处理中错误的是（　　）
   A. 选用有效的抗生素
   B. 纠正全身一般情况
   C. 半卧位
   D. 禁用肾上腺皮质激素，避免感染扩散
   E. 胎盘残留者应控制感染后清宫
2. 预防产褥感染的措施中不正确的是（　　）
   A. 加强孕期宣教
   B. 孕晚期避免盆浴与性交
   C. 防止产道损伤及产后出血
   D. 破水 24 小时仍不能分娩应使用抗生素
   E. 减少不必要的阴道检查与肛查

A_2 型题

3. 会阴侧切患者，术后 5 天拆线，伤口感染裂开，用消毒液坐浴应从何日开始最适宜(　　)
   A. 拆线后即日　　B. 产后 10 天
   C. 产后 2 周　　D. 拆线后 1 周
   E. 拆线后 2 周

A_3 型题

（4～5 题共用题干）

足月自然分娩后 3 天，出现下腹痛，体温正常，恶露多，有臭味，宫底脐上 1 指，宫体软

4. 首先考虑的诊断为（　　）
   A. 子宫内膜炎
   B. 子宫肌炎
   C. 盆腔结缔组织炎
   D. 急性输卵管炎
   E. 腹膜炎
5. 其处理措施错误的是（　　）
   A. 支持疗法
   B. 应用宫缩药
   C. 宫腔分泌物培养＋药敏
   D. 药敏结果未出来前首先应用广谱抗生素
   E. 阴道冲洗

B_1 型题

（6～7 题共用答案）

A. 产后 1 月内每 4 小时测体温，体温＞38℃，WBC10×10^9/L 以上
B. 产后 24 小时到 10 天内，每 4 小时测体温，两次＞38℃
C. 分娩后至子宫内膜完全修复时发生的感染
D. 分娩后由生殖道感染所引起的疾病
E. 分娩 24 小时后至 30 天内，体温＞38℃

6. 产褥感染（　　）
7. 产褥病率（　　）

（8～9 题共用答案）

A. 厌氧性链球菌及大肠埃希菌
B. 大肠埃希菌
C. β- 溶血性链球菌
D. 葡萄球菌
E. 产气荚膜杆菌及肺炎球菌

8. 产褥感染中最常见的病原菌是（　　）
9. 致病性最强的病原菌是（　　）

（叶秋香）

第 18 章　妇科病史及检查

📖 **学习目标**

1. 掌握妇科检查的基本要求、检查方法及检查结果记录。
2. 熟悉妇科疾病常见症状及原因。
3. 了解妇科病史采集方法。

第 1 节　妇 科 病 史

病史是病历的重要组成部分，病历又称疾病档案，也是原始的法律文件。所以采集病史时，要求客观、真实、准确、全面，为疾病诊断、治疗、预防及评价预后提供可靠依据。

【病史采集方法】

由于妇科病史常涉及婚次、妊娠、性生活等隐私问题，问诊时尽可能避免第三者在场，同时注意妇女生理、心理特点，确保所收集资料的真实性、准确性。医生要有良好的职业道德，态度和蔼，语言亲切、关心体贴、尊重患者，并为其保密。女性生殖系统是人体最隐秘的部位，妇科检查时患者会感到害羞与不适，检查时关心患者，动作要轻柔，注意遮挡，男医生检查时应有女医务人员在场。

【病史内容】

1. 一般项目　包括患者姓名、年龄、婚姻、籍贯、文化程度、职业、民族、宗教信仰、家庭住址、联系方式、入院方式、入院诊断、入院日期。

2. 主诉　患者就诊的主要症状及持续时间。妇科疾病常见的症状有外阴瘙痒、白带异常、阴道流血、闭经、下腹痛、下腹部包块、不孕等。

3. 现病史　是病史的主要部分，围绕主诉了解疾病发生、发展和治疗的全过程。如发病原因、诱因、病情发展过程、就医经过，治疗效果等，除主要症状外，还需了解伴随症状及相互关系。

4. 月经史　了解初潮年龄、周期、经期、经量及伴随症状，如有无痛经、乳房胀痛、情绪变化等，有停经史的要询问末次月经时间，月经异常者应进一步了解再前次月经日期，绝经者询问绝经年龄。月经史简写方式为：初潮年龄$\frac{\text{经期}}{\text{周期}}$，如 14 岁初潮，每 28～30 日来月经，每次持续 5 日，可简写为：$14\frac{5}{28\sim30}$。

5. 婚育史　了解初婚或再婚的年龄，丈夫健康状况，若已故应询问死亡原因及时间，是否近亲结婚、有无性病史、足月产次、早产次、流产次及现存子女数，可用数字简写表达：足—早—流—存或孕 × 产 ×，如足月 2，无早产，流产 1 次，现有子女 2 人，可简写为 2—0—1—2 或孕 3 产 2，同时记录目前所采用的避孕措施及效果。

6. 既往史　了解以往健康状况和疾病情况，特别是妇科疾病、心血管疾病、肝炎、结核，了解手术史、药物过敏史。

7. 个人史　了解生活起居，出生地，个人嗜好，生活状况，与疾病有关的职业、工种、劳动条件。

8. 家族史　家庭成员如父母、兄弟、姐妹及子女健康状况，家庭成员中有无遗传性疾病（白化病、血友病等）、可能与遗传有关的疾病（糖尿病、高血压、癌症等）以及传染病（结核等）。

第2节　体格检查

体格检查包括全身检查、腹部检查和盆腔检查，应在病史采集后进行。

【全身检查】

测量体温、脉搏、呼吸、血压、身高、体重，检查营养状况、精神状态、面容，体态、第二性征、全身发育状况、毛发分布、皮肤、浅表淋巴结、头面部、颈、胸部、乳房、心肺、脊性及四肢的情况等。

【腹部检查】

通常在全身检查之后，盆腔检查之前进行。患者平卧，露出腹部，视诊腹部有无隆起，腹部有无瘢痕、静脉曲张、妊娠纹、腹壁疝、腹直肌分离。触诊腹壁厚度，肝、脾、肾有无肿大及压痛，腹部有无压痛、反跳痛、肌紧张，有无肿块及腹水，肿块的部位、大小、形状、质地、活动度、表面是否光滑及有无压痛等。叩诊时注意鼓音、浊音分布范围，有无移动性浊音。如为孕妇，应检查子宫底高度、腹围、胎儿大小、胎位及胎心。

【盆腔检查】

又称妇科检查，包括外阴、阴道、宫颈、宫体及双侧附件。

1. 检查器械准备　无菌手套、阴道窥器、长镊子、棉签、玻片、刮板、石蜡油及生理盐水等。

2. 检查的基本要求

（1）检查者要关心体贴患者，态度严肃，语言亲切，检查前告知患者盆腔检查可能引起不适，减轻紧张感。动作轻柔、准确、认真仔细。

（2）检查前嘱患者排空膀胱，不能自解小便者应导尿，大便充盈者应排空。

（3）患者取膀胱截石位，臀部置检查床边缘，臀下垫一次性治疗巾，两手放于身体两侧或胸前，使腹肌放松，便于检查。

（4）每人使用一套检查器械，防止交叉感染。

（5）月经期、阴道流血时一般不做阴道检查。若必须检查，应外阴消毒后再行检查，使用无菌手套和器械。

（6）未婚女性，仅限做直肠 - 腹部检查，禁做双合诊和窥阴器检查。确需检查者，应向患者及家属做好解释及说明，经同意后方可检查，并做好相应的记录。

（7）男医生检查时，必须有女医护人员在场，以减轻患者紧张心理，避免发生不必要的误会。

（8）若患者腹肌紧张，可边检查边与患者交谈，嘱其张嘴深呼吸使腹肌放松。

3. 检查方法　按下列步骤进行。

（1）外阴检查：观察外阴发育、皮肤色泽、阴毛多少与分布情况，有无畸形、损伤、充血、水肿、溃疡、炎症、肿瘤等。检查处女膜完整性，有无瘢痕。让患者用力向下屏气，观察有无阴道前壁或后壁膨出，子宫脱垂及尿失禁。

（2）阴道窥器检查：根据患者年龄、身高及阴道腔的大小选用合适的阴道窥器。将阴道窥器两叶合拢，旋紧中部螺丝、放松侧部螺丝，用石蜡油润滑窥器两叶，左手拇指、示指分开两侧小阴唇，暴露阴道口，右手持阴道窥器斜行插入阴道口，沿阴道侧后壁缓慢插入阴道内，然后边旋转边向上向后推进，在推进中将两叶转平，并逐渐张开两叶，直至完全暴露宫颈（图 18-1，图 18-2），固定阴道窥器于阴道内。如患者阴道壁松弛，宫颈难以暴露可以调整中部螺丝，使两叶张开达最大限度，动作要轻，防止窥器损伤宫颈及阴道。如做宫颈刮片或阴道脱落细胞学检查时，阴道窥器不宜用润滑剂，用生理盐水润滑，以免影响检查结果。检查完毕，取出阴道窥器时应将两叶合拢后缓慢退出。

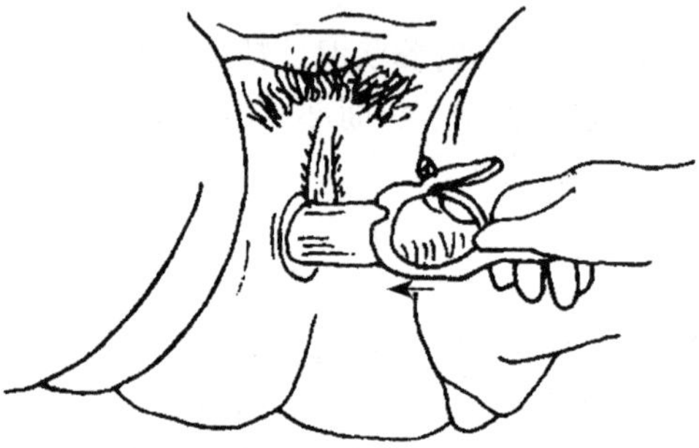

图 18-1　沿阴道侧后壁放入阴道窥器

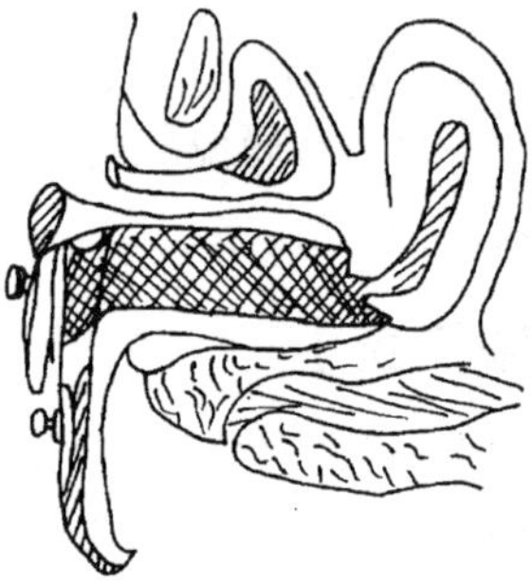

图 18-2　暴露宫颈

1）检查阴道：旋松窥器侧部螺丝，旋转窥器进行检查，观察阴道前后壁、侧壁黏膜颜色，皱襞多少，有无畸形、溃疡、赘生物或囊肿，注意阴道分泌物的量、性状、色泽、气味。

2）检查宫颈：观察宫颈大小、颜色、外口形状、有无糜烂、出血、撕裂、息肉、赘生物、畸形、宫颈管内有无出血和分泌物。

（3）双合诊：检查者的示指和中指涂润滑剂后伸入阴道内，另一手放于腹部，两手配合检查为双合诊。主要检查阴道、宫颈、子宫、输卵管、卵巢、宫旁组织及骨盆腔内壁有无异常。检查阴道深度，有无畸形、瘢痕、肿块及阴道壁情况。触及宫颈大小、形态、硬度及宫颈外口情况，有无接触性出血及宫颈举痛。

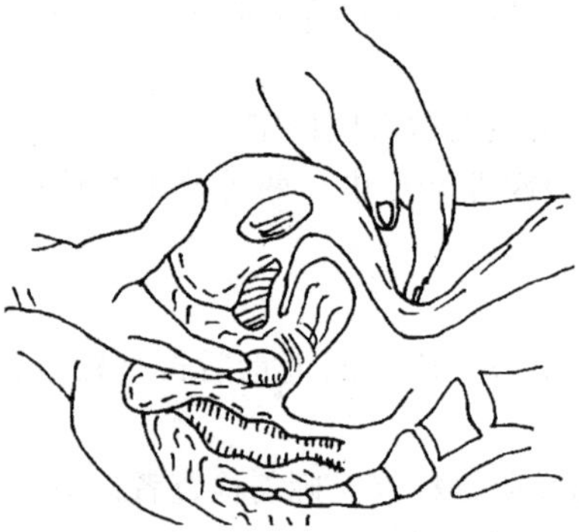

图 18-3　双合诊检查子宫

1）检查子宫：将阴道内两指移至宫颈后方，腹部手指置患者腹部平脐处，当阴道内手指向上向前方抬举宫颈，腹部手指向下向后按压腹部，并逐渐移向耻骨联合部（图 18-3），内外手指相互配合，扪及子宫的大小、位置、软硬度、活动度、有无压痛等。子宫体向耻骨方向称前倾，朝向骶骨为后倾，子宫体与子宫颈之间的轴向前形成角度为前屈，向后形成角度为后屈，正常子宫为前倾前屈位，位于盆腔中央，可活动，中等硬度。

2）检查附件：将阴道内两指由宫颈后方移至一侧穹隆部，另一手自同侧下腹壁髂嵴水平开始，由上而下按压腹壁，与阴道内手指相互配合，触摸该侧附件区有无肿块、增厚、压痛，若扪及肿块，应查清其大小、位置、形状、软硬度、活动度、有无压痛及与子宫的关系（图 18-4）。正常输卵管不可触及，卵巢偶可扪及，约为 4cm×3cm×1cm 大小可活动的块物。

（4）三合诊：即腹部、阴道、直肠联合检查称三合诊。检查者一手示指进入阴道，中指进入直肠内，另一手在腹部配合检查（图 18-5），多在双合诊后进行。主要了解盆腔后壁、子宫后壁、直肠子宫凹陷、宫骶韧带、阴道直肠隔、骶骨前方及直肠内有无病变及病变浸润的范围等。

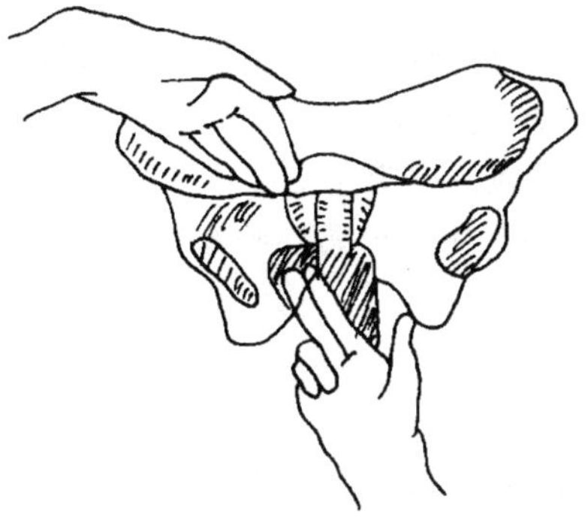

图 18-4　双合诊检查子宫附件

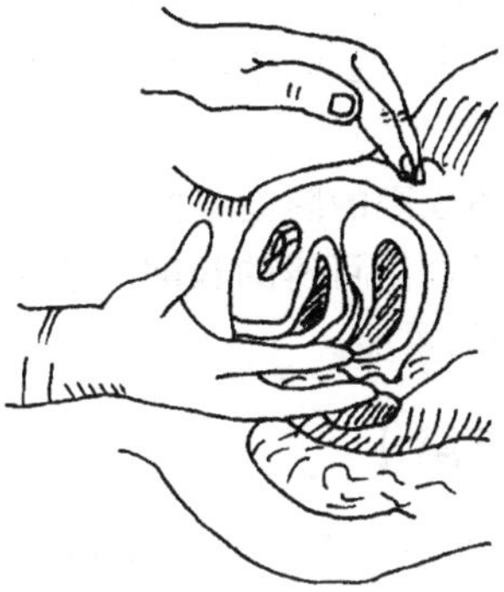

图 18-5　三合诊检查

（5）直肠—腹部诊：检查者一手示指伸入直肠内，另一手在腹部配合检查，检查内容同双合诊和三合诊，适用于未婚、阴道流血、月经期、阴道闭锁、不宜行双合或三合诊检查者。

4．盆腔检查结果记录

（1）外阴：发育情况及婚产类型（未婚、已婚或经产），发现异常应详细描述。

（2）阴道：是否通畅，黏膜情况，分泌物量、色、形状及气味。

（3）子宫颈：大小、硬度、有无糜烂、撕裂、息肉、外翻、肿物、有无接触性出血、举痛。

（4）子宫：位置、大小、硬度、活动度、有无压痛。

（5）附件：两侧分别记录，有无肿块、增厚及压痛，有肿块者要记录其大小、位置、硬度，表面是否光滑，活动度，有无压痛，疼痛的性质与子宫及盆壁的关系。

考点提示：妇科检查的基本要求

第 3 节　妇科疾病常见症状的鉴别要点

【阴道流血】

阴道流血是最常见的主诉，出血可来自生殖道任何部位，包括外阴、阴道、宫颈、宫体等处。以来自宫体为最多，除正常月经外均称为阴道流血。

1．原因

（1）与妊娠有关的子宫出血。

（2）生殖器炎症。

（3）卵巢内分泌功能异常导致子宫出血。

（4）生殖器肿瘤：外阴癌、阴道癌、宫颈癌、子宫内膜癌、子宫肉瘤及具有分泌功能的卵巢肿瘤。

（5）外伤、异物和外源性性激素：外阴、阴道损伤，阴道内异物、宫腔内放置节育器可致流血；雌激素、孕激素使用不当，均可引起异常子宫出血。

（6）全身性疾病：血小板减少性紫癜、再生障碍性贫血、白血病等。

2．临床表现及鉴别要点

1．周期规律的阴道流血

（1）月经间期出血：发生在两次月经来潮中期，历时 3～4 日，一般少于月经量。是由于排卵期卵泡破裂，雌激素水平暂时下降所致，称排卵期出血。

（2）经量增多：月经周期正常，但经量增多或经期延长。子宫肌瘤最多见，其次见于放置宫内节育器或子宫腺肌病等。

（3）经前或经后点滴出血：月经来潮前后数日持续少量阴道流血，常淋漓不尽。常为放置宫内节育器的副反应，子宫内膜异位症也出现类似症状。

2. 周期不规则的阴道流血 多为无排卵性功血，但应注意排除早期子宫内膜癌。

3. 无任何周期可辨的长期阴道流血 一般多为生殖道恶性肿瘤所致，首先考虑宫颈癌或子宫内膜癌的可能。

【白带异常】

白带是由宫颈管及子宫内膜腺体分泌物、阴道黏膜渗出物等混合而成。正常白带呈蛋清样或白色稀糊状，无腥臭味，量少，称生理性白带。当白带的性状及量发生异常改变时，称为异常白带。常见原因及鉴别要点如下：

1. 生殖道炎症所致的白带改变

（1）阴道炎症：①滴虫阴道炎：稀薄黄色或黄绿色泡沫样白带；②外阴阴道假丝酵母菌病：白带呈凝乳样或豆渣样，伴外阴、阴道瘙痒；③细菌性阴道病：灰白色，均匀一致的稀薄白带，有腥臭味；④淋球菌性阴道炎：脓性白带，挤压尿道、尿道旁腺见脓液流出，患者常有不洁性生活史。

（2）宫颈炎症：乳白色黏液样或淡黄色脓性白带，量多，有时可有脓血性白带。

（3）子宫内膜炎症：可有白带增多，急性炎症时白带可为脓性或脓血性。

（4）盆腔炎症感染：急性期出现脓性或血性白带，伴下腹疼痛；慢性期白带为黄色浆液性。

2. 生殖器官肿瘤引起的白带改变

（1）宫颈癌：多为血性或淘米水样白带，晚期患者白带多奇臭。

（2）子宫黏膜下肌瘤或子宫内膜癌：可有血性白带，子宫黏膜下肌瘤伴感染时白带可有臭味。

（3）输卵管癌：多有黄色或红色水样白带，呈间歇性排出。

3. 激素引起的白带改变 口服大量雌激素，会出现白带增加。

【下腹疼痛】

下腹疼痛是妇女就诊的常见主诉，大多由妇科疾病引起，根据下腹痛起病缓急、部位、性质和特点寻找病因。

1. 急性下腹痛 起病急骤，疼痛剧烈，常伴恶心、呕吐、发热等。

（1）下腹痛伴阴道流血：有或无停经史，多与病理妊娠有关。常见于流产及输卵管妊娠。若为流产所致，疼痛常位于下腹正中，呈阵发性；若为输卵管妊娠流产或破裂，则突发患侧下腹撕裂样剧痛，随后疼痛缓解或肛门坠胀感，伴恶心、呕吐，常并发休克。

（2）下腹痛伴发热：常见于急性盆腔炎、子宫内膜炎、输卵管卵巢脓肿或急性阑尾脓肿及子宫肌瘤红色变性等。

（3）下腹痛伴附件肿块：常见于卵巢肿瘤或卵巢非赘生性囊肿扭转或破裂、子宫浆膜下肌瘤扭转。

2. 慢性下腹痛 起病缓慢，多为隐痛或钝痛，病程长，有时与月经周期有关。周期性的慢性下腹痛包括：

（1）经期下腹痛：进行性加重的经期下腹痛，有时伴有性交痛，见于子宫内膜异位症或子宫腺肌病；行经前后下腹痛见于子宫后倾后屈位、原发性痛经、盆腔炎等。

（2）月经间期下腹痛：疼痛位于下腹一侧，持续 3～4 日，可伴有少量阴道流血，为排卵期腹痛。

【下腹部肿块】

下腹部肿块是妇科就诊时的常见主诉。肿块是患者本人或妇科检查时发现，可为功能性、炎症性、肿瘤性等。根据发生部位不同分为：

1. 来自子宫

（1）妊娠子宫：有停经史，随着孕周进行，子宫可增大，分娩后恢复正常；停经后出现不规则阴道流血伴有子宫异常增大，可能为葡萄胎。

（2）炎症性：慢性子宫肌炎或宫腔积脓时子宫可增大。

（3）肿瘤性：绝经前子宫增大多见于子宫肌瘤、子宫腺肌病；绝经后子宫增大常考虑子宫内膜癌。

（4）阻塞性：如处女膜先天性闭锁或阴道横膈使经血积聚宫腔及阴道而形成肿块。

2. 来自附件

（1）卵巢非赘生性囊肿：如黄体囊肿多见于妊娠早期单侧囊肿；黄素囊肿多见于葡萄胎患者，多为双侧。

（2）附件炎症性肿块：输卵管卵巢脓肿或囊肿、输卵管积水；慢性盆腔结缔组织炎引起的盆腔包裹性积液。

（3）黏瘤：良性肿瘤，肿块大小不等，表面光滑、囊性、活动。如卵巢浆液性、黏液性囊腺瘤，成熟囊性畸胎瘤（可为半囊半实），卵巢子宫内膜异位囊肿；恶性肿瘤，多为实性，表面不规则，活动受限。如卵巢浆液性、黏液性囊腺癌，卵巢颗粒细胞瘤，输卵管癌等。

（4）其他：输卵管妊娠形成血肿时，亦可扪及盆腔肿块。

3. 其他　盆腔肿块还需和来自肠道、泌尿系统的肿块及腹壁或后腹膜肿块相鉴别。

【外阴瘙痒】

女性外阴容易受本身疾病或各种因素的刺激所致瘙痒，严重者可影响患者的生活和工作，是患者就诊的主要症状。

1. 局部原因

（1）阴道炎症引起：如滴虫阴道炎、外阴阴道假丝酵母菌病、外阴尖锐湿疣等。

（2）局部过敏：避孕套、卫生巾、卫生棉条或其他药物、化学品过敏所致。

2. 全身原因

（1）精神性因素：多由于心理紧张等原因所致，妇科检查无发病原因，患者常诉外阴瘙痒在夜间加重。

（2）全身疾病：如糖尿病外阴炎、妊娠肝内胆汁淤积症、雌激素水平下降、荨麻疹、药疹，均可引起外阴瘙痒。

（3）外阴卫生不良：易引起外阴瘙痒。

本章小结

病史是病历的重要组成部分。采集病史需注意：避免第三者在场，关心体贴、尊重患者并为其保密，检查动作轻柔并注意遮挡。妇科检查前嘱患者排空膀胱，月经期、阴道流血时一般不做阴道检查，未婚女性，仅限做直肠-腹部检查，男医生检查时应有女医护人员在场。阴道流血是妇科疾病常见的主诉，年龄对诊断有重要参考价值。新生女婴生后数日有少量阴道流血，属生理现象；幼女出现阴道流血，考虑有性早熟或生殖道恶性肿瘤的可能；青春期女性阴道流血多为无排卵性功血；育龄妇女阴道流血，考虑与妊娠相关的疾病；绝经过渡期阴道流血以无排卵性功血最多见，但首先应排除生殖道恶性肿瘤。正常白带呈蛋清样，无腥臭味，量少；生殖道出现炎症，特别是宫颈发生癌变时，白带的量显著增多且性状发生异常改变时，称病理性白带。下腹疼痛是妇女就诊的常见主诉，多为妇科疾病引起，但下腹痛来自内生殖器以外的疾病并不少见，应注意鉴别。下腹部肿块是妇科就诊时的常见主诉。囊性肿块：一般为良性病变，实性肿块：应首先考虑恶性肿瘤，但妊娠子宫、子宫肌瘤、附件炎性肿块除外。外阴瘙痒是妇科患者常见症状，多由妇科不同疾病引起。

目标检测题

A_1 型题

1. 关于主诉哪项正确（　　）
   A. 主诉应简单明确地列举主要症状和病程
   B. 主诉的字数多少皆可
   C. 主诉的病程时间可与现病史中的不符
   D. 主诉一定是患者的自觉不适
   E. 通过主诉一般不能估计疾病的大致范围
2. 下列叙述哪项正确（　　）
   A. 询问病史时一定要追问本人
   B. 对患者的难言之隐一定要追问明白
   C. 过去史中应询问有无药物过敏史
   D. 家庭史可不必详细询问
   E. 昏迷患者，待其清醒后再询问病史
3. 妇科检查床的治疗巾更换应（　　）
   A. 每人　　B. 每天
   C. 隔天　　D. 每周
   E. 出现污渍
4. 观察阴道壁、子宫颈情况所用的检查方法是（　　）
   A. 外阴检查
   B. 阴道窥器检查
   C. 双合诊检查
   D. 三合诊检查
   E. 肛腹诊检查
5. 下述有关妇科检查准备和基本要求不妥的是（　　）
   A. 检查时应认真仔细
   B. 防止交叉感染
   C. 男医生做妇科检查，必须有女医护人员在场
   D. 检查前应导尿
   E. 对未婚女性仅做外阴视诊和肛腹诊

A_2 型题

6. 某女，68岁，因绝经后阴道流血就诊，不能遗漏的病史内容是（　　）
   A. 主诉症状及持续时间
   B. 关于绝经的资料
   C. 婚育史的情况
   D. 家族史的信息
   E. 既往的健康状况

B_1 型题

（7～8题共用答案）
   A. 了解盆腔后壁病变
   B. 观察阴道黏膜状况
   C. 判断阴道炎病原体
   D. 了解子宫附件情况
   E. 了解输卵管通畅性
7. 双合诊检查（　　）
8. 三合诊检查（　　）

（兰丽坤）

第19章　外阴上皮内非瘤样病变

> 📖 **学习目标**
>
> 1. 掌握外阴鳞状上皮增生、外阴硬化性苔藓的临床表现及诊断。
> 2. 熟悉外阴鳞状上皮增生、外阴硬化性苔藓的病理及治疗原则。
> 3. 了解外阴鳞状上皮增生、外阴硬化性苔藓的的病因。

外阴上皮内非瘤样病变系指外阴皮肤和黏膜组织变性及色素改变的一组慢性疾病。因病变部位皮肤和黏膜多呈白色，故又称为外阴白色病变。由于病因迄今不明，因此命名意见不一。1975年国际外阴病研究协会将其命名为慢性外阴营养不良，但至今未发现病因所在，因此1987年国际外阴病研究协会与国际妇科病理学家又共同讨论，建议废弃慢性外阴营养不良的分类法，将其分为外阴鳞状上皮细胞增生和硬化性苔藓两种疾病，均归类于外阴皮肤病范畴。

本章重点介绍鳞状上皮细胞增生和硬化性苔藓两种病因不明的外阴色素减退疾病。若患者同时出现以上两种疾病，则应将两者同时列为诊断；若其中任何一种出现不典型增生时，则按赘生性鳞状上皮内瘤样病变诊断和治疗。

第1节　外阴鳞状上皮增生

案例19-1

刘某47岁，以外阴瘙痒不适1个月就诊。妇科检查：外阴皮肤褐色、增厚，表面有散在的小丘疹，外阴与大阴唇部有明显的抓痕。

问题：1．该患者初步诊断是什么疾病？

2．应该与哪些疾病作鉴别？

3．应该如何治疗？

【病因】

确切病因尚不清楚。一般认为外阴皮肤长期处于潮湿状态和阴道排出物的刺激等因素可能与其发病有关。迄今为止，尚无确切证据表明慢性损伤、过敏、吸烟、局部营养失调或代谢紊乱是导致此病的直接原因。

【病理】

主要组织病理变化为表皮层角化过度和角化不全。棘细胞层不规则增厚，上皮脚向下延伸，末端钝圆或较尖，越长则尖端越细。上皮脚之间的真皮层乳头明显，并伴有轻度水肿以及淋巴细胞和浆细胞浸润。但上皮层细胞排列整齐，保持正常极性，细胞大小、核形态与染色均正常。

【临床表现】

可发生在任何年龄，多见于30～60岁妇女，主要症状为外阴瘙痒，剧烈且难以耐受。由于搔抓瘙痒可暂时得到缓解，但反复搔抓又可导致皮肤进一步损伤，形成恶性循环。病损范围不一，主要累及大阴唇，阴唇间沟，阴蒂包皮，阴唇后联合等处，常呈对称性。早期病变较轻时，皮肤颜色为暗红或灰白，角化过渡部位则呈现白色。由于长期搔抓和摩擦，皮肤增厚似皮革，色素增加，皮肤纹理变得明显突出，皮嵴隆起，呈多数小多角性扁平丘疹，并群集成片，出现苔藓样变。严重者可因搔抓引起表皮破损、皲裂、溃疡。如溃疡长期不愈，特别是有结节隆起时，应警惕局部癌变的可能并尽早活检确诊。

考点提示： 外阴鳞状上皮增生的主要症状

【诊断】

除以上临床症状及体征外，病理活组织检查是唯一确诊手段。一般应选择在有糜烂、溃疡、硬结、隆起等不同病变部位进行多点活检。为做到取材适当，可先用1%甲苯胺蓝涂抹病变皮肤，再用1%醋酸液脱色。在着色区活检，发现不典型增生或早期癌变的可能性较大。若局部破损范围较大，应先给予治疗，待皮损大部愈合后，再做活检以提高诊断准确率。

考点提示： 确诊方法

【鉴别诊断】

鳞状上皮细胞增生应与白癜风、外阴炎及外阴白化病相鉴别。白癜风为黑素细胞破坏引起，表现为外阴皮肤发白，界限分明，表面光滑润泽，质地完全正常，且无任何自觉症状；若皮肤增厚，发白或发红，伴外阴瘙痒且有阴道分泌物增多者，应首先排除念珠菌、滴虫感染所致阴道炎和外阴炎；外阴白化病为全身遗传性疾病，不能制造黑色素，无任何自觉症状，不会发生癌变。

【治疗】

1. 一般治疗 保持外阴清洁干燥，禁用肥皂及其他刺激物清洗外阴，内裤选用棉质品，避免搔抓患处，并忌食辛辣刺激及过敏食物。凡精神紧张，瘙痒症状明显致失眠者，可用镇静、安眠和抗过敏药物。

2. 局部治疗 多采用皮质激素主要在于控制局部瘙痒。临床常用药物有0.025%氟轻松软膏、1%～2%氢化可的松软膏或霜剂等制剂，每日涂抹局部3～4次以缓解瘙痒症状。在局部涂药前可先用温水坐浴，每日2～3次，每次10～15分钟，以暂时缓解瘙痒症状，同时还有利于药物的吸收。坐浴后切忌用毛巾揩擦患处，以免因机械性摩擦而加剧病损。

3. 外科治疗 外阴鳞状上皮细胞增生仅有5%左右会发生癌变，目前临床常以内科治疗为主。外科治疗仅适用于①已有恶变或恶变可能者；②反复内科治疗无效者。常采用的方法有单纯外阴切除和激光治疗。①单纯外阴切除：局限病灶可考虑行单纯病灶切除，因切除后瘢痕组织形成常导致术后性交痛，因此有人主张手术时同时行皮片移植术以减少副作用，由于远期复发率在50%左右，因此应定期随访。②激光治疗：一般采用CO_2激光或氦氖激光治疗，优点是手术精确，操作简便，损伤较小，术后病率低，术后瘢痕组织少。但远期复发率仍与手术治疗相近。

第 2 节　外阴硬化性苔癣

外阴硬化性苔癣（lichen sclerosus）是一种以外阴及肛周皮肤萎缩变薄为主要特征的疾病。皮肤科医师常称此病为“硬化萎缩性苔癣”。

案例 19-2

史某 42 岁，外阴瘙痒 10 日就诊。妇科检查：外阴皮肤发红，表面有散在的小丘疹，且有明显的抓痕。

问题：1．该患者初步诊断是什么疾病？

2．应该与哪些疾病作鉴别？

【病因】

病因不明。据文献报道发现患者 HLA-B40 抗原的阳性率较无该病的妇女显著增高，故认为此病与 HLA-B40 抗原关系密切。另有学者发现此病可能与自身免疫有关，患者可合并斑秃、白癜风、甲状腺功能亢进或减退等自身免疫性疾病。此外，对患处皮肤采用睾酮进行局部治疗时疗效显著，因而提示患者血中睾酮水平低下可能为发病因素之一。以上现象虽似与发病有关，但目前尚未得到证实和普遍认可。

【病理】

典型病理特征为表皮萎缩，表层角化过度和毛囊角质栓塞，棘层变薄伴基底细胞液化变性，黑素细胞减少，上皮脚变钝或消失。病变早期真皮乳头层水肿，晚期出现均质化，均质带下有淋巴细胞和浆细胞浸润。

【临床表现】

此病可发生于包括幼女在内的任何年龄妇女，但以 40 岁左右发病率最高。主要症状为外阴瘙痒，程度较外阴鳞状上皮增生患者轻，甚至有个别患者无瘙痒不适。晚期出现性交困难。病损常位于大阴唇、小阴唇、阴蒂包皮、阴唇后联合及肛周，多呈对称性。早期皮肤发红肿胀，出现粉红、象牙白色或有光泽的多角形小丘疹，丘疹融合成片后呈紫癜状，但在其边缘仍可见散在丘疹。进一步发展，皮肤和黏膜变白、变薄，失去弹性，干燥易皲裂。其典型临床特征为外阴萎缩，小阴唇变小甚至消失，大阴唇变薄，皮肤颜色变白、发亮、皱缩、弹性差，常伴有皲裂及脱皮，晚期皮肤菲薄皱缩似卷烟纸，阴道口挛缩狭窄，性交困难，但患者仍有受孕可能。幼女患者瘙痒症状多不明显，可能仅在排尿或排便后感外阴及肛周不适。检查时在外阴及肛周区见锁孔状珠黄色花斑样或白色病损环，至青春期多数患者的病变可自行消失。硬化性苔藓极少发展为浸润癌。

【诊断】

根据症状及体征作出初步诊断，确诊需行病理检查。病理检查方法与外阴鳞状上皮增生相同。

【鉴别诊断】

外阴硬化性苔藓可与老年生理性萎缩相区别。后者仅见于老年妇女，其外阴部皮肤的萎缩情况与身体其他部位皮肤的萎缩一致，表现为外阴皮肤各层及皮下脂肪层均萎缩，出现大阴唇变平，小阴唇退化，但患者无任何自觉症状。

【治疗】

1. 一般治疗 与外阴鳞状上皮细胞增生治疗相同。

2. 局部治疗 常用药物为丙酸睾酮和黄体酮。

（1）丙酸睾酮：丙酸睾酮局部涂擦是治疗硬化性苔藓的主要方法，疗效因人而异。有些萎缩皮肤可基本恢复正常，有的病变有所改善，但也有无明显疗效者。丙酸睾酮有促进蛋白合成作用，能促使萎缩皮肤恢复正常，因而有利于治疗硬化性苔藓。临床用2%丙酸睾酮油膏涂擦患部，擦后稍予按揉，每日3～4次，用药达1个月左右始出现疗效，症状缓解后改为每日1～2次。临床上可根据治疗反应及症状持续情况决定用药次数及时间。一般应连续治疗3～6个月，次数可逐渐减少至维持量每周1～2次。若瘙痒症状较重，亦可将上述丙酸睾酮制剂与1%或2.5%氢化可的松软膏混合涂擦，瘙痒缓解后逐渐减少以至最后停用氢化可的松软膏。

（2）黄体酮：应用丙酸睾酮治疗期间，出现毛发增多或阴蒂增大等男性化副反应或疗效不佳时，可改用100mg黄体酮油剂加入3%凡士林软膏或油膏局部涂擦，每日3次取代丙酸睾酮制剂。

（3）氯倍他索：近年采用0.05%氯倍他索软膏局部治疗取得良好效果。最初1月每日2次，继而每日一次共用2个月，最后每周2次共用3个月，总计治疗时间为半年。瘙痒顽固、局部用药无效者，可用曲安奈德混悬液皮下注射，将5mg曲安奈德混悬液用0.9%氯化钠溶液2ml稀释后，取脊髓麻醉穿刺针在耻骨联合下方注入皮下，经大阴唇皮下直至会阴，缓慢回抽针头，将混悬液注入皮下组织。对侧同法治疗。注射后轻轻按摩以使混悬液弥散。

（4）幼女硬化性苔藓：至青春期时有自愈可能，其治疗有别于成年妇女，一般不宜采用丙酸睾酮油膏或软膏局部治疗，以免出现男性化。治疗目的主要是暂时缓解瘙痒症状，现多主张用1%氢化可的松软膏或0.3%黄体酮油膏涂擦局部，症状多获缓解，但仍应长期定时随访。

考点提示： 常用治疗药物

3. 外科治疗 外科治疗方法与外阴鳞状上皮细胞增生治疗相同，由于此病恶变机会较低，故很少采用手术治疗。

案例分析参考答案

案例19-1

1．初步诊断：外阴鳞状上皮增生。

2．鉴别的疾病：外阴阴道炎症、白癜风、外阴炎及外阴白化病等。

3．治疗：一般治疗、局部治疗和外科治疗。

案例 19-2

1．初步诊断：外阴硬化性苔藓。

2．该病与老年生理性萎缩相鉴别。

本章小结

外阴鳞状上皮细胞增生多见于 30～60 岁妇女，主要症状为难以耐受的外阴瘙痒，病理活检确诊后可采用皮质激素治疗和外科手术治疗。外阴硬化性苔藓是病因不清，以外阴瘙痒为主要症状，晚期有典型的似卷烟纸样皮肤萎缩现象，通过丙酸睾酮和黄体酮等药物治疗后症状缓解，癌变率较低。

目标检测题

A_1 型题

1. 属于癌前病变的外阴白色病变是（　　）
   A. 增生型营养不良
   B. 混合型营养不良
   C. 硬化苔藓型营养不良
   D. 营养不良伴有上皮不典型增生
   E. 白癜风
2. 外阴硬化苔藓型营养不良的治疗，目前不主张采用的方法（　　）
   A. 局部治疗　　B. 手术治疗
   C. 激光治疗　　D. 口服脱敏药物
   E. 禁用刺激性药物擦洗
3. 宫颈活检的病理报告为“鳞状上皮化生”，临床上应认为是（　　）
   A. 无病变　　B. 癌前病变
   C. 良性病变　　D. 低度恶性病变
   E. 高度恶性病变
4. 外阴鳞状上皮增生的确诊方法是（　　）
   A. 双合诊检查　　B. 病理活组织检查
   C. 宫腔镜检查　　D. 腹腔镜检查
   E. 窥镜检查

（王雪莉）

第20章　女性生殖系统炎症

学习目标

1. 掌握阴道炎、宫颈炎症、盆腔炎性疾病的临床表现、诊断及治疗。

2. 熟悉生殖器结核传播途径、病理、临床表现、诊断方法。

3. 了解女性生殖系统自然防御机制，外阴炎、前庭大腺炎、前庭大腺囊肿的临床特点及治疗原则。

女性生殖系统炎症是妇科常见病、多发病，包括下生殖道感染如外阴炎、阴道炎、宫颈炎症，及上生殖道炎症如子宫内膜炎、输卵管炎、输卵管卵巢脓肿、盆腔腹膜炎。如果炎症在急性期未彻底治愈，转为慢性可反复发作，严重影响妇女生殖健康。

【女性生殖器官自然防御功能】

女性生殖道在解剖、生理、生化及免疫学方面具有完善的自然防御功能，健康妇女阴道内虽然存在病原体，但并不发生炎症。

1. 两侧大阴唇自然合拢遮盖阴道口、尿道口。

2. 阴道口闭合，阴道前后壁紧贴，可防止外界的污染。

3. 阴道上皮在雌激素作用下，增生变厚，从而增强抵抗病原菌侵入的能力。阴道上皮细胞内含有丰富的糖原，在阴道乳杆菌作用下，分解为乳酸以维持阴道正常酸性环境，阴道pH值可维持在4～5之间，使嗜碱性病原菌的活动和繁殖受到抑制，称为阴道自净作用。

4. 宫颈管黏膜分泌的黏液形成“黏液栓”堵塞子宫颈管，宫颈内口平时紧闭，病原体不易侵入。

5. 育龄妇女子宫内膜周期性剥脱可及时清除宫内感染。

6. 输卵管黏膜上皮细胞的纤毛向子宫腔方向摆动及输卵管的蠕动，都有利于阻止病原菌侵入。

【阴道正常菌群】

正常阴道内有病原体寄居形成阴道正常菌群。需氧菌有葡萄球菌、肠球菌、棒状杆菌及非溶血性链球菌；厌氧菌有消化球菌、消化链球菌、梭杆菌、动弯杆菌及类杆菌；兼性厌氧菌有乳杆菌、加德纳尔菌及大肠埃希菌；还有支原体及假丝酵母菌。阴道与这些菌群之间形成生态平衡并不致病。其中阴道正常菌群乳杆菌占优势，乳杆菌既可分解糖原，维持阴道处于酸性环境，又能产生过氧化氢（H_2O_2），可抑制或杀灭其他细菌，在维持阴道生态平衡中，乳杆菌起关键作用。

妇女在特殊生理时期如月经期、妊娠期及产褥期，防御功能受到破坏，或机体免疫力下降，内分泌发生变化，病原体易侵入生殖道引起炎症。频繁性交、阴道灌洗可使阴道pH升高，不利于乳杆菌生长；长期大剂量应用抗生素抑制乳杆菌生长，如阴道生态平衡被打破，可导致炎症发生。

第 1 节 外阴炎及前庭大腺炎

一、非特异性外阴炎

【病因】

外阴常受到炎性阴道分泌物、经血、糖尿病患者尿糖的刺激，此外，外阴卫生不良，粪便污染，穿紧身化纤内裤、经期使用卫生巾致局部通透性差等，均可引起非特异性外阴炎。常见病原体有葡萄球菌、大肠埃希菌、链球菌等。

【临床表现】

外阴皮肤黏膜瘙痒、烧灼感、疼痛，于排尿、排便、活动及性交后加重。检查急性期见外阴充血、肿胀、糜烂、湿疹，有抓痕。慢性期皮肤增厚、粗糙、皲裂及苔藓样变。

【治疗】

1. 一般治疗 保持外阴清洁、干燥，勿搔抓，每日换洗棉质内裤。注意休息，急性期禁性生活。

2. 局部治疗 ①用 1∶5000 的高锰酸钾溶液或 0.1% 聚维酮碘液坐浴，每日 2 次，每次 15～30 分钟；②用中药苦参、黄柏、蛇床子、土茯苓、白癣皮各 15 克，川椒 6 克，水煎熏洗外阴部，每日 2 次，每次 15～30 分钟。坐浴或熏洗后涂紫草油或抗生素软膏；③急性期还可用红外线或微波物理治疗。

3. 病因治疗 寻找病因，积极治疗糖尿病及引起阴道分泌物增多的疾病，尿瘘、粪瘘及时修补。

二、前庭大腺炎

【病因】

病原体侵入前庭大腺炎引起炎症称前庭大腺炎（Bartholinitis）。多见于育龄妇女，在性交、分娩及其他外阴部感染时，病原体易侵入而引起炎症。

【病原体】

主要病原体为葡萄球菌、链球菌、大肠埃希菌、肠球菌，淋病奈瑟菌、沙眼衣原体已成为常见病原体。

【临床表现】

炎症常发生于一侧，初起外阴局部肿胀、疼痛、行走不便，检查见大阴唇下 1/3 处皮肤红肿、发热、触及肿块且有压痛。脓肿形成时，患者疼痛加剧，出现大小便困难、发热等全身症状，检查可触及波动感，腹股沟淋巴结肿大。当脓肿增大时可自行破溃，如破口大，脓性分泌物流出通畅，炎症较快消退而痊愈；如破口小，脓液流出不畅，炎症持续可反复急性发作。

【治疗】

炎症急性期注意休息，保持外阴清洁，取前庭大腺开口处分泌物作细菌培养加药敏试验，根据结果选用抗生素。还可用清热解毒中药局部热敷或坐浴。脓肿形成后及时切开引流并作造口术，在大阴唇黏膜侧切开脓肿，切口不宜过小，利于脓液排出，引流彻底后腔内填塞凡士林纱布条并及时更换，至炎症消退痊愈。

三、前庭大腺囊肿

【病因】

前庭大腺囊肿（Bartholin cyst）系前庭大腺腺管开口阻塞，分泌物积聚于腺腔而形成。如继发感染形成脓肿可反复发作。腺管阻塞的原因：前庭大腺脓肿消退后脓液吸收变为黏液；前庭大腺管在分娩、会阴侧切时损伤；先天性腺管狭窄，分泌物排出不畅。

【临床表现】

前庭大腺囊肿小且无感染，患者常无自觉症状，多在妇科检查时被发现；若囊肿大，患者感觉外阴坠胀或性交不适。检查见大阴唇下 1/3 有椭圆形囊肿，向外突起，大小不一，多为单侧，也可为双侧。

【治疗】

手术治疗，现多采用前庭大腺囊肿造口术取代囊肿剥除术。方法简单、损伤小，术后能保留腺体功能。此外，还可用 CO_2 激光或微波作囊肿造口术。

第2节 阴 道 炎

阴道炎有滴虫阴道炎、外阴阴道假丝酵母菌病、细菌性阴道病、萎缩性阴道炎、阿米巴性阴道炎及婴幼儿外阴阴道炎，本节主要介绍常见的前 4 种。

一、滴虫阴道炎

案例 20-1

张女士，32 岁，G_2P_1，自述游泳后白带增多、外阴瘙痒 1 周。检查：阴道黏膜充血，有散在红色斑点，白带灰黄色、泡沫状，质稀薄，有腥臭味。

问题：1．该患者初步诊断是什么疾病？

2．为确诊，进一步做哪项检查？

3．如何治疗？

【病因】

滴虫阴道炎是常见的阴道炎，由厌氧寄生阴道毛滴虫引起。滴虫生长温度为 25～

40℃、pH 为 5.2～6.6 潮湿环境，3～5℃能存活 21 天，46℃能存活 20～60 分钟。滴虫不仅感染阴道，还感染尿道、尿道旁腺及膀胱、肾盂以及男性尿道、前列腺或包皮褶。在 pH 5 以下或 7.5 以上环境中则不生长。月经前后阴道 pH 值发生变化，滴虫得以繁殖引起炎症发作。

考点提示：滴虫阴道炎阴道 pH

【传播方式】

1. **直接传播**　经性交传染，男性感染滴虫后常无症状，易成为感染源。
2. **间接传染**　经公共坐式马桶、浴具、毛巾、游泳池、衣物，污染的器械及敷料等传播。

【临床表现】

潜伏期为 4～28 天。主要症状是阴道分泌物增多及外阴瘙痒，伴有外阴灼热、疼痛或性交痛。若合并尿道感染，可有尿频、尿痛，有时可见血尿。典型分泌物呈稀薄脓性、灰黄色泡沫状，有臭味。阴道毛滴虫能吞噬精子，阻碍乳酸生成，影响精子在阴道内存活，可引起不孕。检查见阴道黏膜充血，严重者有散在出血点，后穹隆有泡沫状分泌物。

考点提示：分泌物的典型特征

【诊断】

典型病例容易诊断，若在阴道分泌物中找到滴虫即可确诊。最简便的检查方法是 0.9% 氯化钠溶液湿片法，阳性率达 60%～70%，取分泌物前 24～48 小时避免性交、阴道灌洗或局部用药，取分泌物时阴道窥器不涂润滑剂，分泌物取出后及时送检并注意保暖，否则滴虫活动力减弱，造成辨认困难。具体方法温 0.9% 氯化钠溶液一滴于玻片上，在阴道侧壁取典型分泌物混于 0.9% 氯化钠溶液中，立即在低倍光镜下查找滴虫。显微镜下可见到呈波状运动的滴虫及增多的白细胞被推移。对可疑患者，若多次悬滴法不能发现滴虫时，可送培养，准确率达 98% 左右。

【治疗】

因滴虫阴道炎可同时有尿道、尿道旁腺、前庭大腺滴虫感染，治疗需全身用药，主要药物为甲硝唑或替硝唑。

1. **全身用药**　初次治疗可选择甲硝唑 2g，单次口服；或替硝唑 2g，单次口服；或甲硝唑 400mg，每日 2 次，连服 7 日。口服药物的治愈率可达 90%～95%。服药后可出现胃肠道反应，如恶心、食欲减退、呕吐。偶见皮疹、头痛、白细胞减少，一旦发现立即停药。甲硝唑用药期间及停药 24 小时内、替硝唑用药期间及停药 72 小时内禁止饮酒，若哺乳期用药不宜哺乳。

2. **局部治疗**　先用 1% 乳酸或 0.5% 醋酸或 1∶5000 高锰酸钾溶液浸泡的消毒棉球清理阴道分泌物，改善内环境，可提高疗效。然后将甲硝唑阴道泡腾片 200mg 置入阴道内，每日 1 次，7～10 日为一疗程。

3. **妊娠合并滴虫阴道炎的治疗**　药物治疗时，先取得患者及家属的知情同意。甲硝唑 2g 顿服，或甲硝唑 400mg，每日 2 次，连服 7 日。

4. **治疗注意事项**　治疗期间禁止性生活，夫妻双方或性伴侣同时治疗；每晚清洗外阴更换纯棉内裤，洗涤所用毛巾及内裤煮沸 5～10 分钟；治疗后检查滴虫阴性时，于下次月经后继续治疗一个疗程，以巩固疗效，防止复发。

5. **治愈标准**　滴虫阴道炎常在月经后复发，治疗后检查滴虫阴性时，于每次月经后复查白带，连续 3 个月检查滴虫均阴性为治愈。

考点提示：治疗主要药物

【预防】

1. 做好卫生宣传及集体宿舍卫生指导，积极开展妇女病普查普治，消灭传染源。

2. 加强对游泳池的卫生管理，禁止滴虫阴道炎患者及带虫者进入游泳池；改善公共卫生设施，提倡淋浴、蹲式公厕，废除公共盆池及坐便器，浴巾等公用品消毒备用。

3. 妇科检查所用器械及物品要严格消毒，防止交叉感染。

二、外阴阴道假丝酵母菌病

病例 20-2

已婚女，36 岁，因盆腔炎性疾病，静脉滴注抗生素 4 周，近三天出现外阴瘙痒，白带增多，呈豆渣样，检查见小阴唇内侧及阴道黏膜附着白色膜状物。

问题：1. 本病例应考虑的诊断是什么？

2. 为明确诊断应做哪项检查？

3. 制定治疗方案。

【病因】

外阴阴道假丝酵母菌病（vulvovaginal candidiasis，VVC）是常见的外阴阴道炎症，由假丝酵母菌引起，病原体 80%～90% 为白假丝酵母菌，假丝酵母菌感染的阴道 pH 在 4.0～4.7，通常＜4.5。白假丝酵母菌为双相菌，有酵母相和菌丝相，约 10% 非孕妇女及 30% 孕妇阴道内有此菌寄生，呈酵母相，并不引起症状。当阴道内糖原增加，酸度增高，全身及阴道局部细胞免疫力下降，假丝酵母菌大量生长繁殖并转变为菌丝相，才出现症状。

考点提示：外阴阴道假丝酵母菌病阴道 pH

外阴阴道假丝酵母菌病多见于妊娠、糖尿病患者、接受大剂量雌激素治疗、长期应用广谱抗生素或大量应用免疫抑制剂者，以上为常见发病诱因，穿紧身化纤内裤、肥胖使会阴局部温度及湿度增加，利于假丝酵母菌繁殖而引起感染。假丝酵母菌对热抵抗力不强，加热至 60℃，1 小时即死亡，对日光、紫外线、干燥及化学制剂的抵抗力较强。

【传染途径】

1. **内源性传染** 是主要途径。假丝酵母菌可寄生于阴道，此外还可寄生于人的口腔、肠道，三个部位的假丝酵母菌可互相传染，局部条件适宜时引起感染。

2. **直接传染** 少部分患者通过性生活直接传染。

3. **间接传染** 接触污染的衣物可间接传染。

【临床表现】

考点提示：分泌物的典型特征

主要表现为外阴瘙痒、灼痛，严重时坐卧不安，伴有尿频、尿痛及性交痛。急性期阴道分泌物增多，分泌物的特征是白色稠厚呈凝乳状或豆腐渣样。妇科检查见外阴红斑、水肿，伴有抓痕，小阴唇内侧及阴道黏膜附有白色膜状物，擦除后露出红肿黏膜面及浅表溃疡。

【分类】

根据流行情况、微生物学、临床表现、宿主情况分为单纯性 VVC 和复杂性 VVC（表 20-1）。

表 20-1　外阴阴道假丝酵母菌病临床分类

	单纯性 VVC	复杂性 VVC
发生频率	散发或非经常发作	复发性或经常发作
临床表现	轻到中度	重度
真菌种类	白假丝酵母菌	非白假丝酵母菌
宿主情况	免疫功能正常	免疫力低下、应用免疫抑制剂、糖尿病、妊娠
疗效	好	欠佳

【诊断】

湿片法阴道分泌物中找到白假丝酵母菌的芽孢和假菌丝即可确诊。方法是取少许阴道分泌物涂片，10% 氢氧化钾溶液滴于玻片与分泌物混匀，显微镜下找到芽孢和假菌丝。若有症状多次湿片检查为阴性，或为顽固病例，可采用培养法。阴道 pH 值测定具有重要鉴别意义，pH＜4.5，可能为单纯假丝酵母菌感染；若 pH＞4.5 且涂片中有多量白细胞，可能存在混合感染。顽固病例应详细询问病史，有无长期大量使用抗生素或服用含高剂量雌激素的避孕药，检查尿糖、血糖，查找病因。

考点提示：查找病原体及方法

【治疗】

1. 消除诱因　积极治疗糖尿病，及时停用广谱抗生素、雌激素及皮质类固醇激素。每天清洗外阴更换纯棉内裤，洗涤用物盆、毛巾及内裤均应开水烫洗。

2. 单纯性外阴阴道假丝酵母菌病的治疗　全身用药与局部用药的疗效相似，治愈率可达 80%～90%，以局部治疗为主。

（1）局部用药：2%～4% 碳酸氢钠溶液浸泡的消毒棉球清洗外阴及阴道分泌物，然后选用下列药物放于阴道内：①咪康唑栓剂，每晚 1 粒（200mg），连用 7 日，或每晚 1 粒（400mg），连用 3 日，或 1 粒（1200mg），单次用药。②克霉唑栓剂，每晚 1 粒（150mg），塞入阴道深部，连用 7 日；或每日早、晚各 1 粒（150mg），连用 3 日；或 1 粒（500mg），单次用药。③制霉菌素栓剂，每晚 1 粒（10 万 U），连用 10～14 日。

（2）全身用药：未婚妇女、经局部治疗效果差或反复发作者，可选用口服药物。氟康唑 150mg，顿服；伊曲康唑每次 200mg，每日 1 次，连用 3～5 日，或采用 1 日疗法，400mg 分 2 次口服。

3. 复杂性外阴阴道假丝酵母菌病的治疗

（1）严重的外阴阴道假丝酵母菌病：临床表现严重者，无论局部用药还是口服药物均应延长治疗时间。局部用药，延长为 7～14 日；口服氟康唑 150mg，则 72 小时后加服 1 次。

（2）复发性外阴阴道假丝酵母菌病（RVVC）的治疗：一年内有症状并经真菌学证实的外阴阴道假丝酵母菌病发作 4 次或以上，称为复发性外阴阴道假丝酵母菌病，发生率约 5%，多数患者复发机制不明确。复发病例应及时消除诱因，性伴侣有症状者进行假丝酵母菌检查及治疗。抗真菌治疗分为初始治疗和维持治疗。初始治疗：氟康唑 150mg，口服，第 4 日、第 7 日各加服 1 次；局部治疗，延长治疗时间为 7～14 日。常用的维持治疗：氟康唑 150mg，每周 1 次，共 6 个月；或克霉唑栓剂 500mg，每周 1 次，连用 6 个月；或伊曲康唑 400mg，每月 1 次，连用 6 个月。在治疗前应做真菌培养确诊，治疗期间定期复查监测疗效及药物副作用，一旦发现副作用，立即停药。

考点提示：局部用药

（3）妊娠合并外阴阴道假丝酵母菌病的治疗：以局部治疗为主，7 日疗法效果佳，禁用口服唑类药物。

三、细菌性阴道病

【病因】

考点提示：细菌性阴道病的病原体

细菌性阴道病是由于阴道内乳杆菌减少而其他细菌大量繁殖所致的一种混合感染，主要有加德纳尔菌、厌氧菌、人型支原体，其中以厌氧菌居多，临床及病理特征无炎症改变。细菌性阴道病的发生可能与多个性伴侣、频繁性交或阴道灌洗使阴道碱化有关。

【临床表现】

阴道分泌物增多，有鱼腥臭味，性交后加重，轻度的外阴瘙痒或烧灼感。妇科检查，阴道黏膜无充血的炎症表现，分泌物稀薄、灰白色，均匀一致，黏附于阴道壁，黏性低，易从阴道壁拭去。

【诊断】

下列 4 项中有 3 项阳性即可临床诊断为细菌性阴道病。

1. 匀质稀薄灰白色阴道分泌物。

2. 阴道 pH＞4.5。

3. 胺臭试验阳性 阴道分泌物涂片滴入 10% 氢氧化钾溶液 1～2 滴，产生烂鱼肉样腥臭气味。

考点提示：临床诊断标准

4. 线索细胞阳性 取少许阴道分泌物于玻片上，加 0.9% 氯化钠溶液一滴混合，高倍显微镜下可检出＞20% 的线索细胞。线索细胞即脱落的阴道表层细胞，细胞边缘附着大量颗粒状物即为加德纳尔菌，使细胞边缘不清或锯齿形。

【治疗】

治疗原则选用甲硝唑、克林霉素等抗厌氧菌药物。甲硝唑不影响乳杆菌生长，但对支原体效果差。

1. 全身用药 首选甲硝唑 400mg，每日 2 次，口服，共 7 日，连续用 3 个疗程；或克林霉素 300mg，每日 2 次，连服 7 日。

2. 阴道用药 甲硝唑阴道泡腾片 200mg，每晚 1 次，连用 7 日。

3. 性伴侣治疗 性伴侣给予治疗并未改善治疗效果及降低其复发率，因此，性伴侣不需常规治疗。

4. 妊娠期细菌阴道病的治疗 妊娠期细菌阴道病可导致绒毛膜羊膜炎、胎膜早破、早产，需告知本人及家属取得其知情同意后进行治疗。甲硝唑 200g，每日 3 次，连服 7 日；或克林霉素 300mg，每日 2 次，连服 7 日。

考点提示：治疗主要药物

5. 治愈标准 治愈是指湿片上线索细胞少于 20%，加上以下 3 项评价指标中至少 1 项：①白带正常；②阴道 pH＜4.5；③氨试验阴性。

四、萎缩性阴道炎

病例 20-3

女性，58 岁，绝经 6 年，脓血性白带 1 月伴外阴瘙痒 7 天就诊。妇科检查：阴道壁充血，有脓血性分泌物，味臭，宫颈光滑充血，子宫 50 天妊娠大小，轻压痛，双侧附件无异常，白带查假丝酵母菌、滴虫阴性，见大量脓细胞。

问题：1. 应首先考虑何种疾病？

2. 进一步行哪项检查？

3. 如何治疗？

【病因】

萎缩性阴道炎常见于自然绝经后妇女。因卵巢功能衰退，体内雌激素水平降低，致使阴道壁萎缩，黏膜变薄，上皮细胞内糖原减少，阴道内 pH 值升高，乳杆菌减少，导致局部抵抗力减弱，致病菌易入侵繁殖而引起阴道炎。此外，双侧卵巢切除、卵巢功能早衰、盆腔放射治疗等，使卵巢功能丧失，也可发生萎缩性阴道炎。

考点提示： 体内雌激素水平变化

【临床表现】

主要症状为白带增多，呈黄水样、脓性或血性，伴有外阴瘙痒、灼热感或性交痛。妇科检查见阴道黏膜皱壁消失，上皮菲薄，充血，有散在小出血点或浅表溃疡，严重者可见粘连狭窄甚至闭锁，炎性分泌物引流不畅形成阴道积脓或宫腔积脓。

【诊断】

根据年龄、病史及临床表现，诊断不难，应排除阴道特异性炎症及子宫颈癌、子宫内膜癌。取阴道分泌物检查，显微镜下无滴虫及假丝酵母菌见大量基底层细胞及白细胞。有血性白带者，需常规作宫颈刮片，必要时行分段诊刮术。对阴道壁肉芽组织及溃疡，行局部活组织检查与阴道癌相鉴别。

考点提示： 与哪些疾病鉴别

【治疗】

治疗原则为抑制细菌生长，增强阴道抵抗力。

1. 抑制细菌生长　甲硝唑 200mg 或诺氟沙星 100mg，放于阴部深部，每日 1 次，7～10 日为一疗程。

2. 增加阴道抵抗力　补充雌激素。0.5% 已烯雌酚软膏，局部涂抹，每日 1～2 次，连用 14 日。全身用药尼尔雌醇，口服，首次 4mg，以后每 2～4 周 1 次，每次 2mg，连续治疗 2～3 个月。性激素替代治疗者，给予结合雌激素和醋酸甲羟孕酮，乳腺癌、子宫内膜癌、肝炎患者，慎用雌激素。

第3节　宫颈炎症

宫颈炎症是女性下生殖道常见炎症，包括宫颈阴道部及宫颈管黏膜炎症。正常情况下，宫颈具有以下防御功能：①宫颈阴道部由复层鳞状上皮覆盖；②宫颈管黏膜层腺体分泌碱性黏液，内含溶菌酶形成黏液栓堵塞宫颈管；③宫颈内口紧闭。防御功能可阻挡下生殖道病原体进入上生殖道。但宫颈阴道部鳞状上皮与阴道鳞状上皮相延续，阴道炎可引起宫颈阴道部炎症；分娩、宫腔手术操作容易损伤宫颈；宫颈管单层柱状上皮抗感染能力差且皱襞多，一旦发生感染，病原体不易完全清除。临床以宫颈管黏膜炎多见，若不及时彻底治疗，可引起上生殖道炎症。

病例 20-4

女性，40岁，脓性白带1周。妇科检查：宫颈充血，宫颈管内有脓性分泌物流出，子宫大小正常，双附件无压痛。

问题：1．该患者诊断是什么疾病？

2．为确诊，进一步做哪些检查？

3．如何治疗？

【病因及病原体】

1．**病因** 不洁性生活、产后宫颈损伤、产褥期感染、感染性流产。

2．**病原体** ①性传播疾病病原体：淋病奈瑟菌和沙眼衣原体；②内源性病原体：葡萄球菌、链球菌、肠球菌及厌氧菌。淋病奈瑟菌和沙眼衣原体均感染宫颈管柱状上皮，沿黏膜面扩散引起宫颈管黏膜炎。此外，淋病奈瑟菌还侵袭前庭大腺、尿道移行上皮及尿道旁腺。

【临床表现】

主要症状是阴道分泌物增多，呈黏液脓性，分泌物刺激引起外阴瘙痒及灼热。还出现经间期出血、接触性出血、性交后出血及尿急、尿频、尿痛等症状。妇科检查见宫颈充血、水肿、肥大、黏膜外翻，宫颈外口有黏液脓性分泌物附着或从宫颈管流出。若为淋病奈瑟菌感染，见尿道口、阴道口黏膜充血、水肿及大量脓性分泌物。

【诊断】

出现两个典型体征，阴道分泌物显微镜检查白细胞增多，即可初步诊断宫颈炎症，需进一步检测衣原体和淋病奈瑟菌。

1．**两个典型体征，具备一个或同时具备两个：**

（1）宫颈管或宫颈管棉拭子标本上，肉眼见到脓性或黏液脓性分泌物。

（2）棉拭子擦拭宫颈管，出现宫颈管内出血。

2．**白细胞检测** 检测宫颈管分泌物或阴道分泌物中白细胞。

（1）宫颈管分泌物涂片革兰染色，中性粒细胞＞30/ 高倍视野。

（2）阴道分泌物湿片检查，白细胞＞10/ 高倍视野。

3．**病原体检测** 检测淋病奈瑟菌的方法：①宫颈分泌物涂片革兰染色，在中性粒细胞内找到革兰阴性双球菌，即可诊断，但此法敏感性、特异性差；②淋病奈瑟菌培养，是诊断淋病奈瑟菌性宫颈炎的金标准；③聚合酶链反应（PCR）技术；④酶联免疫吸附试验（ELISA）。检测沙眼衣原体的方法：①衣原体培养，方法复杂，临床少用；②酶联免疫吸附试验，检测沙眼衣原体抗原，是临床常用的方法。③核酸检测。

考点提示： 宫颈炎症的典型体征及白细胞检测

【治疗】

针对病原体给予抗生素治疗。有性传播疾病高危因素的年轻患者，未获得病原体检测结果即可治疗，阿奇霉素 1g 单次口服，或多西环素 100g，每日 2 次，共 7 日。

1．**单纯急性淋病奈瑟菌性宫颈炎** 治疗原则及时、规范、足量、彻底，同时治疗性伴侣。目前主张单次、大剂量给药，常用药物①头孢曲松钠 25mg，单次肌内注射；②头孢克肟 400mg，单次口服；③大观霉素 4g，单次肌内注射。

2．沙眼衣原体性宫颈炎　常用药物①四环素类：多西环素 100mg，每日 2 次，连服 7 日；②红霉素类：阿奇霉素 1g 单次顿服，或红霉素 500mg，每日 4 次，连服 7 日；③喹诺酮类：氧氟沙星 300mg，每次 2 次，连服 7 日，或左氧氟沙星 500mg，每日 1 次，连服 7 日。淋病奈瑟菌感染常伴有衣原体感染，因此，淋病奈瑟菌性宫颈炎治疗应加用抗衣原体感染药物。

第 4 节　盆腔炎性疾病

盆腔炎性疾病是指女性上生殖道的一组感染性疾病，包括子宫内膜炎、输卵管炎、输卵管卵巢脓肿、盆腔腹膜炎，是妇科常见疾病。如未能及时彻底治疗，可导致不孕、输卵管妊娠、慢性盆腔痛以及炎症反复发作，严重影响妇女的生殖健康。炎症可局限于一个部位，也可同时累及几个部位，以输卵管炎、输卵管卵巢炎最常见。

考点提示：最常见的盆腔炎性疾病

病例 20-5

张女士，33 岁，继发不孕 5 年，自月经第 4 天，渐起发热、畏寒及下腹痛，右侧甚。Bp100/80mmHg，P120 次 / 分，T38℃，WBC12×10^9/L，中性粒细胞 0.80，下腹部轻压痛。妇科检查：宫颈有脓性分泌物，子宫大小正常，有压痛，双附件增厚，压痛。

问题：1．该病人最可能的诊断是什么？

2．诊断依据及进一步做哪些检查？

3．制定治疗方案。

【病原体及其致病特点】

病原体有两个来源即外源性和内源性，大多数为混合感染，病原体也可单独存在。

1．外源性病原体　主要是淋病奈瑟菌、沙眼衣原体，其他有支原体。目前在我们国家，淋病奈瑟菌、沙眼衣原体引起的盆腔炎性疾病明显增加，已引起医务工作者重视。

2．内源性病原体　来自寄居于阴道内的菌群，以大肠埃希菌、金黄色葡萄球菌、溶血性链球菌及厌氧菌为主，厌氧菌以加德纳菌、消化链球菌、消化球菌、脆弱类杆菌较常见。

下生殖道病原体筛查

据西方国家报道，盆腔炎性疾病的主要病原体是沙眼衣原体及淋病奈瑟菌。在美国，盆腔炎性疾病 40%～50% 由淋病奈瑟菌引起，10%～40% 可分离出沙眼衣原体，对下生殖道淋病奈瑟菌及沙眼衣原体的筛查及治疗已使盆腔炎性疾病发病率下降。

链接

【感染途径】

1．沿生殖道黏膜上行蔓延　病原体侵入外阴、阴道或阴道内的菌群沿宫颈黏膜、子宫内膜、输卵管黏膜，蔓延至卵巢及腹腔。淋病奈瑟菌、沙眼衣原体及葡萄球菌常沿此途径扩散，是非妊娠期、非产褥期盆腔炎性疾病的主要感染途径（图 20-1）。

2. 经淋巴系统蔓延 病原体经外阴、阴道、宫颈及宫体创伤处的淋巴管侵入盆腔结缔组织及内生殖器其他部分。链球菌、大肠埃希菌、厌氧菌多沿此途径蔓延，是产褥感染、流产后感染及放置宫内节育器后感染的主要感染途径（图 20-2）。

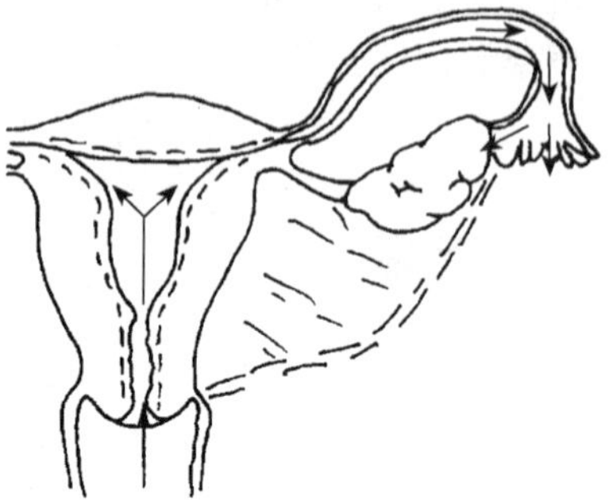

图 20-1 炎症经黏膜上行蔓延

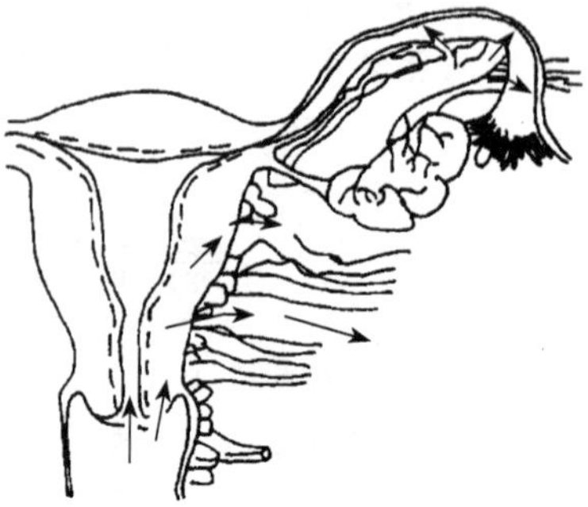

图 20-2 炎症经淋巴系统蔓延

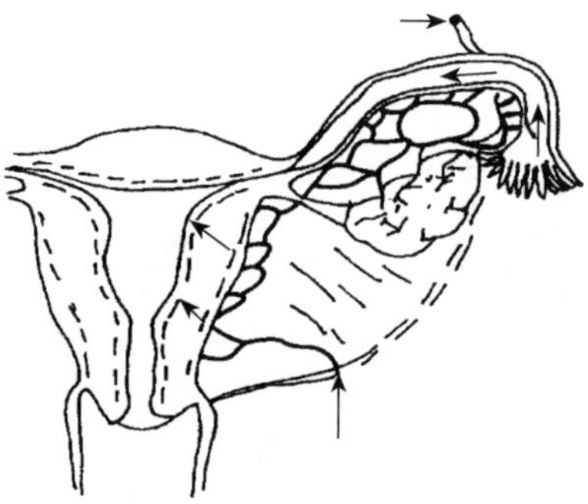

图 20-3 炎症经血循环传播

3. 经血循环传播 病原体先侵入人体的其他系统，再经血循环感染生殖器，是结核菌感染的主要途径（图 20-3）。

4. 直接蔓延 腹腔其他脏器感染后，直接蔓延到内生殖器，如阑尾炎可引起右侧输卵管炎。

【高危因素】

了解高危因素有助于盆腔炎性疾病的正确诊断及预防。

1. 年龄 高发年龄为 15～25 岁。可能与性活动频繁、宫颈柱状上皮生理性向外移位及宫颈黏液机械防御功能较差有关。

2. 性活动 初次性交年龄小、性交过频、有多个性伙伴及性伙伴有性传播疾病者。

3. 下生殖道感染 细菌性阴道病、淋病奈瑟菌性宫颈炎及衣原体宫颈炎与盆腔炎性疾病的发生关系密切。

4. 宫腔内手术操作后感染 放置宫内节育器、刮宫术、宫腔镜检查、输卵管通液术、子宫输卵管造影术等，手术操作引起生殖道黏膜损伤，导致下生殖道内源性病原体上行感染。

5. 性卫生不良 性卫生保健意识差、使用不洁月经垫、经期性交可使病原体侵入而引起炎症。此外，阴道冲洗者盆腔炎性疾病的发生率高。

6. 邻近器官炎症直接蔓延 阑尾炎、腹膜炎等蔓延至盆腔。

7. 盆腔炎性疾病再次发作 盆腔炎性疾病所致的输卵管损伤、盆腔广泛粘连，容易再次感染，导致急性发作。

【病理及发病机制】

1. 急性子宫内膜炎及子宫肌炎 子宫内膜充血、水肿、有炎性渗出物，内膜坏死、脱落形成溃疡。镜下见大量白细胞浸润，炎症向深部浸入形成子宫肌炎。

2. 急性输卵管炎、输卵管积脓、输卵管卵巢脓肿 急性输卵管炎症因病原体传播途径不同而有不同的病变特点。

（1）炎症经子宫内膜向上蔓延：首先引起输卵管黏膜炎，输卵管黏膜肿胀、间质充血、水肿伴中性粒细胞浸润，重者发生输卵管上皮退行性变或脱落，引起输卵管黏膜粘连，导致输卵管管腔及伞端闭锁，若有脓液积聚于管腔内形成输卵管积脓。

（2）病原菌通过宫颈的淋巴播散：通过宫旁结缔组织，首先侵入浆膜层发生输卵管周围炎，然后累及肌层，输卵管黏膜层可不受累或受累极轻。病变以输卵管间质炎为主，其管腔因肌壁增厚受压变窄，但仍能保持通畅。严重者可造成与周围组织粘连。

卵巢白膜是一层防御屏障，卵巢很少单独发炎，常与感染的输卵管伞端粘连而发生卵巢周围炎，称为输卵管卵巢炎，通常称附件炎。炎症可通过卵巢排卵的破孔侵入实质形成卵巢脓肿，脓肿壁与输卵管积脓粘连并穿通，形成输卵管卵巢脓肿。脓肿多位于子宫后方或子宫、阔韧带后叶及肠管间粘连处，可破入直肠或阴道，若破入腹腔则引起弥漫性腹膜炎。

3. 急性盆腔腹膜炎　盆腔内器官发生严重感染时，常蔓延到盆腔腹膜，盆腔腹膜充血、水肿伴渗出，形成盆腔脏器粘连，大量脓性渗出液积聚于直肠子宫陷凹处形成盆腔脓肿，脓肿可破入直肠使临床症状突然减轻，也可破入腹腔引起弥漫性腹膜炎。

4. 急性盆腔结缔组织炎　病原体经创伤处的淋巴管进入盆腔结缔组织引起组织充血、水肿及中性粒细胞浸润。以宫旁结缔组织炎最常见，局部组织增厚，向两侧盆壁呈扇形浸润，若组织化脓形成盆腔腹膜外脓肿，可自发破入阴道或直肠。

5. 败血症及脓毒血症　当病原体数量多、毒性强、患者抵抗力降低时，常发生败血症，若不及时控制，可很快出现感染性休克甚至死亡。发生盆腔炎性疾病后，若身体其他部位发现多处炎症病灶或脓肿者，应考虑脓毒血症，但需经血培养才能确诊。

6. 肝周围炎（Fitz-Hugh-Curtis 综合征）　指肝包膜炎症而无肝实质损害的肝周围炎。由于肝包膜水肿，吸气时右上腹疼痛，肝包膜表面有脓性或纤维渗出物，输卵管炎 5%～10% 可发生肝周围炎。淋病奈瑟菌及衣原体感染均可引起。

【临床表现】

可因炎症轻重及范围大小而有不同的临床表现。轻者无症状或症状轻微，主要症状为持续性下腹痛、阴道分泌物增多、发热，若病情严重可有头痛、寒战、高热、食欲不振，月经量增多、经期延长。若有腹膜炎，出现恶心、呕吐、腹胀、腹泻等消化系统症状。若有脓肿形成，可有下腹包块及局部压迫刺激症状，包块位于子宫前方出现排尿困难、尿频等膀胱刺激症状；包块位于子宫后方可有直肠刺激症状，若在腹膜外出现腹泻、里急后重感和排便困难。如有输卵管炎的症状及体征并同时出现右上腹疼痛者，应考虑有肝周围炎。

查体患者大多呈急性病容，体温升高，心率加快，下腹部有压痛、反跳痛及肌紧张，叩诊鼓音明显，肠鸣音减弱或消失。盆腔检查：阴道黏膜充血，大量脓性臭味分泌物；宫颈充血、水肿，脓性分泌物从宫颈口流出；后穹隆触痛明显；宫颈举痛，宫体稍大，有压痛，活动受限；子宫两侧压痛明显，单纯输卵管炎，可触及增粗压痛明显的输卵管，输卵管积脓或输卵管卵巢脓肿，可触及包块且压痛明显；宫旁结缔组织炎时，可扪及宫旁一侧或两侧片状增厚，或两侧宫骶韧带增粗，压痛明显；盆腔脓肿形成时，可扪及后穹隆或侧穹隆有肿块且有波动，三合诊检查能进一步了解盆腔情况。

【诊断】

根据病史、症状、体征及实验室检查可初步诊断，但临床诊断准确性不高。由于临床正确诊断盆腔炎性疾病比较困难，而延误诊断又遗留盆腔炎性疾病后遗症，2006 年美国疾病控制中心（CDC）推荐的盆腔炎性疾病的诊断标准（表 20-2），可提高对盆腔炎性疾病的认识，对可疑患者做进一步评价，及时彻底治疗，减少后遗症的发生。

表 20-2 盆腔炎性疾病的诊断标准（2006 年美国 CDC 诊断标准）

最低标准
宫颈举痛或子宫压痛或附件区压痛
附加标准
体温超过 38.3℃（口表）
宫颈或阴道异常黏液脓性分泌物
阴道分泌物 0.9% 氯化钠溶液涂片见到大量白细胞
红细胞沉降率升高
血 C- 反应蛋白升高
实验室证实的宫颈淋病奈瑟菌或衣原体阳性
特异标准
子宫内膜活检组织学证实子宫内膜炎
阴道超声或磁共振检查显示输卵管增粗、输卵管积液，伴或不伴有盆腔积液、输卵管卵巢肿块，以及腹腔镜检查发现盆腔炎性疾病征象

最低诊断标准提示：性活跃的年轻女性或具有性传播疾病的高危人群，若出现下腹痛，并能排除其他原因引起的下腹痛，妇科检查符合最低诊断标准，即可给予经验性抗生素治疗。

附加标准增加诊断的特异性，多数盆腔炎性疾病患者有宫颈黏液脓性分泌物，或阴道分泌物 0.9% 氯化钠溶液涂片中见到白细胞，若宫颈分泌物正常且镜下见不到白细胞，诊断盆腔炎性疾病需慎重。

特异标准基本可诊断盆腔炎性疾病，仅适应于有选择的病例，因为除 B 型超声检查外，均为有创伤检查或费用较高。腹腔镜诊断盆腔炎性疾病标准包括：①输卵管表面明显充血；②输卵管壁水肿；③输卵管伞端或浆膜面有脓性渗出物。腹腔镜诊断输卵管炎，能直接采取感染部位的分泌物做细菌培养，准确率高，但临床应用有一定局限性，对单独存在的子宫内膜炎无诊断价值。

考点提示： 盆腔炎性疾病最低诊断标准

盆腔炎性疾病诊断后，需进一步明确病原体。宫颈管分泌物及后穹隆穿刺液涂片、培养及核酸扩增检测病原体，临床较实用，但不如腹腔镜下或剖腹探查取感染部位的分泌物做培养及药敏准确。涂片做革兰染色，找到淋病奈瑟菌可确诊。

【鉴别诊断】

盆腔炎性疾病应与急性阑尾炎、输卵管妊娠流产或破裂、卵巢囊肿蒂扭转或破裂等急症相鉴别。

【治疗】

主要为抗生素药物治疗，治疗原则：经验性、广谱、及时、个体化，必要时手术治疗。根据药敏试验选用抗生素比较合理，但通常在未获得实验室结果前根据经验给予抗生素治疗。由于病原体多为淋病奈瑟菌、沙眼衣原体及需氧菌、厌氧菌的混合感染，故选择广谱抗生素以及联合用药。在盆腔炎性疾病初步诊断的 48 小时内及时用药后遗症的发生明显降低。

1. 门诊治疗 若患者一般情况好，症状轻，有随访条件，可在门诊治疗。常用方案：①氧氟沙星 400mg 口服，每日 2 次，或左氧氟沙星 500mg 口服，每日 1 次，同时加服甲硝唑 400mg，每日 2～3 次，连用 14 日；②头孢曲松钠 250mg 单次肌内注射，或头孢西丁钠 2g，单次肌内注射，同时口服丙磺舒 1g，然后改为多西环素 100mg，每日 2 次，连服 14 日，同时口服甲硝唑 400mg，每日 2 次，连用 14 日。

2. 住院治疗　若患者一般情况差，病情重，伴有发热、恶心、呕吐；或有盆腔腹膜炎或输卵管卵巢囊肿；或门诊治疗无效；或诊断不清，均应住院治疗。

（1）支持疗法：卧床休息，半卧位利于脓液积聚于直肠子宫陷凹使炎症局限。尽量避免不必要的妇科检查以免炎症扩散。给予高能量易消化半流饮食，补充液体，纠正电解质紊乱及酸碱失衡。高热时采用物理降温。腹胀者行胃肠减压。

（2）抗生素药物治疗：给药途径静脉滴注，常用配伍方案如下。

1）第二代及第三代头孢菌素：头孢西丁钠 2g，静脉滴注，每 6 小时 1 次，或头孢替坦二钠 2g，静脉滴注，每 12 小时 1 次；加多西环素 100mg，每 12 小时 1 次，静脉滴注或口服。临床症状改善至少 24 小时后改为口服药物，多西环素 100mg，每 12 小时 1 次，连服 14 日。对不能耐受多西环素者，可用阿奇霉素，每次 500mg，每日 1 次，连服 3 日。输卵管卵巢脓肿的患者，加用克林霉素或甲硝唑，可加强的对抗厌氧菌。

2）克林霉素与氨基糖苷类药物联合：克林霉素 900mg，每 8 小时 1 次，静脉滴注；庆大霉素先给予负荷量（2mg/kg），然后给予维持量（1.5mg/kg），每 8 小时 1 次，静脉滴注。临床症状、体征改善后继续静脉应用 24～48 小时，克林霉素改为口服，每次 450mg，1 日 4 次，连用 14 日；或多西环素 100mg，口服，1 日 2 次，连服 14 日。

考点提示：盆腔炎性疾病支持疗法和抗生素药物治疗

3）喹诺酮类药物与甲硝唑联合：氧氟沙星 400mg 静脉滴注，每 12 小时 1 次，或左氧氟沙星 500mg 静脉滴注，每日 1 次；甲硝唑 500mg 静脉滴注，每 8 小时 1 次。

4）青霉素类与四环素类药物联合：氨苄西林 / 舒巴坦 3g，静脉滴注，每 6 小时 1 次，加多西环素 100mg，每日 2 次，连服 14 日。

（3）手术治疗：主要用于治疗抗生素控制不满意的输卵管卵巢脓肿或盆腔脓肿，手术指征：

1）药物治疗无效：输卵管卵巢脓肿或盆腔脓肿经药物治疗 48～72 小时，体温持续不降，患者中毒症状加重或包块增大者，应及时手术，以免出现脓肿破裂。

2）脓肿持续存在：经药物治疗病情好转，继续控制炎症 2～3 周，包块仍未消失但已局限化，应手术切除。

3）脓肿破裂：腹痛突然加剧，寒战、高热、恶心、呕吐、腹胀，检查腹部拒按或有中毒性休克表现，应怀疑脓肿破裂，如未及时诊治，死亡率高，需在抗生素治疗的同时立即剖腹探查。

手术可根据情况选择腹腔镜手术或经腹手术。手术范围应根据患者年龄、一般状态、病变范围等全面考虑，原则以切除病灶为主。年轻妇女应尽量保留卵巢功能，以保守性手术为主；年龄大、双侧附件受累或附件脓肿屡次发作者，行子宫及双附件切除术。若盆腔脓肿位置低，突向阴道后穹隆时，可经阴道切开排脓，同时注入抗生素。

考点提示：盆腔炎性疾病手术指征

3. 中药治疗　主要用清热解毒、活血化瘀药物，如银翘解毒汤、安宫牛黄丸或紫血丹等。

【盆腔炎性疾病后遗症】

若盆腔炎性疾病未得到及时正确的治疗，可能会发生一系列后遗症，即盆腔炎性疾病后遗症（sequelae of PID）。主要病理改变为组织破坏、广泛粘连、增生及瘢痕形成，导致①输卵管增粗、输卵管阻塞；②输卵管卵巢粘连形成输卵管卵巢肿块；③若输卵管伞端闭锁、浆液性渗出物积聚，形成输卵管积水或输卵管卵巢囊肿；④盆腔结缔组织表现为主韧带、骶韧带增生变厚，若病变广泛，可使子宫固定。

考点提示：盆腔炎性疾病后遗症的病理改变

1. 临床表现

（1）不孕：输卵管粘连、积水或阻塞可致不孕，发生率为 20%～30%。

（2）异位妊娠：发生率是正常妇女的8～10倍。

（3）慢性盆腔痛：炎症形成粘连、瘢痕以及盆腔充血，常引起下腹坠胀、疼痛及腰骶部酸痛，常在劳累、性交后及月经前后加剧。

（4）盆腔炎性疾病反复发作：有盆腔炎性疾病病史者，约25%将再次发作。

2. 妇科检查 若为输卵管病变，子宫一侧或两侧可触到条索状增粗输卵管，并有轻度压痛；若为输卵管积水或输卵管卵巢囊肿，则在盆腔一侧或两侧触及囊性肿物，活动受限；若为盆腔结缔组织病变，子宫后倾后屈，粘连固定，子宫一侧或两侧有片状增厚、压痛，宫骶韧带触痛且增粗、变硬。

3. 治疗 盆腔炎性疾病后遗症需根据不同情况制定治疗方案。不孕患者多需要辅助生育技术协助受孕；慢性盆腔痛，治疗前需排除子宫内膜异位症等其他引起盆腔痛的疾病，目前尚无有效的方法，对症处理或中药、理疗等综合治疗；输卵管积水者行手术治疗；盆腔炎性疾病反复发作者，抗生素药物治疗的基础上可根据具体情况选择手术治疗。

【随访】

抗生素治疗的患者，治疗后的72小时内临床症状应改善，如体温下降，腹部压痛、反跳痛减轻，宫颈举痛、子宫压痛、附件区压痛减轻；若治疗72小时内症状无改善，需进一步检查，必要时行腹腔镜或手术探查。淋病奈瑟菌及沙眼衣原体感染者，治疗后4～6周复查病原体。

【预防】

1. 注意性生活卫生，减少性传播疾病。沙眼衣原体感染筛查和治疗可减少盆腔炎性疾病发生率。
2. 加强公共卫生宣传教育，提高妇女对生殖道感染的认识及预防的重要性。
3. 及时彻底治疗下生殖道感染。
4. 严格掌握妇科手术指征，作好术前准备，术中注意无菌操作，预防感染。
5. 及时规范治疗盆腔炎性疾病，防止后遗症发生。

第5节 生殖器结核

由结核分枝杆菌引起的女性生殖器炎症称为生殖器结核，又称结核性盆腔炎，多见于20～40岁女性，也可见于绝经后的老年妇女。近年因耐多药结核、艾滋病的增加以及对结核病的松懈，生殖器结核发病率有所升高。

病例20-6

女性，25岁，婚后3年不孕。14岁初潮，月经规则，20岁以后时常低热、盗汗、乏力，随后月经量逐渐减少。妇科检查：子宫后位，正常大小，活动度差，左侧附件区可扪及一直径4cm大小之包块，边界不清，与子宫紧贴，轻压痛。

问题：1. 该病例最可能的诊断是什么？

2. 确诊最可靠的诊断依据？

3. 如何治疗？

【传染途径】

生殖器结核常继发于身体其他部位结核，如肺结核、肠结核、腹膜结核、淋巴结核等，生殖器结核潜伏期长，可达 1～10 年，多数患者在发现生殖器结核时，其原发病灶已痊愈。常见的传染途径：

1. 血行传播　是最主要的传播途径。青春期身体其他部位结核病灶易通过血行传播。由于输卵管黏膜有利于结核菌潜伏感染，结核杆菌首先侵犯输卵管，然后依次扩散到子宫内膜、卵巢，较少侵犯宫颈、阴道、外阴。

2. 直接蔓延　腹膜结核、肠结核可直接蔓延到内生殖器。

3. 淋巴传播　较少见。消化道结核可通过淋巴管传播感染内生殖器。

4. 性交传播　极罕见。男性患泌尿系结核，通过性交传播，上行感染。

【病理】

1. 输卵管结核　占女性生殖器结核的 90%～100%，双侧居多。典型表现：输卵管增粗肥大，伞端外翻如烟斗嘴状。也可表现为输卵管增粗、僵直，峡部有多个结节隆起；伞端封闭，管腔内充满干酪样物质；输卵管浆膜面可见多个粟粒结节，有时盆腔腹膜、肠管表面及卵巢表面也布满类似结节。输卵管常与卵巢、子宫、肠曲广泛粘连。

2. 子宫内膜结核　占生殖器结核的 50%～80%，常由输卵管结核蔓延而来。病变首先出现在宫腔两侧角，随着病情进展，子宫内膜可见粟粒状、溃疡及干酪样坏死，最后形成瘢痕，使宫腔粘连变形、缩小。

3. 卵巢结核　占生殖器结核的 20%～30%，主要由输卵管结核蔓延而来，因卵巢白膜的保护作用，仅发生卵巢周围炎，较少侵犯卵巢深层。少部分卵巢结核由血行传播感染，可在卵巢深部形成结节及干酪样坏死性脓肿。

4. 宫颈结核　较少见，占生殖器结核的 10%～20%，常由子宫内膜结核蔓延而致或经淋巴或血循环传播，病变表现为乳头状增生或为溃疡，外观易与宫颈癌混淆。

5. 盆腔腹膜结核　多合并输卵管结核。根据病变特征不同分渗出型及粘连型。渗出型以渗出为主，渗出液为浆液性草黄色液体，积聚于盆腔，因粘连形成多个包裹性囊肿，腹膜及盆腔脏器浆膜面有大小不等的灰黄色结节；粘连型以粘连为主，腹膜增厚，与邻近器官紧密粘连，粘连间组织常发生干酪样坏死，形成瘘管。

考点提示： 生殖器结核的病理

【临床表现】

因病情轻重、病程长短不同，临床表现各异。

1. 不孕　在原发性不孕患者中，生殖器结核为常见原因之一。由于输卵管黏膜破坏与粘连，造成管腔阻塞；或输卵管与周围粘连，虽然管腔部分通畅，但黏膜纤毛被破坏及输卵管僵硬，导致其运输功能减退或丧失。此外，子宫内膜结核妨碍受精卵着床与发育，也可导致不孕。

2. 月经失调　早期子宫内膜充血及溃疡，可有月经量过多、经期延长；晚期子宫内膜广泛破坏，表现为月经稀少或闭经。

3. 下腹坠痛　因盆腔炎性疾病和粘连，可有不同程度的下腹坠痛，经期加重。

4. 全身症状　若为活动期，可有发热、乏力、盗汗、食欲不振、体重减轻等结核病的一般症状，轻者全身症状不明显。

5. 全身及妇科检查　因病变程度与范围不同而有较大差异，较多患者无明显体征和其他自觉症状，常因不孕行诊断性刮宫、子宫输卵管碘油造影及腹腔镜检查时发现患有盆腔结核。合并腹膜结核者，触诊腹部有柔韧感或腹水征，形成包裹性积液，可触及囊性肿块，边界不清，不活动。妇科检查子宫发育较差，因粘连活动受限。若输卵管卵巢感染，子宫两侧可触及条索状的输卵管或输卵管与卵巢粘连形成的大小不等、形状不规则的包块，质硬、表面不平，呈结节状突起，与周围粘连。

考点提示：生殖器结核的临床表现

【诊断】

多数患者缺乏典型症状和体征，早期易误诊、漏诊。为提高确诊率，应详细询问病史，已婚妇女有原发不孕、月经稀少或闭经；未婚女青年有低热、盗汗、盆腔炎性疾病或腹水，应考虑生殖器结核。

【辅助诊断检查】

1．子宫内膜病理检查 是最可靠的诊断依据。选择经前1周或月经来潮6小时内作诊断性刮宫。术前3日及术后4日应每日肌内注射链霉素0.75g及口服异烟肼0.3g，以防病灶扩散。刮宫应全面，注意刮取子宫角内膜，将刮出物送病理检查，找到典型结核结节，即可确诊。若可疑宫颈结核，做活组织检查确诊。

2．X线检查

（1）胸部、盆腔、胃肠道及泌尿系统X线摄片，可协助发现原发病灶。

（2）子宫输卵管碘油造影，可见到以下特征：①宫腔狭窄、变形，边缘呈锯齿状；②输卵管管腔细小、僵直，呈串珠状；③在相当于盆腔淋巴结、输卵管、卵巢部位有钙化灶；④若碘油进入子宫一侧或两侧静脉丛，应考虑有子宫内膜结核。子宫输卵管造影有可能将输卵管管腔中的干酪样物质及结核菌带到腹腔，造影前后肌内注射链霉素及口服异烟肼。

3．腹腔镜检查 能直接观察子宫、输卵管浆膜、盆腔浆膜有无粟粒结节，同时取腹腔液作结核菌培养，病变部位取材活组织检查。检查时注意避免肠道损伤。

考点提示：子宫内膜病理检查、子宫输卵管碘油造影

4．结核菌检查 月经血或宫腔刮出物或腹腔液作结核菌检查，常用方法：①涂片抗酸染色查找结核菌；②结核菌培养，因结核菌生长缓慢，通常1～2个月才能得到结果，此法准确；③分子生物学方法，如PCR技术，方法快速、简便，但可能出现假阳性。

5．结核菌素试验 阳性说明曾感染过结核分枝杆菌，强阳性说明仍有活动性病灶，阴性说明未感染过结核分枝杆菌。

6．其他 活动期红细胞沉降率增快，但正常不能排除结核病变；白细胞计数不高，分类淋巴细胞增多，这些化验检查均非特异性，只能作为诊断参考。

【鉴别诊断】

与盆腔炎性疾病后遗症、子宫内膜异位症、卵巢肿瘤及宫颈癌鉴别。

【治疗】

治疗原则：抗结核药物治疗为主，休息营养为辅。

1．抗结核药物治疗 遵循早期、联合、规律、适量、全程的原则。抗结核药物治疗对90%的女性生殖器结核有效。既往多采用1.5～2年的长疗程治疗，进年采用异烟肼、利福平、乙胺丁醇、链霉素及吡嗪酰胺等多药物短疗程联合治疗，时间6～9个月。常用抗结核药物有：①异烟肼300mg，每日1次顿服，或每周2～3次，每次600～800mg；②利福平每日450～600mg（体重小于50kg，用450mg），早饭前顿服，利于吸收，间接疗法为每周

2～3 次，每次 600～900mg；③链霉素每日 0.75g，肌内注射（50 岁以上或肾功能减退者用 0.5～0.75g）；④乙胺丁醇每日 0.75～1g，口服，间歇疗法为每周 2～3 次，每次 1.5～2g；⑤吡嗪酰胺每日 1.5～2g，分 3 次口服。

2. 支持疗法　急性患者至少应休息 3 个月，慢性患者可从事部分工作和学习。劳逸结合，加强营养，适当参加体育锻炼，增强体质。

3. 手术治疗　手术指征：①盆腔包块经药物治疗后缩小，但不能完全消退；②治疗后反复发作或治疗无效；③盆腔结核已形成较大包块或包裹性积液；④子宫内膜结核治疗无效形成结核瘘管。为避免手术时病灶扩散及减轻粘连有利于手术，手术前后需用抗结核药物 1～2 个月。手术方式以全子宫及双侧附件切除为宜，年轻妇女应尽量保留卵巢功能。对病变局限于输卵管，又迫切希望生育者，行双侧输卵管切除术，保留卵巢及子宫。生殖器结核经药物治疗效果良好，但妊娠成功率极低，希望妊娠者，可行辅助生育技术助孕。

案例分析参考答案

案例 20-1

1．初步诊断：滴虫阴道炎。

2．确诊检查：湿片法阴道分泌物查找滴虫。

3．治疗：①全身用药：甲硝唑 400mg，每日 2 次，连服 7 日；②局部治疗：1% 乳酸或 0.5% 醋酸溶液浸泡的消毒棉球清理阴道分泌物，然后甲硝唑阴道泡腾片 200mg 置入阴道内，每日 1 次，7～10 日为一疗程。

病例 20-2

1．诊断：外阴阴道假丝酵母菌病。

2．确诊检查：湿片法阴道分泌物查找白假丝酵母菌的芽孢和假菌丝。

3．治疗方案：①消除诱因：及时停用广谱抗生素；②局部用药：2%～4% 碳酸氢钠溶液浸泡的消毒棉球清洗外阴及阴道分泌物，然后咪康唑栓剂放于阴道内：每晚 1 粒（200mg），连用 7 日，或每晚 1 粒（400mg），连用 3 日，或 1 粒（1200mg），单次用药。

案例 20-3

1．首先考虑：①萎缩性阴道炎；②宫腔积脓。

2．进一步检查：①常规作宫颈刮片，排除子宫颈癌；②行分段诊刮术，排除子宫内膜癌。

3．治疗：①抑制细菌生长，甲硝唑 200mg 放于阴部深部，每日 1 次，7～10 日为一疗程；②排除宫颈癌及子宫内膜癌后，外阴、阴道局部涂抹 0.5% 已烯雌酚软膏，全身用药，口服尼尔雌醇。

病例 20-4

1．诊断：宫颈炎症。

2．确诊检查：①阴道分泌物湿片查白细胞；②淋病奈瑟菌培养；③酶联免疫吸附试验，检测沙眼衣原体抗原。

3．治疗：针对病原体给予抗生素治疗，治疗原则及时、规范、足量、彻底，同时治疗性伴侣。

病例 20-5

1．诊断：盆腔炎性疾病。

2．根据病史中月经第 4 天出现发热、畏寒及下腹痛，血象升高，宫颈脓性分泌物，即可诊断。为明确病原体，做宫颈管分泌物涂片、培养及药敏试验。

3．治疗方案：①住院治疗。因患者继发不孕 5 年，此次 T38℃，WBC 13×10^9/L，中性粒细胞 0.80；②实验室结果未出来前选用广谱抗生素联合用药；③实验室结果出来后根据药敏试验调整抗生素。

病例 20-6

1．可能的诊断：生殖器结核。

2．可靠的诊断依据：①诊断性刮宫子宫内膜病理检查；②子宫输卵管碘油造影。

3．治疗：①抗结核药物治疗，遵循早期、联合、规律、适量、全程的原则；②支持疗法。

本章小结

滴虫阴道炎由阴道毛滴虫引起，表现阴道分泌物增多、外阴瘙痒，分泌物呈灰黄色、稀薄泡沫状，有臭味，治疗需全身用药，主要药物甲硝唑，夫妻或性伴侣同治，月经干净后复查白带，3 个月阴性为治愈标准。外阴阴道假丝酵母菌病由白假丝酵母菌引起，表现外阴瘙痒，坐卧不安，阴道分泌物为干酪样或豆渣样，以局部治疗为主。细菌性阴道病是由于阴道内乳杆菌减少而其他细菌大量繁殖所致的混合感染，治疗选用甲硝唑。萎缩性阴道炎常见于自然绝经后妇女，主要与子宫颈癌、子宫内膜癌鉴别。宫颈炎症是女性下生殖道常见炎症，表现白带增多，呈黏液脓性，可有血性白带或性交后出血，针对病原体给予抗生素治疗；盆腔炎性疾病是指女性上生殖道的一组感染性疾病，以输卵管炎、输卵管卵巢炎最常见，病原体多为淋病奈瑟菌、沙眼衣原体及需氧菌、厌氧菌的混合感染，治疗选择广谱抗生素及联合用药。盆腔炎性疾病未得到及时正确的治疗，可能会发生一系列后遗症，即盆腔炎性疾病后遗症，临床表现：不孕、异位妊娠、慢性盆腔痛、盆腔炎性疾病反复发作，需根据不同情况制定治疗方案。生殖器结核以输卵管结核最多见，常导致不孕，诊断性刮宫子宫内膜病理检查是最可靠的诊断依据，以抗结核药物治疗为主。

目标检测题

A_1 型题

1. 滴虫阴道炎其分泌物的特征是（　　）
   A. 白色豆渣样　B. 黄色水样
   C. 灰黄色泡沫状　D. 少量血性
   E. 白色浆液性
2. 外阴阴道假丝酵母菌病患者外阴阴道可见（　　）
   A. 散在红色斑点
   B. 边缘不规则突起的溃疡
   C. 白色膜状物
   D. 小阴唇阴道粘连
   E. 阴道分泌物黄色水样
3. 女性生殖器结核发病率最高的部位是（　　）
   A. 盆腔腹膜结核　B. 子宫内膜结核
   C. 输卵管结核　D. 子宫颈结核
   E. 卵巢结核
4. 诊断子宫内膜结核的可靠依据是（　　）
   A. 不孕
   B. 子宫输卵管碘油造影
   C. 月经不调

D. 诊断性刮宫

E. 结核菌素试验

5. 绝经后出现血性白带除生殖器恶性肿瘤外，最常见于（　　）

A. 宫颈炎症　　B. 滴虫阴道炎

C. 宫腔积脓　　D. 萎缩性阴道炎

E. 外阴阴道假丝酵母菌病

A_2 型题

6. 46 岁女，患肺部感染于内科治疗，长期应用抗生素，病人出现外阴瘙痒，阴道黏膜发红有白色膜状物，诊断为（　　）

A. 宫颈炎症

B. 外阴阴道假丝酵母菌病

C. 滴虫阴道炎

D. 萎缩性阴道炎

E. 细菌性阴道病

7. 52 岁妇女，盆浴后，白带多，外阴痒伴尿频，阴道黏膜有散在出血点，后穹窿有多量黄色泡沫状分泌物，诊断为（　　）

A. 萎缩性阴道炎

B. 外阴阴道假丝酵母菌病

C. 细菌性阴道病

D. 滴虫阴道炎

E. 非特异性外阴炎

8. 上述病例，为确诊采用最简便的方法是(　　)

A. 悬滴法检查滴虫

B. 月经净后分泌物检查

C. 分泌物送培养

D. 分泌物涂片染色

E. 阴道镜检查

9. 产后 3 月，月经未复潮，发热，下腹痛伴血性白带 2 天，查：腹软，腹有轻压痛，无反跳痛，子宫稍大，压痛，双侧附件可触及大于拇指的肿块，明显压痛，阴道排出物为脓血性，体温 38.5℃，血红蛋白 110g/L，白细胞为 $15×10^9/L$，中性 84%，最大可能诊断为（　　）

A. 输卵管妊娠　　B. 卵巢瘤蒂扭转

C. 急性附件炎，双侧　　D. 输卵管积水

E. 急性盆腔腹膜炎

A_3 型题

（10～11 题共用题干）

患者 36 岁，因盆腔炎性疾病，静脉滴注抗生素 2 周，近三天开始外阴瘙痒，白带多，呈豆渣样

10. 下一步检查应为（　　）

A. 悬滴法查滴虫

B. 悬滴法查芽孢及菌丝

C. 细菌培养

D. 阴道镜

E. 阴道涂片细胞学检查

11. 下一步治疗应为（　　）

A. 酸性溶液冲洗阴道

B. 制霉菌素栓阴道用

C. 灭滴灵栓阴道用

D. 灭滴灵片口服

E. 抗生素口服

（12～13 题共用题干）

32 岁妇女，婚后五年不孕，月经血量逐渐减少，近半年低热，同时闭经，妇查：子宫小，活动不良，附件增厚，输卵管碘油造影显示输卵管不通有串珠样改变

12. 下一步应做的检查为（　　）

A. 血沉　　B. 血常规

C. 胸片　　D. 宫腔镜

E. 结核菌素试验

13. 该患者最可能的诊断（　　）

A. 子宫内膜异位症　　B. 子宫内膜炎

C. 盆腔结缔组织炎　　D. 宫腔粘连

E. 生殖器官结核

B_1 型题

（14～16 题共用答案）

A. 滴虫阴道炎

B. 外阴阴道假丝酵母菌病

C. 萎缩性阴道炎

D. 细菌性阴道病

E. 宫颈炎症

14. 白带增多，均匀稀薄，有鱼腥臭味，检查阴道黏膜无明显充血，阴道 pH＞4.5（　　）

15. 白带黏稠呈豆渣样，检查见小阴唇内侧及阴道黏膜附着白色膜状物（　　）

16. 稀薄泡沫状白带，检查阴道黏膜有散在出血点（　　）

（兰丽坤）

第21章　女性生殖器肿瘤

📖 **学习目标**

1. 掌握子宫肌瘤、子宫颈癌、子宫内膜癌的临床表现、诊断及治疗原则；卵巢肿瘤的并发症及治疗原则。

2. 熟悉子宫肌瘤的治疗方法；子宫颈癌的病因、转移途径、临床分期、治疗原则及预防措施。

3. 了解子宫肌瘤的病因、分类、病理及其变性，子宫内膜癌的病理转移途径、临床分期；卵巢肿瘤的组织学分类和常见卵巢肿瘤的特征。

女性生殖系统肿瘤是妇科常见疾病。生殖系统任何部位均可发生肿瘤，子宫和卵巢肿瘤最常见，外阴、阴道、输卵管肿瘤较少见。在良性肿瘤中，以子宫肌瘤、卵巢良性肿瘤最常见。在恶性肿瘤中，以子宫颈癌、子宫内膜癌、卵巢癌最常见，被称为女性生殖器三大恶性肿瘤。近年来，随着肿瘤基础研究的进一步深入和取得的成就，很多妇科肿瘤能够得到早期发现、早期诊断、早期治疗（三早），大大地降低了肿瘤的危害。但是，卵巢癌仍缺乏较特异的早期诊断方法，有待进一步探索与研究。本章重点介绍女性生殖系统常见肿瘤。

第1节　外 阴 肿 瘤

外阴肿瘤中良性较少见，主要有乳头状瘤、平滑肌瘤、纤维瘤、脂肪瘤及汗腺瘤等。良性肿瘤生长在外阴表面，易被发现和及时治疗。

外阴恶性肿瘤不常见，约占女性全身恶性肿瘤的1%，占女性生殖道恶性肿瘤的3%～5%，以外阴鳞状细胞癌为最常见，占外阴恶性肿瘤的80%以上，常见于60岁以上妇女，其他有恶性黑色素瘤、汗腺癌、前庭大腺癌等。

外阴鳞状细胞癌

【病因】

目前尚未完全清楚。可能与下列因素有关：外阴慢性皮肤疾病（外阴上皮内非瘤样病变）；性传播疾病（尖锐湿疣、淋病、单纯疱疹病毒Ⅱ型感染等）；人乳头瘤病毒感染及巨细胞病毒感染等。

【临床表现】

1. 年龄　主要发生于60岁以上妇女，但年龄分布较广。

2. 症状　主要为不易治愈的外阴瘙痒和各种不同形态的肿物，如菜花状、结节状、溃疡状。肿物易合并感染，晚期癌可出现疼痛、渗液和出血。

3. 体征　癌灶可生长在任何部位，以大阴唇最多见，其次是小阴唇、阴蒂、会阴、尿道口及肛门周围等。早期局部有丘疹、结节和小溃疡；晚期呈不规则肿块，伴或不伴破溃或呈乳头样肿瘤。若癌灶已转移到腹股沟淋巴结，可扪及一侧或双侧淋巴结腹股沟淋巴结增大、质硬、固定。

考点提示： 外阴癌的早期症状

【转移途径】

直接浸润、淋巴转移较常见，血运转移多发生在晚期。

1．直接浸润 癌灶逐渐增大，沿皮肤、黏膜向内侵及阴道和尿道，晚期可累及肛门、直肠和膀胱等。

2．淋巴转移 外阴淋巴管丰富，两侧互相交通组成淋巴网。癌灶多向同侧淋巴管转移。最初转移至腹股沟淋巴结，再至股深淋巴结，并经此进入盆腔淋巴结，如髂总、髂内、髂外等，最后转移至腹主动脉旁淋巴结。一般癌灶先侵犯浅淋巴结后再转移至深淋巴结。

【临床分期】

目前国内多采用国际妇产科联合会的分期标准，见表 21-1。

表 21-1 外阴癌的临床分期（FIGO，2000 年）

FIGO	肿瘤范围
0 期	原位癌
Ⅰ期	肿瘤局限于外阴和（或）会阴，肿瘤直径最大≤2cm
ⅠA	肿瘤直径≤2cm 伴间质浸润≤1cm
ⅠB	肿瘤直径≤2cm 伴间质浸润＞1cm
Ⅱ期	肿瘤局限于外阴和（或）会阴，肿瘤直径最大＞2cm
Ⅲ期	肿瘤浸润尿道下端，和（或）阴道，或肛门
ⅣA	肿瘤浸润尿道上段黏膜，或膀胱黏膜，或直肠黏膜；或固定于骨盆
ⅣB	任何远处转移，包括盆腔淋巴结转移

【诊断】

外阴癌位于体表，根据病史、症状及体征诊断并不困难。早期浸润癌因其与外阴慢性良性病变和外阴色素减退性疾病同时存在，癌灶浸润不明显，又易被患者本人及医务人员忽略而漏诊。因此应普及卫生知识引起妇女重视，一旦发现不适立即就诊。对可疑病变应及时作外阴活组织检查。为提高准确率，先用 1% 甲苯胺蓝染色外阴部，再用 1% 醋酸洗去染料，在仍有蓝染部位作活检，或借助于阴道镜作活检。

考点提示： 外阴癌的确诊方法

【预防】

注意外阴部清洁，内衣穿着要宽松舒适，每日清洗外阴部；积极治疗外阴瘙痒、性传播疾病及感染性疾病，发现外阴白色病变、结节及溃疡，及时治疗。

【治疗】

以手术治疗为主，放射治疗和化学药物治疗为辅。

1．手术治疗 采用具体的个案化治疗，避免了传统的外阴根治术及腹股沟淋巴结清扫术给患者带来的生理和心理影响。

0 期：单侧外阴切除。

Ⅰ期：外阴广泛切除及病灶同侧或双侧腹股沟淋巴结清扫术。

Ⅱ期：外阴广泛切除及双侧腹股沟、盆腔淋巴结清扫术。有腹股沟淋巴结转移者，术后应放疗，也可加用化疗。

Ⅲ期：同Ⅱ期和伴尿道前部切除与肛门皮肤切除。

Ⅳ期：外阴广泛切除、直肠下端和肛管切除、人工肛门形成术及双侧腹股沟、盆腔淋巴结切除术。癌灶侵犯尿道上端与膀胱黏膜，则需作相应切除术。

2．放射治疗 外阴鳞状细胞癌对放疗虽敏感，但外阴正常组织对放射线耐受性差，使外阴癌灶接受剂量难以达到最佳放射剂量。放疗采用体外放疗（^{60}Co、直线加速器或电子加速器）与组织间插植放疗（^{60}钴针、^{192}铱针、^{137}铯针和^{226}镭针）。

外阴癌放疗指征：①不能手术或手术危险性大，癌灶范围不可能切净或切除困难者；②晚期病例术前先放疗，待癌灶缩小后再行较保守性手术；③复发可能性大，如淋巴结转移者、手术切除癌细胞残留者、病灶靠近尿道及直肠近端，既要保留这些部位，又要彻底切除病灶者，可加用放疗。

考点提示：外阴癌的治疗原则

3．化学药物治疗 抗癌药可作为晚期癌或复发癌的综合治疗手段。常用药物有阿霉素类、铂类及氟尿嘧啶等。

【预后】

预后与病灶大小、部位、细胞分化程度、有无淋巴结转移及治疗措施等有关。无淋巴结转移的Ⅰ期、Ⅱ期外阴癌的治愈率达90%以上，有淋巴结转移者，治愈率仅为30%～40%，预后差。

【随访】

外阴癌治疗后应定时随访。第1年：1～6个月每月1次，7～12个月每2个月1次；第2年：每3个月1次；第3～4年每半年1次；第5年及以后每年1次。

第2节 宫颈癌

宫颈癌是宫颈上皮组织异型性增生形成的癌症，是女性生殖系统最常见的恶性肿瘤，是妇女全身第二大恶性肿瘤，其发生率仅次于乳腺癌。好发年龄呈双峰状分布，35～39岁和60～64岁。由于世界各国已普遍开展宫颈癌的普查普治，其癌前病变及早期癌症能够得到及时有效的治疗，宫颈癌的发病率及死亡率已明显下降。但是，近年来的研究表明，年轻妇女宫颈癌的发病有上升趋势。

案例21-1

张某36岁，因接触性阴道出血1月入院。近1月性生活后常出现少量阴道出血，白带呈白色黏液样，量中，G_5P_1，人工流产5次，无异常妊娠和难产史。妇科检查：阴道内可见少量血迹；宫颈肥大，中度糜烂，乳突型，无赘生物；B型超声检查提示：子宫前位，70mm×40mm×30mm，形态正常，子宫壁、宫腔内无占位病变，未见异常回声，双侧卵巢、输卵管未见异常。

问题：1．该患者初步诊断是什么疾病？

2．确诊需做哪项检查？

3．该病的发生与哪些因素有关？

【病因】

迄今尚未完全明了，主要与下列因素有关。

1. 人乳头瘤病毒（HPV）感染 目前认为 HPV 感染是宫颈癌的主要危险因素。HPV 主要通过性传播，研究表明宫颈癌患者 90% 以上感染过 HPV，主要为 HPV16 型和 HPV18 型，两者被称为高危型 HPV。

2. 性行为 与宫颈癌的发生直接相关。过早性生活（16 岁以前）、多个性伴侣患宫颈癌的危险性升高，而未婚、未产妇女宫颈癌的发生率很低。江西省靖安县通过对 415 例宫颈癌患者的研究表明，初次性交年龄的提前、本人及丈夫婚外性伴侣数的增加，使宫颈癌相对危险性上升。丈夫有两个婚外性伴侣者，其妻子宫颈癌相对危险性上升 5 倍。

3. 配偶的性行为及相关因素 据报道宫颈癌配偶的性伴侣数远较对照组配偶的性伴侣数为多，宫颈癌患者的配偶大多有各种性病史，包括生殖器疣、淋病、生殖器疱疹等，同时阴茎癌、前列腺癌患者其配偶患宫颈癌的危险性增加。“高危男子”是宫颈癌发病因素的观点已引起重视。

4. 慢性宫颈炎、宫颈糜烂 宫颈癌的发生与慢性宫颈炎、宫颈糜烂的关系密切，有报道宫颈糜烂的患者比正常女性宫颈癌的发生高 5～10 倍。

考点提示：宫颈癌的发病因素

除此之外，宫颈癌的发生还与疱疹病毒Ⅱ型（HSV-Ⅱ）感染、不良卫生习惯、包皮垢、吸烟、避孕方式、社会经济状况、种族、地理等因素有关。综上所述，宫颈癌的发生可能是多种因素综合作用的结果。

【病理】

1. 组织学类型 宫颈癌多数发生于宫颈鳞状上皮与柱状上皮交界的移行区，组织学类型有鳞状上皮癌（约占 80%）、腺癌（约占 15%）、腺鳞癌（约占 5%）。近年研究发现宫颈腺癌与腺鳞癌的发生有上升趋势，且低分化腺癌和腺鳞癌恶性程度高，预后比鳞癌差。

2. 巨检 宫颈癌早期宫颈外观多正常或类似糜烂样改变，随着病变的发展，宫颈可呈以下四种大体病理改变（图 21-1）。

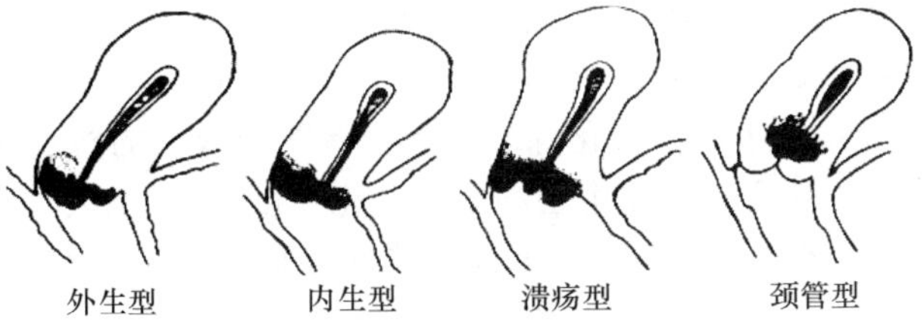

图 21-1 宫颈癌病理类型示意图（巨检）

（1）外生型：最常见。癌组织向宫颈表面生长，呈息肉样、乳突状或菜花样外观，质脆，触之易出血。

（2）内生型：癌组织向宫颈深部组织浸润，宫颈肥大、质硬。

（3）溃疡型：无论外生型或内生型，病变继续发展，癌组织坏死脱落形成凹陷性溃疡，状似火山喷口样。

（4）颈管型：病变位置较深，隐蔽在宫颈管，宫颈外观多正常，此型临床不易早期发现，容易转移。

3．镜检（鳞状上皮癌） 在致病因素作用下，绝大多数宫颈癌的发生和发展有一个缓慢的过程，其自然发展过程为宫颈正常上皮→宫颈不典型增生→原位癌→镜下早期浸润癌→浸润癌（图 21-2）。其中宫颈不典型增生和原位癌统称宫颈上皮内瘤变（CIN）。CIN 是一组与宫颈浸润癌密切相关的癌前病变，它反映了宫颈癌发生中的连续发展过程。

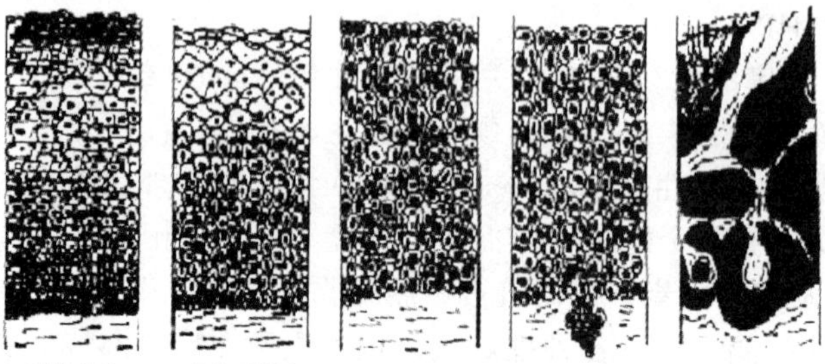

图 21-2 宫颈癌发展过程示意图（镜检）

（1）宫颈不典型增生：指宫颈上皮细胞部分或绝大部分被不同程度的异型细胞所代替。是宫颈正常上皮向宫颈癌发展的中间过渡阶段，此阶段常需经历较长时间，经积极治疗可转为宫颈正常上皮，故应高度重视。异型细胞特点为：细胞核增大、深染，大小形态不一；染色质增多、粗大；核浆比例增大；核分裂增多；细胞排列紊乱甚至极性消失。根据异型细胞累及上皮层的范围，分为三度：①轻度不典型增生（CINⅠ）：异型细胞占据上皮层的下 1/3 以内，细胞异型性轻。②中度不典型增生（CINⅡ）：异型细胞占据上皮层的下 1/3～2/3，细胞异型性明显。③重度不典型增生（CIN Ⅲ）：异型细胞占据上皮层的 2/3 以上，甚至全层，细胞异型性显著，细胞极性消失。

（2）原位癌（属 CIN Ⅲ）：不典型增生细胞扩展至上皮全层，称原位癌。癌细胞局限于上皮内，基底膜完整，无间质浸润。病理特点：细胞排列紊乱、极性消失；细胞核大，胞浆比例增大；核异型性明显，染色深浅不一；异常核分裂象多见。

（3）镜下早期浸润癌：癌细胞小团似泪滴样穿透基底膜，浸润间质的深度≤5mm，宽度≤7mm，无癌细胞小团相互融合和侵犯间质中脉管的迹象。

考点提示： 宫颈癌的常见类型

（4）宫颈浸润癌：指癌细胞浸润宫颈间质的范围已超过镜下早期浸润癌。根据癌细胞的分化程度可分为三级：①Ⅰ级：分化好。癌巢中有相当数量的角化现象，可见明显的癌珠；②Ⅱ级：中等分化（达宫颈上皮中层细胞的分化程度），细胞大，癌巢中无明显的角化现象；③Ⅲ级：未分化的小细胞（相当于宫颈上皮底层细胞）。

【转移途径】

主要有直接蔓延和淋巴转移，血行转移较少见。

1．直接蔓延 是宫颈癌最常见的扩散方式。癌组织向下蔓延浸润阴道穹窿、阴道；向上蔓延，浸润宫颈管、宫腔；向两侧蔓延可浸润主韧带、输尿管，甚至骨盆壁；向前、后蔓延可浸润膀胱、直肠。

2．淋巴转移 是宫颈浸润癌的主要转移途径。癌细胞经淋巴循环可先转移至宫旁、闭孔、髂内、髂外淋巴结（一级组淋巴结），然后转移至髂总、腹股沟深浅、腹主动脉旁淋巴结（二级组淋巴结）。

3．血行转移 较为少见，多发生于晚期，可转移至肺、肝、肾或脊柱等处。

【临床分期】

目前国际上统一采用国际妇产科联盟（FIGO）2003 年修订后的临床分期标准（表 21-2）。

表 21-2　宫颈癌临床分期（FIGO，2003）

期别	肿瘤范围
0 期	原位癌（不列入治疗统计）
Ⅰ期	癌灶局限于宫颈
Ⅰa	仅显微镜下所见浸润癌，间质浸润深度≤5mm，宽度≤7mm（即镜下早期浸润癌）
Ⅰa_1	间质浸润深度≤3mm，宽度≤7mm
Ⅰa_2	间质浸润深度＞3mm 至≤5mm，宽度≤7mm
Ⅰb	肉眼所见局限于宫颈的癌灶，或显微镜下病变超过Ⅰa_2 范围
Ⅰb_1	癌灶直径≤4cm
Ⅰb_2	癌灶直径＞4cm
Ⅱ期	癌灶侵犯阴道，未达阴道下 1/3；侵犯宫旁，未达骨盆壁
Ⅱa	无宫旁浸润
Ⅱb	有宫旁浸润
Ⅲ期	癌灶累及阴道下 1/3 和（或）骨盆壁
Ⅲa	累及阴道下 1/3，未达骨盆壁
Ⅲb	累及骨盆壁，或至肾盂积水或无功能肾
Ⅳ期	癌灶扩散超出真骨盆腔或浸润膀胱或直肠黏膜
Ⅳa	浸润膀胱或直肠黏膜
Ⅳb	扩散超出真骨盆腔或远处转移

【临床表现】

宫颈癌早期常无明显临床表现，应注意较早期的症状和体征。

1．症状

（1）阴道出血：较早期常表现为少量接触性阴道出血，即性生活后或妇科检查后出现少量阴道出血。随着病情进展，常出现不规则阴道出血，出血量时多时少，晚期甚至发生致命性大出血。育龄期妇女可出现经期延长、经量增多、周期缩短等月经紊乱症状。

（2）阴道排液：宫颈癌常出现阴道排液增加，较早期多为白色或浆液血性白带，以后可出现大量淘米水样白带，晚期因癌组织破溃、坏死、合并感染可出现大量脓性或米汤样恶臭白带。

（3）疼痛：宫颈癌晚期因癌组织侵犯周围组织或神经，患者可出现下腹或腰骶部胀痛，甚至难以忍受的顽固性疼痛。

（4）其他症状：晚期因癌组织侵犯的部位不同，可出现不同的症状。若侵蚀膀胱可出现尿频、尿急、血尿、排尿困难、尿瘘，侵蚀输尿管可出现肾盂积水、无功能肾等，侵蚀直肠可出现腹痛、腹泻、里急后重、排便困难、粪瘘等。

2．体征　宫颈癌Ⅰa 期以前宫颈外观多正常或呈糜烂样外观，随着病情的发展，宫颈表面可见息肉样、乳头状或菜花样赘生物，质脆，易出血，或表现为宫颈肥大、质硬，或出现火山喷口状溃疡（凹陷性溃疡）。癌症晚期患者可出现严重贫血、消瘦、发热、多器官衰竭等恶病质征象。

【诊断】

宫颈癌早期常无明显临床表现，要早期诊断宫颈癌必须加强防癌知识宣传，搞好普查

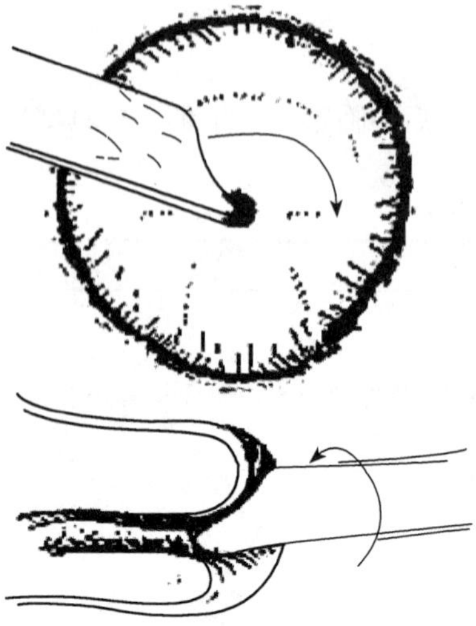

图 21-3 宫颈刮片示意图

工作，同时警惕阴道接触性出血、阴道排液增加、宫颈糜烂、宫颈肥大等宫颈癌较早期的症状和体征，并借助必要的辅助检查帮助诊断。

1. 宫颈刮片细胞学检查 是宫颈癌的筛查方法，对早期发现宫颈癌具有重要价值。具体操作：用一特制刮板以宫颈外口为圆心，于鳞 - 柱状上皮交界处轻轻旋刮 1～2 周（图 21-3），将刮取物向一个方向均匀地涂抹于玻片上，待干后置于 95% 酒精中固定 15 分钟，然后进行巴氏染色、阅片。检查结果分 5 级（巴氏 5 级分类法，见第 29 章）。

2. 液基细胞学检查 是采用液基薄层细胞检测系统检测宫颈细胞并进行细胞学分类诊断，它是目前国际上较先进的一种宫颈癌及癌前病变细胞学检查技术，与宫颈刮片巴氏涂片检查相比明显提高了宫颈异常细胞检出率。宫颈防癌细胞学检查（TCT）对宫颈癌细胞的检出率为 100%，同时还能发现癌前病变，液基技术是应用于宫颈癌筛查的一项先进技术。

3. 碘试验 将碘溶液涂抹于宫颈表面和阴道穹窿，观察着色情况。正常宫颈阴道部和阴道黏膜鳞状上皮内富含糖原，遇碘液染成深褐色。若不着色，可能为异常细胞。在碘试验不着色区取组织活检可提高诊断阳性率。

4. 阴道镜检查 阴道镜为一种内窥镜，可放大 6～40 倍。可观察宫颈表面有无异常区域或可疑癌变，在病变区取活检可提高检出率。

5. 宫颈活体组织检查 简称宫颈活检，是确诊宫颈癌最可靠和必不可少的检查方法。取材方法有：多点取材，在宫颈鳞 - 柱状上皮交界处的 3、6、9、12 点处取组织活检；在碘试验不着色区或阴道镜所见可疑病变区取材。所取组织应包括上皮组织和间质。

6. 宫颈锥形切除术 若宫颈刮片或阴道脱落细胞检查多次为阳性，而宫颈活检、分段诊刮为阴性，已排除输卵管癌的可能；或者宫颈活检为原位癌，不能排除浸润癌者，可做宫颈锥形切除术，切除组织送病理检查。此方法既能帮助诊断，又达到了诊断、治疗宫颈上皮内瘤变的目的。

考点提示： 宫颈癌的确诊方法

【鉴别诊断】

1. 慢性宫颈炎 常有宫颈糜烂、宫颈息肉、宫颈肥大等病理改变，外观难以与较早期宫颈癌相区别，同时也可出现接触性阴道出血、阴道排液增加，与宫颈癌表现很相似，因此慢性宫颈炎在治疗前必须做宫颈刮片或宫颈活检排除宫颈癌。

2. 宫颈结核 较少见，可表现为不规则阴道出血、白带增加，宫颈局部可见结节状、菜花样赘生物或出现多个溃疡，需做宫颈活检确诊。

3. 宫颈乳突状瘤 为良性病变，多见于妊娠期，可表现为接触性阴道出血、白带增多，宫颈局部呈乳头状或菜花样改变，需行宫颈活检鉴别。

4. 子宫内膜癌 子宫内膜癌浸润宫颈，可做分段诊刮与宫颈癌相鉴别。

5. 子宫黏膜下肌瘤 子宫黏膜下肌瘤脱至宫颈口，肌瘤表面溃烂或合并感染，可出现大量浆液血性白带或腐肉样组织排除，可能误诊为宫颈癌。妇科检查，肌瘤表面无宫颈口，周围可触及扩张的宫颈口边缘，肌瘤与宫颈有明显界限，甚至可触及与宫腔相连的瘤蒂，必要时可做活检鉴别。

【治疗】

宫颈癌主要有手术、放疗、化疗等治疗方法，可选择单一疗法，但常需联合治疗。应根据临床分期、患者的年龄、生育要求及全身情况等综合考虑，恰当选择。

1. 手术治疗 适应于Ⅱa 期以前，无严重内外科合并症，无手术禁忌证的患者。Ⅱb 期，可考虑先行放疗或化疗，待癌瘤缩小后再手术。不同临床期别、患者年龄、有无生育要求，手术方式有所不同。

（1）宫颈上皮内瘤变（CIN）：CIN Ⅰ 和 CIN Ⅱ 行物理治疗；原位癌及重度不典型增生（CIN Ⅲ）宫颈锥形切除术。年龄较大、无生育要求者，以全子宫切除术为宜，卵巢正常者应予保留。

（2）Ia_1 期：全子宫切除术，卵巢正常者应予保留。年轻有生育要求者可行宫颈锥形切除术。

（3）Ia_2 期～Ⅱa 期：广泛子宫切除术加盆腔淋巴结清扫术，卵巢正常者应予保留。

2. 放射治疗 适应于Ⅱb 期～Ⅳ期宫颈癌患者，或 Ia_1 期～Ⅱa 期术前、术后辅助放疗。放射治疗常采用腔内照射及体外照射两种方法。

3. 化疗 主要用于晚期宫颈癌或复发患者，或作为手术或放疗的辅助治疗方法。常用药物有顺铂、卡铂、环磷酰胺、博来霉素、长春新碱、氟尿嘧啶等。

考点提示： 宫颈癌的治疗原则

【预后与随访】

宫颈癌的预后主要与临床期别、病理类型及治疗方法有关。据中国科学院肿瘤医院报道宫颈癌 5 年成活率：Ⅰ期 94.1%，Ⅱ期 82.1%，Ⅲ期 63.3%，Ⅳ25.3%。

可见宫颈癌的预后与临床分期直接相关，关键在于早期发现，积极治疗。宫颈癌的死亡原因主要有：尿毒症、出血、感染与恶病质。

宫颈癌治疗后应积极随访，以了解治疗效果和及时发现复发癌。随访时间：一般出院后 3 年内每 3 月复查 1 次，3 年后每 6 月 1 次，5 年后每年 1 次。随访内容包括详细病史询问、盆腔检查、B 型超声检查、胸片、血常规检查等。

【预防】

预防及早期发现宫颈癌的主要措施有：①加强防癌知识宣传，自觉实行计划生育，做到晚婚、晚育、少生、优生，注意避孕；②注意性生活卫生，避免过早性生活，积极防治生殖系统炎症，避免发生性传播疾病；③定期开展宫颈癌的普查普治，一般每 1～2 年普查 1 次，做到早发现、早诊断、早治疗，一般 30 岁以上已婚妇女到妇科门诊就诊，应常规做宫颈刮片细胞学检查；④警惕接触性阴道出血、不规则阴道出血、阴道排液增加、宫颈炎症等症状及体征，注意排除宫颈癌；⑤积极治疗宫颈炎症，及时诊断和治疗宫颈上皮内瘤变，阻断宫颈癌的发生与发展。

第 3 节 子宫肌瘤

子宫肌瘤是女性生殖器最常见的良性肿瘤，好发年龄 30～50 岁。其发生率很难准确统计，据尸体解剖资料，35 岁以上妇女约 20% 有子宫肌瘤，而临床上很多患者无症状或者肌瘤很小，未能及时发现，因此临床报道的子宫肌瘤的发生率远较实际的发生率为低。

案例 21-2

李某 37 岁，经期延长、经量增多 3 年，伴头昏、乏力 1 月入院。G_2P_1，人流 1 次。妇科检查：外阴（－）；阴道（－）；宫颈无充血、水肿、赘生物；子宫后位，如孕 2 月大小，质中、活动；双侧附件（－）。B 型超声提示：子宫后位，91mm×82mm×52mm 大小，子宫肌壁间见多个回声增强均质团块图像，最大者直径为 46mm，双侧卵巢、输卵管未见异常。

问题：1．该患者可能的诊断是什么疾病？

2．需要与哪些疾病作鉴别？

3．制定治疗方案？

【病因】

子宫肌瘤的确切病因尚不清楚，目前认为可能是多种因素相互作用的结果。

1．高雌激素水平 临床上青春期前极少发生子宫肌瘤，妊娠期间肌瘤增长明显，绝经后肌瘤常逐渐缩小。生物化学研究证实子宫肌瘤中雌激素受体明显高于其周围正常肌层组织，肌瘤中雌二醇浓度也明显高于邻近正常肌层组织。这些事例说明雌激素可能是子宫肌瘤的主要促进因素。

2．孕激素作用 近年来很多研究表明子宫肌瘤的发生可能与孕激素的作用有关。比如：临床上采用孕激素治疗的子宫肌瘤患者，其肌瘤细胞反而增生更活跃，而用抗孕激素药米非司酮治疗，经 B 型超声检查显示子宫肌瘤体积不同程度缩小；肌瘤中孕激素受体浓度明显高于其周围正常肌层组织，肌瘤患者血中和肌瘤组织中孕激素水平也高于正常人群。

3．遗传因素 研究发现子宫肌瘤患者常存在多种染色体异常，包括染色体异位、缺失、三体异常等，还发现子宫肌瘤的发病常有家族聚集现象，因此认为遗传因素与子宫肌瘤的发生有密切的关系。

【分类】

子宫肌瘤按肌瘤的数量可分为多发性子宫肌瘤和单发性子宫肌瘤，常为多发性子宫肌瘤。按肌瘤生长的部位可分为子宫体肌瘤（92%）和子宫颈肌瘤（8%）。

根据肌瘤与子宫肌壁的关系可分为以下三类（图 21-4）。

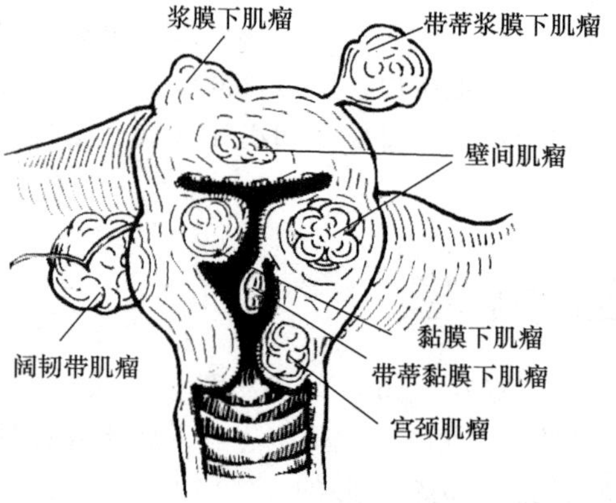

图 21-4 各型子宫肌瘤示意图

1．肌壁间肌瘤 肌瘤位于子宫肌层内，周围被正常的子宫肌层包绕。子宫肌瘤原发于子宫肌层，故临床此类型最多见，占 60%～70%。

2．浆膜下肌瘤 肌瘤向子宫浆膜面生长并突出于子宫表面。此类型占 20%～30%。随着肌瘤进一步生长，肌瘤可脱离子宫，与子宫壁仅一蒂相连，称带蒂浆膜下肌瘤。带蒂浆膜下肌瘤可发生蒂扭转，因血运受阻，瘤蒂断裂肌瘤脱落于盆腹腔，肌瘤坏死，但若脱落肌瘤与盆腹腔脏器粘连，获得血液供应而继续生长，称寄生性肌瘤或游走性肌瘤。若浆膜下肌瘤向阔韧带内生长并位于其中，称阔韧带肌瘤。

3．黏膜下肌瘤　肌瘤向子宫黏膜面生长并突出于子宫腔面。此类型占 10% 左右。若肌瘤位于子宫腔与子宫壁仅一蒂相连，称带蒂黏膜下肌瘤。肌瘤在子宫腔内犹如一异物，可刺激子宫收缩，肌瘤可逐渐被排挤至宫颈外口处，甚至阴道内。

考点提示： 子宫肌瘤最常见的类型

【病理】

子宫肌瘤为子宫平滑肌细胞增生而形成的实质性球形结节，表面光滑，肌瘤周围由被压缩的肌纤维和疏松结缔组织形成的假包膜所包绕，界限分明，结合疏松，手术时容易剥除。假包膜内的血管呈放射状，若受压可致肌瘤血循环障碍，发生各种退行性变。肌瘤呈白色，质硬，切面为漩涡状或编织状致密纹理。镜下子宫肌瘤主要由平滑肌细胞和结缔组织构成，排列成栅栏状或漩涡状，细胞大小形态较一致，核染色较深。

【肌瘤变性】

肌瘤失去原有典型结构称肌瘤变性。主要为肌瘤局部供血不足，发生退行性变所致。

1．玻璃样变　是最常见的肌瘤变性。肌瘤组织水肿变软，漩涡状或编织状结构消失，融合成玻璃样透明小体，故又称透明变性。镜下见病变区域肌细胞消失，为均匀粉红色无结构区。

2．囊性变　常继发于玻璃样变，组织坏死、液化发生囊性变。肌瘤内可见大小不等的囊腔，也可彼此融合成一大囊腔，囊内为胶冻状或黏液样物质。

3．红色变性　多见于妊娠期或产褥期，是一种特殊类型的肌瘤变性，其发生机制不清。可能是肌瘤内血管发生退行性变，出现血栓或溶血，血红蛋白由血管渗入到瘤组织所致。肌瘤剖面为暗红色，如半熟的牛肉，有腥臭味，质软，漩涡状结构消失。镜下见病变区域组织高度水肿，小静脉血栓形成，血管扩张充血，广泛出血并有溶血。临床主要表现为突发剧烈腹痛、发热，检查肌瘤增大明显等。

4．恶性变　肌瘤恶变主要为肉瘤样变，较少见，发生率为 0.4%～0.8%。多见于年龄较大的妇女。由于临床表现不明显，容易忽视。若肌瘤在短期内明显增大或伴不规则阴道出血者，应考虑肌瘤恶变可能，尤其是绝经后妇女肌瘤不缩小反而增大，更应警惕。

除以上肌瘤变性外，还可发生钙化、脂肪变性、感染等肌瘤变性，同时子宫肌瘤还可能与子宫内膜异位症、子宫内膜息肉、子宫内膜癌等疾病合并存在，致子宫肌瘤临床表现复杂化，应注意鉴别。

考点提示： 肉瘤样变

【临床表现】

1．症状　子宫肌瘤有无症状主要取决于肌瘤生长的部位和大小，临床上很多患者无明显症状，因为体检或偶尔腹部触及肿块而发现。

（1）月经改变：最常见的症状，多见于黏膜下肌瘤和较大的肌壁间肌瘤，浆膜下肌瘤及肌壁间小肌瘤常无明显月经改变。临床主要表现为经期延长、经量增多，也可表现为月经频发或不规则阴道出血。其原因为子宫肌瘤致子宫内膜面积增大、子宫收缩不良、子宫内膜不规则剥脱等。

（2）腹部肿块：多见于浆膜下肌瘤，因月经改变不明显，患者可因腹部触及肿块而就诊。

（3）白带增多：因高雌激素水平、子宫内膜面积增大及盆腔充血等，可出现白带增多，白带多为白色黏液样。黏膜下肌瘤合并感染，肌瘤表面溃烂、坏死、出血，可出现大量脓性、血性、脓血性恶臭白带。

（4）疼痛：一般无疼痛。若肌瘤发生红色样变或浆膜下肌瘤蒂扭转，可出现急性剧烈腹痛，黏膜下肌瘤刺激子宫收缩可出现下腹坠胀。有报道，肌瘤患者服用避孕药而发生剧烈腹痛，原因不明，病理检查肌瘤组织中有多灶性出血，称肌瘤卒中。

（5）压迫症状：一般不明显。若肌瘤压迫膀胱可出血尿频、排尿困难、尿潴留，压迫输尿管可出现肾盂积水，压迫直肠可出现排便困难等。

（6）不孕、流产、早产及分娩期并发症：子宫肌瘤患者多数可受孕、妊娠直至足月。但是宫颈肌瘤可能阻止精子进入宫腔，黏膜下肌瘤可能影响孕卵着床、发育，多发性肌瘤、较大子宫肌瘤使宫腔变形、压迫输卵管，以及子宫肌瘤导致宫腔内环境的改变等等，均可致不孕、流产或早产。分娩时可能发生子宫收缩乏力、产程进展受阻、产后出血等，应严密观察产程进展及产后出血情况。

（7）贫血：因月经过多或不规则阴道出血可致不同程度贫血。严重时可出现心悸、气短、全身乏力等症状，甚至失血性休克、贫血性心脏病。

2. 体征 子宫肌瘤的体征与肌瘤的大小、位置、数目及有无变性有关。妇科检查常可触及不规则增大的子宫，子宫表面单个或多个结节状物，质硬。子宫增大超过3个月妊娠大小或宫底部肌瘤或患者消瘦，腹部检查于耻骨联合上方或下腹正中可触及肿块。黏膜下肌瘤脱至宫颈口或阴道内，可见呈粉红色、表面光滑的实质性肿块；带蒂浆膜下肌瘤可于子宫侧触及实质性活动肿块，若继发囊性变，则肿块呈囊性、活动；阔韧带肌瘤可在宫旁一侧触及实质性、活动欠佳肿块。

考点提示： 最常见的症状

【诊断与鉴别诊断】

根据病史、症状、体征，结合B型超声检查，多能明确诊断。但对于无症状或临床表现不典型的子宫肌瘤，也可能发生误诊，应注意鉴别。

1. 妊娠子宫 若误诊，后果严重，因两者的处理完全不一样。妊娠后若早孕反应不明显，同时又合并阴道出血，可能误诊为子宫肌瘤；肌瘤囊性变，子宫变软，可能误诊为妊娠子宫。可借助B型超声、尿或血HCG测定帮助确诊。

2. 卵巢肿瘤 卵巢良性肿瘤多为囊性，一般无月经改变，肿块多位于下腹一侧，与子宫间分界明显；而子宫肌瘤多为实质性结节状物，与子宫关系密切，移动宫颈肌瘤则随之移动，两者容易鉴别。但实质性卵巢良性肿瘤（如纤维瘤），可能误诊为带蒂浆膜下肌瘤；后者继发囊性变可能误诊为卵巢囊肿。卵巢恶性肿瘤多为实质性，若与子宫牢固粘连融为一体，可误诊为子宫肌瘤。可借助B型超声、腹腔镜检查确诊。

3. 子宫腺肌病及腺肌瘤 两者均可使子宫增大，经量增多，子宫腺肌病多为子宫均匀性增大，腺肌瘤在子宫肌层中形成局灶性结节或团块，容易和子宫肌瘤混淆。但子宫腺肌病和腺肌瘤常有继发性痛经、进行性加重，子宫增大很少超过3个月妊娠大小，且有经期增大、经后缩小的特征。可根据临床表现特点及B型超声检查帮助诊断。临床表现不典型者，有时很难与子宫肌瘤鉴别，甚至需病理检查才能确诊。

4. 子宫内膜癌 主要表现为不规则阴道出血和子宫增大，可能与子宫肌瘤误诊。子宫内膜癌子宫多均匀性增大，质较软，好发于老年妇女，以绝经后出血为多见。子宫肌瘤主要见于中年妇女，子宫多不规则增大，质硬。对于围绝经期妇女应警惕子宫肌瘤合并子宫内膜癌的可能。可行B型超声检查，必要时诊断性刮宫明确诊断。

除此之外，子宫肌瘤还应与盆腔炎性肿块、子宫颈癌、慢性子宫内翻、子宫畸形等疾病相鉴别。

【治疗】

应根据患者的年龄、肌瘤的大小、症状、有无生育要求等情况综合考虑，确定恰当的治疗方案。

1. 随访观察　若肌瘤较小、无症状者，可不必治疗。尤其是近绝经期，由于卵巢功能逐渐衰退，雌孕激素低落，子宫肌瘤可逐渐萎缩或消失，可加强随访观察，3～6 月复查一次。随访期间若肌瘤增大或症状明显，特别是绝经后肌瘤继续增大者，应高度重视，重新确定治疗方案。

2. 药物治疗　子宫小于 2 个月妊娠大小，症状不重，或近绝经期全身情况较差不能耐受手术者，可选择药物治疗。

（1）雄激素：可直接作用于子宫肌层及血管壁平滑肌，促其收缩，同时具有对抗雌激素的作用，使子宫内膜萎缩，减少出血。常用药物：甲睾酮，每次 5～10mg，每日 2 次，舌下含服，每月 20 天；或丙酸睾酮 25mg 肌内注射，每周 2～3 次，阴道出血多者，可每日 2～3 次。每月总量不超过 300mg，以免引起男性化。

（2）米非司酮：抗孕激素药，通过与孕酮竞争受体而达到拮抗孕激素作用，与糖皮质激素受体亦有一定结合力。用法：米非司酮 12.5～25mg，每日一次，连续用 3 月。用药期间出现闭经，肌瘤不同程度缩小，国内报道肌瘤体积缩小 40%～50%。停药后约 1 月月经恢复，肌瘤可逐渐增大。不宜长期使用以免出现拮抗糖皮质激素的副作用。

（3）促性腺激素释放激素类似物（GnRH-a）：与促性腺激素释放激素受体结合而不发挥促性腺激素释放激素作用，从而抑制垂体、卵巢功能，致雌孕激素分泌明显减少。适用于经量较多、月经频发、围绝经期患者。常用药物：亮丙瑞林 3.75mg 皮下或肌内注射，每 4 周 1 次，连用 3～6 月；戈舍瑞林 3.6mg 皮下注射，每 4 周 1 次，连用 3～6 月。用药期间出现闭经，肌瘤缩小，副作用为围绝经期综合征，不宜长期使用。

3. 手术治疗　是治疗子宫肌瘤的主要方法。手术方式有：

（1）肌瘤切除术：适用于 35 岁以下，需要保留生育功能的患者。可经腹或腹腔镜下切除子宫肌瘤。带蒂黏膜下子宫肌瘤可经阴道或宫腔镜切除子宫肌瘤。

（2）子宫切除术：适用于年龄较大、肌瘤较大、症状明显、不需要保留生育功能或疑有恶变者，可选择子宫次全切除术或子宫全切术。

考点提示：
治疗原则

第 4 节　子宫内膜癌

子宫内膜癌又称子宫体癌，原发于子宫内膜，是女性生殖系统三大恶性肿瘤之一，好发年龄 58～61 岁，近年来其发病年龄有年轻化的趋势，发生率也有上升趋势，在某些欧美国家其发病率已居生殖系统恶性肿瘤首位。

案例 21-3

李某 62 岁，绝经 6 年，不规则阴道出血 3 月入院。3 月前无明显原因出现阴道排液增多，起初为淡红色血水样，之后为暗红色血液，似月经，少于月经量，时出时止。G_2P_2，妇科检查：阴道黏膜薄、皱襞减少，可见少量血迹；宫颈萎缩；子宫前位，增大，约 1 月妊娠大小，饱满、稍软、活动。B 型超声提示：子宫增大，82mm×50mm×38mm，宫腔内见不均等实质回声，形态不规则，宫腔线消失，双侧卵巢、输卵管未见异常。

问题：1．初步诊断为什么疾病？
2．为确诊，需进一步做哪项检查？
3．如何治疗？

【病因】

子宫内膜癌的确切原因尚不清楚，可能与下列因素有关：

1．长期雌激素刺激 由于长期雌激素的刺激，同时缺乏孕激素的拮抗，可发生子宫内膜增生症（包括单纯性增生、复杂性增生和不典型增生），甚至癌变。临床上常见无排卵性功血、多囊卵巢综合征、分泌雌激素的卵巢肿瘤（颗粒细胞瘤、卵泡膜细胞瘤）、长期采用激素替代疗法妇女和长期服用他莫西芬的乳腺癌患者。

2．不孕、不育、绝经延迟 据报道子宫内膜癌病人中，15%～20%的病人有不孕史，无妊娠史的妇女比生育一胎的妇女患子宫内膜癌的危险性增加1倍以上。其原因可能是孕激素缺乏或相对不足，或由于无妊娠期间大剂量孕激素的拮抗，子宫内膜长期受到雌激素的刺激而过度增生所致。

考点提示： 子宫内膜癌的高危因素

3．体质因素 子宫内膜癌患者多有肥胖、高血压、糖尿病，目前认为这些因素是子宫内膜癌的高危因素。肥胖者体内雄烯二酮在脂肪组织中经芳香化酶作用转化成雌酮的转换率增加，长期过多的雌酮刺激可导致内膜癌。

4．遗传因素 约20%子宫内膜癌患者有家族史。

【病理】

1．巨检 根据癌组织侵犯子宫的范围和特点分为两种类型。

（1）弥漫型：较多见。癌组织广泛侵犯子宫内膜，较少累及肌层，晚期可侵犯肌层全层或扩展至宫颈。癌灶呈息肉状、菜花样或团块状突向宫腔，表面常有出血、坏死。

（2）局限型：病变局限于宫腔某部位，多位于宫底或宫角处。癌灶呈息肉或小菜花状，组织脆、易出血。此型易侵犯肌层，有时尽管病灶小，却常已侵犯深肌层。

2．镜检 根据镜下癌细胞特点可分为多种类型。

（1）内膜样腺癌：最多见，约占80%。癌灶中可见与子宫内膜腺体相似成分。根据癌组织分化程度不同可分为三种类型：Ⅰ级，高分化腺癌；Ⅱ级，中分化腺癌；Ⅲ级，低分化腺癌。

（2）腺癌伴鳞状上皮分化：即腺癌组织中含有鳞状上皮成分。按鳞状上皮分化程度不同又分为腺癌（伴良性鳞状上皮）、腺鳞癌（伴鳞癌）、腺癌伴鳞状上皮不典型增生。

（3）浆液性腺癌：约占10%，恶性程度最高，侵袭性强，常广泛累及肌层、血管、淋巴管，易发生早期转移。

（4）透明细胞癌：约占4%，恶性程度较高，易发生早期转移。

【转移途径】

子宫内膜癌生长缓慢，局限于宫腔的时间长，较晚发生转移，但浆液性腺癌、透明细胞癌常发生早期转移。转移途径有：

1．直接蔓延 病灶沿子宫内膜生长扩散，浸润肌层、浆膜层，再蔓延至输卵管、卵巢、盆腔腹膜，向下可蔓延至宫颈、阴道。

2. 淋巴转移　最主要的转移途径。根据癌灶生长部位其转移淋巴组有所不同。宫底、宫体上段癌瘤多转移至腹股沟淋巴结、腹主动脉旁淋巴结；子宫体中、下段及宫颈癌瘤转移至宫旁、髂内、髂外、髂总、闭孔淋巴结。

考点提示：子宫内膜癌最主要转移途径

3. 血行转移　较少见。晚期可经血行转移至肺、肝等脏器。

【临床分期】

子宫内膜癌目前仍然采用国际妇产科联盟（FIGO）规定的临床分期（表 21-3）和手术 - 病理分期（表 21-4）相结合进行分期，以明确癌瘤侵犯的部位、组织分化的程度，从而指导治疗。

表 21-3　子宫内膜癌临床分期（FIGO，1971）

分期	肿瘤范围
Ⅰ期	局限于宫体
Ⅰa	子宫腔长度≤8cm
Ⅰb	子宫腔长度>8cm
	根据组织分化程度，Ⅰa 及Ⅰb 又分为： G_1（高分化腺癌）；G_2（中分化腺癌）；G_3（低分化腺癌）。
Ⅱ期	累及宫体及宫颈，但局限于子宫
Ⅲ期	播散至子宫外，但局限于盆腔内（累及阴道、宫旁，未累及膀胱、直肠）
Ⅳ期	累及膀胱、直肠，或盆腔以外转移
Ⅳa	累及膀胱、直肠
Ⅳb	盆腔以外转移

表 21-4　子宫内膜癌手术 - 病理分期（FIGO，2000）

分期	肿瘤范围
Ⅰ期	局限于宫体
Ⅰa G1，2，3	局限于子宫内膜
Ⅰb G1，2，3	侵犯肌层深度≤1/2
Ⅰc G1，2，3	侵犯肌层深度>1/2
Ⅱ期	累及宫体及宫颈，但局限于子宫
Ⅱa G1，2，3	仅累及宫颈内膜腺体
Ⅱb G1，2，3	浸润宫颈间质
Ⅲ期	播散至子宫外（累及阴道、宫旁，未累及膀胱、直肠），区域淋巴结转移
Ⅲa G1，2，3	累及浆膜和（或）附件，或腹水、腹腔冲洗液含癌细胞
Ⅲb G1，2，3	扩散至阴道
Ⅲc G1，2，3	转移至盆腔和（或）腹主动脉旁淋巴结
Ⅳ期	累及膀胱、直肠，或盆腔以外转移
Ⅳa G1，2，3	累及膀胱和（或）直肠
Ⅳb G1，2，3	盆腔以外转移（不包括阴道、附件、盆腔腹膜、盆腔和腹主动脉旁淋巴结，但包括腹腔内其他淋巴结及腹股沟淋巴结）

【临床表现】

1. 症状　早期常无明显症状，应注意较早期的症状。

（1）阴道出血：主要表现为绝经后阴道出血，起初多为少量不规则出血，间歇性或持续性，晚期可发生阴道大出血。围绝经期可表现为经量增多、经期延长或不规则阴道出血。

（2）阴道排液：较早期可表现为浆液性或浆液血性排液增加，晚期合并感染可出现大量脓性或脓血性恶臭的阴道排液。

（3）疼痛：一般无疼痛，但晚期因癌瘤侵犯周围组织、神经，可出现下腹部及腰底部坠胀，甚至难以忍受的剧烈疼痛。若宫腔积脓，刺激子宫收缩，可出现下腹胀痛或痉挛性疼痛。

考点提示：子宫内膜癌的症状

2．体征 早期多无明显体征。随着病情进展，子宫可不同程度增大，多为均匀性增大、饱满、活动、质稍软，也可表现为不规则增大，子宫表面触及结节状物，若侵犯周围组织，子宫活动受限或粘连固定。晚期患者可出现贫血、消瘦、发热、多器官衰竭等恶病质征象。

【诊断】

根据病史、症状、体征应警惕子宫内膜癌的可能，但最后确诊必须依据病理检查结果。

1．B型超声检查 早期可见子宫正常大小，子宫内膜增厚（绝经后妇女子宫内膜厚度应＜5mm）或子宫内膜线紊乱、中断；随着病情进展，可发现子宫不同程度增大，宫腔内或肌层可见不均等实质回声，形态不规则，边界不清。

2．分段诊刮 即先用小刮匙搔刮宫颈管，然后再搔刮宫腔，将两处所取组织分装送病理检查。是确诊子宫内膜癌最常用和最有价值的方法。搔刮时应小心操作，避免发生子宫穿孔、大出血及宫颈管组织与宫腔组织混杂。

3．宫腔吸取物细胞学检查 可用特制的宫腔吸管或宫腔刷，吸取宫腔内分泌物查找癌细胞，阳性率可达90%，但最后确诊仍需子宫内膜活检。

考点提示：子宫内膜癌的确诊方法

4．宫腔镜检查 可直接观察子宫内膜情况，同时在病变区或可疑病变区域取组织活检，帮助诊断。

【鉴别诊断】

临床上，由于子宫内膜癌早期无明显症状和体征，同时临床表现与很多疾病有类似之处，应注意鉴别。

1．围绝经期功血 主要表现为经量增多、经期延长、周期不规则或不规则阴道出血，与子宫内膜癌早期很难鉴别，因此需行分段诊刮确诊。

2．萎缩性阴道炎 主要表现为白带增加，呈脓性或脓血性，阴道黏膜充血或散在出血点，阴道黏膜、宫颈、子宫呈老年性改变。但应做B型超声检查，必要时行分段诊刮排除子宫内膜癌的诊断。

3．子宫黏膜下肌瘤或内膜息肉 多表现为月经过多、经期延长，需做B型超声、宫腔镜、分段性刮宫与子宫内膜癌鉴别。

4．子宫颈癌 早期宫颈癌可表现为阴道浆液性排液增加，宫颈外观可无异常或呈糜烂样，与早期子宫内膜癌表现相似；子宫内膜癌晚期可侵犯宫颈，宫颈可见乳突状、菜花样赘生物或呈肥大样外观，肉眼难以与宫颈癌区别。可做B型超声、宫颈刮片、宫颈活检、分段诊刮帮助诊断。

5．原发性输卵管癌 主要表现为阴道排液（多为阵发性）、阴道出血和下腹疼痛，附件区可触及肿块。可借助B型超声、分段诊刮帮助诊断。

【治疗】

子宫内膜癌的治疗方法有手术治疗、放射治疗和药物治疗，应根据临床分期、结合手术-病理分期及患者全身情况全面考虑。目前总的治疗原则是早期以手术治疗为主，晚期选择综合治疗。

1. 手术治疗　是早期子宫内膜癌的首选治疗方法。

（1）Ⅰ期：行筋膜外子宫全切除术及双侧输卵管、卵巢切除术。年轻患者，ⅠaG1，子宫内膜样腺癌可考虑保留一侧卵巢。对于高危组应行盆腔及腹主动脉旁淋巴结清扫术或取样：①浆液性腺癌、透明细胞癌、鳞癌及腺鳞癌、G3 子宫内膜样腺癌；②Ⅰc；③癌瘤＞2cm。

（2）Ⅱ期：行广泛子宫全切除术及盆腔、腹主动脉旁淋巴结清扫术。

临床分期Ⅰ期和Ⅱ期手术时进入腹腔后立即取腹水，若无腹水则注入生理盐水 200ml 冲洗腹腔，取腹水或腹腔冲洗液查找癌细胞，以明确手术 - 病理分期，指导治疗。

2. 手术加放射治疗　Ⅰc 以上，手术后均需加用放射治疗。

3. 放射治疗　老年患者有严重合并症不能耐受手术或Ⅲ期、Ⅳ期不能手术者，可考虑行放射治疗。常采用腔内照射及体外照射两种方法。腔内照射多用 ^{137}Cs、^{60}Co，体外照射常用 ^{60}Co 及直线加速器。

4. 孕激素治疗　对于晚期患者或不能耐受手术者，可用孕激素治疗。甲羟孕酮每日 200～400mg；己酸孕酮 500mg，每周 2 次；甲地孕酮每日 160～320mg。用药时间至少 3 个月，副作用较轻，有水钠潴留、水肿、体重增加、头痛等，偶见药物性肝炎及高血压，停药后逐渐恢复。

5. 化疗　晚期不能耐受手术或治疗后复发者可考虑化疗。常用药物有顺铂、紫杉醇、阿霉素、环磷酰胺、氟尿嘧啶等，多采用联合化疗。

考点提示： 子宫内膜癌的治疗原则

【预后与随访】

子宫内膜癌的预后与临床期别、病理类型、组织分化程度、治疗、年龄等因素有关。临床Ⅰ期 5 年生存率可达 80%，而Ⅳ期只有 10% 左右。因此应加强防癌知识宣传，做到早发现、早诊断、早治疗，降低肿瘤对患者的危害。

子宫内膜癌治疗后应密切随访，争取及早发现有无复发。一般术后 2～3 年内每 3 月复查 1 次，3 年后每 6 月 1 次。随访内容包括详细病史询问、盆腔检查、B 型超声检查、胸片、阴道细胞学涂片、血清 CA_{125} 检测等。

【预防】

预防及早期发现子宫内膜癌的主要措施有：①加强防癌知识宣传，定期普查；②加强锻炼，养成良好的饮食习惯，防治肥胖、高血压、冠心病等高危因素；③正确掌握激素替代治疗的指征和方法；④围绝经期月经紊乱或不规则阴道出血应注意排除子宫内膜癌；⑤绝经后阴道出血应警惕子宫内膜癌的可能；⑥不孕、不育和晚绝经妇女应加强检查；⑦积极治疗无排卵性功血、多囊卵巢综合征、颗粒细胞瘤、卵泡膜细胞瘤、子宫内膜增生症等疾病。

第5节　卵巢肿瘤

卵巢肿瘤是女性生殖系统最常见的肿瘤之一，可发生于任何年龄阶段，多见于育龄期妇女。卵巢肿瘤中良性肿瘤约占 90%，多为囊性，恶性肿瘤多为实质性。卵巢癌在女性生殖系统恶性肿瘤中，发生率居第三位，仅次于宫颈癌与子宫内膜癌。由于缺乏早期诊断方法，卵巢癌发现时常常已为晚期，其 5 年成活率较低，为 25%～30%，目前已成为对妇女威胁最大的恶性肿瘤。

案例 21-4

路某35岁，右下腹剧烈疼痛1小时，于2011年3月8日急诊入院。1小时前起床时突然出现右下腹剧烈疼痛，持续性绞痛，大汗淋漓，难以忍受，伴恶心，呕吐2次胃内容物。LMP：2010年3月16日，G_2P_2，入院检查：右下腹触及肿块（见妇科检查），移动性浊音阴性。妇查：右附件区触及一球形囊性肿块，直径约8cm，表面光滑，张力高，压痛明显，活动，左侧附件区未触及异常。B型超声提示：子宫前位，右侧附件区探及一74mm×72mm囊性肿块，内见强回声光点、回声减低区及无回声区，左侧附件区未探及异常。

问题：1. 该患者初步诊断是什么疾病？

2. 如何处理？

【病因】

尚不清，可能与下列因素有关：

1. 环境因素 环境雌激素与高胆固醇食物可能是卵巢癌的重要发病因素。

2. 排卵 妇女周期性排卵致卵巢表面上皮不断损伤与修复，在不断的修复过程中上皮细胞突变的机率增加，同时增加卵巢包涵囊肿的形成机会。卵巢包涵囊肿为卵巢生发上皮向卵巢皮质层下陷所形成，具有多向分化潜能，可分化为浆液细胞、黏液细胞、子宫内膜样细胞等。流行病学调查发现妊娠、哺乳及避孕药的应用可降低卵巢癌的发生率，其原因可能与排卵次数减少有关，而促排卵药物的应用可增加发生卵巢癌的危险。

3. 内分泌因素 过量雌激素可增加发生卵巢癌的危险，可能与雌激素促进卵巢包涵囊肿上皮细胞的增生与转化有关。

4. 遗传因素 部分卵巢癌患者有染色体数目和结构的异常。

【组织学分类】

卵巢肿瘤组织发生复杂，种类多，目前仍普遍采用世界卫生组织（WHO）1973年制定的分类方法。主要有以下几类：

1. 发生于体腔上皮的肿瘤 有浆液性瘤、黏液性瘤、子宫内膜样瘤、未分化癌等。

2. 发生于性索间质的肿瘤 有颗粒细胞瘤、卵泡膜细胞瘤、睾丸母细胞瘤、纤维瘤等。

3. 发生于生殖细胞的肿瘤 有畸胎瘤、无性细胞瘤、内胚窦瘤、绒毛膜癌等。

4. 转移性癌 为转移至卵巢的恶性肿瘤。

【常见卵巢肿瘤的特征】

1. 浆液性囊腺瘤与浆液性囊腺癌

（1）浆液性囊腺瘤：最常见的卵巢良性肿瘤，约占卵巢良性肿瘤的25%。肿瘤多呈球形，单侧、壁薄、表面光滑，大小不一，囊内充满淡黄色清澈液体，囊壁内衬单层柱状上皮。可分单纯性与乳突状两型，前者多为单房，囊壁光滑；后者常为多房，可见乳突状物向囊内突起，也可向囊外生长，穿破囊壁，甚至发生邻居器官种植，虽属良性肿瘤，却有“恶性行为”，可发生恶变。

> **考点提示：** 最常见的卵巢良、恶性肿瘤

（2）浆液性囊腺癌：由浆液性囊腺瘤恶变而来，为最常见的卵巢恶性肿瘤，占卵巢恶性肿瘤的40%～50%。肿瘤多为双侧、多房、半实质性，表面光滑、灰白色，囊壁内可见乳突状物，质脆、易出血，囊内液混浊，多为血性。恶性程度高，易发生早期转移，5年成活

率 20%～30%。

2. 黏液性囊腺瘤与黏液性囊腺癌

（1）黏液性囊腺瘤：约占卵巢良性肿瘤的 20%。肿瘤多呈圆球形，单侧、多房、壁较厚、表面光滑、灰白色，巨大，囊内充满胶冻状黏液，囊壁内衬单层高柱状上皮，产生黏液。肿瘤可穿破囊壁，多发生腹膜种植，在腹膜上形成多个转移灶，产生大量黏液，称腹膜黏液瘤。

（2）黏液性囊腺癌：由卵巢黏液性囊腺瘤恶变而来，约占卵巢恶性肿瘤的 10%。肿瘤多为单侧、多房、半实质性，常较大，囊壁内可见乳突状物，囊内液混浊，多为血性。恶性程度低于浆液性囊腺癌，5 年成活率 40%～50%。

3. 颗粒细胞瘤　为低度恶性肿瘤。肿瘤呈圆球形，多为单侧，囊性、实性或两者兼存，大小不一，表面光滑。肿瘤能分泌雌激素，有女性化作用，是常见的功能性卵巢肿瘤（能够分泌性激素的卵巢肿瘤称功能性卵巢肿瘤，有颗粒细胞瘤、卵泡膜细胞瘤、睾丸母细胞瘤等）。青春期患者可出现假性性早熟，育龄期可出现月经紊乱，绝经后可出现不规则阴道出血。一般预后较好，5 年成活率可达 80% 以上。

考点提示：分泌雌激素的卵巢肿瘤

4. 卵泡膜细胞瘤　属卵巢良性肿瘤，能够分泌雌激素，有女性化作用。肿瘤常为单侧、实质性、质硬，表面光滑，大小不等。单纯卵泡膜细胞瘤较少见，常与纤维瘤、颗粒细胞瘤合并存在。可发生恶变，但罕见。

考点提示：麦格斯综合征见于哪种疾病

5. 纤维瘤　为较常见的卵巢良性肿瘤，多见于中老年妇女。肿瘤呈圆球形、肾形或分叶结节状，多为单侧，表面光滑，包膜完整，实性质硬。常合并腹水，偶尔伴发胸腔积液，称麦格斯综合征（Meigs syndrome）。

6. 畸胎瘤　分成熟性畸胎瘤与未成熟性畸胎瘤。

（1）成熟性畸胎瘤：是常见的卵巢良性肿瘤，其发生率仅低于浆液性囊腺瘤与黏液性囊腺瘤。可发生于任何年龄阶段，多见于育龄期妇女。肿瘤呈圆球形，灰白色，多为单侧，壁薄质韧，表面光滑，中等大小，多为囊性，少见实质性。成熟畸胎瘤呈囊性者称皮样囊肿。多为单房，囊腔内常见来自三个胚层发育成熟的组织，如毛发、牙齿、骨骼、脂肪组织、甚至甲状腺组织等。甲状腺组织可分泌甲状腺素，引起甲状腺功能亢进。

（2）未成熟性畸胎瘤：好发于青少年，属恶性肿瘤，恶性程度较高，容易转移及复发，但预后较好，应积极治疗。肿瘤多为实质性，由 2 个以上分化不同程度的胚层组织构成，主要为原始神经组织。

考点提示：印戒细胞见于哪种肿瘤

7. 库肯勃瘤（Krukenberg tumor）　一种特殊类型的转移腺癌，原发瘤在胃肠道。肿瘤多为双侧，实质性，中等大小，卵巢多保持原状或呈肾形。镜下常见典型的印戒细胞，能分泌黏液。患者常伴有腹水，预后极差，平均术后生存时间为 3～10 个月。

【卵巢恶性肿瘤的转移途径】

1. 直接蔓延和腹腔种植　主要转移途径。瘤细胞直接侵犯包膜，累及邻近器官，并广泛种植于腹膜及大网膜。

2. 淋巴转移　重要转移途径。有三种方式：①从卵巢淋巴管向上（沿卵巢血管走行）达腹主动脉旁淋巴结；②从卵巢门淋巴管至髂内、髂外淋巴结，经髂总淋巴结达腹主动脉旁淋巴结；③从卵巢淋巴管（沿圆韧带走行）达腹股沟淋巴结。

3. 血行转移　很少见。晚期可经血行转移至肝、肺、肾、骨骼等。

【卵巢恶性肿瘤的临床分期】

根据临床、手术及病理结果进行分期，以指导治疗、估计预后及比较疗效。目前主要采用2000年FIGO修订的临床分期标准（表21-5）。

表21-5 卵巢恶性肿瘤临床分期（FIGO，2000）

期别	肿瘤范围
Ⅰ期	癌灶局限于卵巢
Ⅰa	癌灶局限于一侧卵巢，包膜完整，表面无肿瘤，腹水或腹腔冲洗液中无癌细胞
Ⅰb	癌灶局限于双侧卵巢，包膜完整，表面无肿瘤，腹水或腹腔冲洗液中无癌细胞
Ⅰc	Ⅰa或Ⅰb伴包膜破裂或表面有肿瘤或腹水（或腹腔冲洗液）中有癌细胞
Ⅱ期	一侧或双侧卵巢肿瘤，伴盆腔内扩散
Ⅱa	扩散至子宫和（或）输卵管
Ⅱb	扩散至其他盆腔组织
Ⅱc	Ⅱa或Ⅱb，腹水或腹腔冲洗液中有癌细胞
Ⅲ期	一侧或双侧卵巢肿瘤，伴腹腔转移和（或）腹膜后淋巴结或腹股沟淋巴结转移，肝表面转移属Ⅲ期
Ⅲa	显微镜下证实的腹腔转移
Ⅲb	腹腔转移灶直径≤2cm
Ⅲc	腹腔转移灶直径>2cm和（或）腹膜后淋巴结或腹股沟淋巴结转移
Ⅳ期	远处转移（胸水中有癌细胞、肝实质转移属Ⅳ期）

【临床表现】

卵巢肿瘤早期常无明显临床表现，常在妇科检查或体检时偶然发现。随着病情的进展，可出现以下症状体征。

1. 卵巢良性肿瘤 发展缓慢，随着肿瘤的增大，患者可出现腹胀或腰骶坠胀，多无月经改变。一般无明显腹痛，若发生蒂扭转、破裂等并发症可出现急性剧烈腹痛。巨大卵巢肿瘤可出现尿频、便秘、气急、心悸等压迫症状。妇科检查可在子宫一侧或两侧触及呈球形的囊性、囊实性或实性肿块，表面光滑、活动。

2. 卵巢恶性肿瘤 生长较快，患者常感腹胀，若卵巢组织破坏较多或为功能性卵巢肿瘤，可出现月经改变。晚期癌组织侵蚀周围组织或神经可出现持续性腹痛、腰痛，甚至难以忍受的剧烈疼痛，可伴发严重贫血、消瘦、发热等恶病质征象。妇科检查可在子宫一侧或两侧触及呈球形或不规则形实性或半实性肿块，表面凹凸不平，质硬，固定不动或活动受限，常伴腹水，多为血性。

【并发症】

随着卵巢肿瘤的生长，可出现一些并发症，其临床表现及治疗有所不同，应引起重视。

1. 蒂扭转 为最常见的并发症，是妇科常见的急腹症。好发于中等大小、瘤蒂较长、重心偏一侧、无粘连且活动度好的肿瘤（如成熟畸胎瘤）。妊娠期、产褥期因子宫大小的变化易发生蒂扭转。扭转的瘤蒂由骨盆漏斗韧带、卵巢固有韧带和输卵管组成（图21-5）。发生扭转后，因静脉回流受阻，肿瘤内高度充血或血管破裂，瘤体增大，由于组织缺血、坏死，易继发破裂和感染。临床上，患者常在变换体位时突然出现剧烈腹痛，持续性绞痛，难以忍受，常伴恶心、呕吐，甚至疼痛性休克。检查可触及肿瘤增大、张力高、压痛明显，局部肌紧张。有时扭转可自行复位，疼痛可很快缓解。蒂扭转一经确诊，应立即手术。术时应先在瘤蒂扭转部位之下用止血钳钳夹，然后将肿瘤切除，禁止钳夹前回复扭转，以免栓子脱落，发生栓塞。

2．破裂　有自发性破裂和外力性破裂，前者可继发于蒂扭转之后，或肿瘤组织侵蚀囊壁；后者可因挤压、分娩、性生活、妇科检查或穿刺所致。症状的轻重主要取决于肿瘤内容物的性质及流入腹腔的量。临床上，患者常突然出现剧烈腹痛、恶性、呕吐，可致内出血，甚至失血性休克。检查可发现腹部压痛、反跳痛、肌紧张等腹膜炎体征，移动性浊音可阳性，原有肿块缩小或消失。B 型超声检查可发现原来肿瘤缩小或消失，可查见盆腔或腹腔积液。后穹窿或腹腔穿刺可抽出腹腔内积液或不凝固血液。凡疑有卵巢肿瘤破裂应立即剖腹探查。术时尽量吸尽盆腹腔积液，切除肿瘤，反复冲洗，注意将吸出物及切除肿瘤送病理检查，以明确诊断，指导治疗。

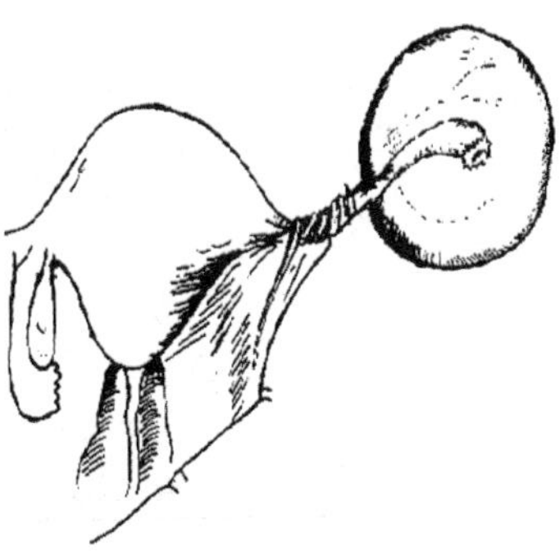

图 21-5　卵巢肿瘤蒂扭转示意图

3．感染　较少见，多继发于蒂扭转、破裂，也可由邻近器官感染（如阑尾炎）所致。主要表现为发热、腹痛、病变部位压痛及肌紧张、白细胞升高等。应加强抗感染治疗，待感染控制后切除肿瘤，短期内若感染未能控制，应尽早手术。

考点提示： 卵巢肿瘤的并发症

4．恶变　卵巢良性肿瘤多可发生恶变，而恶变早期多无特殊症状体征，不易发现，因此卵巢肿瘤一经确诊应尽快手术。

【诊断】

卵巢肿瘤是妇科常见疾病，可发生于任何年龄阶段，肿瘤生长到一定程度时才出现腹胀、腰骶坠胀、腹部触及肿块等表现，因此应加强普查，方能早期诊断。常做的辅助检查有：

1．B 型超声检查　简单易行，正确性较高，常用于普查。可了解肿块的部位、大小、形态、性质及与子宫的关系，帮助诊断，但＜1cm 的肿块不易检测出。

2．肿瘤标志物　是指在肿瘤的发生和增殖过程中，由肿瘤细胞所产生的或由机体对肿瘤细胞反应而产生的一类物质，包括蛋白质、激素、酶、多胺及癌基因产物等。肿瘤标志物的检测，对肿瘤的辅助诊断、鉴别诊断、疗效观察、病情监测以及预后评价具有一定的价值。

（1）CA_{125}（糖链抗原 125）：是卵巢上皮癌的主要相关抗原，80% 卵巢上皮癌患者 CA_{125} 高于正常，尤其是浆液性腺癌增高较明显。但其他恶性肿瘤（如乳腺癌、胃癌、肺癌、直肠癌等）或非恶性肿瘤（如卵巢囊肿、子宫内膜异位症、盆腔炎等）也可能增高，一般增高的幅度不如卵巢上皮癌，应注意鉴别。

（2）AFP（甲胎蛋白）：内胚窦瘤增高明显，未成熟畸胎瘤、无性细胞瘤也常增高。

（3）hCG：对卵巢绒毛膜癌有一定的特异性，应注意与妊娠、滋养细胞疾病相鉴别。

（4）性激素：颗粒细胞瘤、卵泡膜细胞瘤雌激素分泌量常较高，一些上皮瘤（如浆液性、黏液性瘤等）有时也能分泌少量雌激素。

3．腹腔镜检查　能较全面地观察腹腔内情况，并对病变区或可疑病变区进行多点取材，同时可取腹水或腹腔冲洗液行细胞学检查，对卵巢癌的诊断与鉴别诊断价值较大，但巨大卵巢肿瘤属腹腔镜检查禁忌证。

4．放射性检查　CT、MRI 检查对诊断卵巢肿瘤有一定的价值。

【鉴别诊断】

1．卵巢良性肿瘤与恶性肿瘤的鉴别（表 21-6）。

表 21-6 卵巢良性肿瘤与恶性肿瘤的鉴别

项目	良性肿瘤	恶性肿瘤
病史	病程长，病情进展慢	病程短，病情进展快
体征	肿块多为单侧、囊性、表面光滑、活动好，一般无腹水	肿块多为双侧、实性或囊实性、表面结节状、活动受限，常伴腹水，多为血性
一般情况	多良好	晚期出现恶病质征象
B 型超声检查	肿块边界清楚，囊腔内多见液性暗区，可有间隔光带，盆腹腔积液少见	肿块边界不清，回声不均，液性暗区内可见杂乱光点、光团，盆腹腔常见积液

2. 卵巢良性肿瘤的鉴别诊断

（1）卵巢瘤样病变：又称卵巢非赘生性囊肿，并非真性肿瘤。种类很多，有卵泡囊肿、黄体囊肿、黄素化囊肿、子宫内膜异位囊肿、多囊卵巢等。其中卵泡囊肿与黄体囊肿最常见，囊肿多为单侧，壁薄，直径＜5cm，囊内为淡黄色或无色清澈液体，不必治疗，2～3 个月多自行消退，若继续增大，直径＞5cm，应考虑卵巢肿瘤。

（2）子宫肌瘤：常有经量增多、经期延长或周期不规则，肿块位于下腹中间区域，实质性，质硬，与子宫关系密切，子宫多不规则增大，借助 B 型超声检查容易鉴别。但是，带蒂浆膜下肌瘤及其囊性变，有时很难与卵巢实质性肿瘤或卵巢囊肿相鉴别，甚至需通过腹腔镜检查或手术才能确诊。

（3）妊娠子宫：妊娠早期子宫峡部极软，妇科检查时宫体与宫颈似不相连，可能误诊为卵巢肿瘤。但妊娠有停经、早孕反应等征象，借助 HCG 检测及 B 型超声检查容易鉴别。

（4）输卵管卵巢囊肿：为炎性肿块，常有不孕和盆腔炎史，肿块为囊性，形状不规则或腊肠形，压痛存在，活动受限，抗炎治疗有一定疗效。B 型超声检查有助鉴别。必要时剖腹探查或腹腔镜检查。

（5）腹水：大量腹水表现为腹部膨隆，应与巨大卵巢囊肿鉴别。前者常有肝病或心脏病史，平卧位时腹部向两侧突出似蛙腹，叩诊腹部中间呈鼓音，两侧呈浊音，移动性浊音阳性；后者平卧位时腹部中间隆起，叩诊腹部两侧多为鼓音，中间为浊音，移动性浊音阴性。B 型超声检查：前者腹腔内可见不规则液性暗区，其间可见肠曲光团浮动，液平面随体位而变化，无肿块；后者可见囊性肿块，边界清楚，液平面不随体位而改变。

3. 卵巢恶性肿瘤的鉴别诊断

（1）子宫内膜异位症：继发性痛经，进行性加重是其典型症状，多有经量增多、经期延长或经前点滴出血，常有不孕史，妇科检查子宫多后倾固定，子宫后壁、骶骨韧带等部位可触及痛性结节，B 型超声检查盆腔内常可探及多个大小不一（数毫米至数厘米不等）、壁厚、粗糙、界限不清的囊肿。这些特点可与卵巢恶性肿瘤相鉴别。但是，卵巢子宫内膜异位囊肿与周围组织严重粘连，且临床表现不典型时，与卵巢癌很难鉴别，有时需借助腹腔镜或剖腹探测方能确诊。

（2）慢性输卵管炎或盆腔结缔组织炎：因炎症长期存在，可与周围组织广泛粘连形成炎性肿块，形状多不规则，固定不动。有盆腔感染及反复腹痛史，抗炎治疗有一定疗效。B 型超声检查有助鉴别。若肿块增大或症状较重，应行剖腹探查。

（3）结核性腹膜炎：常有腹水及粘连性肿块，多见于年轻女性，应与卵巢癌鉴别。结核性腹膜炎常有结核病及慢性腹痛史，可有食欲不振、消瘦、乏力、低热、盗汗等症状，常伴月经稀少或闭经。妇科检查肿块位置较高、形状不规则、界限不清、活动受限。B 型超声、胸部 X 线检查有助诊断。必要时剖腹探查。

（4）生殖道以外肿瘤：卵巢癌还应与腹膜后肿瘤、乙状结肠癌、直肠癌等鉴别。腹膜后肿瘤位置多较深，固定不动；乙状结肠癌、直肠癌常有消化道症状。B 型超声及钡剂灌肠有助鉴别。

（5）转移性卵巢肿瘤：在诊断卵巢恶性肿瘤时，应想到转移性卵巢肿瘤的可能性，注意病史询问、体格检查及做必要的辅助检查，排除乳腺癌、胃癌、肠癌等的可能性，以免误诊，影响治疗。

考点提示：卵巢良、恶性肿瘤鉴别

【治疗】

1. 良性卵巢肿瘤的治疗　一经确诊，应手术切除。对直径＜5cm 的囊肿，疑为卵巢瘤样病变，随访观察 3～6 个月，若不消退或继续增大，宜腹腔镜检查或剖腹探查。手术方式有：

（1）卵巢肿瘤剥除术：对于年轻患者，肿瘤不大，无论单侧或双侧都应行卵巢肿瘤剥除术，保留卵巢。双侧巨大卵巢肿瘤，也应保留部分卵巢皮质，以维持其内分泌和生育功能。

（2）卵巢肿瘤切除术：单侧巨大肿瘤（对侧卵巢正常者）、蒂扭转或围绝经期妇女，应行卵巢肿瘤切除术。

（3）全子宫及双侧附件切除术：绝经后期妇女应行全子宫及双侧附件切除术。

2. 恶性卵巢肿瘤的治疗　手术为主，辅以化疗或放疗综合治疗。根据患者的年龄、手术 - 病理分期及组织类型选择恰当的手术方式和辅助治疗方法。

（1）手术治疗：是治疗的关键，疑为卵巢恶性肿瘤，应尽早剖腹探查。术时先吸取腹水或腹腔冲洗液行细胞学检查，然后全面探查盆腔、腹腔，包括横膈、肝、脾、消化道、腹膜后各组淋巴结及内生殖器等，对可疑病变区取材送病理检查。按检查结果进行肿瘤分期，决定手术范围。

手术范围：Ⅰa、Ⅰb 期行全子宫及双附件切除术；Ⅰc 期及以上各期还需切除大网膜；Ⅱ期及以上应行肿瘤细胞减灭术（即尽量切除原发病灶及转移灶，使残留病灶≤1cm），以利术后化疗或放疗。卵巢恶性肿瘤各期目前多主张同时行盆腔及腹主动脉旁淋巴清扫术。对于年轻患者，具备下列条件可考虑保留对侧卵巢：Ⅰa 期，肿瘤分化好；术中剖视对侧卵巢未发现肿瘤；有条件随访者。

（2）化疗：是主要辅助治疗方法。恶性卵巢肿瘤术后常需化疗，以杀灭术中无法发现的微小转移灶或手术无法切除的残留病灶。术前化疗可缩小肿瘤，为手术创造更好的条件。常有化疗药物有：顺铂、卡铂、环磷酰胺、异环磷酰胺、紫杉醇、长春新碱、依托泊苷、阿霉素等。常用化疗方法有静脉化疗或静脉化疗加腹腔内化疗，通常需 6～8 个疗程。

腹腔内化疗：药物可直接作用于肿瘤，局部浓度明显高于血浆浓度，能有效控制腹水，使种植病灶缩小或消失，副反应较全身用药轻。具体方法：腹腔穿刺成功后，先向腹腔内滴入生理盐水 500ml（腹水在 1000ml 以上可不必滴入），滴速应＞150 滴 / 分，然后将顺铂 100mg/m^2 溶于生理盐水 1000ml 中，滴入腹腔。

为降低顺铂的肾毒性，无论静脉或腹腔用药都应进行“水化”，常规三天，从化疗前一天开始，每天输液量在 3000ml 以上，静脉用呋塞米和 20% 甘露醇，保证每小时尿量达 100ml 以上，24 小时尿量达 2500ml 以上，同时静脉滴注硫代硫酸钠 4g/m^2。

卵巢上皮癌常用联合化疗方案：① PC 方案：顺铂（P）50mg/m^2，环磷酰胺（C）600mg/m^2，每个疗程静脉滴注一次，间隔 4 周重复一次。② PP 方案：紫杉醇（P）135mg/m^2，顺铂（P）70mg/m^2，每个疗程静脉滴注一次，间隔 4 周重复一次。

（3）放射治疗：无性细胞瘤对放疗最敏感，即使晚期病例也能取得较好疗效。颗粒细

考点提示：卵巢肿瘤治疗原则

胞瘤中度敏感。主要采用 ^{60}Co 或直线加速器做体外照射，适用于残留病灶＜2cm，无腹水、无肝肾转移者。

【预后与随访】

预后与临床期别、组织学分类及分级、患者的年龄、治疗方式等有关。据报道Ⅰa与Ⅰb期卵巢癌，5年成活率可达90%。因此应注意早期发现、早期诊断、早期治疗。卵巢癌术后加强随访，以了解治疗效果和及时发现复发癌。随访时间：术后1年，每月1次；第二年，每3月1次；第三年，每6月1次；三年以后，每年1次。随访内容：详细病史询问，全身及盆腔检查，B型超声、胸片、血常规检查及肿瘤标志物测定等。

【预防】

由于卵巢肿瘤病因不清，尤其是卵巢癌又缺乏早期诊断方法，要做到“三早”，应采取以下措施：①加强防癌知识宣传，定期普查；②加强锻炼，养成良好的饮食习惯，注意摄入高蛋白、高维生素食物，减少高胆固醇食物的摄入；③行政执法部门应加强监督与管理，注意食品安全与环境保护，防止环境雌激素污染；④积极治疗卵巢良性肿瘤，对诊断不明或疑为恶性卵巢肿瘤者应尽早行腹腔镜检查或剖腹探查；⑤对不孕不育、高雌激素水平及采用促排卵治疗、激素替代治疗的妇女应加强监测。

案例分析参考答案

案例 21-1

1．初步诊断：宫颈癌。

2．需要作宫颈活体组织检查。

3．该病的发生可能与早婚、早育、性生活紊乱、多胎、宫颈炎、高危男性、不良卫生习惯、地理环境及病毒感染等有关。

案例 21-2

1．可能的诊断：子宫肌瘤。

2．鉴别：妊娠子宫、卵巢肿瘤、子宫腺肌病及腺肌瘤、子宫内膜癌及盆腔炎性肿块、子宫颈癌、慢性子宫内翻、子宫畸形等。

3．治疗方案：行子宫全切术，保留双侧附件。

案例 21-3

1．诊断：子宫内膜癌。

2．进一步检查：分段诊刮。

3．治疗：行子宫全切术，保留双侧卵巢、输卵管。

案例 21-4

1．初步诊断：卵巢肿瘤蒂扭转。

2．处理：行卵巢肿瘤切除术，保留健侧卵巢、输卵管。

本章小结

宫颈癌是女性生殖系统最常见的恶性肿瘤，宫颈活检是确诊宫颈癌最可靠和必不可少的方法。宫颈癌有手术、放疗及化疗等治疗方式，临床上常采用手术结合放疗或化疗进行治疗以提高疗效。子宫肌瘤多见于 30～50 岁妇女，可能是高雌激素、孕激素和遗传因素等综合作用的原因，以肌壁间肌瘤最常见，月经改变是子宫肌瘤的主要症状，根据典型症状、体征及 B 型超声检查不难诊断。根据患者的年龄、肌瘤大小、有无生育要求及并发症等综合考虑，可选择随访观察、药物治疗和手术治疗等方案。子宫内膜癌是女性生殖系统三大恶性肿瘤之一，分段诊刮是确诊最可靠方法，早期子宫内膜癌首选手术治疗，手术方式应依据临床分期、手术 - 病理分期及全身情况综合分析，晚期患者或不能耐受手术者可选用综合治疗。卵巢肿瘤是妇科常见疾病，卵巢癌是女性生殖系统三大恶性肿瘤之一，由于缺乏早期诊断方法，预后较差，目前已成为对妇女威胁最大的恶性肿瘤。常需借助 B 型超声、肿瘤标志物检测、腹腔镜等检查帮助诊断，治疗原则以手术为主，辅以化疗、放疗等综合治疗。

目标检测题

A_1 型题

1. 子宫肌瘤最常见的症状是（　　）
   A. 月经改变　B. 腹块
   C. 白带增多　D. 腹痛、腰酸
   E. 压迫症状
2. 卵巢囊肿最常见的并发症是（　　）
   A. 囊肿蒂扭转　B. 囊肿破裂
   C. 囊肿继发感染　D. 囊肿恶变
   E. 囊肿红色变性
3. 确诊子宫内膜癌的方法是（　　）
   A. B 型超声检查　B. 分段刮宫
   C. 细胞学检查　D. 宫腔镜检查
   E. CA125

A_2 型题

4. 中年妇女，早孕合并子宫肌瘤，人流术后 6 天，腹痛，发热，阴道出血不多，术后无性生活，妇科检查：宫体前位，宫体左侧可及质中块物，压痛明显，附件区增厚感，轻压痛。首先考虑的诊断是（　　）
   A. 子宫穿孔　B. 肌瘤囊性变
   C. 肌瘤红色变　D. 肌瘤肉瘤变
   E. 急性盆腔炎
5. 女，54 岁，月经量多，持续时间长，妇科检查：见自宫口脱出 5cm×4cm×3cm 赘生物，蒂达宫腔，子宫正常大小，考虑为黏膜下子宫肌瘤，查血 Hb85g/L，下列哪项治疗措施最为恰当（　　）
   A. 大量止血剂和补血药
   B. 抗炎治疗
   C. 全子宫切除术
   D. 经阴道手术摘除肌瘤，同时止血、补血、抗炎等综合治疗
   E. 止血、补血、抗炎治疗，同时经腹手术切除子宫
6. 女，38 岁，二年前发现肌瘤如孕 2 月大小，现经量增多，伴中度贫血，保守治疗无效，应采取（　　）
   A. 全子宫切除术　B. 肌瘤切除术
   C. 子宫次全切除术　D. 定期随访
   E. 全子宫＋双附件切除术
7. 女，57 岁，月经周期不规则，量多，B 超发现子宫肌瘤。妇检：子宫如孕 5 月大小，以下治疗正确的是（　　）
   A. 全子宫切除术　B. 肌瘤切除术
   C. 子宫次全切除术　D. 定期随访
   E. 全子宫＋双附件切除术
8. 58 岁女性患者，绝经 6 年，近 3 个月出现阴道不规则流血二次，妇检：子宫正常大小，左侧（－），右侧可及 7cm×6cm 大小实性肿块，阴道细胞学检查有雌激素影响，子宫内膜组织学检查为增生期变化，下列哪项诊断最可能（　　）
   A. 绒癌
   B. 内胚窦癌

C. 颗粒细胞瘤
D. 卵巢浆液性囊腺癌
E. 卵巢纤维瘤

9. 19岁少女，无性生活史，患卵巢肿瘤，术中见肿瘤局限于一侧卵巢，快速病理示卵巢颗粒细胞瘤，腹腔液中未找到肿瘤细胞，下述何项为最佳治疗方案（ ）
A. 子宫、双附件切除术
B. 全子宫＋患侧附件切除术
C. 患侧附件切除术，术后化疗并严密随访
D. 肿瘤切除术，术后放疗并严密随访
E. 全子宫、双附件＋大网膜切除术

A_3 型题

（10～12题共用题干）

49岁妇女，G_4P_3，8年前行输卵管结扎术，已绝经2年，阴道血性分泌物增多有臭味，并偶有性交后出血半年。

10. 以下的病史或体检所见，哪项可能性最大（ ）
A. 阴道分泌物灰白色、量多、有异味
B. 阴道黏膜萎缩、充血水肿
C. 宫颈炎症、接触性出血
D. 宫颈萎缩光滑，表面散在小红点
E. 子宫体增大不规则、质地硬

11. 为明确诊断，下列辅助检查方法哪项最可靠（ ）
A. 阴道镜检查及活检
B. 阴道分泌物细菌培养
C. 宫颈脱落细胞学检查
D. 分段诊刮病理检查
E. B型超声检查子宫附件

12. 以下各种处理方法，哪项可能是最合理的（ ）
A. 阴道放置消炎栓剂
B. 补充雌激素治疗
C. 宫颈局部物理治疗
D. 全子宫切除术
E. 全身应用抗生素

（13～14题共用题干）

36岁女性，有2次自然流产史，2年前体检时发现子宫稍大如孕6周，因月经规律后未复查。近1年来月经周期缩短，经量增多，并且出现痛经进行性加重，半年来发现尿频、贫血，来院就诊。

13. 关于该病例的诊断及辅助检查，以下哪项正确（ ）
A. 最可能的诊断为子宫肌瘤
B. 子宫肌瘤均可引起月经过多、不孕或流产
C. 为明确诊断可首选诊断性刮宫
D. 为明确诊断应行宫腔镜检查
E. 为明确诊断应行腹腔镜检查

14. 若该病例确诊为子宫肌瘤，下列的处理哪项不合理（ ）
A. 可选用GnRH治疗，纠正贫血缩小肌瘤
B. 子宫增大10周以上，方有手术指征
C. 纠正贫血后可行肌瘤剔除术
D. 肌瘤生长迅速者，应警惕恶性变
E. 黏膜下肌瘤可行宫腔镜手术

（王雪莉）

第22章　妊娠滋养细胞疾病

学习目标

1. 掌握葡萄胎、妊娠滋养细胞肿瘤的临床表现、诊断、治疗及随访。
2. 熟悉妊娠滋养细胞肿瘤的鉴别诊断要点及转移途径、部位。
3. 了解胎盘部位滋养细胞肿瘤的诊断和治疗。

妊娠滋养细胞疾病（gestational trophoblastic disease，GTD）是一组来源于胎盘绒毛滋养细胞的病变。根据组织学特点分为葡萄胎、侵蚀性葡萄胎、绒毛膜癌及胎盘部位滋养细胞肿瘤。其中葡萄胎是良性绒毛病变，侵蚀性葡萄胎、绒毛膜癌和胎盘部位滋养细胞肿瘤统称为妊娠滋养细胞肿瘤，属恶性病变。由于胎盘部位滋养细胞肿瘤是一种特殊类型的妊娠滋养细胞肿瘤，在临床表现、发病过程及处理上与其他妊娠滋养细胞肿瘤存在明显不同，故单列一节。

第1节　葡　萄　胎

葡萄胎是由于妊娠后胎盘绒毛滋养细胞增生、间质水肿变性，形成大小不一的水泡，水泡间有细蒂相连成串形如葡萄，故称为葡萄胎，也称水泡状胎块。

案例22-1

李女士，26岁，已婚，停经12周，阴道不规则流血10余天，量少，暗红色，血中伴有小水泡物。检查：Bp150/90mmHg，子宫前倾位，如孕4个月大，两侧附件可触到鹅卵大、囊性、活动良好、表面光滑的肿物。

问题：1．本病例最可能的诊断是什么？

2．确诊后应如何处理？

3．如何对该病进行治疗后随访？

【分类】

1．完全性葡萄胎　胎盘绒毛全部受累，宫腔内充满水泡，无胎儿及附属物。

2．部分性葡萄胎　仅部分绒毛发生水泡状变化，宫腔内尚有存活或已死的胚胎。以完全性葡萄胎多见。

【病因】

葡萄胎发生的确切原因不完全清楚，多认为其发生与遗传、种族及年龄（大于35岁或小于20岁发生率明显上升）有关。通过细胞遗传学结合病理学研究表明，葡萄胎的发生与卵子或精子的异常受精关系密切。

【病理】

1．大体观

（1）完全性葡萄胎：水泡状物占满整个宫腔，无胎儿及其附属物或胎儿痕迹，大体检查见大小不等的水泡，其间有纤细的绒毛干相连，形如串串葡萄，常混有血块及蜕膜碎片。

（2）部分性葡萄胎：仅部分绒毛变性为水泡，可见胚胎或胎儿，常伴胎儿发育迟缓或多发性畸形，且多已死亡。

2．组织学特点

（1）完全性葡萄胎：镜下见绒毛体积增大，轮廓规则，滋养细胞增生，间质水肿和间质内胎源性血管消失。

（2）部分性葡萄胎：镜下见绒毛大小不等，常呈扇形，轮廓不规则，有明显的滋养层基质内陷，部分间质水肿，滋养细胞增生程度较轻，间质内可见胎源性血管及其中的有核红细胞。

3．卵巢黄素化囊肿形成 由于滋养细胞增生，产生大量 hCG，刺激卵巢的卵泡膜细胞，使之发生黄素化囊肿。常为双侧，大小不等，表面光滑、壁薄、色黄，内含清亮液体，切面多房。完全性葡萄胎发生率为 30 %～50 %，部分性葡萄胎一般不伴有黄素化囊肿。

【临床表现】

近年来由于超声检查和 hCG 测定的广泛应用，多数患者尚未出现症状或仅有少量阴道流血时已作出诊断，因此症状典型的葡萄胎已少见，相比较而言完全性葡萄胎较部分性葡萄胎的症状典型。常见典型症状有：

1．停经后阴道流血 是最常见的症状。常在停经 8～12 周左右开始出现不规则阴道流血，开始量少，渐增多，可反复发作，也可发生大出血，导致休克，甚至死亡，偶或有水泡状组织随血液排出。若反复长时间阴道流血，可导致贫血和感染。

2．子宫异常增大、变软 多数葡萄胎患者的子宫大于停经月份，质地变软，但无胎体感及胎心音；少数患者的子宫大小与停经月份相符或小于停经月份，其原因可能与水泡退行性变、停止发育有关。

3．早孕反应 一般较正常妊娠出现时间早，症状严重且持续时间长，甚至发展为妊娠剧吐。

4．妊娠期高血压疾病征象 多发生于子宫异常增大明显和 hCG 水平异常升高者，可在妊娠早、中期出现高血压、蛋白尿和水肿等妊娠期高血压疾病征象。

5．卵巢黄素化囊肿 常为双侧性，但也可单侧，大小不等，一般无症状，较大者可因蒂扭转而致急性腹痛。此囊肿常在水泡状胎块清除后 2～4 个月自行消退。

6．腹痛 因葡萄胎增长迅速，引起子宫快速膨胀，或子宫收缩以排除宫腔内容物所致。表现为阵发性下腹胀痛，常发生于阴道流血之前。

考点提示：葡萄胎临床表现

7．甲状腺功能亢进征象 约 7% 患者出现轻度甲状腺功能亢进表现，如心动过速、皮肤潮湿和震颤，但突眼少见。葡萄胎清除后这些症状自行消失。

【转归】

正常情况下，葡萄胎排出后，血 hCG 稳定下降，首次降至阴性的平均时间约为 9 周，最长不超过 14 周。若葡萄胎排空后 hCG 持续异常应考虑妊娠滋养细胞肿瘤。

【诊断】

凡有停经后不规则阴道流血，早孕反应出现时间较早且严重，产科检查子宫大于停经月份、变软、触不到胎体、听不到胎心者，孕妇感觉不到胎动，应怀疑葡萄胎。若在阴道排出物中见到水泡状胎块，即可诊断。下列辅助检查能协助明确诊断。

1. 超声检查　B 型超声检查是诊断葡萄胎的重要辅助检查方法，无创伤，确诊率高。典型超声影像学表现为子宫明显大于相应孕周，宫腔内充满不均质密集雪花状光片，呈“落雪现象”，还可能有胎儿或胎盘影像。

2. 绒毛膜促性腺激素（hCG）测定　葡萄胎时由于滋养细胞过度增生致血中 hCG 浓度大大高于正常水平，且在停经 8～12 周以后，随着子宫增大仍继续持续上升。因此 hCG 的准确定量试验是诊断和随访葡萄胎的重要手段。

3. 其他检查　包括胸部 X 线摄片，血常规、出凝血时间、血型及肝肾功能检查等。

【鉴别诊断】

1. 流产　葡萄胎与流产均有停经和阴道流血，两者表现相似，容易混淆。但葡萄胎时多数子宫大于相应孕周，hCG 水平持续高值，阴道流出物中有水泡状物，B 型超声检查显示葡萄胎特点。

2. 双胎妊娠　双胎妊娠一般无阴道流血，可通过 B 型超声检查确诊。

3. 羊水过多　一般发生于妊娠晚期，羊水过多时无阴道流血，hCG 水平在正常范围，B 型超声检查可以确诊。

4. 子宫肌瘤合并妊娠　一般无流血，根据病史、双合诊及 B 型超声检查可确诊。

【处理】

1. 清宫　葡萄胎一经确诊，应及时清宫，但须在输液、备血准备下进行。通常选用吸刮术，其具有手术时间短、出血少、不易发生子宫穿孔等优点，比较安全。清宫时应充分扩张宫颈管，选用大号吸管吸引，不用探针探测宫腔。术中可应用缩宫素静脉滴注，防止出血和穿孔。尽量一次刮净，如子宫大于妊娠 12 周或术中感到一次刮净有困难时，可于 1 周后行第二次刮宫。每次刮宫后均应取近宫壁组织送病理检查。

2. 子宫切除术　年龄较大、无生育要求者可行全子宫切除术，保留两侧卵巢。最好在葡萄胎清除后，hCG 恢复正常后进行。但单纯子宫切除只能去除葡萄胎侵入子宫肌层局部的危险，不能预防子宫外转移的发生，不作为常规处理。

3. 预防性化疗　研究发现，对有高危因素的葡萄胎患者给予预防性化疗不仅可减少远处转移的发生，且能减少子宫局部侵犯。因此下列高危病例应行预防性化疗：①年龄大于 40 岁；② hCG 值异常升高；③滋养细胞高度增生；④水泡状胎块清除后，hCG 下降缓慢或持续居高不下；⑤出现可疑转移病灶者；⑥无条件随访者。一般采用氟尿嘧啶单药化疗一个疗程。

4. 卵巢黄素化囊肿的处理　卵巢黄素化囊肿在葡萄胎清除后可自行消退，一般不需特殊处理。若发生急性扭转，可在 B 型超声或腹腔镜下作穿刺吸液，囊肿也多能自然复位。如扭转时间较长发生坏死．需作患侧附件切除术。

考点提示： 葡萄胎清宫处理

【随访】

葡萄胎患者作为高危人群，应定期随访，以便早期发现妊娠滋养细胞肿瘤并及时处理。

随访时间一般为2年。

随访内容包括：① hCG定量测定：葡萄胎清宫后每周一次，直至连续3次正常，然后每个月一次持续至少半年，此后可每半年一次，共随访2年；②注意月经是否规则，有无异常阴道流血，有无咳嗽、咯血等转移灶症状；③做妇科检查观察子宫复旧情况及黄素囊肿大小变化；④必要时作B型超声、胸部X线摄片或CT检查。

考点提示： 葡萄胎随访时间及内容

随访期间应严格避孕，避孕方法最好用避孕套，一般不选用口服避孕药及宫内节育器，以免子宫穿孔或混淆子宫出血的原因。

第2节 妊娠滋养细胞肿瘤

妊娠滋养细胞肿瘤包括侵蚀性葡萄胎和绒毛膜癌(简称绒癌)。其中60%继发于葡萄胎，30%继发于流产，10%继发于足月妊娠或异位妊娠。虽然侵蚀性葡萄胎和绒毛膜癌在临床表现、诊断和处理原则等方面基本相同，但仍然各有特点，临床诊断时注意区分，有利于准确估计预后。

案例22-2

李女士，葡萄胎刮宫术后4个月，血hCG明显高于正常，胸部X线片显示片状阴影，在手术切除的标本病理检查中，发现子宫肌层及输卵管中有滋养细胞并显著增生成团块状，细胞大小，形态均不一致，有出血及坏死，但绒毛结构完整。

问题：1. 该患者最可能的诊断是什么？

2. 列出诊断依据。

3. 确诊后应如何处理？

【病理】

1. 侵蚀性葡萄胎 肉眼可见水泡，形似葡萄胎，已侵入子宫肌层，伴有出血、坏死；镜检可见绒毛结构，滋养细胞增生和分化不良。

2. 绒毛膜癌 肉眼见不到水泡，仅有出血、坏死；镜检见不到绒毛结构，镜下表现为滋养细胞成片高度增生，排列紊乱。绝大多数原发于子宫，也有极少数原发于输卵管、宫颈、阔韧带等部位。

【临床表现】

1. 阴道流血 葡萄胎、早产、流产或足月产后，阴道持续性不规则流血，量多少不定。有时也可表现为一段时间的正常月经后闭经，然后再出现阴道流血，与一般流产极易混淆。长期阴道流血者可继发贫血。有时原发灶消失，继发灶发展则无阴道流血症状。

2. 子宫复旧延迟或不均匀增大 多于葡萄胎排空后4～6周子宫未恢复到正常大小，质地偏软。也可因受肌层内病灶部位和大小的影响，表现出子宫不均匀增大。

3. 卵巢黄素化囊肿 由于hCG持续作用，在葡萄胎清除后、流产或足月产后，两侧或一侧卵巢黄素化囊肿持续存在，常表现为不见缩小，反而增大，或缩小后又增大。

4. 腹痛 一般无腹痛，当癌组织侵入子宫壁可引起下腹胀痛；当子宫病灶穿破浆膜层或脏器转移灶破裂时，可引起急性腹痛及其他腹腔内出血症状。若卵巢黄素化囊肿发生扭转或破裂时，也可出现急性腹痛。

5. 假孕表现　由于妊娠滋养细胞肿瘤异常增生的滋养细胞分泌 hCG 及雌、孕激素的作用，患者出现乳房增大，乳头及乳晕着色，甚至有初乳样分泌，外阴、阴道、宫颈着色，生殖道质地变软等假孕表现。

6. 转移性灶表现　妊娠滋养细胞肿瘤主要经血行播散，转移发生早而且广泛。最常见的转移部位是肺（80%），其次是阴道（30%）、盆腔（20%）、肝（10%）和脑（10%）等。各转移部位症状的共同特点是局部出血。

（1）肺转移：最常见。表现为胸痛、咳嗽、反复咯血及呼吸困难，这些症状常呈急性发作，也可呈慢性持续状态达数月之久。但当肺转移灶较小时，也可无任何症状，仅靠胸部 X 线摄片或 CT 做出诊断。典型 X 线胸部摄片呈棉球状或棉花块状阴影。

（2）阴道转移：转移灶常位于阴道前壁下段，一般认为为宫旁静脉逆行性转移所致。呈紫蓝色结节，破溃时引起不规则阴道流血，甚至大出血。

（3）肝转移：为不良预后因素之一，多同时伴有肺转移，表现上腹部或肝区疼痛，若病灶穿破肝包膜可出现腹腔内出血，导致死亡。

（4）脑转移：是导致滋养细胞肿瘤患者死亡的主要原因。一般同时伴有肺转移和（或）阴道转移。

（5）其他转移：包括脾、肾、膀胱、消化道、骨等，症状视转移部位而异。

考点提示：临床表现和转移部位

【诊断】

1. 临床诊断　凡葡萄胎排空后或流产、足月分娩、异位妊娠后出现不规则阴道流血、子宫复旧不良和（或）转移灶及其相应症状和体征，应考虑为妊娠滋养细胞肿瘤。其中侵蚀性葡萄胎只发生于葡萄胎后，且多发生于葡萄胎清除后 6 个月内，恶性程度低；绒毛膜癌约 50% 继发于葡萄胎，50% 发生于足月产、早产、流产及宫外孕后，一般发生于葡萄胎清除后 1 年以上，时间间隔越长，可能性越大，恶性程度高。发生于葡萄胎清除后半年至 1 年者绒毛膜癌和侵蚀性葡萄胎均有可能。结合 hCG 测定及胸部 X 线摄片等检查，即可确立妊娠滋养细胞肿瘤的临床诊断。

（1）血 β-hCG 值测定：血 β-hCG 值是葡萄胎后妊娠滋养细胞肿瘤主要的诊断依据。符合下列标准中的任何一项且排除妊娠物残留或妊娠，即可诊断为妊娠滋养细胞肿瘤：①血 β-hCG 测定 4 次呈平台状态（±10%），并持续 3 周或更长时间，即 1、7、14、21 日；②血 β-hCG 测定 3 次升高（>10%），并至少持续 2 周或更长时间，即 1、7、14 日；③血 β-hCG 水平持续异常达 6 个月或更长。非葡萄胎后妊娠滋养细胞肿瘤的诊断标准为：足月产、流产和异位妊娠后 4 周以上，血 β-hCG 仍持续高水平或一度下降后又上升，已排除妊娠物残留或再次妊娠。

（2）影像学检查：①胸部 X 线摄片：是诊断肺转移的常规检查。肺转移的最初 X 线征象为肺纹理增粗，以后发展为片状或小结节阴影，典型表现为棉球状或团块状阴影，转移灶以右侧肺及中下部较多见；② CT 和磁共振成像：CT 对发现肺部较小病灶和脑等部位的转移灶，有较高的诊断价值。磁共振成像主要用于脑、肝和盆腔病灶的诊断；③超声检查：可早期发现葡萄胎组织侵入子宫肌层的程度，能进一步提高滋养细胞肿瘤诊断的正确性。

考点提示：侵蚀性葡萄胎和绒毛膜癌的鉴别

2. 组织学诊断　在送检标本中见到绒毛结构或退化的绒毛阴影，可诊断为侵蚀性葡萄胎；仅见成片滋养细胞浸润及坏死出血，未见绒毛结构，诊断为绒癌。如原发灶和转移灶诊断不一致，只要在任一组织切片中见有绒毛结构，均诊断为侵蚀性葡萄胎。

【治疗】

治疗宜采用化疗为主，手术和放疗为辅的综合治疗措施。

1. 化疗 目前常用的化疗药物有甲氨蝶呤（MTX）、氟尿嘧啶（5-Fu）、放线菌素-D（Act-D）、更生霉素（KSM）、环磷酰胺（CTX），长春新碱（VCR）、依托泊苷（VP-16）等，其中MTX和5-Fu最常用；KSM对肺转移较好，MTX适用于脑转移。低危患者首选单一药物化疗，高危患者首选联合化疗。药物剂量必须达到患者最大耐受量，尤其以第一、二疗程更为关键。

（1）单一药物化疗：目前常用的单药化疗药物及用法，见表22-1。

表22-1　单药化疗推荐方案

药物	剂量、给药途径、疗程	疗程间隔
MTX	0.4mg/（kg·d）肌内注射，连续5日	2周
MTX	250mg静脉滴注，维持12小时	
Act-D	10～12μg/（kg·d）静脉滴注，连续5日	2周
5-Fu	28～30mg/（kg·d）静脉滴注，连续8～10日	2周

（2）联合化疗：适用于妊娠滋养细胞肿瘤联合化疗的方案很多，首选以5-FU为主的联合化疗方案和EMA-CO方案（表22-2）。其中Ⅱ～Ⅲ期常用5-Fu为主的联合化疗方案，Ⅳ期常用EMA-CO方案。

表22-2　联合化疗推荐方案

方案及药物	剂量、给药途径、疗程		疗程间隔
5-Fu＋KSM	5-Fu 26～28mg/（kg·d）	静脉滴注8日	3周
	KSM 6μg/（kg·d）	静脉滴注8日	
EMA-CO			2周
第1部分EMA			
第1天	VP-16 100mg/m²	静脉滴注	
	Act-D 0.5mg	静脉注射	
	MTX 100mg/m²	静脉注射	
	MTX 200mg/m²	静脉注射12小时	
第2天	VP-16 100mg/m²	静脉滴注	
	Act-D 0.5mg	静脉注射	
	CF 15mg	肌内注射	
	（从静注MTX后算24小时给药，每12小时1次，共2次）		
第3天	CF 15mg肌内注射，每12小时1次，共2次		
第4～7天	休息（无化疗）		
第2部分CO			
第8天	VCR 1.0mg/m²	静脉滴注	
	CTX 600mg/m²	静脉注射	

（3）疗效评估：每一疗程结束后，应每周测血β-hCG，结合妇科检查、B型超声检查、

胸部 X 线摄片、CT 等检查，进行疗效评估。如化疗疗程结束至 18 日内，血 β-hCG 下降至少 1 个对数为有效。

（4）毒、副反应：化疗主要的毒副反应为骨髓抑制，其次为消化道反应、肝功能损害、肾功能损害及脱发等。常于化疗刚结束或停药 1～2 周内最明显。如白细胞下降到 4×10^9/L 或血小板小于 100×10^9/L，则应停药对症处理。

（5）停药指征：治疗应持续到完全恢复的标准：肺转移完全消失；血或尿 hCG 正常；临床无症状。再巩固 1～2 个疗程方可停药。

2．手术　为辅助治疗手段。对控制出血、感染等并发症、切除残存或耐药病灶等方面有一定作用。

3．放射治疗　目前应用较少，主要用于肝、脑转移和肺部耐药病灶的治疗。

考点提示：主要治疗方法

【随访】

治疗结束后应严密随访。出院后 3 个月随访第 1 次，以后每 6 个月 1 次持续 3 年，然后每年 1 次直至 5 年，随访内容同葡萄胎。随访期间应严格避孕，应于化疗停止≥12 个月方可妊娠。

第 3 节　胎盘部位滋养细胞肿瘤

胎盘部位滋养细胞肿瘤（placental site trophoblastictumor，PSTT）是指来源于胚胎种植部位的一种特殊类型的妊娠滋养细胞肿瘤。临床罕见，预后良好。

【病理】

大体检查为实性，可突向宫腔，也可局限于子宫肌层内，多与子宫肌层界限清楚，少数与子宫肌层界限不清。肿瘤切面呈黄褐色或黄色，有时见局限性出血和坏死。镜检肿瘤细胞均由中间型滋养细胞组成，无绒毛结构。

【临床表现】

多发生于生育年龄，一般继发于足月产，也可发生在流产和葡萄胎后。主要症状为停经后不规则阴道流血或月经过多，产后子宫复旧不佳，少数以临床转移症状为首发症状。妇科检查：子宫均匀性或不规则增大。

【诊断】

临床表现不典型，易误诊。确诊主要靠组织学检查。

【处理】

首选手术治疗，原则是切除一切病灶，行全子宫切除及双侧附件切除术。年轻妇女可考虑保留卵巢。如有淋巴结转移，可行盆腔淋巴结清扫术，术后可给予辅助性化疗，首选的化疗方案为 EMA-CO。

【随访】

治疗后应随访。随访内容同妊娠滋养细胞肿瘤。由于胎盘部位滋养细胞肿瘤缺乏肿瘤标志物，随访时临床表现和影像学检查更有价值。

案例分析参考答案

案例 22-1

1. 诊断：葡萄胎。

2. 处理：及时清宫，取刮出物送病检。

3. 随访：时间 2 年；内容：① hCG 定量测定；②注意月经是否规则，有无异常阴道流血，有无咳嗽、咯血等转移灶症状；③妇科检查观察子宫复旧情况及黄素囊肿大小变化；④必要时 B 型超声、胸部 X 线摄片或 CT 检查。随访期间严格避孕。

案例 22-2

1. 诊断：侵蚀性葡萄胎。

2. 诊断依据：①葡萄胎刮宫术后 4 个月；②血 hCG 明显高于正常，胸部 X 线片显示片状阴影；③滋养细胞显著增生成但绒毛结构完整。

3. 处理：化疗。

本章小结

妊娠滋养细胞疾病有良恶性之分，葡萄胎为良性，但在一定时间内也可发展为恶性，因此，应明确临床表现和诊断方法，注重治疗方法和治疗后随访工作，以便及早发现恶变，及时治疗，使预后良好。妊娠滋养细胞肿瘤属恶性，常见侵蚀性葡萄胎和绒毛膜癌，两者临床表现和治疗相似，但恶性程度和预后不同，应掌握其鉴别诊断方法，准确估计预后。胎盘部位滋养细胞肿瘤临床罕见，预后良好，具潜在恶性，治疗后也应随访。

目标检测题

A_1 型题

1. 葡萄胎患者刮宫前，应准备好静脉通路并配血，其理由是（　　）
   A. 防止刮宫时大出血造成休克
   B. 刮宫中要给药
   C. 刮宫前需要输血
   D. 患者要求
   E. 治疗常规
2. 随访葡萄胎患者时必须进行的常用检查方法是（　　）
   A. 阴道脱落细胞涂片检查
   B. 测尿中的 HCG 值
   C. B 型超声检查有无胎囊
   D. 多普勒超声检查听取胎心
   E. CT 检查脑转移情况
3. 绒毛膜癌治愈，随访观察年限为（　　）
   A. 1 年　B. 2 年
   C. 3 年　D. 4 年
   E. 5 年
4. 侵蚀性葡萄胎患者的处理原则为（　　）
   A. 进行放疗　B. 同位素治疗
   C. 子宫切除　D. 以化疗为主
   E. 子宫及附件切除
5. 葡萄胎确诊后首选的处理方法是（　　）
   A. 化疗　B. 清宫
   C. 抗生素控制感染　D. 止血
   E. 放疗
6. 关于侵蚀性葡萄胎与绒毛癌的鉴别，正确的是

A. 尿中 HCG 高者为绒毛膜癌
B. 有肺转移者为绒毛膜癌
C. 前次妊娠为足月产者是绒毛膜癌
D. 镜下见不到绒毛结构者为侵蚀性葡萄胎
E. 症状严重者为绒毛膜癌

7. 葡萄胎患者治愈后的随访时间为（　　）
A. 3 个月　　B. 6 个月
C. 1 年　　D. 2 年
E. 5 年

8. 下列属于葡萄胎排出后定期随访观察的项目是（　　）
A. 坚持避孕 2 年
B. 询问有无咯血及阴道流血
C. 行阴道细胞学检查
D. 测尿中的 HCG 值
E. 必要时行胸部 X 线检查

9. 下列不属于葡萄胎患者临床表现的是（　　）
A. 白带增多
B. 子宫比正常妊娠月份大
C. 停经后阴道流血
D. 蛋白尿
E. 下腹包块

A_2 型题

10. 某患者葡萄胎刮宫术后 4 个月，血 HCG 明显高于正常，胸部 X 线片显示片状阴影，最可能的诊断是（　　）
A. 再次葡萄胎　　B. 绒毛膜癌
C. 侵蚀性葡萄胎　　D. 宫外孕
E. 结核

11. 在手术切除的标本病理检查中，发现子宫肌层及输卵管中有滋养细胞并显著增生成团块状；细胞大小，形态均不一致；有出血及坏死；但绒毛结构完整。最可能的诊断为（　　）
A. 葡萄胎　　B. 侵蚀性葡萄胎
C. 绒毛膜癌　　D. 子宫体癌
E. 卵巢肿瘤

12. 26 岁妇女，停经 12 周，阴道不规则流血 10 余天，量不多暗红色，血中伴有小水泡物。妇科检查：血压 150/90mmHg，子宫前倾，如孕 4 个月大，两侧附件可触到鹅卵大、囊性、活动良好、表面，表面光滑的肿物。本病例最可能的诊断是（　　）
A. 双胎妊娠
B. 妊娠合并子宫肌瘤
C. 妊娠合并卵巢囊肿
D. 先兆流产
E. 葡萄胎

A_3 型题

（13～15 题共用题干）

28 岁妇女，葡萄胎清除后 22 周，阴道不规则流血 10 余天，量少暗红色，无组织物流出。妇科检查：阴道前壁见两个黄豆大小紫蓝色结节，子宫前倾，如孕 4 个月大，右侧附件可触到鹅卵大、囊性、活动良好、表面光滑的肿物。尿 HCG（＋）。

13. 最可能的诊断是（　　）
A. 葡萄胎复发　　B. 侵蚀性葡萄胎
C. 绒毛膜癌　　D. 先兆流产
E. 卵巢肿瘤

14. 右侧附件期肿物为（　　）
A. 畸胎瘤　　B. 巧克力囊肿
C. 皮样囊肿　　D. 黄素囊肿
E. 黄体囊肿

15. 治疗宜采用（　　）
A. 全子宫切除　　B. 化疗
C. 放疗　　D. 化疗＋子宫切除
E. 随访观察

B_1 型题

（16～18 题共用答案）
A. 完全性葡萄胎
B. 部分性葡萄胎
C. 侵蚀性葡萄胎
D. 绒毛膜癌
E. 胎盘部位滋养细胞肿瘤

16. 子宫增大，宫腔内充满水泡状物（　　）
17. 病检见滋养细胞，但无绒毛结构（　　）
18. 水泡状组织侵入子宫肌层（　　）

（彭鸿英）

第 23 章　生殖内分泌疾病

学习目标

1. 掌握功能失调性子宫出血、闭经、多囊卵巢综合征的概念，功血临床表现、诊断及治疗原则。

2. 熟悉功血的病因、病理、分类，闭经的病因、分类、诊断及治疗，痛经、绝经综合征的概念。

3. 了解痛经的临床表现、诊断及治疗，绝经综合征的临床表现及治疗原则。

月经失调是妇科的常见疾病，由器质性病变或月经调节机制失常引起，本章主要介绍由月经调节机制失常引起的月经失调，包括功能失调性子宫出血、闭经、多囊卵巢综合征、痛经及绝经综合征。

第 1 节　功能失调性子宫出血

考点提示：功血概念

正常月经的周期为 24～35 日，经期持续 2～7 天，平均失血量为 20～60ml。凡不符合上述标准的均属异常子宫出血。功能失调性子宫出血（dysfunctional uterine bleeding，DUB）简称“功血”，是由于生殖内分泌轴功能紊乱引起的异常子宫出血，分为无排卵性和有排卵性两类。

案例 23-1

15 岁女性，月经周期 8～10/24～26 天，量多。此次月经持续 10 余天未净，量多，基础体温单相型。

问题：1. 患者出现月经过多原因？

2. 进一步做哪些检查？

3. 制定治疗方案。

一、无排卵性功能失调性子宫出血

【病因和病理生理】

正常月经的发生是基于排卵后黄体生命结束，雌、孕激素撤退，使子宫内膜功能层皱缩坏死而脱落出血。当机体受内部和外界各种因素，如精神紧张、营养不良、恐惧、忧伤、代谢紊乱、慢性疾病、环境和气候骤变、饮食紊乱、过度运动、酗酒以及其他药物影响时，可通过大脑皮质和中枢神经系统，引起下丘脑 - 垂体 - 卵巢轴功能调节或靶细胞效应异常而导致月经失调。

无排卵性功血好发于青春期和绝经过渡期，但也发生于生育年龄。在青春期，下丘脑 - 垂体 - 卵巢轴激素间的反馈调节尚未成熟，大脑中枢对雌激素的正反馈作用存在缺陷，FSH 呈持续低水平，无促排卵性 LH 陡直高峰形成而不能排卵；在绝经过渡期，卵巢功能不断衰退，卵巢对垂体促性腺激素的反应降低，卵泡发育受阻而不能排卵；生育年龄妇女有时因应激等因素干预，也可以发生无排卵。各种原因引起的无排卵均可导致子宫内膜受单一雌激素刺激无孕酮对抗，引起的雌激素撤退出血或雌激素突破出血。

【子宫内膜病理改变】

无排卵性功血患者的子宫内膜受雌激素持续作用而无孕激素拮抗，可发生不同程度的增生性改变，少数呈萎缩性改变。

1. 子宫内膜增生症分类如下：

（1）单纯型增生：为最常见的子宫内膜增生类型。增生涉及腺体与间质，呈弥漫性，细胞与正常增生期内膜相似。腺体数量增多，腺腔囊性扩大，大小不一，腺上皮为单纯或假复层，细胞呈高柱状，无异型性，间质细胞丰富。发展为子宫内膜腺癌的几率仅约 1%。

（2）复杂型增生：只涉及腺体，通常为局灶性。腺体增生明显，拥挤，结构复杂，由于腺体增生明显，使间质减少，出现腺体与腺体相邻，呈背靠背现象。由于腺上皮增生，可向腺腔内呈乳头状或向间质出芽样生长，腺上皮细胞呈柱状，可见复层排列，但无细胞异型性。约 3% 可发展为子宫内膜腺癌。

（3）不典型增生：只涉及腺体。虽然可能呈多灶性或弥漫性，但通常为局灶性。腺体增生、拥挤，结构复杂，间质细胞显著减少。腺上皮细胞增生，出现异型性，细胞极性紊乱，体积增大，核质比例增加，核深染，见核分裂象。发展为子宫内膜腺癌的几率为 23%。

2. 增殖期子宫内膜 此类最多见。子宫内膜所见与正常增生期内膜无区别，只是在月经周期后半期甚至月经期，仍为增生期形态，内膜出血者多无腺体坏死。

3. 萎缩型子宫内膜 子宫内膜菲薄萎缩，腺体少而小，腺管狭而直，腺上皮为单层立方形或低柱状细胞，间质少而致密，胶原纤维化相对增多。

【临床表现】

1. 子宫不规则出血 特点是月经周期紊乱，经期长短不一，有时出血呈点滴状，有时表现大量出血；有时先有数周或数月停经，然后发生阴道不规则流血，血量较多，持续 2～3 周或更多时间，不易自止，出血期间一般无腹痛或其他不适。临床根据出血特点，异常出血分为：①月经过多：周期规则，经期延长＞7 日或经量过多＞80ml；②子宫不规则出血过多：周期不规则，经期延长，经量过多；③子宫不规则出血：周期不规则，经期延长而经量正常；④月经过频：表现为月经频发，周期缩短＜21 日。

2. 贫血 出血多时或时间长者常伴贫血，贫血引起凝血功能失常，加重子宫出血。大量出血可导致休克。

3. 妇科检查 子宫正常大小，部分病例出血时子宫略大稍软。

【诊断】

1. 病史 详细了解异常子宫出血的类型、发病时间、病程经过、出血前有无停经史及以往治疗经过。应注意患者年龄、月经史、婚育史、避孕措施及一般健康状况，全身是否有慢性病史，如肝病、血液病，有无精神紧张、情绪打击等影响正常月经的因素，了解流血时间、目前流血量、持续时间、流血性质，流血前有无停经史、流产史及以往治疗经过。

2. 体格检查 包括全身检查、妇科检查，除外全身性疾病及器质性病变。检查有无贫血、甲减、甲亢、多囊卵巢综合征及出血性疾病阳性体征。妇科检查应排除阴道、宫颈及子宫器质性病变；注意出血来自宫颈表面还是来自宫颈管内。

3. 辅助检查

（1）全血细胞计数：确定有无贫血及血小板减少。

（2）凝血功能检查：凝血酶原时间、部分促凝血酶原激酶时间、血小板计数、出凝血时间等，排除凝血和出血功能障碍性疾病。

（3）妊娠试验或血 HCG：有性生活史者，应进行妊娠试验，排除妊娠及相关疾病。

（4）盆腔 B 型超声检查：可了解子宫大小、形状、子宫内膜厚度及回声，以明确有无宫腔占位病变及其他生殖道器质性病变等。

（5）基础体温测定（BBT）：利用孕激素对体温中枢的致热作用来检测排卵。基础体温呈双相型，提示卵巢有排卵（图 23-1）；基础体温呈单相型，提示无排卵（图 23-2），测量方法见第 29 章。

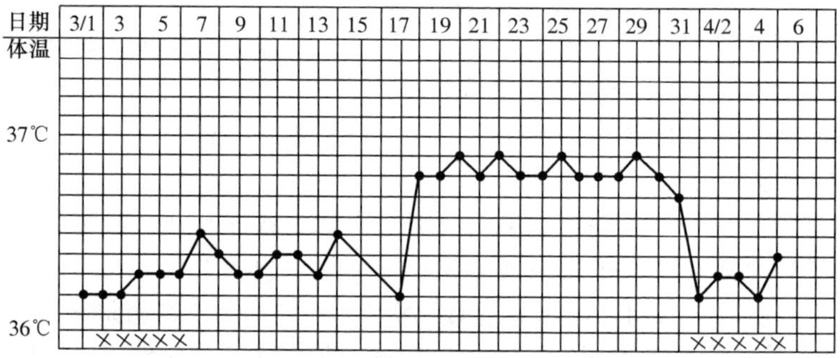

图 23-1 基础体温双相型

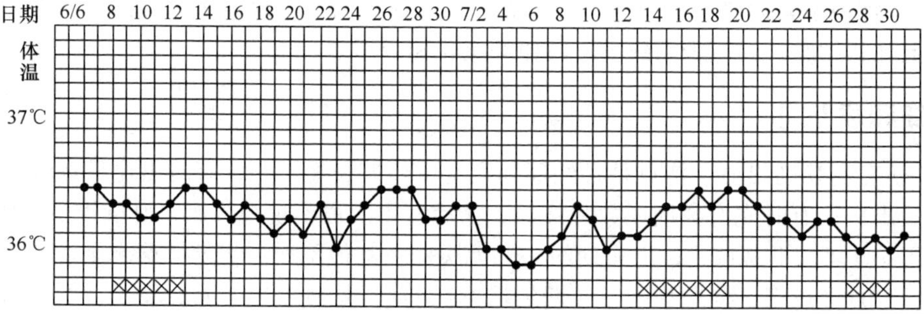

图 23-2 基础体温单相型

（6）激素水平测定：于月经周期第 21 天左右测定尿孕二醇或血清孕酮以测定有无排卵，血孕酮值升高则提示近期有排卵。

（7）子宫内膜取样

1）诊断性刮宫：简称诊刮。其目的是止血和明确子宫内膜病理诊断。年龄＞35 岁，药物治疗无效或存在子宫内膜癌高风险的异常子宫出血患者，应行诊刮明确子宫内膜病变。为确定卵巢排卵和黄体功能，应在经前期或月经来潮 6 小时内刮宫。不规则阴道流血或大量出血时，可随时刮宫。刮宫时必须搔刮整个宫腔，尤其是两宫角，并注意宫腔的大小、形态、宫壁是否光滑，刮出物性质和数量。疑有子宫内膜癌时，应行分段诊刮。无性生活史患者，若激素治疗失败或疑有器质性病变，应经患者及家属知情同意后行诊刮术。

2）子宫内膜活组织检查：目前国外推荐使用Karman套管或小刮匙等的内膜活检，其优点是创伤小，能获得足够的标本用于诊断。

（8）宫腔镜检查：宫腔镜下应注意内膜表面是否充血、有无突起，选择病变区进行活检。可提高诊断率，尤可提高早期宫腔病变如子宫内膜息肉、子宫黏膜下肌瘤、子宫内膜癌的诊断率。

（9）阴道脱落细胞涂片检查：阴道脱落细胞在月经周期后半期动态检查，涂片一般为中、高雌激素影响而无周期性变化。

（10）宫颈黏液结晶检查：若经前出现羊齿植物叶状结晶提示无排卵。出现椭圆体提示有排卵（图 23-3）。

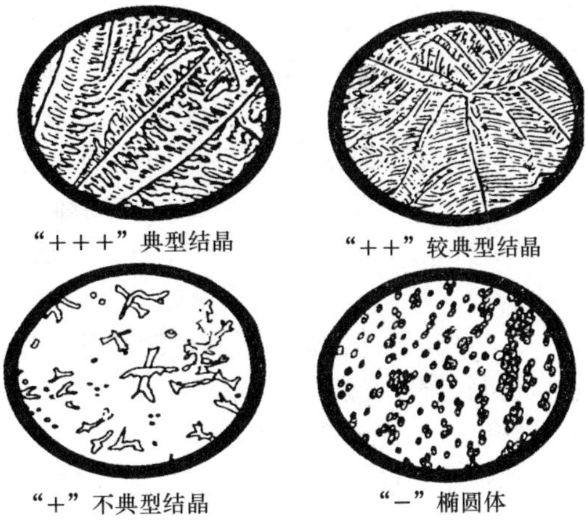

图 23-3　宫颈黏液结晶

考点提示：功血的诊断

【鉴别诊断】

诊断功血必须排除生殖道局部病变或全身性疾病所导致的生殖道出血，如血液病、肝损害、甲状腺功能亢进或低下等。

1. 异常妊娠或妊娠并发症　育龄妇女应排除与妊娠有关疾病。如流产、异位妊娠、滋养细胞疾病、子宫复旧不良、胎盘残留等。

2. 生殖器官感染　急、慢性子宫内膜炎、子宫颈炎等。

3. 生殖器官肿瘤　子宫颈癌、子宫内膜癌、子宫肌瘤、滋养细胞肿瘤及卵巢肿瘤等。

4. 激素类药物使用不当及宫内节育器或异物引起的不规则出血。

5. 全身性疾病　血液病、甲状腺功能亢进或减退症、肝肾衰竭等。

【治疗】

功血的一线治疗是药物治疗，常采用性激素止血和调整月经周期。青春期及生育期无排卵性功血治疗原则：止血、调整周期、促排卵；绝经过渡期功血治疗原则：止血、调整周期、减少经量，防止子宫内膜病变。

1. 止血　需根据出血量选择合适的制剂和使用方法。少量出血患者，使用最低有效量激素，减少药物副作用；对大量出血患者，要求性激素治疗 6 小时内见效，24～48 小时内出血基本停止，若 96 小时以上阴道流血仍不停止，应考虑更改功血诊断。

（1）性激素

1）雌孕激素联合用药：性激素联合用药的止血效果优于单一用药，治疗青春期和生育年龄无排卵性功血常选用口服避孕药。急性大出血，病情稳定，目前多使用第三代口服避孕药：去氧孕烯炔雌醇片、复方孕二烯酮片或炔雌醇环丙孕酮片，用法：每次 1～2 片，每 8～12 小时 1 次，血止 3 日后逐渐减量至每日 1 片，维持至 21 日周期结束。

2）雌激素：应用大剂量雌激素可迅速促使子宫内膜生长，短期内修复创面而止血，用于急性大量出血时。苯甲酸雌二醇：初始剂量 3～4mg/d，分 2～3 次肌内注射，若出血明显减少，继续维持；若出血量未见减少，则增加剂量，也可从 6～8mg/d 开始，每日最大剂量一般不超过 12mg。出血停止 3 天后开始减量，通常每 3 日以 1/3 量递减；结合雌激素（针剂）：25mg 静脉注射，4～6 小时可重复 1 次，一般用药 2～3 次，第二天给予口服结合雌激素3.75～7.5mg/d，并按每3日减量1/3逐渐减量，亦可在24～48小时内开始服用口服避孕药；结合雌激素（片剂）1.25mg/次，或戊酸雌二醇2mg/次，口服，4～6小时1次，血止3日后按每3日减量1/3。雌激素疗法在血红蛋白计数增加至90g/L以上后必须加用孕激素撤退。有血液高凝或血栓性疾病史的患者，应禁忌用大剂量雌激素止血。对间断少量长期出血者，其雌激素水平常较低，应用雌激素治疗效果比较好，多采用生理替代剂量：妊马雌酮1.25mg，每日1次，共21日，最后7～10日加用孕激素，或醋酸甲羟孕酮10mg，每日1次，需注意停药后出血量较多，一般7日内血止。

3）孕激素：也称“子宫内膜脱落法”或“药物性刮宫”，停药后短期即有撤退性出血。止血机制是在雌激素作用下持续增生的子宫内膜转变为分泌期，从而止血，停药后子宫内膜脱落较完全，起到药物性刮宫作用。适用于体内有一定雌激素水平，血红蛋白水平＞80g/L，生命体征平稳的患者。合成孕激素分两类，常用17a-羟孕酮衍生物（甲地孕酮、甲羟孕酮）和19-去甲基睾酮衍生物(炔诺酮等)。以炔诺酮(妇康片)为例，首剂量5mg，每8小时1次，2～3日血止后每隔3日递减1/3量，直至维持每日2.5～5.0mg，持续用至血止后21日停药，停药后3～7日发生撤药性出血。也可用左炔诺酮1.5～2.25mg/d，血止后按以上原则减量。

（2）刮宫术：刮宫可迅速止血，并具有诊断价值，同时能了解子宫内膜病理，排除恶性病变。绝经过渡期及病程长的生育年龄患者应首选刮宫术，对于B型超声检查提示宫腔内异常者可在宫腔镜下刮宫，以提高诊断准确率。

2. 调整月经周期 应用性激素止血后，必须调整月经周期，促使青春期及生育年龄无排卵性功血患者恢复正常的内分泌功能。

（1）雌、孕激素序贯疗法：即人工周期。为模拟自然月经周期中卵巢的内分泌变化，序贯应有雌、孕激素，使子宫内膜发生相应变化，引起周期性脱落。适用于青春期及生育年龄功血内源性雌激素水平较低者。妊马雌酮1.25mg或戊酸雌二醇2mg，从撤药性出血第5日开始，每晚1次，连服21日，服用雌激素11日起加用醋酸甲羟孕酮，每日10mg，连用10日，连续3个周期为一疗程。若正常月经仍未建立，应重复上述序贯疗法（图23-4）。

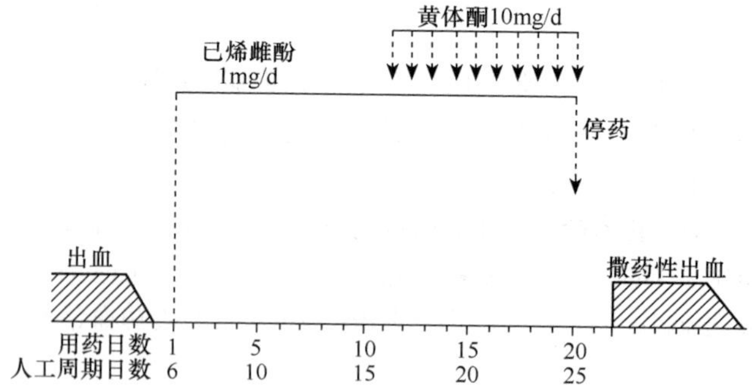

图23-4 雌、孕激素序贯疗法示意图

（2）雌、孕激素合并使用：开始即用孕激素，限制雌激素的促内膜生长作用，使撤药性出血逐渐减少，其中雌激素可预防治疗过程中孕激素突破性出血。常用口服避孕药，可以很好控制周期，尤其适用于有避孕要求的患者。一般自血止周期撤药性出血第5日起，每日1次，连续使用21天，一周为撤药性出血间隔，连续3个周期为一个疗程。

（3）孕激素疗法：适用于青春期或活组织检查为增生期内膜的功血。于月经周期后半期（撤药性出血的第16～25日）服用醋酸甲羟孕酮10mg，每日1次；或肌内注射黄体酮20mg，每日1次，连用10～14日，酌情应用3～6个周期。

（4）促排卵：功血患者经调整周期治疗几个疗程后，通过雌、孕激素对中枢的反馈调节作用，部分患者可恢复自发排卵。青春期一般不提倡使用促排卵药物，有生育要求的无排卵不孕患者，可针对病因采取促排卵，具体方法在本章第 2 节“闭经”中介绍。

（5）宫内孕激素释放系统：常用于治疗严重月经过多。在宫腔内放置含孕酮或左炔诺孕酮宫内节育器，能减少经量 80%～90%，有时甚至出现闭经，可有效治疗功血。

3. 手术治疗 对于药物治疗疗效不佳或不宜用药、无生育要求的患者，尤其是不易随访的年龄较大患者，应考虑手术治疗。

（1）子宫内膜切除术：利用宫腔镜下电切割或激光切除子宫内膜或采用滚动球电凝或热疗等方法，直接破坏大部分或全部子宫内膜和浅肌层，使月经减少甚至闭经。优点是微创、有效，适用于药物治疗无效、不愿意或不适合子宫切除术的患者。术前必须有明确的病理学诊断，以免误诊和误切子宫内膜癌。

（2）子宫切除术：因功血而行子宫切除术，约占子宫切除术的 20%。患者经各种治疗效果不佳，并了解所有治疗功血的可行方法后，由患者和家属知情选择后接受子宫切除。

考点提示：
功血的治疗

二、排卵性月经失调

排卵性月经失调（ovulatory menstrual dysfunction）较无排卵性功血少见，多发生于生育年龄妇女。患者有周期性排卵，临床上有可辨认的月经周期。类型有以下几种：

（一）月经过多

指月经周期规律、经期正常，但经量增多。

【病理】

子宫内膜形态表现为分泌期内膜，可能存在间质水肿不明显或腺体与间质发育不同步。

【临床表现】

月经周期规则、经期正常，但经量增多＞80ml。

【诊断】

根据月经周期规律、经期正常，但经量增多＞80ml；妇科检查无引起异常子宫出血的生殖器官器质性病变；子宫内膜活检显示分泌期；血清基础性激素测定结果正常，可作出诊断。

【治疗】

1. 止血药 氨甲环酸 1g，2～3 次 / 日，也可用酚磺乙胺、维生素 K 等。

2. 宫内孕激素释放系统 宫内释放左炔诺孕酮 20μg/d，有效期 5 年。

3. 孕激素内膜萎缩法 详见无排卵性功血治疗。

4. 复方短效口服避孕药 抑制内膜增生，使内膜变薄，减少出血量。

（二）月经周期间出血

1. 黄体功能异常 分黄体功能不足和子宫内膜不规则脱落两类。

（1）黄体功能不足：月经周期中有卵泡发育及排卵，但黄体期孕激素分泌不足或黄体过早衰退，导致子宫内膜分泌反应不良和黄体期缩短。

【病理】

子宫内膜形态表现为分泌期内膜，腺体分泌不良，间质水肿不明显或间质发育不同步。

【临床表现】

月经周期缩短，不易受孕或在妊娠早期流产。

【诊断】

根据月经周期缩短、不孕或早期流产，妇科检查无引起异常子宫出血的生殖器官器质性病变；子宫内膜活检显示分泌反应至少落后 2 日；基础体温双相型，但高温相小于 11 日（图 23-5），即可作出诊断。

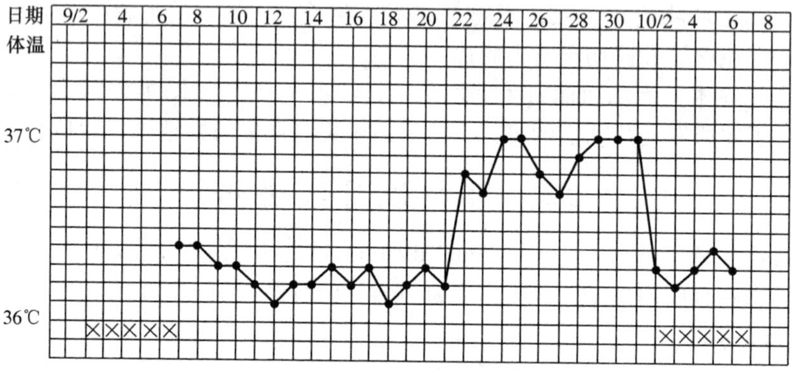

图 23-5 基础体温双相型（黄体功能不足）

【治疗】

1）促进卵泡发育：卵泡期使用低剂量雌激素，月经第 5 日起每日口服妊马雌酮 0.625mg 或戊酸雌二醇 1mg，连续 5～7 日。氯米芬：月经第 3～5 日每日开始口服氯米芬 50mg，连服 5 日。

2）促进月经中期 LH 峰形成：当卵泡成熟后，给予绒促性素 5000～10000U，一次或分两次肌内注射。

3）黄体功能刺激疗法：于基础体温上升后开始，隔日肌内注射绒促性素 1000～2000U，共 5 次，可使血浆孕酮明显上升，延长黄体期。

4）黄体功能补充疗法：选用天然黄体酮制剂，自排卵后开始每日肌内注射黄体酮 10mg，共 10～14 日，以补充黄体孕酮分泌不足。

5）黄体功能不足合并高催乳素血症的治疗：溴隐亭每日 2.5～5.0mg，促使催乳素水平下降。

6）口服避孕药：适用于有避孕需求的患者，周期性服用口服避孕药 3 个周期，病情反复者可延长至 6 个周期。

（2）子宫内膜不规则脱落：月经周期有排卵，黄体发育良好但萎缩过程延长，导致子宫内膜不规则脱落。

【病理】

黄体萎缩不全时，月经期第 5～6 日仍能见到呈分泌反应的子宫内膜。常表现为混合型子宫内膜，即残留的分泌期内膜与出血坏死组织及新增生的内膜混合共存。

【临床表现】

月经周期正常，但经期延长，长达 9～10 日且经量增多。

【诊断】

临床表现为经期延长，基础体温双相型，但是下降缓慢（图 23-6）。在月经期第 5～6 日行诊断性刮宫，病理检查为确诊依据。

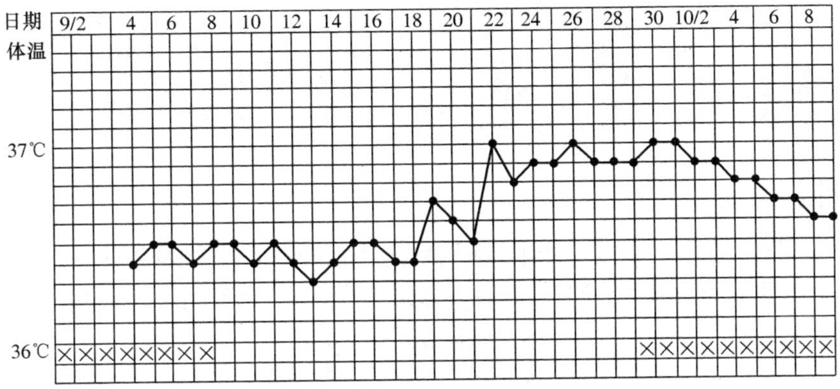

图 23-6　基础体温双相型（子宫内膜不规则脱落）

【治疗】

1）孕激素：排卵后第 1～2 日或下次月经前 10～14 日开始，每日口服甲羟孕酮 10mg，连服 10 日。有生育要求者肌内注射黄体酮注射液，无生育要求者也可口服单相口服避孕药，自月经周期第 5 日始，每日 1 片，连续 21 日为一周期。

2）绒促性素：用法同黄体功能不足，有促进黄体功能的作用。

3）复方短效口服避孕药：抑制排卵，控制周期。

2. 围排卵期出血　在两次月经中间，即排卵期，由于雌激素水平短暂下降，使子宫内膜失去激素的支持而出现部分子宫内膜脱落引起有规律性的阴道流血，称围排卵期出血。

【发病机制】

原因不明，可能与排卵前后激素水平波动有关。出血期≤7 日，多数持续 1～3 日，血停数日后又出血，量少。

【治疗】

可用复方短效口服避孕药，抑制排卵，控制周期。

第 2 节　闭　　经

闭经（amenorrhea）为妇科常见症状，表现为无月经或月经停止。根据既往有无月经来潮，分为原发性和继发性两类。原发性闭经指年龄超过 13 岁，第二性征未发育；或年龄超过 15 岁，第二性征已发育，月经还未来潮。继发性闭经指正常月经建立后月经停止 6 个月，或按自身原有月经周期计算停止 3 个周期以上者。

按生殖轴病变和功能失调的部位分类，闭经分为下丘脑性闭经、垂体性闭经、卵巢性闭经、子宫性闭经以及下生殖道发育异常导致的闭经。

案例 23-2

30 岁女性，产后大出血继发闭经 2 年，妇科检查：子宫明显小于正常，雌孕激素序贯治疗有撤退性出血，血 FSH 降低，多次垂体兴奋试验（－）。

问题：1. 初步诊断为什么疾病？

2. 还应做哪些检查？

3. 制定治疗方案。

【病因】

正常月经的建立和维持，有赖于下丘脑 - 垂体 - 卵巢轴的神经内分泌调节、靶器官子宫内膜对性激素的周期性反应和下生殖道的通畅，其中任何一个环节发生障碍都可以导致闭经。

一、原发性闭经

较为少见，多由于遗传学原因或先天发育缺陷引起，如特纳综合征（Turner’s syndrome），属于性腺先天发育不全等，约 30 %患者伴有生殖道异常。

二、继发性闭经

临床较为常见。其病因复杂，根据控制正常月经周期的 5 个主要环节，依次为下丘脑性、垂体、卵巢、子宫性及下生殖道发育异常闭经。

1. 下丘脑性闭经 临床最常见，以功能性原因为主。此类闭经的特点是下丘脑合成和分泌 GnRH 缺陷或下降导致垂体促性腺激素（Gn），即卵泡刺激素（FSH），特别是黄体生成素（LH）的分泌功能低下，故属低促性腺激素性闭经，治疗及时尚可逆。

（1）精神应激：突然或长期精神压抑、忧虑、紧张、过度劳累、环境变化、寒冷、情感变化等，均可引起神经内分泌障碍而导致闭经，多见于年轻未婚女性、从事紧张脑力劳动者，盼子心切及畏惧妊娠者可出现假孕性闭经。

（2）体重下降和神经性厌食：中枢神经对体重急剧下降极敏感，1 年内体重减轻 10 %～15 %，或体脂丢失 30 %时将出现闭经。严重的神经性厌食发生于内在情感剧烈矛盾或为保持体型强迫节食时，临床表现为厌食、极度消瘦、闭经、皮肤干燥，低体温、低血压、各种血细胞计数及血浆蛋白低下，重症可危及生命，其死亡率达 9 %。

（3）运动性闭经：长期剧烈运动或现代舞、芭蕾舞等训练易致闭经，与患者的应激反应程度、体脂下降及心理背景有关。目前认为体内脂肪减少和营养不良引起瘦素水平下降，是生殖轴功能受抑制的机制之一。

（4）药物性闭经：长期应用甾体类避孕药及某些药物，如吩噻嗪衍生物（奋乃静、氯丙嗪）、利血平等，药物抑制下丘脑分泌 GnRH 或通过抑制下丘脑多巴胺，使垂体分泌催乳素增多。药物性闭经通常是可逆的，停药后 3～6 个月月经多能自然恢复。

（5）颅咽管瘤：瘤体增大压迫下丘脑和垂体柄引起闭经、生殖器萎缩、颅内压升高、视力障碍、肥胖等症状。

2. 垂体性闭经 主要病变在垂体，腺垂体器质性病变或功能失调，影响性腺激素分泌，影响卵巢功能引起闭经。

（1）垂体梗死：常见的为希恩综合征，由于产后大出血休克，导致垂体尤其腺垂体促性腺激素分泌细胞缺血坏死，引起腺垂体功能低下而出现一系列症状：闭经、无泌乳、性欲减退、毛发脱落等，第二性征衰退，生殖器官萎缩，以及肾上腺皮质、甲状腺功能减退，出现畏寒、嗜睡、低血压，基础代谢率降低。

（2）垂体肿瘤：蝶鞍内的腺垂体各种腺细胞均可发生肿瘤。最常见的分泌 PRL 的腺瘤，闭经程度与 PRL 对下丘脑 GnRH 分泌的抑制程度有关，即引起闭经溢乳综合征。

（3）空蝶鞍综合征：蝶鞍隔因先天性发育不全、肿瘤或手术破坏，使脑脊液流入蝶鞍的垂体窝，使蝶鞍扩大，垂体受压缩小，称空蝶鞍。垂体柄受压致使下丘脑与垂体间的门脉循环受阻时，出现闭经和高催乳素血症。

3. 卵巢性闭经　闭经的原因在卵巢。卵巢分泌的性激素水平低下，子宫内膜不发生周期性变化而导致闭经。

（1）卵巢早衰：40 岁前，由于卵巢内卵泡耗竭或医源性损伤发生卵巢功能衰竭，称为卵巢早衰。可因遗传因素、自身免疫性疾病、医源性损伤或特发性原因引起。

（2）卵巢功能性肿瘤：分泌雄激素的卵巢支持 - 间质细胞瘤，产生过量雄激素，抑制下丘脑 - 垂体 - 卵巢轴功能而闭经。分泌雌激素的颗粒细胞 - 卵泡膜细胞瘤，持续分泌雌激素抑制了排卵，使子宫内膜持续增生而闭经。

（3）多囊卵巢综合征：以长期无排卵及高雄激素血症为特征。临床表现为闭经、不孕、多毛和肥胖。

4. 子宫性闭经　闭经的原因在子宫。继发性子宫闭经原因包括感染、创伤导致宫腔粘连引起的闭经。

（1）宫腔粘连综合征：又称阿谢曼（Asherman）综合征。多因人工流产刮宫过度，或产后、流产后出血刮宫损伤子宫内膜，导致宫腔粘连而闭经。各种宫腔手术所致的感染，可造成闭经。各种宫颈锥切手术所致的宫颈粘连、狭窄也可致闭经。

（2）子宫切除后放疗：破坏子宫内膜也可闭经。

5. 其他　内分泌功能异常甲状腺、肾上腺、胰腺等功能紊乱也可引起闭经。甲状腺功能减退或亢进、肾上腺皮质功能亢进、肾上腺皮质肿瘤等。

考点提示： 闭经分类

【诊断】

闭经是一种症状，诊断时需先寻找引起闭经原因，确定病变部位，然后再确定是何种疾病所引起（图 23-7）。

1. 病史　询问月经史，包括初潮年龄、月经周期、经期和闭经期限及伴随症状等。发育前有无导致闭经的诱因，如精神因素、环境改变、体重增减、饮食习惯、剧烈运动、各种疾病及用药情况、职业或学习成绩等。已婚妇女需询问生育史及产后并发症史。原发性闭经应询问第二性征发育情况，了解生育史，有无先天性缺陷或其他疾病以及家族史。

2. 体格检查　检查全身发育状况，有无体格发育畸形；测量体重、身高、四肢与躯干比例，

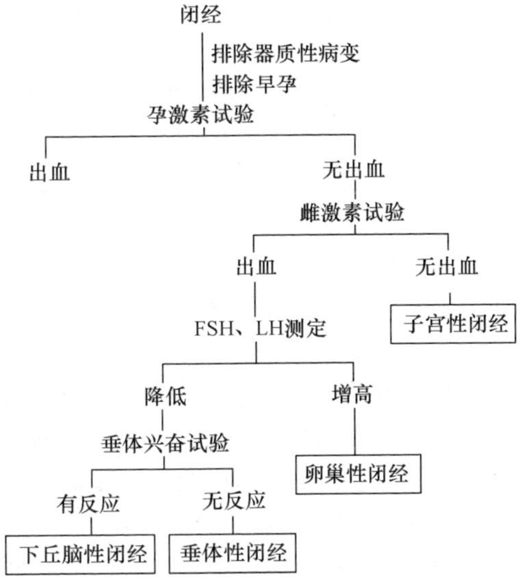

图 23-7　闭经诊断步骤示意图

五官特征；原发性闭经伴性幼稚者还应检查嗅觉有无缺失。观察精神状态、智力发育，营养和健康情况。妇科检查应注意内外生殖器的发育，有无先天缺陷、畸形，腹股沟区有无肿块，第二性征如毛发分布、乳房发育是否正常，乳房有无乳汁分泌等。

3. 辅助检查 生育年龄妇女闭经首先需排除妊娠，通过病史和体格检查，对闭经原因及病变部位有初步了解，再通过有选择的辅助检查明确诊断。

（1）功能试验

1）药物撤退试验：用于评估体内雌激素水平，确定闭经程度。

① 孕激素试验：黄体酮注射液，每日肌内注射 20mg，连续 5 日；或口服甲羟孕酮，每日 10mg，连用 8～10 日，停用后 3～7 日出现撤药出血（阳性反应），提示子宫内膜已受一定水平的雌激素影响；停药后无撤退药性出血（阴性反应），应进一步行雌激素孕激素序贯试验。

② 雌、孕激素序贯试验：适用于孕激素试验阴性的闭经患者。每晚睡前口服妊马雌酮 1.25mg，连续 21 日，最后 10 日加用醋酸甲羟孕酮，每日口服 10mg，停药后出现撤退药性出血为阳性，提示子宫内膜功能正常，可排除子宫性闭经，引起闭经的原因是患者体内雌激素水平低落，因进一步寻找原因。无撤药出血者为阴性，应重复一次试验，若仍无出血，提示子宫内膜有缺陷或被破坏，可诊断为子宫性闭经。

2）垂体兴奋试验：又称 GnRH 刺激试验，了解垂体对 GnRH 的反应。注射 LHRH 后 LH 值升高，说明垂体功能正常，病变在下丘脑；经多次重复试验，LH 值无升高或升高不显著，说明垂体功能减退，如希恩综合征。

（2）激素测定：建议停用雌孕激素药物至少两周后行 FSH、LH、PRL、促甲状腺激素（TSH）等激素测定，以协助诊断。

1）血甾体激素测定：包括雌二醇、孕酮及睾酮测定。血孕酮水平升高，提示排卵。雌激素水平低，提示卵巢功能不正常或衰竭；睾酮水平高，提示可能为多囊卵巢综合征或卵巢支持 - 间质细胞瘤等。

2）催乳素及垂体促性腺激素测定：PRL 正常值为 0～20μg/L，PRL＞25μg/L 时提示高催乳素血症，应进一步做头颅 X 线摄片、CT 或 MRI 检查，排除垂体肿瘤。月经周期中 FSH 正常值为 5～20U/L，若 FSH＞40U/L，提示卵巢功能衰竭；LH 正常值为 5～25U/L，若 LH＞25U/L，高度怀疑多囊卵巢；若 FSH、LH 均＜5U/L，提示垂体功能减退，病变可能在垂体或垂体以上。

3）肥胖、多毛、痤疮患者还需行胰岛素、雄激素测定、口服葡萄糖耐量试验（OGTT）、胰岛素释放试验等，以确定是否存在胰岛素低抵抗、高雄激素血症或先天性 21- 羟化酶功能缺陷等。Cushing 综合征可测定 24 小时尿皮质醇或 1mg 地塞米松抑制试验排除。

（3）影像学检查

1）盆腔超声检查：观察盆腔有无子宫、子宫形态、大小及内膜厚度，卵巢大小、形态、卵泡数目等。用超声动态监测卵泡发育及排卵情况简便可靠。卵泡直径达 18～20mm 时为成熟卵泡，卵泡边缘模糊，排卵后卵泡明显缩小，直肠子宫陷凹可有游离气体。

2）子宫输卵管造影：了解有无宫腔病变和宫腔粘连。

3）CT 或 MRI：用于盆腔及头部蝶鞍区检查，了解盆腔肿块和中枢神经系统病变性质，诊断卵巢肿瘤、下丘脑病变、垂体微腺瘤、空蝶鞍等。

4）静脉肾盂造影：怀疑米勒管发育不全综合征时，用以确定有无肾脏畸形。

（4）宫腔镜检查：能精确诊断宫腔粘连。

（5）腹腔镜检查：能直视下观察卵巢形态、子宫大小、对诊断多囊卵巢综合征等价值。

（6）染色体检查：对鉴别性腺发育不全病因及指导临床处理有重要意义。

（7）其他检查：如靶器官反应检查，包括基础体温测定、子宫内膜取样等。怀疑结核或血吸虫病，应行内膜培养。

4．闭经的诊断步骤 首先区分是原发性闭经抑或继发性闭经。若为原发性闭经，首先检查乳房及第二性征、子宫的发育情况，然后按图 23-8 的诊断步骤进行；若为继发性闭经，按图 23-9 的诊断步骤进行。

考点提示：
孕激素试验

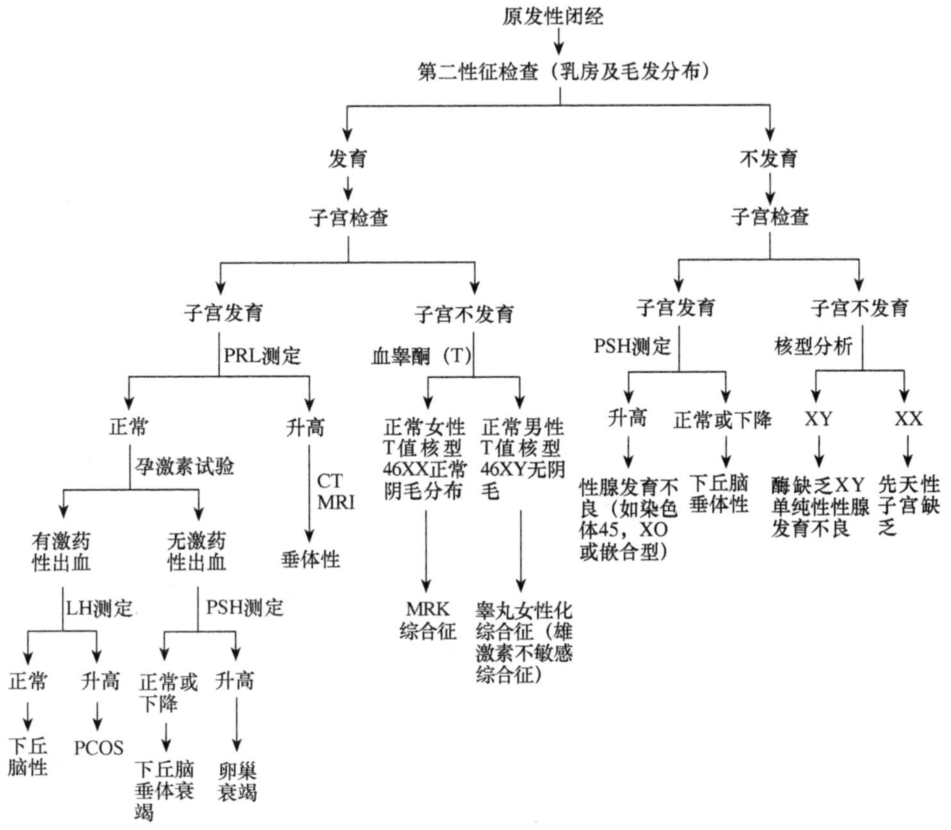

图 23-8 原发性闭经的诊断步骤

【治疗】

1．全身治疗 包括积极治疗全身性疾病，提高机体体质，供给足够的营养，保持标准体重。运动性闭经者适当减少运动量。应激或精神所致闭经，应进行耐心的心理治疗，消除精神紧张和焦虑。

2．病因治疗 治疗造成闭经的器质性病变。诊断为结核性子宫内膜炎者，应积极抗结核治疗，口服避孕药引起闭经者应停药。卵巢或垂体肿瘤患者诊断明确后，应根据肿瘤的部位、大小和性质制定治疗方案。

3．激素治疗

（1）性激素补充治疗：其目的维持女性全身健康和生殖健康，包括心血管系统、骨骼及骨代谢、神经系统等；促进和维持第二性征和月经。方法：

1）雌激素补充治疗：适用于无子宫者。妊马雌酮 0.625mg，每日一次，或微粒化 17-β

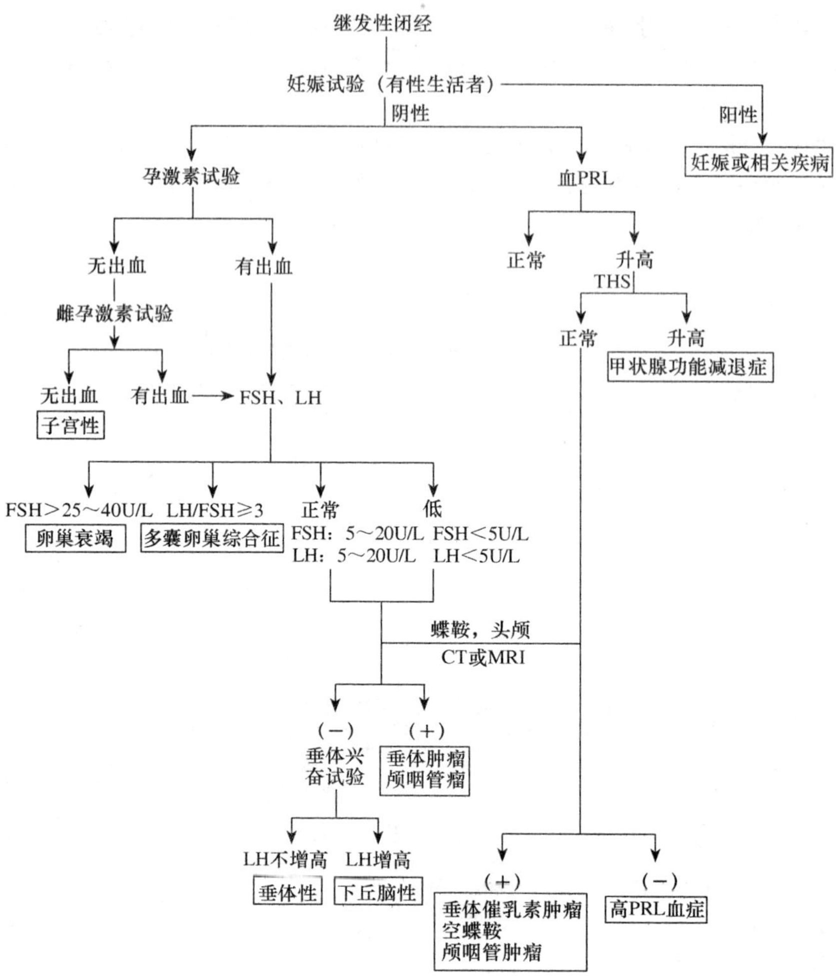

图 23-9　继发性闭经的诊断步骤

雌二醇 1mg，每日一次，连服 21 日，停药 1 周后重复用药。

2）雌、孕激素序贯治疗：适用于有子宫者。妊马雌酮每日 0.625mg，自撤退性出血第 5 日起，连服 21 日，后 10 日加服醋酸甲羟孕酮，每日 6～10mg。

3）孕激素疗法：适用于体内有一定内源性雌激素水平的闭经患者。在月经周期后半期（或撤药性出血第 16～25 日），每日口服醋酸甲羟孕酮 6～10mg，共 10 日。

（2）促排卵

1）氯米芬：最常用的促排卵药物。适用于用于体内有一定内源性雌激素水平的无排卵者。给药方法为月经（或自撤药性出血）第 5 日开始，每日口服 50～100mg，连续 5 日，治疗剂量选择根据体重 /BMI、女性年龄和不孕原因，监测卵泡或孕酮不增加治疗妊娠率。

2）促性腺激素：适合于低促性腺激素闭经及氯米芬促排卵失败者，常用药物：①尿促性素（HMG），内含 FSH 和 LH 各 75U；②卵泡刺激素，包括尿提取 FSH、纯化 FSH、基因重组 FSH。促成熟卵泡排卵的制剂为绒促性素（hCG）。常用 HMG 或 FSH 和 hCG 联合用药促排卵。HMG 或 FSH 一般每日剂量 75～150U，于撤药性出血第 3～5 日开始，卵巢无反应，每隔 4～14 日增加半支，最大每天 225IU，直到 B 型超声下见优势卵泡，待优势卵泡达成熟标准时，再使用 hCG5000～10000U 促排卵。

3）促性腺激素释放激素（GnRH）：利用其天然制品促排卵，用脉冲皮下注射或静脉给药，适用于下丘脑性闭经。

（3）溴隐亭：为多巴胺受体激动剂。溴隐亭还可以抑制垂体分泌 PRL 肿瘤细胞生长。单纯高 PRL 血症患者，每日 2.5～5.0mg，一般在服药的第 5～6 周能使月经恢复。

（4）其他激素治疗：①肾上腺皮质激素，适用于先天性肾上腺皮质功能亢进所致闭经，一般用泼尼松或地塞米松；②甲状腺素，适用于甲状腺功能低下引起的闭经，如甲状腺片。

4. 辅助生殖技术　对有生育要求，诱发排卵后未成功妊娠，或合并输卵管问题的闭经患者或男方因素不孕者采用辅助生殖技术治疗。

考点提示：闭经激素治疗原则

5. 手术治疗　针对各种器质性病因，采用相应的手术治疗。

第 3 节　多囊卵巢综合征

多囊卵巢综合征（polycystic ovarian syndrome，PCOS）是一种最常见的妇科内分泌疾病之一。以雄激素过高的临床或生化表现、持续性无排卵、卵巢多囊改变为特征，常伴有胰岛素抵抗和肥胖。其病因至今尚未阐明，目前研究以为，其可能是由于某些遗传基因与环境因素相互作用所致。因 1935 年由 Stein 和 Leventhal 首先报道，故又称 Stein-Leventhal 综合征。

案例 23-3

某女，28 岁，原发性不孕 5 年，平时月经不规律，初潮 13 岁，3～15 天 /60～90 天，无痛经。查体：身高 160cm，体重 70kg，多毛，痤疮。B 型超声检查示：子宫小于正常，双侧卵巢增大，每侧卵巢直径 2～9mm 的小卵泡有 12 个以上。丈夫精液常规为精子密度 60×10^6/ml，精子畸形率为 45%。月经第二天实验室检查：FSH2.5U/L，LH12.1U/L，T3.4nmol/L，空腹血糖：5.5mmol/L，胰岛素：21.7mIU/L。

问题：1. 初步诊断是什么疾病？

2. 还需进行的检查项目有哪些？

3. 制定治疗方案。

【病因】

多囊卵巢综合征的病因尚不清楚，可能与以下几方面因素有关：①垂体促性腺激素的分泌失调；②卵巢类固醇生物合成所需酶系统的功能缺陷；③肾上腺皮质功能紊乱；④可与常染色体或性染色体的显性遗传有关。

【病理】

1. 卵巢变化　大体检查：双侧卵巢均匀性增大，为正常妇女的 2～5 倍，呈灰色，包膜增厚、质韧。切面见卵巢白膜均匀性增厚，较正常后 2～4 倍，白膜下可见大小不等≥12 个囊性卵泡，直径在 2～9mm。镜下见白膜增厚、硬化，皮质表层纤维化，细胞少，血管显著存在。白膜下见多个不成熟阶段呈囊性扩张的卵泡及闭锁卵泡，无成熟卵泡生成及排卵迹象。

2. 子宫内膜变化　因无排卵，子宫内膜长期受雌激素刺激，呈现不同程度增殖性改变，如单纯性增生、复杂性增生，甚至称不典型增生。长期持续无排卵增加子宫内膜癌的发生率。

【临床表现】

PCOS多起病于青春期，主要临床表现包括月经失调、雄激素过量和肥胖。

1. 月经失调 为最主要症状。多表现为月经稀发（周期35日至6个月）或闭经，闭经前常有经量过少或稀发。也可表现为不规则子宫出血，月经周期或经期或经量无规律。

2. 不孕 生育妇女因排卵障碍导致不孕。

3. 多毛、痤疮 是高雄激素血症最常见表现。出现不同程度多毛，以性毛为主，阴毛浓密且呈男性型倾向，延及肛周、腹股沟或腹中线，也有上唇细须或乳晕周围有长毛出现等。油脂性皮肤及痤疮常见，与体内雄激素积聚刺激皮脂腺分泌旺盛有关。

4. 肥胖 50%以上患者肥胖（体重指数≥25kg/m^2），且常呈现腹部肥胖型（腰围/臀围≥0.80）。肥胖与胰岛素抵抗、雄激素过多、游离睾酮比例增加及与瘦素抵抗有关。

5. 黑棘皮症 阴唇、颈背部、腋下、乳房下和腹股沟等处皮肤皱褶部位出现黑褐色色素沉着，呈对称性，皮肤增厚，质地柔软。

【辅助检查】

1. 基础体温测定 表现为单相型基础体温曲线。

2. B型超声检查 见卵巢增大，包膜回声增强，轮廓较光滑，间质回声增强；一侧或双侧卵巢各有12个以上直径为2～9mm无回声区，围绕卵巢边缘，呈车轮状排列，称为"项链征"，连续监测未见主导卵泡发育及排卵迹象。

3. 诊断学刮宫 应选在月经前数日或月经来潮6小时内进行，刮出的子宫内膜呈不同程度增殖改变，无分泌期变化。

4. 腹腔镜检查 见卵巢增大，包膜增厚、表面光滑、呈灰白色、有新生血管。包膜下显露多个卵泡，无排卵征象，无排卵孔、无血体、无黄体。镜下取卵巢组织活检检查可诊断。

5. 内分泌测定

（1）血清雄激素：睾酮水平通常不超过正常范围上限2倍，雄烯二酮常升高，脱氢表雄酮、硫酸脱氢表雄酮正常或轻度升高。

（2）血清FSH、LH：血清FSH正常或偏低，LH升高，但无排卵前峰值出现。促黄体生成素LH/促卵泡生成激素FSH≥2～3。LH/FSH比值升高多出现于非肥胖型患者，肥胖患者因瘦素等因素对中枢LH的抑制作用，LH/FSH比值也可在正常范围。

（3）血清雌激素：雌酮（E_1）升高，雌二醇（E_2）正常或轻度升高，并恒定于早卵泡期水平，$E_1/E_2>1$，高于正常周期。

（4）尿17-酮类固醇：正常或轻度升高。正常时提示雄激素来源于卵巢，升高时提示肾上腺功能亢进。

（5）血清催乳素（PRL）：20%～35%的PCOS患者可伴有血清PRL轻度增高。

（6）其他：腹部肥胖型患者，应坚持空腹血糖及口服葡萄糖耐量试（OGTT），还应检测空腹胰岛素（正常＜20mU/L）及葡萄糖负荷后血清胰岛素（正常＜15mU/L）。肥胖型患者可有三酰甘油升高。

【诊断】

多囊卵巢综合征的诊断为排除性诊断。目前采用的诊断是欧洲生殖和胚胎医学会与美国生殖医学会2003年提出的鹿特丹标准：①稀发排卵或无排卵；②高雄激素的临床表现和（或）高雄激素血症；③卵多囊改变：超声提示一侧或双侧卵巢直径2～9mm的卵泡≥12个，和（或）卵巢体积≥10ml；④ 3 项中符合 2 项并排除其他高雄激素病因。

【鉴别诊断】

1. 卵泡膜细胞增殖症　临床表现及内分泌检查与 PCOS 相仿但更严重，血睾酮高值，血硫酸脱氢表雄酮正常，LH/FSH 比值可正常。卵巢或组织检查，镜下见卵巢皮质黄素化的卵泡膜细胞群，皮质下无类似 PCOS 的多个小卵泡。

2. 肾上腺皮质增生或肿瘤　血清硫酸脱氢表雄酮超过正常范围上限 2 倍时，应与肾上腺皮质增生或肿瘤相鉴别。肾上腺皮质增生患者的血 17α- 羟孕酮明显增高，ACTH 兴奋试验反应亢进，地塞米松抑制试验率≤0.70。肾上腺皮质肿瘤患者对上述两项试验均无明显反应。

3. 分泌雄激素的卵巢肿瘤　卵巢睾丸母细胞瘤、卵巢门细胞瘤等均可产生大量雄激素。多为单侧、实质肿瘤。超声、CT 或 MRI 可协助定位。

4. 其他　催乳素水平升高明显，应排除垂体催乳素腺瘤。

考点提示：临床表现、主要内分泌改变及诊断

【治疗】

1. 调整生活方式　对于肥胖型多囊卵巢综合征患者，应控制饮食和运动以降低体重和缩小腰围，可增加胰岛素敏感性，降低胰岛素、睾酮水平，从而恢复排卵及生育功能。

2. 药物治疗

（1）调整月经周期

1）口服避孕药：常用口服短效避孕药，周期性服用，疗程一般为 3～6 个月，可重复使用，能有效抑制毛发生长和治疗痤疮。

2）孕激素后半期疗法：可调节月经并保护子宫内膜。对 LH 过度高分泌同样有抑制作用。亦可达到恢复排卵效果。

（2）降低血雄激素水平

1）糖皮质类固醇：适用于多囊卵巢综合征的雄激素过多为肾上腺来源或肾上腺和卵巢混合来源者。剂量不宜超过每日 0.5mg，以免过度抑制垂体 - 肾上腺轴功能。

2）环丙孕酮：与炔诺酮组成口服避孕药，对降低高雄激素血症和治疗高雄激素体征有效。

3）螺内酯：是醛固醇受体的竞争性抑制剂，抗雄激素机制是抑制卵巢和肾上腺合成雄激素，增强雄激素分解，并有在毛囊竞争雄激素受体作用。

（3）改善胰岛素抵抗：二甲双胍，常用剂量为每日口服 500mg，每日 2～3 次。

（4）诱发排卵：对有生育要求在生活方式调整、抗雄激素和改善胰岛素抵抗等基础治疗后，进行促排卵治疗。氯米芬为一线促排卵药，诱发排卵时易发生卵巢过度刺激综合征，需严密监测，加强预防措施。

3. 手术治疗

（1）腹腔镜下卵巢打孔术：对 LH 和游离睾酮升高者效果较好。

（2）卵巢楔形切除：将双侧卵巢楔形切除 1/3 可降低雄激素水平，减少多毛症状，提高妊娠率。

考点提示：多囊卵巢综合征定义、临床表现、治疗

第 4 节　痛　　经

痛经（dysmenorrhea）为妇科最常见的症状之一，指行经前后或月经期出现下腹疼痛、坠胀，伴有腰酸或其他不适，症状严重影响生活质量者。痛经分为原发性痛经和继发性痛经两类。原发性痛经是指生殖器官无器质性病变的痛经，占痛经 90% 以上；继发性痛经则

是指由于盆腔器质性疾病引起的痛经。

【病因】

1. 全身因素 原发性痛经受精神、神经因素影响。精神紧张使疼痛过度敏感或痛阈较低等，另外与遗传因素也有一定关系。

2. 内分泌因素 由于孕激素的作用，使分泌期子宫内膜合成并释放 $PGF_{2\alpha}$ 比增生期多，已证实痛经患者子宫内膜和经血中 $PGF_{2\alpha}$ 和 $PGE_{2\alpha}$ 较正常女性明显增高，且内膜中 PG 浓度越高，痛经症状越严重。前列腺素诱发子宫平滑肌收缩，产生下腹痉挛性绞痛，导致子宫腔压力增高及子宫缺血，供血不足，代谢产物积蓄，刺激疼痛神经元而产生疼痛。另一方面，$PGF_{2\alpha}$ 进入血循环，可引起胃肠道、泌尿道和血管等处的平滑肌收缩，而出现恶心、呕吐、潮红及昏厥等症状。

考点提示：痛经的定义、病因

【临床表现】

特点为：①原发性痛经在青春期多见，常在初潮后 1～2 年内发病；②疼痛多自月经来潮后，最早出现在经前 12 小时，以行经第 1 日疼痛最剧烈，持续 2～3 日缓解，疼痛常呈痉挛性，通常位于下腹部耻骨联合上，可放射至腰骶部和大腿内侧；③可伴有恶心、呕吐、腹泻、头晕、乏力等症状，严重时面色苍白、出冷汗；④妇科检查无异常发现。

【诊断与鉴别诊断】

1. 仔细询问病史有经期下腹痛症状。

2. 全身检查和妇科检查无异常发现，但需排除引起痛经的盆腔器质性病变。继发性痛经往往在初潮后数年出现症状，大多有不孕、月经过多、放置宫内节育器史、子宫内膜异位症、子宫腺肌病或盆腔炎病史，妇科检查易发现引起痛经的器质性病变。腹腔镜检查是最有价值的诊断方法。

【治疗】

1. 一般治疗 重视精神心理治疗，加强锻炼，增强体质，注意经期卫生，不食生冷及刺激性食物，避免重体力劳动及剧烈运动，生活规律。发现全身性疾病应给予治疗，纠正贫血及便秘等。疼痛严重时可卧床休息，下腹部热敷和进食热饮料。

2. 药物治疗

（1）前列腺素合成酶抑制剂：常用吲哚美辛（消炎痛）、布洛芬等，一般于月经第 1～3 日开始服药，用量应遵医嘱，连服 2～3 日。

（2）钙离子通道阻滞剂：如硝苯地平，经前预防或疼痛时使用，连用 3～7 日。

（3）口服避孕药：适用于采取避孕措施的患者。抑制排卵、无内源性孕酮产生，PG 合成减少，以减轻症状。

（4）解痉剂和镇静剂：当疼痛不能忍受时，可适当应用镇痛、镇静、解痉药，如地西泮（安定）、阿托品去痛片，严重者遵医嘱肌内注射哌替啶，但不能经常使用。

考点提示：痛经药物治疗治疗

3. 手术治疗 如宫颈扩张术、子宫悬吊术等。

第 5 节　绝经综合征

绝经综合征是指妇女绝经前后出现性激素波动或减少所致的一系列躯体及精神心理症

状。绝经分为自然绝经和人工绝经。自然绝经指卵巢内卵泡生理性耗竭所致的绝经；人工绝经指两侧卵巢经手术切除或受放射治疗所致的绝经。人工绝经患者更易发生绝经综合征。

【病因】

病因尚不明确，目前多认为卵巢功能减退，下丘脑和垂体功能退化，导致内分泌失调，代谢障碍，自主神经功能紊乱，出现围绝经期症状；同时因雌激素减少，干扰中枢神经递质的代谢与分泌，出现情绪不稳定等一系列精神症状。

【临床表现】

1. 近期症状

（1）月经紊乱：月经紊乱是绝经过渡期的常见症状，由于无排卵，表现为月经周期不规则、经期持续时间长及经量增多或减少。此期症状的出现取决于卵巢功能状态的波动变化。

（2）血管舒缩症状：主要表现为潮热，是雌激素减低的特征性症状。其特点是反复出现短暂的面部和颈部及胸部皮肤阵阵发红，伴有轰热，继之出汗。

（3）自主神经失调症状：常出现如心悸、眩晕、头痛、失眠、耳鸣等自主神经失调症状。

（4）精神神经症状：围绝经期妇女往往感觉注意力不易集中，并且情绪波动大。表现为激动易怒、焦虑不安或情绪低落、抑郁、不能自我控制等情绪症状，记忆力减退也较常见。

2. 远期症状

（1）泌尿生殖道症状：主要表现为泌尿生殖道萎缩症状，出现阴道干燥、性交困难及反复阴道感染，排尿困难、尿痛、尿急等反复发生的尿路感染。

（2）骨质疏松：绝经后妇女雌激素缺乏使骨质吸收增加，导致骨量快速丢失而出现骨质疏松。

（3）阿尔茨海默症：是老年性痴呆的主要类型。绝经后期妇女比老年男性罹患率高，可能与绝经后内源性雌激素水平降低有关。

考点提示：绝经综合征的临床表现

（4）心血管病变：绝经后妇女动脉硬化、冠心病较绝经前明显增加，可能与雌激素低下和雄激素活性增强有关。

【诊断】

根据病史及临床表现不难诊断。需注意除外相关症状的器质性病变、甲状腺疾病及精神疾病，卵巢功能评价等实验室检查有助于诊断。

1. 血清 FSH 值及 E_2 值测定　绝经过渡期血清 FSH＞10U/L，提示卵巢储备功能下降。闭经、FSH＞40U/L 且 E_2<10～20pg/ml，提示卵巢功能衰竭。

2. 氯米芬兴奋试验　月经第 5 日期口服氯米芬，每日 50mg，共 5 日，停药第 1 日测血清 FSH＞12U/L，提示卵巢储备功能降低。

【治疗】

治疗目标：应能缓解近期症状，并能早期发现、有效预防骨质疏松症、动脉硬化等老年性疾病。

1. 一般治疗　围绝经期精神症状可因神经类型不稳定或精神状态不健全而加剧，故应进行心理治疗，可选用适量的镇静药以助睡眠。如睡前服用艾司唑仑 2.5mg；谷维素 20mg，每日 3 次，有助于调节自主神经功能；α 受体阻滞剂可乐定 0.15mg 口服，每日 2～3 次，用以治疗潮热症状。为预防骨质疏松，老年妇女应坚持体格锻炼，增加日晒时间，摄入富含蛋白质及钙的食物。

2．激素替代治疗（HRT） 性激素治疗中以补充雌激素为主。

（1）适应证：绝经期妇女出现以下问题时应建议应用性激素：①绝经症状严重影响生活质量；②需要防治绝经后骨质疏松症；③需要预防冠心病；④要求使用性激素预防围绝经期症状者。

（2）禁忌证：①雌激素依赖性肿瘤：乳癌、子宫内膜癌、黑色素瘤；②原因不明的阴道出血；③严重的肝、肾功能障碍；④近6个月内血栓栓塞性疾病；⑤红斑狼疮；⑥镰形红细胞贫血症；⑦孕激素禁忌证：脑膜瘤。

（3）制剂及剂量选择：主要药物为雌激素，可辅以孕激素。单用雌激素治疗仅适用于子宫已切除者，单用孕激素适用于绝经过渡期功能失调性子宫出血。剂量和用药方案应个体化，以最小剂量且有效为佳。

1）雌激素制剂：应用雌激素原则上应选择天然制剂。常用雌激素：①戊酸雌二醇：每日口服0.5～2mg；②结合雌激素：每日口服0.3～0.625mg；③17β-雌二醇经皮贴膜；两种剂型：每周更换两次和每周更换一次；④尼尔雌醇：为合成长效雌三醇衍生物，每2周服1～2mg。

2）组织选择性雌激素活性调节剂：替勃龙，根据靶组织不同，其在体内的3种代谢物分别表现出雌激素、孕激素及弱雄激素活性。每日口服1.25～2.5mg。还用于预防和治疗骨质疏松。

3）选择性雌激素受体调节剂：雷洛昔芬每日口服60mg，用于预防和治疗骨质疏松，长期应用有发生静脉血栓的可能。

4）孕激素制剂：常用醋酸甲羟孕酮，每日口服2～6mg。还可用微粒化孕酮，每日口服100～300mg。

（4）用药途径及方案：

1）口服：其优点是血药浓度稳定，但对肝脏有一定损害，还可刺激产生肾素底物及凝血因子。①雌激素+周期性孕激素：雌激素每周期应用21～25日，后10～14日加用孕激素，每周期停用6～8日，模拟自然月经周期。适用于年龄较轻的绝经早期妇女；②雌激素+连续性孕激素：每日同时口服雌激素及孕激素，不发生撤药性出血，但可发生不规则淋漓出血，常发生在用药6个月以内。适用于绝经多年妇女；③单用雌激素治疗：适用于子宫已切除妇女。

2）胃肠道外途径：能缓解潮热，防止骨质疏松，能避免肝脏首过效应，对血脂影响较小。①经阴道给药：常用药物有E_3栓和E_2阴道环及结合雌激素霜，主要用于治疗下泌尿生殖道局部低雌激素症状；②经皮肤给药：包括皮肤贴膜及涂胶，主要药物为17β-雌二醇，每周使用1～2次，可使雌激素水平恒定，方法简便。

（5）用药时间：选择最小剂量且有效的短时间用药。在卵巢功能开始减退并出现相关绝经症状后即可开始应用，需定期评估，受益明确大于风险方可继续应用，治疗期间以3～5年为宜。停止雌激素治疗时，一般主张应缓慢减量或间歇用药，逐步停药，防止症状复发。

（6）副作用及危险性：

1）子宫出血：性激素替代治疗时的子宫异常出血，多为突破性出血，必须高度重视，查明原因，必要时行诊断性刮宫，排除子宫内膜病变。

2）性激素副作用：①雌激素：剂量过大可引起乳房胀、白带多、头痛、水肿、色素沉着等，应酌情减量，或改用雌三醇；②孕激素：副作用包括抑郁、易怒、乳房痛和水肿，患者常不易耐受；③雄激素：有发生高血脂、动脉粥样硬化、血栓栓塞性疾病危险，大量应用出现体重增加、多毛及痤疮，口服时影响肝功能。

3）子宫内膜癌：长期单用雌激素，可使子宫内膜异常增殖和子宫内膜癌危险性增加，此种危险性依赖于用药持续时间长短及用药剂量大小。目前对有子宫者强调雌孕激素联合使用，能够降低风险。

4）乳腺癌：有资料表明，雌孕激素联合治疗超过 5 年，有增加乳腺癌危险。

3. 非激素类药物

（1）选择性 5- 羟色胺再摄取抑制剂：盐酸帕罗西汀 20mg，每日 1 次早上口服，可有效改善血管舒缩症状及精神神经症状。

（2）钙剂：氨基酸螯合钙胶囊每日口服一粒，可减缓骨质丢失。

（3）维生素 D：适用于围绝经期妇女缺少户外运动者，每日口服 400～500U，与钙剂合用有利于钙的吸收完全。

考点提示： 绝经综合征的治疗

案例分析参考答案

案例 23-1

1. 原因　卵巢发育不成熟，卵巢不排卵，造成丘脑 - 垂体 - 卵巢轴功能失调而导致月经过多。

2. 检查　B 超、血常规＋出凝血时间＋血小板。

3. 治疗方案　激素止血法；首选药：雌激素。

案例 23-2

1. 诊断　垂体性闭经。

2. 检查　① PRL、FSH、LH 放射免疫测定；②蝶鞍 X 线摄片或 CT、MRI 检查；③疑有先天性畸形者，可进行染色体核型分析及分带检查；④怀疑甲状腺功能异常时测定血 T3、T4、TSH；⑤考虑肾上腺功能异常行血皮质醇测定。

3. 治疗方案　①全身治疗；②病因治疗；③激素治疗：雌激素替代治疗，雌、孕激素序贯治疗；孕激素疗法；氯米芬；尿促性素；甲状腺素；肾上腺皮质激素；中医治疗；手术治疗。

案例 23-3

1. 诊断　多囊卵巢综合征。

2. 检查　基础体温测定、B 型超声检查、内分泌测定、诊断性刮宫、气腹摄片、腹腔镜或剖腹探查、CT、MRI 检查。

3. 治疗　治疗原则主要是建立有排卵的正常月经周期，恢复生育能力，消除多毛。（1）调整生活方式；（2）药物治疗：①调整月经周期：口服避孕药、孕激素后半期疗法；②降低血雄激素水平：糖皮质类固醇、环丙孕酮、螺内酯；③改善胰岛素抵抗；④诱发排卵：氯米芬促排卵；（3）手术治疗：卵巢楔形切除；腹腔镜下卵巢打孔术。

本章小结

功能失调性子宫出血是由于神经内分泌功能紊乱造成的子宫出血，而非器质性病变，分为有排卵性和无排卵性两大类。无排卵性功血常见于青春期和围绝经期，青春期功血患者治疗原则以止血、调整周期、促排卵为主，围绝经期患者治疗原则以止血、调整周期、减少经量为主。有排卵性功血常见于生育期妇女，治疗原则为止血、调整周期。闭经分为原发性闭经和继发性闭经两类，临床多见继发性闭经，应找到造成闭经的原因进行治疗。多囊卵巢综合征以肥胖、多毛、闭经、不孕、双侧卵巢增大为主要症状和体征，治疗以调经和促排卵为主。痛经分为原发性痛经和继发性痛经，应重视精神心理因素、病因进行治疗。绝经综合征发生于绝经前后。由于卵巢功能减退所致，治疗时可行一般治疗和激素替代治疗。

目标检测题

A_1 型题

1. 未婚女青年，检查其卵巢功能简便易行的方法是（　　）
   A. 阴道脱落细胞检查
   B. 尿中雌、孕激素测定
   C. 宫颈黏液检查
   D. 刮取子宫内膜做病理检查
   E. 基础体温测定
2. 无排卵性功血最常见的症状是（　　）
   A. 出血时伴有下腹痛
   B. 不规则子宫出血
   C. 经期延长
   D. 月经周期缩短
   E. 贫血
3. 最为常见的闭经是（　　）
   A. 下丘脑性闭经　B. 垂体性闭经
   C. 卵巢性闭经　D. 子宫性闭经
   E. 以上都不是
4. 闭经时若孕激素试验（+），表示（　　）
   A. 用孕激素后无撤退性出血
   B. 病变在子宫内膜
   C. 卵巢无性激素分泌
   D. 子宫内膜有雌激素影响
   E. 性周期正常
5. 有关子宫内膜不规则脱落所致的功血，描述错误的是（　　）
   A. 育龄期妇女多见
   B. 周期正常，经期延长
   C. 脱落细胞学检查有助于诊断
   D. 体温双相，但不典型，高相期体温下降延迟
   E. 于月经第 5 天刮宫，见有分泌反应

A_2 型题

6. 患者 38 岁。闭经，伴有潮热、出汗，查体：子宫、附件无异常所见，曾做雌激素试验（+），该患者的诊断首先考虑（　　）
   A. 子宫性闭经
   B. 下丘脑性闭经
   C. 卵巢早衰
   D. 多囊卵巢综合征
   E. 垂体性闭经

A_3 型题

（7～8 题共用题干）

患者 22 岁。自初潮后表现为月经开始前 1 日下腹痛，伴有恶心，子宫、附件正常。

7. 最可能的疾病是（　　）
   A. 盆腔炎性疾病
   B. 子宫内膜异位症
   C. 盆腔结核
   D. 原发性痛经
   E. 宫颈炎
8. 治疗应首先选择（　　）
   A. 抗炎治疗
   B. 性激素维持治疗
   C. 手术治疗
   D. 消炎痛治疗

E. 以上都不是。

（9～10 题共用题干）

患者 45 岁。月经周期 18～32 日，经期 7～9 日，量多，妇科检查及 B 超检查无异常。

9. 最可能的诊断为（ ）

A. 无排卵性功血 B. 有排卵性功血

C. 子宫腺肌病 D. 先兆流产

E. 子宫内膜癌

10. 诊断该疾病的可靠依据是（ ）

A. 基础体温双相型

B. 月经第 5 日进行诊刮内膜有增生期反应

C. 基础体温高温相升高幅度不足且持续时间短

D. 基础体温单相型

E. 月经周期 25～26 日进行诊刮内膜有分泌反应

B_1 型题

（11～13 题共用答案）

A. 阴道脱落细胞检查

B. 雌激素试验、孕激素试验

C. 观察宫颈黏液拉丝度

D. 刮取子宫内膜做病理检查

E. 基础体温测定

11. 测定未婚妇女卵巢有无排卵首选（ ）

12. 诊断闭经原因（ ）

13. 确定排卵期最简单的方法是（ ）

（苟凯红 姚丽娟）

第 24 章　子宫内膜异位症和子宫腺肌病

学习目标

1. 掌握子宫内膜异位症和子宫腺肌病概念、临床表现与诊断。
2. 熟悉子宫内膜异位症和子宫腺肌病的病因、鉴别诊断及治疗要点。
3. 了解子宫内膜异位症和子宫腺肌病的病理特征。

第 1 节　子宫内膜异位症

考点提示：子宫内膜异位症定义

在正常情况下，子宫体腔被子宫内膜覆盖，如因某些因素，具有生长功能的子宫内膜，在子宫体以外的地方生长繁殖时，称为子宫内膜异位症（endometriosis，EMT），简称子宫内膜异位症。虽然子宫内膜异位灶在组织学上有内膜腺体及内膜间质围绕，在功能上随雌激素水平而有明显变化，呈良性形态学表现，但还具有恶性肿瘤的种植及远处转移能力。异位内膜可侵犯全身任何部位，但绝大部分位于盆腔内，最常见的种植部位是卵巢和子宫骶骨韧带，根据子宫内膜异位症对器官影响的大小依次为：卵巢、子宫后壁、子宫直肠凹陷部位、腹膜、输卵管、膀胱、会阴、腹壁、子宫颈、直肠、尿道、胸部、手臂、腿部、中枢神经系统。继发性痛经、粘连及不孕是其主要的临床特征（图 24-1）。

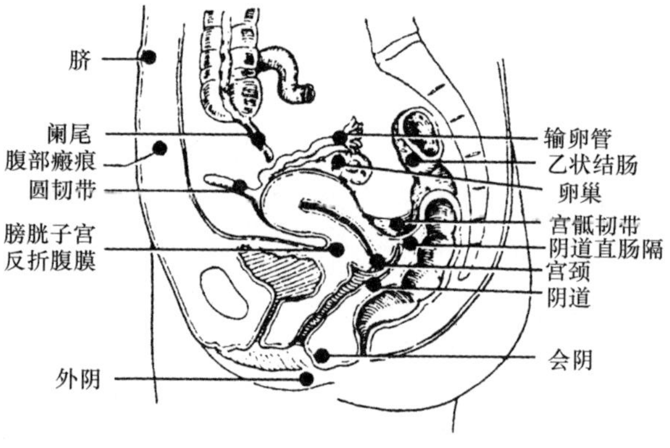

图 24-1　子宫内膜异位症好发部位示意图

案例 24-1

某女，39 岁，婚后 15 年，孕 $_3$ 产 $_1$，渐进性经期下腹部疼痛伴腰骶部坠痛 6 年余，妇查子宫后位不活动，约 9.0cm×6.2cm×6.0cm 大小，子宫前壁及后壁分别有 1.5cm×1.0cm 及 2.0cm×2.2cm 大小硬结，有触痛，右侧附件区触及 3.0cm×3.3cm×4.0cm 大小的痛性包块，经期有所增大。

问题：1．初步考虑何疾病？

2．还需做哪些辅助检查？

3．制定治疗方案。

【发病率】

子宫内膜异位症的发病率近年来有明显增高趋势，约占育龄期妇女的 3%～10%。76%

的患者好发于 25～45 岁间，因此育龄期为此病的高发时期。在不孕症患者中有 25%～35% 的患者与本病有关，在妇科手术中，有 5%～15% 患者有子宫内膜异位症。

【病因】

子宫内膜异位症的病因尚未完全阐明，目前主要有下列学说：

1. 子宫内膜种植学说　1921 年 Sampson 最早提出，经血中所含内膜腺上皮和间质细胞可随经血逆流，经输卵管进入盆腹腔，种植于卵巢等脏器和邻近的盆腔腹膜，并在该处继续生长和蔓延，以致形成盆腔子宫内膜异位症。支持这一学说的临床和实验资料主要有：①先天性阴道闭锁或宫颈狭窄等患者子宫内膜异位症发生率高；②剖宫取胎术后继发腹壁切口子宫内膜异位症或分娩后会阴切口出现子宫内膜异位症；③猕猴实验证实将猕猴经血直接注入腹腔，可在腹腔内形成典型的子宫内膜异位症。目前内膜种植学说虽被绝大多数学者所公认，但它无法解释盆腔外的子宫内膜异位症。

2. 淋巴及静脉播散学说　不少学者通过光镜检查在盆腔淋巴管、淋巴结及盆腔静脉中发现有子宫内膜组织，因而提出子宫内膜可通过淋巴或静脉播散的学说，并认为远离盆腔部位的器官如肺、四肢皮肤和肌肉发生子宫内膜异位症，可能是通过淋巴或静脉播散所致。

3. 体腔上皮化生学说　盆腔腹膜和卵巢表面上皮都是由具有高度化生潜能的体腔上皮分化而来。因而 Meyer 提出，由体腔上皮分化而来的组织，在反复受到持续卵巢激素、经血或慢性炎症刺激后，均可被激活而转化为子宫内膜样组织，以致形成子宫内膜异位症。但迄今为止，该学说尚无充分的临床或实验依据。

4. 遗传因素学说　Simpson 提出子宫内膜异位症患者一级亲代（女性）中患有同病者，明显高于对照组。然而现在仍未发现与该病相关的特异性 HLA 抗原的存在。

5. 免疫学说　多数妇女在月经来潮时有经血自输卵管逆流至腹腔，但只有少数发生盆腔子宫内膜异位症，因而目前认为此病的发生可能与患者免疫力低下、清除盆腔活性子宫内膜细胞能力降低有关。有学者认为妇女免疫功能正常时，血液中的单核细胞可以抑制子宫内膜细胞的异位种植和生长，同时腹腔中活化的巨噬细胞、自然杀伤细胞可将残留的子宫内膜细胞破坏和清除，而内膜异位症患者外周血单核细胞功能改变，刺激子宫内膜细胞在异位种植和生长，同时腹腔中的巨噬细胞、NK 细胞作用又被抑制，不足以将逆流的内膜细胞杀灭时，即可发生子宫内膜异位症。故目前认为子宫内膜异位症与体液免疫和细胞免疫的异常均有关。

6. 诱导学说　未分化的腹膜组织在内源性生物化学因素的诱导下可成为子宫内膜组织。

【病理】

基本病理变化为异位种植的子宫内膜随卵巢激素的变化而发生周期性出血，病灶局部反复出血和缓慢吸收导致周围纤维组织增生、粘连，出现紫褐色斑点或小泡，成为大小不等的实质性瘢痕结节或形成囊肿。

1. 大体病理

（1）卵巢子宫内膜异位症：约 80% 患者病变累及一侧卵巢，累及双侧卵巢者约 50%。卵巢的异位内膜病灶分为：①微小病变型：属早期，为位于卵巢浅表层的红色、蓝色或褐色斑点或小囊，病灶只有数毫米大小，常导致卵巢与周围组织粘连，术中刺破后见黏稠咖啡色液体流出；②典型病灶型：又称囊肿型，异位内膜在卵巢皮质内生长、周期性出血，以致形成单个或多个囊肿，称为卵巢子宫内膜异位囊肿。囊肿直径多在 5cm 左右，亦可大至 10～20cm，陈旧性血液聚集在囊内形成咖啡色黏稠液体，似巧克力样，故又称为卵巢巧克力囊肿。由于囊肿易反复破裂，导致卵巢破裂处与子宫、阔韧带后叶、乙状结肠及骨盆侧壁紧密粘连，活动受限。

（2）腹膜子宫内膜异位症：分布于盆腔腹膜和各脏器的表面，以子宫骶骨韧带、子宫直肠陷凹和子宫后壁下段浆膜最为常见。在病变早期，局部病灶有散在紫褐色出血点或颗粒状结节，子宫骶骨韧带增粗或结节状改变。随着病变发展，子宫后壁与直肠前壁粘连，子宫直肠陷凹变浅甚至完全消失。严重者直肠子宫陷凹内的异位内膜向直肠阴道隔发展，向阴道后穹隆或直肠腔凸出，但极少穿透阴道或直肠黏膜层。输卵管子宫内膜异位症，多累及管壁浆膜层，直接累及黏膜者较少；输卵管病变部位常与周围组织粘连，是子宫内膜异位症导致不孕的主要原因之一。

（3）会阴及腹壁瘢痕处子宫内膜异位症：病灶呈圆形结节，在经期有所增大，偶见紫蓝色或陈旧出血灶。

（4）子宫颈子宫内膜异位症，系直接种植所致，宫颈表面呈紫蓝色或暗红色颗粒，经期略增大，易误诊为宫颈腺体囊肿；其他子宫内膜异位症：阑尾、膀胱、直肠子宫内膜异位症呈紫蓝色或红棕色点、片状病损，很少穿透黏膜层。

2. 镜下检查 显微镜下可见子宫内膜上皮、腺体、间质组织、纤维素、红细胞及含铁血黄素。当腺体和间质都存在并伴有月经周期的证据才能确定诊断。由于无色素型早期病灶可见到典型的内膜组织，但反复出血后典型的组织结构可被破坏而难以发现，临床上常出现临床所见与病理报告不一致的现象。病灶出血来自间质内血管，镜下找到少量子宫内膜间质细胞即可确诊。卵巢子宫内膜异位囊肿除典型者外，临床症状和术中所见很典型，而卵巢囊壁内仅见到红细胞或含铁血黄素细胞，此时仍应考虑为内膜异位囊肿。肉眼正常的盆腔腹膜，在镜下发现子宫内膜的腺体和间质时称为镜下子宫内膜异位症，10%～15% 妇女有镜下子宫内膜异位症。镜下子宫内膜异位症可能在该病的组织发生和治疗后复发等方面起重要作用。异位内膜极少发生恶变，恶变率低于 1%。

考点提示： 子宫内膜异位症的病理特点

【临床表现】

子宫内膜异位症的症状与体征随异位内膜所在部位而不同，并与月经周期有密切关系。约有 25% 的患者没有任何症状。

1. 症状

（1）痛经：继发性痛经为一常见症状，可发生在月经前、月经时及月经后。疼痛常随着月经周期而加重。如系内在性子宫内膜异位症，痛经更为显著。异位组织无出血的病例，其痛经可能由血管充血引起。月经过后，异位内膜逐渐萎缩而痛经消失。此外，在盆腔子宫内膜异位症中，炎症反应可产生前列腺素、激肽和其他肽类物质引起疼痛或触痛。但疼痛程度与病灶大小不一定呈正比，临床上约有 25% 子宫内膜异位症患者，内膜异位显著但无痛经发生。

（2）月经过多：15%～30% 子宫内膜异位症患者，可出现月经量增多，经期延长或月经淋漓不尽。可能由于内膜增多、卵巢功能失调所致。

（3）不孕：子宫内膜异位患者常伴有不孕。原发性不孕占 41.5%～43.3%，继发性不孕占 46.6%～47.3%。引起不孕的原因可因输卵管周围粘连或管腔堵塞、卵巢病变影响排卵而造成不孕。而一旦怀孕，则异位内膜受到抑制而萎缩。

（4）性交不适：发生于子宫直肠陷凹、阴道直肠隔的子宫内膜异位症及局部粘连使子宫后倾固定者，由于周围组织肿胀而影响性生活，月经前期性交不适加重。

（5）周期性直肠刺激症状：进行性加剧的周期性直肠刺激症状对诊断很有价值。在月经期，直肠及肛门部坠痛、里急后重感和大便次数增多，症状日趋明显，而经后症状消失。偶见内膜异位于直肠黏膜，则有月经期直肠出血，病变围绕直肠形成狭窄者有里急后重及梗阻症状，与癌瘤相似。

（6）膀胱症状：内膜异位至膀胱者，有周期性尿频、尿痛症状；异位于膀胱黏膜时，则可发生周期性血尿。

（7）局部肿块及疼痛：腹壁瘢痕及会阴侧切部位的子宫内膜异位症则出现周期性局部肿块及疼痛。

2．体征　较大的卵巢子宫内膜异位囊肿在妇科检查时可扪及与子宫粘连、张力较大的附件囊性肿块。典型的盆腔子宫内膜异位症患者双合诊检查时子宫后倾，与周围组织粘连固定，伴或不伴压痛。在子宫直肠陷凹，子宫骶骨韧带或子宫后壁常可触及绿豆或黄豆大小、有明显触痛的结节，肛诊更为明显，病变累及阴道直肠隔者在阴道后穹窿可见到局部隆起的小结节或紫蓝色斑点。宫颈有内膜异位者宫颈表面可见紫蓝色点或结节。

【诊断】

育龄妇女出现继发性渐进性加重痛经、不孕及慢性盆腔痛，双合诊可触及一侧或双侧囊性或囊实性肿块，与周围有粘连，或触及子宫骶骨韧带或子宫后壁有触痛性结节时，应高度怀疑为子宫内膜异位症。临床上还需借助下列辅助检查确诊和确定分期。

1．影像学检查　B 型超声检查是目前辅助诊断子宫内膜异位症的有效方法，主要用以观察卵巢子宫内膜异位囊肿，超声图像显示囊肿呈椭圆形或圆形，囊肿可为单房或多房，有较明显的界限，与周围组织粘连。囊肿壁较厚且粗糙不平，囊内有点状细小的絮状光点。囊肿大小随月经周期出现一定的变化。如果陈旧性血块浓缩机化可出现较密集的粗光点图像，呈混合性肿块状。由于囊肿的回声图像无特异性，不能单纯根据 B 型超声图像确诊。盆腔 CT 及 MRI 对盆腔子宫内膜异位症的诊断价值与 B 超相当，但检查费用较昂贵。

2．血清 CA_{125} 值测定　中、重度子宫内膜异位症患者血清 CA_{125} 值可能升高，但一般均为轻度升高，多低于 100U/ml。临床上常用于重度子宫内膜异位症患者或怀疑深部异位病灶者。在诊断早期子宫内膜异位症患者时腹腔液 CA_{125} 较血清 CA_{125} 更具有诊断意义。

3．抗子宫内膜抗体　正常妇女血清中抗子宫内膜抗体多为阴性，子宫内膜异位症患者特异性 90%～100%。患者血液中检测出该抗体，说明体内有异位内膜刺激及其体内免疫内环境改变。但本法目前在临床尚未普及。

4．腹腔镜检查　是目前国际公认的子宫内膜异位症最佳诊断方法。在腹腔镜下见到大体病理所述典型病灶，诊断可基本成立，术中所见亦是临床分期的重要依据。腹腔镜检查尤适于轻、中度子宫内膜异位症、可疑子宫内膜异位症造成的不孕患者，妇科检查及 B 型超声检查又无阳性发现的慢性盆腔痛和渐进性痛经患者、有症状且血清 CA_{125} 浓度升高者，因此腹腔镜是诊断和治疗子宫内膜异位症常用的方法。

考点提示：症状、体征及辅助检查

【鉴别诊断】

1．卵巢恶性肿瘤　卵巢癌早期无症状，有症状时多为持续性腹痛、腹胀症状，检查时卵巢癌为实质感，表面凹凸不平，体积亦较大，多伴有腹水。B 型超声检查显示包块为混合性或实性，血清 CA_{125} 浓度显著升高。对于不能鉴别的患者，年龄大的应行腹腔镜检查或剖腹探查。

2．附件炎　卵巢子宫内膜异位症，往往可误诊为附件炎。二者都能在盆腔形成有压痛的固定包块。应详细询问痛经开始时期及疼痛程度，子宫内膜异位症患者无急性感染病史，患者多经各种抗炎治疗而毫无效果，往往子宫直肠窝处有异位内膜结节，必要时可用药物试探治疗，观察有无疗效来鉴别。

3. 子宫腺肌病 渐进性痛经多位于下腹正中，子宫多呈均匀性增大，质硬经期子宫触痛明显。

4. 直肠癌 当子宫内膜异位症侵犯直肠、乙状结肠造成部分梗阻，引起出血，易误诊为直肠癌。但直肠癌的发生率远较直肠子宫内膜异位症的发生率高，直肠癌患者体重减轻明显，肠出血频繁且与月经无关，无痛经。肛诊时肿瘤固定于肠壁，钡灌肠可见肠黏膜不平，钡充盈不良范围小。乙状结肠镜检查看到溃疡及出血，活检可确诊。直肠子宫内膜异位症体重不减轻，个别直肠出血也在月经期发生，痛经较重。肛诊时仅前壁发硬。钡灌肠显示肠黏膜光滑，钡充盈不良范围广。

【分度及临床分期】

1. 分度 子宫内膜异位症的程度区分

（1）轻度：①有散在的病灶种植，卵巢有触痛，正常大或略大，但无明显的内膜囊肿形成；②粘连轻微或不明显，子宫、卵巢均活动。

（2）中度：①卵巢单侧或双侧有多个病灶，卵巢增大或有小的内膜囊肿形成，但囊肿直径≤3cm；②输卵管、卵巢有粘连；③有明显的散在病灶硬结，可触及触痛结节。

（3）重度：①卵巢子宫内膜大于3cm（单侧或双侧）；②盆腔粘连明显；③子宫直肠凹封闭，片状增厚，伴触痛结节；④病变累及直肠、膀胱，伴子宫固定不动。

2. 临床分期 目前我国多采用美国生育学会（AFS）1985年提出的“修正子宫内膜异位症分期法”，需在腹腔镜下或剖腹探查手术时进行分期该分期有利于评估病变的严重程度、正确选择治疗方案、准确比较和评价各种治疗方法的疗效，并有助于判断患者的预后（表24-1）。

表24-1 （AFS）修正子宫内膜异位症分期法（1985）

患者姓名____________ 日期____________

Ⅰ期（微型）：1-5分________ 腹腔镜____________ 剖腹手术____________ 病理____________

Ⅱ期（轻型）：6-15分________ 推荐治疗________________________

Ⅲ期（中型）：16-40分________________________________

Ⅳ期（重型）：>40分

总分____________ 预后________________________

	异位病灶	病灶大小				粘连范围		
		<1cm	1～3cm	>3cm		<1/3包裹	1/3～2/3包裹	>2/3包裹
腹膜	浅	1	2	4				
	深	2	4	6				
卵巢	右浅	1	2	4	薄膜	1	2	4
	右深	4	16	20	致密	4	8	16
	左浅	1	2	4	薄膜	1	2	4
	左深	4	16	20	致密	4	8	16
输卵管	右				薄膜	1	2	4
					致密	4	8	16
	左				薄膜	1	2	4
					致密	4	8	16
直肠子宫陷凹		部分封闭4			全部封闭40			

若输卵管全部被包裹，应为16分

【治疗】

治疗的根本目的是“缩减和去除病灶，减轻和控制疼痛，治疗和促进生育，预防和减少复发”。因此尽可能要明确诊断，并考虑患者年龄，对生育要求、病情严重程度、症状及病灶范围，加以全面考虑，强调个体化治疗。

1．期待疗法　对患者定期随访，对症处理病变引起的轻微痛经。适用于无明显症状的轻度患者或近绝经期患者。

2．药物治疗　适用于有慢性盆腔痛、痛经症状明显、无生育要求及无卵巢子宫内膜异位囊肿形成的患者。包括抑制疼痛的对症治疗、抑制雌激素合成使异位的内膜萎缩、阻断周期性出血为目的的性激素抑制治疗。假绝经性激素治疗法和假孕疗法是临床治疗子宫内膜异位症的常用方法，治疗时可使患者闭经，并导致异位内膜萎缩、退化、坏死，但停药后易复发。

（1）激素治疗

1）口服避孕药：是最早治疗子宫内膜异位症激素类药物，长期连续服用 9 个月造成类似妊娠的人工闭经，称假孕疗法。治疗目的是使子宫内膜和异位内膜萎缩，缓解痛经和减少经量。临床常用小剂量高效孕激素和炔雌醇复合片，每日 1 片，连续用 6～9 个月。

2）孕激素：可用炔异诺酮、炔诺酮或甲羟孕酮（安宫黄体酮）等，通过抑制垂体促性腺激素分泌，促使异位内膜退化。从月经周期第 6 天开始至第 25 天，每日口服上述一种药物 5～10mg，连续使用 6 个月，此法可抑制排卵。对有生育要求者，可从月经周期第 16 天开始到第 25 天，每日应用炔异诺酮或炔诺酮 10mg。这样既可控制子宫内膜异位症，又不致于影响排卵。部分病例可出现恶心、乳房胀痛、水钠潴留及不规则阴道出血等副作用。

3）孕激素受体拮抗剂：米非司酮每日口服 25～100mg，可抑制子宫内膜异位症，副反应轻，无骨质丢失的危险，长期疗效有待证实。

4）促性腺激素释放激素激动剂（GnRH-a）：为人工合成的十肽类化合物，应用 LHRH-a 治疗子宫内膜异位症获得良好效果。LHRH 大量持续应用，抑制垂体细胞合成释放 FSH、LH，出现暂时性闭经，此疗法称为药物性卵巢切除。常用药物有亮丙瑞林和戈舍瑞林，亮丙瑞林 3.75mg 或者戈舍瑞林 3.6mg，月经第 1 天皮下注射，每隔 28 天注射 1 次，共 3～6 次；治疗第 2 月起闭经，停药后短期内恢复排卵。主要副反应是潮热、阴道干燥、性欲减退、骨质疏松等，停药后多可迅速消失，骨质丢失需 1 年左右逐渐恢复。

5）内美通：为 19- 去甲睾丸酮衍生物，具有较高抗孕激素活性及中度抗雌激素作用，抑制 FSH 及 LH 分泌，使体内雌激素水平下降，异位内膜萎缩。

6）达那唑：是一种合成 17α- 乙炔睾丸酮衍生物。可抑制下丘脑 GnRH 产生，从而使 FSH、LH 合成及释放减少，导致卵巢功能受抑制。亦可直接抑制卵巢甾体激素的合成，从而导致异位内膜萎缩及闭经。又称为假绝经疗法，适用于轻度及中度子宫内膜异位症且痛经明显的患者。丹那唑常用剂量为每日 400mg，分 2～4 次口服，持续服药 6 个月。从月经第 1 天开始服用，一般在 1 个月左右症状即有所减轻。如无效，可加至每日 600～800mg，症状缓解后再逐渐减至每日 400mg。90%～100% 患者可闭经。丹那唑有轻度雄激素作用，有毛发增多，声音变低沉，乳房变小等男性化表现。还可出现水分潴留及体重增加。患有高血压、心脏病或肾功能不全者不宜应用。丹那唑对盆腔腹膜的子宫内膜异位症疗效较好，对直径 1cm 以上的卵巢异位肿块疗效较差。

（2）中药治疗：本病多为本虚标实之证，在本者为肾虚，在标者为气滞血瘀，治则为补肾化瘀、补肾固冲，或温肾疏肝、活血化瘀等疗法。主要方法有：①内治法：用当归芍药散、桂枝茯苓丸加味治疗，可扩张周围血管，改善微循环，调节免疫功能，从而改善盆腔环境，调理脏腑气血功能；②外治法：选用丹参、败酱草、白花蛇舌草等药物保留灌肠，能有效改善痛经症状、消除盆腔包块与粘连等；③综合疗法：如活血化瘀中药灌肠，配合西药丹那唑阴道塞入治疗术后复发子宫内膜异位症、中药内服加清热化瘀中药灌肠、亦有中药内服配合静脉滴注复方丹参注射液，再用中药外敷少腹部等多种途径。

3. 手术治疗 腹腔镜手术为子宫内膜异位症的首选手术方式。手术治疗主要适用于药物治疗效果欠佳、较大的卵巢内膜异位囊肿者。手术可分为保守性手术、半根治性手术和根治性手术三种。根据不同的病症程度采取不同的手术方式。

（1）保守性手术（保留生育功能手术）：适用于年轻、有生育要求者。尽量保留子宫及附件，切除病灶，分离粘连，修复组织、重建卵巢，提高术后妊娠率，降低复发率。

1）腹腔镜手术：通过腹腔镜检查，可明确诊断，然后在腹腔镜下进行病灶切除并分离粘连；也可用 CO_2 激光器或氦 - 氖激光器烧灼病灶；还可经腹腔镜穿刺吸出囊液后注入无水乙醇 5～10ml，固定 5～10 分钟后吸出，最后用生理盐水反复冲洗后吸出。有生育要求者在腹腔镜下还可行输卵管通液检查。

2）B 型超声下行卵巢内膜异位症囊肿穿刺术：对手术剥离术后或腹腔镜下穿刺后复发病例，可在超声下行穿刺术及局部药物治疗。

3）经腹保守性手术：对于较严重病灶粘连患者或不具备腹腔镜手术条件者，皆可实行剖腹手术分离粘连，切除病灶，尽可能保留正常的卵巢组织，如病灶仅限于一侧且较严重，另一侧正常，则可将病侧附件切除。这样术后妊娠率较保留病侧卵巢者高。适用于药物治疗无效，年轻、有生育要求的患者。

子宫内膜异位症合并排卵功能障碍者，不论采用激素治疗还是保守性手术治疗，皆可用 HMG 和（或）克罗米芬促排卵。保守手术后复发率约 40%。复发者仍可再次采用保守手术且获得疗效。

（2）半根治手术（保留卵巢功能手术）：年龄 45 岁以下，无生育要求而病灶严重者，可行子宫和病灶全切除术，但尽可能保留一侧或部分卵巢组织，以避免绝经期症状过早出现。术后复发率约 40%，后遗症较少。

（3）根治性手术：围绝经期病情严重者或有过复发者，应行全子宫及双侧附件切除术，并将盆腔内所有异位内膜病灶切除或清除。手术时尽可能避免卵巢异位内膜囊肿破裂，囊液流出时应尽快吸尽并冲洗干净。术后出现更年期综合征者，可用尼尔雌醇治疗，术后不用雌激素替代治疗者，几乎不复发。腹壁、会阴切口处发生子宫内膜异位症者，应彻底切除，否则会复发。

4. 药物及手术联合治疗 目前认为腹腔镜确诊、手术加药物治疗是子宫内膜异位症的金标准诊疗方案。手术前给予 3～6 个月的药物治疗，可使病灶缩小及软化，方便手术操作。对手术不彻底或术后疼痛不缓解者，术后给予 6 个月的药物治疗，减少术后复发。

考点提示： 子宫内膜异位症的治疗要点

5. 避免手术操作引起的内膜种植 ①剖宫产手术时注意保护好伤口，术中要将腹腔内清洗干净，避免将子宫内膜带至切口或腹腔内种植；②人工流产时，吸引管应缓慢拔出，避免突然降低负压将子宫内膜吸入腹腔；③子宫输卵管通液、造影术、宫颈及阴道手术应在月经净后 3～7 天进行。

【预防】

1. 注意调整自己的情绪，保持乐观开朗的心态，使机体免疫系统的功能正常。
2. 月经期间，禁止一切激烈体育运动及重体力劳动。

3. 尽量少做人工流产和刮宫，做好计划生育。

4. 防治经血逆流　月经期应避免不必要的阴道检查和性生活。及早检查、治疗先天性或后天性的引起经血引流不畅的疾病，如阴道闭锁、处女膜闭锁、宫颈狭窄、子宫畸形、子宫极度后屈等，防止经血逆流入盆腔，种植发展为内异症。

5. 避免手术操作引起的内膜种植　①剖宫产手术时注意保护好伤口，术中要将腹腔内清洗干净，避免将子宫内膜带至切口或腹腔内种植；②人工流产时，吸引管应缓慢拔出，避免突然降低负压将子宫内膜吸入腹腔；③子宫输卵管通液、造影术、宫颈及阴道手术应在月经净后 3～7 天进行。

考点提示： 子宫内膜异位症的预防措施

第 2 节　子宫腺肌病

子宫腺肌病是指子宫内膜腺体和间质侵入子宫肌层中。多发生于 30～50 岁经产妇，以往曾称为内在性子宫内膜异位症，而将非子宫肌层发生的子宫内膜异位症称为外在性子宫内膜异位症，约 15% 左右同时合并外在性子宫内膜异位症，约 50% 合并有子宫肌瘤。

考点提示： 子宫腺肌病的定义

【病因】

1908 年 Cullen 提出，子宫腺肌病是基底层内膜细胞增生、侵入到肌层间质的结果。目前多数研究人员认为。引起子宫腺肌病的因素有以下四种：①与遗传有关；②损伤，如多次妊娠及分娩、人工流产、清宫术和剖宫产等；③高雌激素血症；④病毒感染及细菌感染所致慢性子宫内膜炎等。其中，尤以高雌激素血症与子宫腺肌病的关系密切。

【病理】

1. 巨检　子宫多呈均匀性增大，呈球形，一般不超过 12 周妊娠子宫大小。子宫肌层病灶有弥漫型及局限型两种。异位内膜在子宫肌层多为弥漫性生长，且多累及后壁，故后壁常较前壁厚。剖面可见肌层明显增厚且变硬，在肌壁层中见到粗厚的肌纤维束和微小囊腔，囊腔中偶见陈旧性血液。少数异位的子宫内膜在子宫肌层中反复出血，使病灶周围纤维组织局限性生长形成结节，形似子宫肌壁间肌瘤，称子宫腺肌瘤。但其剖面缺乏子宫肌瘤明显且规则的肌纤维旋涡状结构，周围无包膜，故与肌层无明显分界，手术时难以将其自肌层剥出。

2. 镜检　子宫肌层内局灶状分布的子宫内膜腺体与间质是本病的镜下特征。由于异位内膜属基底层内膜，对卵巢分泌的孕激素不敏感，故异位腺体常处于增殖期，偶见局部区域有分泌期腺体。

考点提示： 子宫腺肌病的病理特点

【临床表现】

多发生于 40 岁以上经产妇，出现经量增多和经期延长（40%～50%），以及逐渐加剧的进行性痛经（约 25%）。疼痛部位多在下腹正中，经常始于经前一周直至月经结束。约 35% 患者无任何临床症状。妇科检查子宫呈均匀性增大或有结节隆起，质硬而有压痛，以经期压痛为明显。由于 15%～40% 患者合并有子宫内膜异位症，因此有时子宫活动度较差；合并子宫肌瘤者，术前诊断困难，需经病理检查确诊。

考点提示： 子宫腺肌病的临床表现

【诊断】

根据典型的症状及体征可作出初步诊断，确诊需组织病理学检查。B 型超声和 CT 等影像学检查有助于诊断。该病诊断时应与子宫肌瘤和子宫内膜异位症相鉴别。

【治疗】

应视患者年龄、症状和有无生育要求而定。

1. 药物治疗 前尚无根治本病的有效药物。有生育要求、症状较轻及围绝经期者可用口服避孕药、达那唑或 GnRH-a 治疗。GnRH-a 可使疼痛缓解或消失、子宫缩小，但停药后复发。

2. 手术治疗 对症状严重、年龄偏大、无生育要求或药物治疗无效者可采用全子宫切除术，卵巢是否保留取决于卵巢有无病变和患者年龄。年轻患者或有生育要求的子宫腺肌瘤患者可行病灶切除术，但术后易复发。腹腔镜下骶前神经切除术和骶骨神经切除术可使约 80% 患者术后疼痛消失或缓解。

案例分析参考答案

案例 24-1

1．诊断：子宫内膜异位症，子宫腺肌瘤。

2．检查：超声、血清 CA125、抗子宫内膜抗体、腹腔镜。

3．治疗：治疗原则是控制疼痛、去除病灶、预防和减少复发。使用口服避孕药、米非司酮、丹那唑等进行药物治疗，无效时考虑采用保留部分卵巢的半根治手术，术中探查见卵巢无法保留时，可采用根治性手术。

本章小结

子宫内膜异位于子宫体以外的部位叫子宫内膜异位症，若异位于子宫肌层则为子宫腺肌病，均为妇科常见病，以继发性渐进性痛经、不孕、慢性盆腔疼痛及月经异常为主要症状，妇查子宫粘连固定，宫旁触及痛性包块，或者子宫均匀性增大/局灶性增大为主要特征，可借助 B 超、血清 CA_{125} 测定、腹腔镜检查、病检等明确诊断，治疗时根据患者情况可选择药物和手术治疗；可通过防止经血逆流、防止医源性内膜种植、防止内膜损伤等措施预防子宫内膜异位症和子宫腺肌病的发生。

目标检测题

A_1 型题

1. 子宫内膜异位症最常见于（　　）
   A. 直肠子宫陷凹　B. 网膜
   C. 腹膜　D. 输卵管
   E. 卵巢
2. 子宫内膜异位症的临床特点是（　　）
   A. 腹痛于经期第 1～3 天出现
   B. 大腿两侧出现疼痛
   C. 经期腹痛，肛门坠胀感
   D. 进行性加重的痛经
   E. 继发性进行性痛经

A_2 型题

3. 经产妇 44 岁，继发性痛经 2 年余并逐渐加重，查子宫后倾，球状，质硬，附件未见异常，可能是（　　）
   A. 子宫肌炎　B. 妊娠子宫
   C. 子宫腺肌病　D. 子宫肌瘤
   E. 畸形子宫

4. 张女士 27 岁，婚后 5 年未孕，近 3 年来经血量增多，伴经期腹痛加重，妇科检查：后穹窿可触及数个黄豆大小结节，触痛（＋），子宫后位，略大，质中等，活动差，子宫右侧可触及 4.5cm×5.5cm×4.0cm 包块，质韧，活动欠佳，压痛，此患者最可能的诊断是（　　）
A. 子宫浆膜下肌瘤
B. 右侧卵巢畸胎瘤
C. 子宫内膜异位症，伴右卵巢巧克力囊肿
D. 结核性盆腔包块
E. 子宫腺肌瘤

5. 某女 39 岁，因左附件肿物 8.6cm×8.0cm×9.0cm 拟入院手术，入院后 3 小时突感下腹剧痛，再次妇科检查：左侧肿物隐约可及，大小边界不清，后穹窿穿刺抽出 10ml 深咖啡黏稠液体，最可能的诊断是（　　）
A. 卵巢肿物蒂扭转
B. 卵巢肿物破裂
C. 卵巢巧克力囊肿破裂
D. 残角子宫妊娠破裂
E. 子宫浆膜下肌瘤蒂扭转

6. 李女士 30 岁，孕 $_4$ 产 $_1$，确诊为双侧卵巢巧克力囊肿，左侧肿物 8.0cm×6.8cm×8.5cm，右侧肿物 4.5cm×5.0cm×4.0cm，最适宜的处理原则是（　　）
A. 随访观察
B. 假绝经治疗
C. 假孕治疗
D. 保留卵巢功能手术
E. 根治性手术

7. 某女 27 岁，婚后 3 年未孕，月经规则，近 2 年来出现进行性痛经，曾行输卵管通液检查，显示双侧输卵管通畅。妇科检查：子宫正常大小，后位，活动欠佳，子宫后壁有黄豆大小触痛性结节，左附件可触及 4.6cm×3.3cm×3.6cm 包块，不活动，有压痛，为进一步确诊，应首选何种检查（　　）
A. 子宫内膜病检
B. 基础体温测定
C. 腹腔镜检查
D. 子宫输卵管碘油造影
E. 剖腹探查

8. 某女 34 岁，已生育，痛经 4 年加重 1 年余，月经量偏多，查体：子宫平位，正常大小，质中，活动稍差，左附件增厚，有压痛，右附件未扪及，子宫直肠陷凹可触及黄豆大小触痛结节，以下哪项处理方法不正确（　　）
A. B 超检查　　B. 宫腔镜检查
C. 假孕疗法　　D. 妇康片治疗
E. 腹腔镜检查

（李耀军）

第 25 章　女性生殖器官损伤性疾病

学习目标

1. 掌握子宫脱垂的病因、临床分度、临床表现、诊断、治疗及预防。
2. 熟悉阴道脱垂的病因、临床表现、治疗及预防。
3. 了解压力性尿失禁的临床特点及治疗。

第 1 节　阴 道 脱 垂

一、阴道前壁脱垂

阴道前壁脱垂常伴有膀胱膨出和尿道膨出，以膀胱膨出为主。阴道前壁脱垂可单独存在，也常合并阴道后壁脱垂及子宫脱垂。

案例 25-1

张女士，60 岁，G_3P_3，均顺产，自述阴道有肿块脱出 2 年，有腰痛，下坠感，排尿及排便困难。有慢性支气管炎 20 年。检查：会阴陈旧性Ⅱ度裂伤，加腹压时阴道前壁完全膨出，阴道后壁轻度膨出，宫颈及部分宫体脱出处女膜环外。

问题：1．该患者的初步诊断？

2．如何治疗及预防此病？

【病因】

图 25-1　阴道前壁脱垂伴膀胱膨出

阴道前壁、膀胱及尿道主要的支持组织有耻骨膀胱宫颈筋膜、尿生殖膈深筋膜和膀胱宫颈韧带。当分娩时上述组织受到过度的伸展或撕裂，产褥期又过早从事重体力劳动，使支持组织不能恢复，可导致膀胱及其紧连的阴道前壁上 2/3 段失去支持力量而向下松弛膨出，形成膀胱膨出（图 25-1）。当耻骨膀胱宫颈筋膜前段受损，尿道及与其紧邻的阴道前壁下 1/3 段向后旋转及下降，形成尿道膨出。

【临床分度】

Ⅰ度　膨出的阴道前壁同膀胱仍位于阴道内。

Ⅱ度　膨出部部分暴露于阴道口外。

Ⅲ度 阴道前壁完全暴露于阴道口外。

阴道前壁Ⅲ度膨出均合并有膀胱和尿道膨出。

【临床表现】

1. 症状 轻者可无症状。重者因阴道前壁和膀胱膨出自觉有块状物自阴道口脱出、下坠及腰酸。久站、剧烈活动或腹压增加时块状物增大，下坠感更明显。若仅有阴道前壁伴膀胱膨出时，因尿道膀胱后角变锐，常出现尿潴留，甚至继发尿路感染。若为Ⅲ度阴道前壁膨出，尿道膀胱后角消失，可在用力、咳嗽、大笑等腹压增加情况下有尿液溢出，称压力性尿失禁。

考点提示：阴道前壁膨出的主要症状

2. 体征 阴道检查时，见阴道口松弛，常伴有陈旧性会阴撕裂，阴道前壁呈半球形隆起，黏膜变薄透亮，皱襞消失，触之柔软，边界不清，屏气时可增大，若见尿液溢出，表明合并膀胱及尿道膨出。导尿时可扪及导尿管位于膨出的块状物内。

【诊断】

结合病史、自觉症状及检查进行诊断。

【治疗】

轻者不需治疗，可做缩肛运动。有自觉症状但不宜手术者可置子宫托。重度患者应行阴道前壁修补术。

【预防】

头盆不称者及早行剖宫产术；宫口未开全时不得用力向下屏气；避免第二产程延长，宫口开全后应及时行会阴切开术及手术助产；会阴撕裂应立即缝合；产后避免过早参加重体力劳动；坚持做产后保健操，促进盆底肌及筋膜张力的恢复。

考点提示：阴道前壁膨出的预防措施

二、阴道后壁脱垂

阴道后壁脱垂常伴有直肠膨出，可单独存在，也常合并阴道前壁脱垂。

【病因】

阴道后壁及直肠前壁的主要支持组织有直肠阴道间筋膜及耻骨尾骨肌。当分娩时第二产程延长，上述组织因长时间受压而过度伸展或撕裂，致直肠前壁凸向阴道后壁，引起阴道后壁脱垂伴直肠膨出（图 25-2）。阴道后壁脱垂较阴道前壁脱垂少见。长期便秘、用力向下屏气以及年老体弱可加剧其膨出程度。若损伤部位较高，可引起直肠子宫陷凹疝，疝囊内常有肠管，故又名肠膨出。

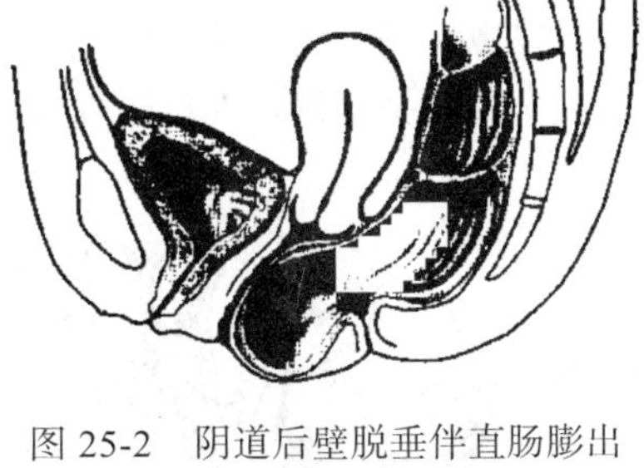

图 25-2 阴道后壁脱垂伴直肠膨出

【临床分度及表现】

临床分度与阴道前壁脱垂相似。

1. 症状 轻者多无症状。重者自觉下坠、腰痛及排便困难，甚至需要用手向后推移膨出的直肠才能排便。

考点提示：阴道后壁膨出的主要症状

2. **体征** 阴道检查见阴道后壁呈半球形膨出，常伴有会阴陈旧性裂伤。肛诊时指端向前可进入膨出部。

【诊断】

结合病史及检查进行诊断。

【治疗】

轻者不需治疗，重者多伴有阴道前壁脱垂，应行阴道前后壁及会阴修补术。

【预防】

同阴道前壁脱垂。

第2节 子宫脱垂

正常子宫的支持组织有子宫韧带、盆底肌及其筋膜。站立时，子宫呈前屈前倾位，子宫纵轴与阴道纵轴呈 90°～100°，使子宫不易脱出，宫颈外口位于坐骨棘水平以上。

当子宫从正常位置沿阴道下降，宫颈外口达坐骨棘水平以下，甚至子宫全部脱出于阴道口外，称为子宫脱垂。常伴有阴道前壁及后壁脱垂。

【病因】

1. **分娩损伤** 最主要的病因。分娩时手术助产或第二产程延长等致子宫韧带、盆底肌及其筋膜等子宫支持组织过度伸展或撕裂，产后又过早参加重体力劳动，使上述组织不能恢复，以致发生子宫脱垂。

2. **腹压增加** 习惯性便秘、慢性咳嗽、经常超重负荷（如肩挑、举重、蹲位、长期站立等）、腹部巨大肿瘤或大量腹水等均可使腹压增加，迫使子宫向下移位。

考点提示：子宫脱垂的主要病因

3. **盆底组织发育不良或退行性变** 少数未产妇或处女因先天性盆底组织发育不良致子宫脱垂，常合并其他脏器（如胃等）下垂。绝经后妇女因雌激素水平下降致盆底组织萎缩退化，易发生子宫脱垂。

【临床分度】

以患者平卧用力向下屏气时子宫下降的最低点为标准，分为 3 度（图 25-3）：

Ⅰ度轻型：宫颈外口距处女膜缘＜4cm，未达处女膜缘。

考点提示：子宫脱垂的临床分度

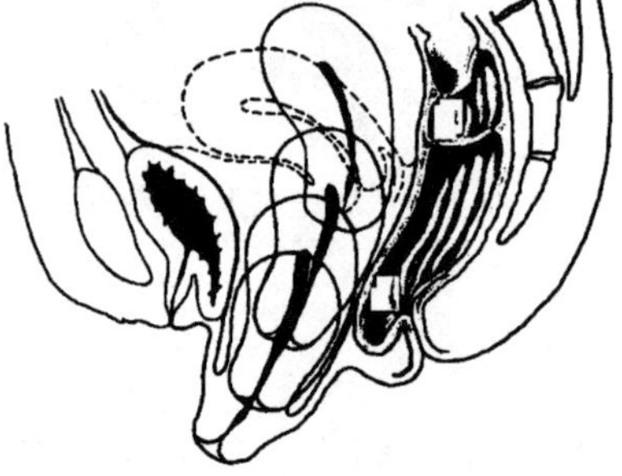

图 25-3 子宫脱垂临床分度

Ⅰ度重型：宫颈外口达处女膜缘，在阴道口可见子宫颈。

Ⅱ度轻型：宫颈脱出阴道口外，宫体仍在阴道内。

Ⅱ度重型：宫颈及部分宫体脱出阴道口外。

Ⅲ度：宫颈及宫体全部脱出阴道口外。

【临床表现】

1. **症状**

（1）腰骶部疼痛或下坠感：Ⅰ度患者多无自觉症状，Ⅱ、Ⅲ度患者常有程度不等的腰骶部疼痛或下坠感。

（2）块状物自阴道口脱出：腹压增加时Ⅱ度患者自觉有块状物自阴道口脱出。轻者平卧休息时可变小或消失，重者休息后块状物也不能自行回缩，通常需用力推送才能还纳至阴道内。

（3）尿潴留、压力性尿失禁或排便困难：Ⅲ度患者多伴有阴道前壁脱垂，易出现尿潴留或压力性尿失禁。伴有阴道后壁脱垂易出现排便困难。

（4）其他：子宫脱垂能还纳者不影响受孕。妊娠子宫脱出若不能还纳，不能经阴道分娩，如随妊娠子宫升高而不脱出者，多能经阴道分娩。

考点提示：子宫脱垂的主要症状

2. 体征　阴道检查可见宫颈、宫体、阴道前壁或阴道后壁自阴道口脱出。Ⅱ、Ⅲ度子宫脱垂患者宫颈及阴道黏膜明显增厚，宫颈显著延长。若脱出物反复摩擦可见宫颈溃疡，溃疡继发感染时，可见脓血分泌物。

【诊断】

结合病史及检查进行诊断，明确子宫脱垂临床分度，有无阴道壁脱垂、会阴陈旧性裂伤及压力性尿失禁。

【鉴别诊断】

1. 阴道壁囊肿　囊性，壁薄，界限清楚，位置固定。

2. 子宫黏膜下肌瘤或宫颈肌瘤　鲜红色球状物，质硬，表面找不到宫颈外口，肌瘤周围或一侧可扪及扩张变薄的宫颈边缘。

3. 宫颈延长　用子宫探针探测宫颈外口至宫颈内口间的距离确诊。单纯宫颈延长者宫体位置多无明显下移。

【治疗】

无症状者不需治疗。有症状者应加强或恢复盆底组织及子宫韧带的支持作用，采用保守治疗或手术治疗，治疗方案应个体化。治疗以安全、简单和有效为原则。

1. 支持疗法　加强营养，注意休息，增强体质，保持大便通畅，避免腹压增加和重体力劳动，治疗慢性咳嗽及习惯性便秘等疾病。

2. 非手术治疗

（1）子宫托：使子宫和阴道壁维持在阴道内不脱出的工具。有喇叭形、环形和球形 3 种，适用于各度子宫脱垂和阴道前、后壁脱垂者。以下是喇叭形子宫托的使用方法：

1）放托：洗手，半卧于床上或蹲下，两腿分开，一手握托柄，使托盘呈倾斜位进入阴道口内，然后边旋转托柄边向内推，直至托盘达宫颈。转动托柄使其弯度向前，正对耻骨弓后面。

2）取托：捏住托柄，上、下、左、右轻轻摇动，待托盘负压消除后，向后外方牵拉，即可取出子宫托。

3）注意事项：①教会患者放托和取托；②在放置前体内应有一定水平雌激素；③上托者须经体格检查后选配适当类型、大小的子宫托；④每天晨起放入，晚睡前取出，洗净后备用。久置不取可发生子宫托嵌顿，甚至引起压迫坏死性尿瘘和粪瘘；⑤放托后应每 3～6 个月复查一次；⑥Ⅲ度子宫脱垂伴盆底明显萎缩者不宜使用，宫颈或阴道壁有炎症或溃疡者治愈后再放，经期和妊娠期停用。

考点提示：子宫托使用的注意事项

（2）其他疗法：

1）盆底肌肉锻炼：增加盆底肌群张力。对较轻的脱垂有所改善，可减轻压力性尿失禁症状，但对严重脱垂无效。

2）雌激素：绝经后妇女可适当补充雌激素增加肌肉筋膜组织张力。

3. 手术治疗 目的是消除症状，修复盆底支持组织。应根据患者年龄、脱垂分度、生育要求、性生活要求、全身健康情况选择手术方式。

（1）阴道前、后壁修补术：适用于无宫颈延长、伴有明显阴道前、后壁脱垂的Ⅰ度子宫脱垂患者或子宫已萎缩的Ⅲ度子宫脱垂患者。

（2）曼氏（Manchester）手术：即阴道前后壁修补、主韧带缩短及宫颈部分切除术。缩短耻骨膀胱宫颈筋膜，加强阴道前壁的支持力，缝合耻骨尾骨肌裂隙，重建功能良好的会阴体。适用于年龄较轻、宫颈延长、希望保留生育功能、伴阴道前后壁脱垂的Ⅱ、Ⅲ度子宫脱垂患者。

（3）经阴道子宫全切除及阴道前后壁修补术：适用于年龄较大、无生育要求、伴阴道前后壁脱垂的Ⅱ、Ⅲ度子宫脱垂患者。目前主张用生物网片加强盆底组织支持作用，保留子宫。

（4）阴道纵隔形成术：又称阴道封闭术。适用于年老体弱不能耐受较大手术、不需保留性交功能、子宫及宫颈无可疑恶性病变的子宫脱垂患者。

（5）子宫、阴道悬吊术：缩短子宫圆韧带或利用生物材料制成各种吊带，将吊带一端缝于子宫，另一端固定于骶前组织，达到悬吊子宫和阴道的目的。手术方式较多：

1）圆韧带悬吊术：经腹牵出圆韧带，上提子宫，将圆韧带缝合固定于腹直肌前鞘下，适用于年龄较轻、希望保留生育功能的轻度子宫脱垂患者。

考点提示： 曼氏手术的适应证

2）腹壁子宫固定术：将子宫底固定于腹壁、腹直肌及鞘膜下。适用于年龄较大、无生育要求、阴道前后壁脱垂不严重的子宫脱垂患者。

3）其他：经阴道骶棘韧带固定术、经阴道后路悬吊术等。

【预防】

加强计划生育，防止生育过多过密，提倡晚婚晚育；正确处理产程，避免第二产程延长或滞产，保护好会阴，必要时行会阴切开术，及时修补软产道裂伤，有产科指征者及时行剖宫产终止妊娠；加强产褥期保健，避免产后过早参加重体力劳动，坚持做产后保健操；积极治疗慢性咳嗽及习惯性便秘。

考点提示： 子宫脱垂的预防

第3节 压力性尿失禁

尿失禁主要分为压力性尿失禁、急迫性尿失禁和混合型尿失禁等。压力性尿失禁是指当腹压增加（咳嗽、打喷嚏、大笑等）时发生尿液不自主流出的状态，是最常见的尿失禁，占50%～70%，也是中老年妇女的常见症状，并对其造成很大的心理伤害。

案例 25-2

李女士，64岁，G_3P_1，胎头吸引器助产，咳嗽、大笑时不自主漏尿5年，近两年快速行走也出现漏尿，便秘10年。查体：会阴陈旧性Ⅱ度裂伤，屏气时阴道前后壁膨出未达处女膜缘，见尿液溢出，压住尿道两侧后咳嗽未见尿液溢出。

问题：1. 该患者初步诊断是什么疾病？

2. 如何治疗及预防此病？

【病因】

压力性尿失禁常见于阴道前壁脱垂伴膀胱膨出及尿道膨出的患者。其病因复杂，各种引起膀胱颈和尿道的肌肉、筋膜完整性受损的因素都可导致压力性尿失禁。主要包括衰老、分娩损伤、子宫切除、肥胖、腹压增加（排便困难、慢性阻塞性肺气肿等引起）等。当腹压增加时，尿道膀胱后角消失，部分患者内括约肌功能丧失或尿道功能不协调而引起尿失禁。

考点提示： 压力性尿失禁常见病因

【临床表现】

1. 症状 尿液溢出：起病初期仅在增加腹压时有尿液溢出，严重者休息时也有尿液溢出。

2. 体征 检查时嘱患者不排尿，取截石位，嘱其咳嗽观察有无尿液自尿道口溢出。若有尿液溢出，检查者用食、中两指伸入阴道内，分别轻压阴道前壁尿道两侧，再嘱患者咳嗽，若尿液不再溢出，提示患者有压力性尿失禁。

考点提示： 压力性尿失禁主要症状及体征

【诊断】

结合病史、症状和体征可作出初步诊断。确诊必须结合尿动力学检查。尿动力学检查表现为充盈性膀胱测压时，在腹压增加而逼尿肌稳定性良好的情况下出现不随意漏尿。目前临床上常用压力试验、指压试验和棉签试验作为辅助检查方法，将其与其他类型尿失禁及尿路感染相鉴别。此外，膀胱尿道造影、超声检查、尿道压力、腹压漏尿点压、尿流率等测定也有助于诊断压力性尿失禁。

【治疗】

1. 非手术治疗

（1）盆底肌锻炼：通过自主收缩以肛提肌为主的盆底肌肉加强控尿能力。主要是进行缩肛运动，每收缩 5 秒后放松，反复进行 15 分钟，每日 3 次，4～6 周为1疗程。经 3 个月锻炼，30%～70% 患者症状缓解。

考点提示： 缩肛运动的方法

（2）药物治疗：增加尿道闭合压，提高尿道关闭功能。首选 α 肾上腺素受体激动剂，该类药物的副反应是使血压升高，高血压患者应慎用，常用药物有米多君、甲氧明等，合并使用雌激素或盆底肌锻炼等方法时疗效较好。还可选用丙咪嗪、雌激素等药物。

考点提示： 压力性尿失禁首选药物

（3）电刺激疗法：通过电流刺激盆底肌肉使其收缩，并反向抑制排尿肌活性。也可用于训练患者进行盆底肌锻炼。主要副作用有阴道感染、出血、会阴部不适及皮疹等。

（4）减肥：肥胖与女性压力性尿失禁有明确的相关性。减轻体重有助于预防压力性尿失禁的发生。

（5）尿道周围填充物注射：在尿道及膀胱颈周围注射化学材料（如聚四氟乙烯胶等）加强尿道周围组织张力。远期效果尚未确定。

2. 手术治疗 手术类型较多，较常用的手术有：

（1）阴道前壁修补术：曾为压力性尿失禁首选手术方式，目前应用仍较广泛。因压力性尿失禁常合并阴道脱垂和子宫脱垂，该手术常与经阴道子宫切除、阴道后壁修补术同时进行。该手术适用于需同时行膀胱膨出修补的轻度压力性尿失禁患者。一年治愈率为 30% 左右。

（2）经阴道尿道膀胱颈筋膜缝合术：增强膀胱颈和尿道后壁张力。

（3）耻骨后尿道固定悬吊术：提高膀胱尿道交界部位，增大尿道后角，延长尿道，增大尿道阻力。治愈率高。

（4）经阴道尿道中段悬吊术：采用自身筋膜或生物合成材料悬吊尿道中段，为微创手术，损伤小、并发症少、疗效稳定，治愈率 90%。适用于年龄大、体弱患者。

【预防】

同阴道前壁脱垂。

案例分析参考答案

案例 25-1

1．诊断：①子宫脱垂（Ⅱ度重）；②阴道前壁脱垂（Ⅲ度）；③阴道后壁脱垂（Ⅰ度）；④会阴陈旧性Ⅱ度裂伤。

2．治疗：①非手术治疗（盆底肌训练、子宫托等）。②手术：经阴道子宫全切除及阴道前后壁修补术，可加用采用网片或吊带的材料重建盆底。

案例 25-2

1．诊断：①压力性尿失禁；②阴道前壁脱垂（Ⅰ度）；③阴道后壁脱垂（Ⅰ度）；④会阴陈旧性Ⅱ度裂伤。

2．治疗：①非手术治疗，如盆底肌训练、电刺激等，②手术：选用无张力经阴道尿道中段悬吊术。

本章小结

女性生殖器官损伤性疾病包括盆腔器官脱垂及压力性尿失禁。阴道前壁脱垂主要因阴道前壁盆底支持组织损伤后未能及时修复所致。主要表现自觉有块状物自阴道口脱出、下坠及腰酸，阴道前壁扪及半球形隆起，屏气时增大。重者行阴道前壁修补术。正确处理产程，加强产褥期保健，做产后保健操可预防阴道前壁脱垂。阴道后壁脱垂与阴道前壁脱垂相似。主要表现有自觉下坠、腰痛及排便困难，阴道后壁扪及半球形隆起。重者行阴道前后壁修补术。子宫脱垂指宫颈外口达坐骨棘水平以下，甚至子宫全部脱出于阴道口外。分娩损伤是最主要的病因。临床分度主要以处女膜缘及阴道口为标志分为 3 度。主要表现腰痛、下坠、块状物自阴道口脱出、尿潴留、压力性尿失禁或排便困难等。有症状者加强或恢复盆底组织及子宫韧带的支持作用，采用保守治疗或手术治疗，治疗方案应个体化。预防同阴道前壁脱垂。压力性尿失禁是中老年妇女的常见疾病，主要表现增加腹压甚至休息时有尿液溢出。轻者采用保守治疗，重者行手术治疗。

目标检测题

A_1 型题

1. 引起子宫脱垂最主要的原因（　　）
   A. 营养不良　　B. 长期咳嗽
   C. 分娩损伤
   D. 长期腹压增加
   E. 盆底组织发育不良

2. 预防子宫脱垂的措施中错误的是（　　）
   A. 积极开展计划生育
   B. 提高接生技术
   C. 产褥期增加腹压活动
   D. 加强营养，增强体质
   E. 执行妇女劳保条例

3. 子宫脱垂是指子宫颈外口达（　　）
   A. 坐骨结节水平以上
   B. 坐骨结节水平以下
   C. 坐骨棘水平以上
   D. 坐骨棘水平以下
   E. 骶尾骨以下

A_2 型题

4. 女，39 岁。子宫Ⅱ度脱垂伴阴道前后壁轻度膨出，压力性尿失禁。妇科检查：宫颈长约 6cm，子宫后位，正常大小，附件未扪及块物，要求手术治疗。首选手术应是（　　）
   A. 阴道前后壁修补术
   B. 子宫切除＋阴道前后壁修补术
   C. 曼氏手术
   D. 阴道纵隔形成术
   E. 子宫悬吊术

A_3 型题

（5～6 题共用题干）

刘女士，37 岁，因阴道口有块物脱出就诊。妇科检查见部分宫体与宫颈外露于阴道口，宫颈较长。

5. 本例子宫脱垂应属（　　）
   A. Ⅰ度轻　B. Ⅰ度重
   C. Ⅱ度轻　D. Ⅱ度重
   E. Ⅲ度
6. 本例恰当处理应是（　　）
   A. 阴道前后壁修补术
   B. Manchester 术
   C. 阴道纵隔形成术
   D. 阴道子宫全切除及阴道前后壁修补术
   E. 经腹子宫全切除术

（张　琴）

第 26 章　不孕症与辅助生殖技术

学习目标

1. 掌握不孕症的常见病因、诊断方法及治疗。
2. 了解常见的辅助生殖技术、适应证及体外授精 - 胚胎移植常见的并发症。

第 1 节　不　孕　症

考点提示：不孕症的定义

不孕症指有正常性生活且未避孕一年而未妊娠者。无妊娠史者称为原发性不孕；有妊娠史而后出现不孕者称为继发性不孕。不同群体不孕症发病率不同，我国为 7%～10%，受环境、生活方式、人口政策等影响不孕症发病率逐年上升。

案例 26-1

刘女士，33 岁，G_0P_0，14 年前出现月经稀发，8 年前结婚，性生活正常，未避孕未怀孕，6 年前闭经。查体无异常。B 超示双侧卵巢呈多囊样改变。

问题：1．该患者初步诊断是什么疾病？

2．如何治疗？

【原因】

引起不孕的原因较复杂，女方因素占 40%，男方因素占 30%～40%，男女双方因素占 10%～20%，不明原因约占 10%。

1．女方因素　年轻女性以输卵管因素为主，年龄较大者以排卵障碍为主。

（1）外阴阴道因素：①发育异常；②外阴阴道炎。

（2）宫颈因素：①宫颈发育异常或宫颈炎；②宫颈黏液过少过稠。

（3）子宫因素：①子宫黏膜下肌瘤、子宫内膜息肉；②发育异常；③子宫内膜异位症；④子宫萎缩；⑤宫腔粘连。

（4）输卵管因素：①输卵管阻塞约占女性不孕因素的 1/2，常见的原因有慢性输卵管炎、输卵管积水、输卵管结核、输卵管形态异常或痉挛等；②输卵管粘连，常见于盆腔手术或炎症后、腹膜炎、子宫内膜异位症等，可导致输卵管异常蠕动或闭锁而无法拾卵。

（5）排卵障碍：表现为不排卵或排卵后黄体功能不全，占 25%～35%。原因：①下丘脑 - 垂体 - 卵巢轴功能紊乱，常见于垂体瘤、精神过度紧张、希恩综合征、闭经泌乳综合征等；②卵巢病变，如多囊卵巢综合征、卵巢肿瘤、先天性卵巢发育不良、卵巢早衰、卵巢子宫内膜异位症等；③肾上腺增生及甲状腺功能低下或亢进。

考点提示：女性不孕的主要因素

（6）其他：全身性疾病、习惯性流产、异位妊娠、心理因素等。

2．男方因素　主要有生精及输精障碍。

（1）生精障碍：表现为无精、少精、精子形态异常或活力不足。常见于隐睾后曲细精管萎缩、先天性睾丸发育不全、腮腺炎并发睾丸炎、结核侵犯睾丸、染色体异常、过度紧张、内分泌紊乱、不良生活习惯等。

（2）输精障碍：①输精管阻塞：常见于附睾或输精管炎症和外伤等；②男性性功能障碍：阳痿、早泄、不射精或逆行射精等；③生殖器畸形致不能性交。

考点提示：男性不育的主要因素

（3）免疫因素：男性生殖道炎症或损伤破坏血睾屏障，产生抗精子抗体，使精子凝集不能穿过宫颈黏液，阻碍精子与卵子的结合。

3．男女双方因素

（1）性生活异常。

（2）免疫因素：女性宫颈黏液或男性自身产生抗精子抗体。

4．不明原因　男女双方经详细检查仍未找到不孕原因。

【检查与病因诊断】

1．男方

（1）病史：了解隐睾炎、腮腺炎及结核等病史、不良生活习惯及性功能等。

（2）体格检查：检查有无生殖道畸形、感染等。

考点提示：不孕夫妇初诊时必查项目

（3）精液检查：精液常规是不孕夫妇初诊必需检查。检查前 4～5 天排精一次后禁欲，采用手淫法取精。正常精液量为 2～6ml，在室温中放置 30～60 分钟内液化，精子浓度＞ 20×10^9/L，活动精子＞50%，正常形态精子占 66%～88%。

2．女方

（1）病史：了解年龄、月经、婚育情况及与不孕相关的病史。

（2）全身体检：注意体型、第二性征发育、甲状腺有无增大、有无溢乳等。

（3）妇科检查：检查内外生殖器有无发育不良、畸形、炎症及肿块等。

（4）辅助检查：

1）卵巢功能检查：①首选 B 型超声监测卵泡发育及排卵情况；②基础体温监测排卵及黄体功能，常用；③阴道细胞学及宫颈黏液检查，灵敏性差，少用；④子宫内膜活组织检查，监测排卵及黄体功能，于经前 1～3 天或行经初 12 小时内取内膜；⑤生殖内分泌检查，测定 FSH、LH、E_2、催乳素、睾酮、孕酮等。孕酮可监测排卵和黄体功能，应在黄体中期测定；FSH 反映卵巢基础状态，应在月经周期第 2～3 日测定；若出现溢乳，应测定催乳素。

考点提示：卵巢功能检查项目

2）输卵管通液术：缺乏客观依据，误诊率高，诊断价值有限。宫腔镜下输卵管通液术有诊断价值，但无法了解具体的阻塞部位和性质。

考点提示：输卵管阻塞患者首选的检查方法

3）子宫输卵管造影：不仅能明确输卵管是否通畅及阻塞部位，还能观察宫腔形态，目前是输卵管不通患者的首选检查。应于月经干净后 3～7 天进行，造影后 2 周内禁止盆浴和性生活。

4）腹部或阴道 B 型超声检查：了解子宫及子宫内膜、卵巢及盆腔情况。

5）宫腔镜检查：了解宫腔内情况，可在直视下发现子宫内膜增殖、慢性子宫内膜炎、宫腔粘连、黏膜下肌瘤、内膜息肉、子宫畸形等。

6）腹腔镜检查：直接观察子宫、输卵管、卵巢，易发现盆腔粘连及子宫内膜异位症病灶，并可在腹腔镜监视下行输卵管通液确定输卵管是否通畅。适用于上述检查未确定病因的夫妇。

7）阴道镜检查：排除宫颈增生性疾病。

3．其他

（1）免疫学检查：①检测女性血液或男性精液的抗精子抗体；②检测女性血液的抗透明带抗体。

（2）宫颈黏液精液相合试验：在预测的排卵期进行，若精子能穿过宫颈黏液并继续前行，表示精子活力及宫颈黏液正常，提示宫颈黏液中无抗精子抗体。

（3）性交后试验：检查宫颈黏液功能、精子成活率和穿透力，了解有无性交障碍。在预测的排卵前性交后2～8小时内取阴道后穹隆液检查有无活动精子，再取宫颈黏液观察，若每高倍镜视野大于20个精子，受孕机率较高。但其临床意义尚有争议。

（4）检查夫妻血型、染色体等。

【女性不孕的治疗】

1．治疗女性生殖系统病变

（1）外阴、阴道及宫颈病变：①矫正畸形；②治疗外阴阴道炎及宫颈炎。

（2）子宫病变：①宫腔镜下切除子宫黏膜下肌瘤，摘除子宫内膜息肉，分离宫腔粘连；②矫正子宫畸形；③规范治疗子宫内膜异位症；④治疗子宫内膜炎。

（3）输卵管慢性炎症、阻塞及粘连：

1）中医中药治疗：对不孕年限不长、生育要求不迫切的年轻患者，口服活血化瘀中药、中药灌肠和微波理疗等方法，促进炎症的吸收和消退。

2）经腹腔镜或开腹输卵管成形术：解除输卵管阻塞及粘连，可行造口术、整形术、吻合术以及输卵管子宫移植术等。输卵管成形术适用于输卵管伞端梗阻者，输卵管造口术适用于输卵管近端通畅，远端有积水或闭锁的患者。

3）输卵管介入复通术：经阴道向输卵管插入导管，进行输卵管选择性造影，根据阻塞部位插入导丝，对其进行复通分离。适用于输卵管间质部及峡部梗阻或粘连的患者。但技术条件要求高，设备复杂，应用有限。

4）输卵管通液：于月经干净后3～7日，将庆大霉素4万U、地塞米松5mg及0.9%氯化钠溶液20ml，经宫腔缓慢注入输卵管。适用于输卵管轻度粘连。但术中可能导致输卵管破裂大出血，同时疗效差，易并发感染，已被有条件的医院淘汰。

（4）卵巢肿瘤：经腹或腹腔镜切除卵巢肿瘤，明确其性质，指导不孕治疗。

（5）生殖系统结核：按照结核治疗原则规范治疗。

2．促排卵、改善黄体功能

（1）氯米芬（克罗米芬）：具有抗雌激素作用，能与雌激素竞争下丘脑的雌激素受体，阻断雌激素对下丘脑的负反馈作用，增加促性腺激素的分泌，促进卵泡发育及排卵，是促排卵的首选药物。适用于体内有一定雌激素水平且下丘脑-垂体-卵巢轴功能完整的排卵障碍者。用法：自月经周期第5日开始口服，每日50～150mg，连用5日，用药后行超声排卵监测，卵泡成熟后用人促性素促排卵。

考点提示： 促排卵首选药物

（2）尿促性素（绝经促性素、HMG）：75U制剂中含FSH及LH各75U，促使卵泡发育及成熟。适用于脑垂体性低促性腺激素的无排卵者或应用氯米芬无效者。用法：自月经周期第5日起，每日肌内注射75～150U，通过B型超声及血雌激素水平测定监测卵泡发育情况，卵泡成熟后停用HMG，用人促性素诱发排卵。

（3）绒促性素（hCG）：作用似LH。常于卵泡发育成熟后给予hCG诱发排卵。用法：5000～10000U，肌内注射，常与氯米芬或HMG合用。

（4）黄体生成激素释放激素（LHRH）：下丘脑分泌的10肽激素。适用于下丘脑性无排卵者。用法：根据卵巢功能选用不同的治疗方案。

（5）黄体功能支持：应用各种促排卵药物后，可于排卵后加用黄体酮，每日 20～40mg 或 hCG 每 3 日 2000U，肌内注射，支持黄体功能。

（6）溴隐亭：多巴胺受体激动剂，可抑制垂体分泌催乳素，促进下丘脑合成 GnRH，增加卵巢对促性腺激素的敏感性。适用于闭经泌乳综合征或高催乳素血症所致的排卵障碍者。用法：从小剂量开始，每日 1.25mg，酌情增至每日 5～7.5mg，一般连续应用 1 个月以上，每 3～6 个月复查血清催乳素水平。妊娠后停用。

考点提示：常用促排卵药物及适应证

3. 免疫性不孕的治疗　主要针对抗精子抗体阳性治疗。同种免疫性不孕妇女可使用阴茎套 3～6 个月，避免抗原接触。男女双方均可使用糖皮质激素进行免疫抑制治疗。

4. 辅助生殖技术　帮助不孕症患者妊娠的各种技术（见第 2 节）。

【不孕症的预防】

掌握受孕时间（排卵前 2～3 天至排卵后 24 小时内）；提倡婚前检查，及早发现畸形或其他不利因素；做好计划生育，避免人工流产，防止感染；注意性生活卫生，避免生殖器感染及性传播疾病；生活有节制，加强锻炼，注意休息及营养，不吸烟，不酗酒；保持良好的心态，防止内分泌紊乱。

第 2 节　辅助生殖技术

辅助生殖技术是指各种采用医疗辅助手段使不孕夫妇受孕的技术，包括人工授精、常规体外受精 - 胚胎移植及其衍生技术。

一、人 工 授 精

人工授精是以非性交方式直接将精子置入女性生殖道内使其受孕的技术。根据授精部位不同分为阴道内人工授精、宫颈内人工授精、宫腔内人工授精、输卵管内人工授精等。根据精子来源不同分为夫精人工授精和供精人工授精。

考点提示：人工授精定义

【适应证】

1. 夫精人工授精　①性交障碍；②精子在女性生殖道内运行障碍；③少、弱、畸形精子症；④免疫性不孕。

2. 供精人工授精　①男方有遗传疾病；②无精症；③夫妻间特殊性血型或免疫不相容。

二、体外受精 - 胚胎移植

体外受精 - 胚胎移植（in vitro fertilization and embryo transfer，IVF-ET）技术指从妇女卵巢内取出卵子，与精子在体外受精，再将发育到一定时期的胚胎移植到妇女宫腔内，使其着床发育成胎儿的全过程。由于胚胎最初 2 天在试管内发育，所以俗称“试管婴儿技术”。包括常规 IVF-ET 及其衍生技术。

考点提示：IVF-ET 定义

1. 常规 IVF-ET　精子与卵子在体外培养下自行受精。

（1）适应证：①输卵管阻塞；②子宫内膜异位症；③男性轻度少精、弱精症；④排卵异常；⑤免疫性不育；⑥原因不明的不育。

（2）操作程序：①药物控制性超排卵与卵泡发育监测；② B 型超声介导经阴道穿刺取卵；③洗涤优选已诱导获能的精子；④配子体外受精及胚胎体外培养；⑤胚胎移植入宫

腔；⑥黄体支持。

2. 卵细胞浆内单精子注射 将单个精子直接注射到卵细胞浆内使之受精。

（1）适应证：①少、弱、畸形精子症；②常规 IVF-ET 失败者。

（2）操作程序：①不用进行精子的诱导获能；②取卵后去除卵丘颗粒细胞，行卵母细胞浆内单精子显微注射受精；③余同常规 IVF-ET。

3. 胚胎植入前遗传学诊断 在胚胎移植前，取胚胎的遗传物质进行分析、诊断，筛选健康胚胎，阻断遗传病在子代的下传。

（1）适应证：严重遗传性疾病或染色体异常的夫妇。

（2）操作程序：体外受精后从第 3 日的胚胎或第 5 日的囊胚中取 1～2 个卵裂球或部分细胞进行遗传学检测，检出带致病基因和异常核型胚胎，移植正常胚胎。余同常规 IVF-ET。

考点提示：各种 IVF-ET 适应证

4. 赠卵 IVF-ET

（1）适应证：卵巢功能衰竭、无卵巢、女方有遗传性疾病或染色体异常者。

（2）操作程序：①调整受卵者和供卵者的月经周期使之同步；②维持妊娠至受者自身胎盘功能建立；③余同常规 IVF-ET。

5. IVF-ET 常见并发症

（1）多胎妊娠：发生率高达 20%～40%，主要原因是促排卵药物的应用及多个胚胎移植。多胎会增加母儿并发症，给母子带来较大的风险。药物促排卵时加强卵泡监测，将胚胎移植数严格限制在 2～3 个有助于预防多胎。多胎妊娠可在孕早期施行选择性减胎术。

（2）卵巢过度刺激综合征：控制性超排卵时，卵巢受促性腺激素刺激后发生过度反应而产生的一系列表现。轻度表现为卵巢增大、体重增加、腹部不适；重度表现为卵巢明显增大、大量腹水、胸腔积液、血液浓缩、血栓形成、电解质紊乱、肝肾功能障碍、呼吸窘迫综合征等。使用 hCG 可能会加重发病。

考点提示：IVF-ET 常见的并发症

（3）其他：出血、感染、流产、异位妊娠等。

案例分析参考答案

案例 26-1

1. 初步诊断：①原发性不孕；②多囊卵巢综合征。

2. 治疗：①药物促排卵，辅助药物治疗（口服避孕药）；②手术（经腹腔镜卵巢打孔）；③行体外受精 - 胚胎移植治疗。

本章小结

不孕症指有正常性生活且未避孕达 1 年而未妊娠者。导致不孕的因素包括女方、男方及男女双方因素。男性不育应结合病史、体格检查及精液检查诊断，精液常规是不孕夫妇初诊的必需检查；女性不孕应结合病史、全身体检、妇科检查、卵巢功能检查、输卵管通畅试验等诊断，子宫输卵管造影是输卵管不通患者的首选检查。女性不孕应针对病因，治疗女性生殖系统病变，促排卵、改善黄体功能，治疗免疫性不孕及采用辅助生殖技术。辅助生殖技术是指各种采用医疗辅助手段使不孕夫妇受孕的技术，包括人工授精、常规 IVF-ET 及其衍生技术。IVF-ET 常见的并发症是多胎妊娠及卵巢过度刺激综合征。

目标检测题

A_1 型题

1. 导致年轻女性不孕最常见的原因是（　　）
   A. 子宫因素
   B. 子宫颈因素
   C. 输卵管因素
   D. 外阴阴道因素
   E. 排卵障碍
2. 下述哪项不是卵巢功能检查方法（　　）
   A. 阴道脱落细胞检查
   B. 宫颈黏液结晶检查
   C. 基础体温测定
   D. 垂体兴奋试验
   E. 血雌孕激素含量测定
3. 临床首选的促排卵药物是（　　）
   A. 氯米芬　B. HMG
   C. hCG　D. 黄体酮
   E. LHRH
4. 不孕症妇女了解有无排卵最简单的方法是（　　）
   A. 诊断性刮宫　B. 阴道涂片
   C. 宫颈黏液检查　D. 激素水平测定
   E. 基础体温测定

A_2 型题

5. 29 岁妇女，结婚 3 年不孕。基础体温曲线呈单相型，经前 5 天取宫颈黏液，其特征应是（　　）
   A. 量少黏稠　B. 量少稀薄
   C. 量多黏稠　D. 量多稀薄嚣
   E. 量极少，不易取出
6. 女，34 岁。月经量进行性减少，现闭经半年，泌乳 3 个月，首选检查项目是（　　）
   A. 孕激素试验　B. 血 hCG 测定
   C. 血 PRL 测定　D. 性激素测定
   E. 诊断性刮宫

A_3 型题

（7～8 题共用题干）

女性，28 岁，结婚 3 年未孕，月经规律，妇科检查：子宫正常，双侧附件正常。男方精液检查正常。

7. 本例首选检查是（　　）
   A. 阴道脱落细胞学检查
   B. 输卵管通畅检查
   C. 宫颈黏液结晶
   D. 子宫内膜病理检查
   E. 子宫输卵管造影
8. 如最终诊断为黄体发育不良，导致不孕最恰当的内分泌治疗是（　　）
   A. 雌激素治疗
   B. 排卵后黄体酮治疗
   C. 人工周期
   D. 少量肾上腺皮质激素
   E. 口服溴隐亭

（张　琴）

第27章　计 划 生 育

学习目标

1. 掌握药物避孕及宫内节育器的避孕原理、适应证、禁忌证、副作用及并发症；药物流产、人工流产术的适应证、禁忌证及人工流产的并发症。

2. 熟悉输卵管绝育术的适应证、禁忌证及并发症。

3. 了解不同时期避孕方法的选择。

计划生育是我国的一项基本国策，是对人口发展进行有计划的调节，使人口的增长同社会和经济的发展相适应。包括晚婚、晚育、节育、优生优育。节育以避孕为主，包括工具避孕、药物避孕及其他避孕方法，辅以避孕失败的补救措施及绝育术。

第1节　避　　孕

一、宫内节育器

考点提示：我国育龄妇女最常用的避孕方法

宫内节育器（intrauterine device，IUD）是一种放置于子宫腔内的避孕工具，具有安全、有效、可逆、简便、经济等优点，是我国育龄妇女最常用的避孕方法，目前约70%妇女选用宫内节育器，有效率为90%以上。

案例27-1

李女士，58岁，G_2P_2，28年前在产后2个月放置金属单环。4月前行取环术，取环较困难，取出时环成丝状，术后出现间断性下腹痛2个月，阴道不规则出血1周。查体：宫体明显压痛，双侧附件压痛。

问题：1．该患者初步诊断是什么疾病？

2．需要补充完善的辅助检查？

3．如何处理？

【种类】

1．惰性宫内节育器（第一代IUD） 由惰性材料如金属、硅胶、塑料、尼龙等制成，理化性能稳定，国内主要为不锈钢圆环及其改良品。我国最早使用的不锈钢金属单环因脱落率及带环妊娠率均较高，已于1993年停止生产。

2．活性宫内节育器（第二代IUD） 以节育器为载体，其内含有活性物质如金属离子（Cu^{2+}、Zn^{2+}等）、激素、止血药物及磁性材料等，可提高避孕效果，减少副反应。分为含铜IUD和含药IUD两大类：

（1）含铜宫内节育器：是一种含塑料和铜的节育器，在我国已生育女性中应用最广泛，占所有避孕方法的40%。根据不同类型可放置5～10年以上。避孕效果与含铜表面积呈正比，避孕有效率为94%～97%。副反应主要有出血、疼痛、带环妊娠、环脱落等。根据不同形态分为：

1）T形带铜宫内节育器（TCu-IUD）：是我国目前临床首选的宫内节育器。以聚乙烯为支架，呈T形，在纵臂或横臂上绕有铜丝或铜套，有尾丝。根据含铜表面积分为TCu-200、TCu-220C，TCu-380A等，TCu-200应用较广。铜丝易断裂，含铜丝IUD一般放置5～7年，含铜套IUD可放置达10～15年。TCu-IUD适应宫腔形态，不易脱落，同时带有尾丝，便于检查及取出，但出血发生率稍高。

2）V型带铜宫内节育器（VCu-IUD）：以不锈钢为支架，呈V形，外套硅橡胶管，在横臂及斜臂上绕有铜丝或铜套，两横臂中间相套为中心扣，有尾丝，较常用。放置年限5～7年，其优缺点似TCu-IUD。

3）母体乐（MLCu375）：以聚乙烯为支架，呈伞状，两弧形臂上各有5个小齿，具有可塑性，纵臂上绕有铜丝，铜表面积250mm^{2}或375mm^2。可放置5～8年，1995年引入我国。

4）宫铜IUD：以不锈钢丝为支架，呈螺旋状，内置铜丝，形态更接近宫腔形状，铜表面积300mm^2，分大、中、小号，无尾丝。可放置20年左右。临床效果好，出血副作用少，在我国四川省应用广泛。

考点提示：我国已生育女性首选的IUD

5）含铜无支架IUD（吉妮IUD）：无支架，6个铜套串在尼龙丝上，用特制的针把尼龙线结插入子宫底部肌层固定，使铜套悬挂在宫腔内，铜表面积330mm^2，有尾丝。可放置5～8年，出血副作用少。

（2）含药宫内节育器：

1）含孕激素T形IUD：以聚乙烯为支架，呈T形，缓释药物储存在纵管中，纵管外包有含聚二甲基硅氧烷的膜控制药物释放，有尾丝。放置时间为5年。主要的副反应是突破出血。目前研制的左炔诺孕酮IUD（曼月乐），每日释放左炔诺孕酮20μg，主要副反应为点滴出血及闭经。

2）含吲哚美辛IUD：常用的产品有宫铜IUD、吉妮致美IUD等。通过每日释放吲哚美辛，减少月经过多等副反应。

考点提示：IUD的常见种类

3. 第三代IUD 正在研制。体积偏小，质地柔韧，容易放置，并能减少出血、疼痛等副反应。如锚式固定式IUD。

【避孕原理】

较复杂，至今未完全明了。研究表明，局部组织对异物的组织反应起主要作用。

1. 影响囊胚发育 子宫内膜受压缺血，激活纤溶酶原，局部纤溶活性增强，致使囊胚溶解吸收。

2. 干扰受精卵着床 ①异物反应所致的无菌性炎性反应使白细胞及巨噬细胞增多，子宫液组成改变；②异物反应损伤子宫内膜后产生前列腺素，改变输卵管蠕动，使受精卵运行速度与子宫内膜发育不同步。

3. 含铜IUD避孕原理 ①异物反应更明显；②铜的长期缓慢释放可改变内膜依锌酶系统（如碱性磷酸酶和碳酸酐酶）活性，并影响DNA合成、糖原代谢及雌激素摄入，使子宫内膜细胞代谢受到干扰，不利于受精卵着床及囊胚发育；③影响精子获能，增强避孕效果。

考点提示：IUD的主要避孕原理

4. 含孕激素IUD避孕原理 ①引起子宫内膜腺体萎缩和间质蜕膜化，不利于受精卵着床；②使宫颈黏液变稠，妨碍精子运行；③影响精子的代谢，如氧的摄取及葡萄糖利用。

【放置IUD的适应证、禁忌证及放置时间】

1. 适应证 凡育龄妇女要求放置IUD而无禁忌证者。

2. 禁忌证 ①妊娠或可疑妊娠者；②月经过多、过频、阴道不规则流血；③人工流产或中期引产后有感染可能者；④生殖道急性炎症；⑤生殖器官肿瘤；⑥宫颈内口过松、重度陈旧性宫颈裂伤或子宫脱垂；⑦子宫畸形；⑧宫腔深度<5.5cm或>9.0cm；⑨严重全身性疾患；⑩有铜过敏史。

考点提示：IUD常规放置时间及禁忌证

3. 放置时间 ①一般在月经干净后3～7日放置；②人工流产术后宫腔深度<10cm，可立即放置；③自然流产转经后或药物流产2次正常月经后；④自然分娩后3个月或剖宫产后半年；⑤含孕激素IUD在月经第3日放置；⑥未避孕者性交后5日内放置含铜IUD可紧急避孕；⑦哺乳期放置应先排除早孕。

【IUD大小选择】

根据宫腔深度选择。如T形IUD依其横臂宽度分为26、28、30号3种，宫腔深度>7cm者用28号，≤7cm者用26号。

【放置方法】

1. 排空膀胱，取膀胱截石位。
2. 双合诊检查子宫大小、位置及附件情况。
3. 外阴阴道常规消毒铺巾，窥器暴露宫颈，消毒宫颈及阴道穹窿，以宫颈钳夹持宫颈前唇，用子宫探针顺子宫屈向探测宫腔深度。
4. 对宫颈管较紧者应按宫颈扩张器顺序扩至6号。
5. 用放置器将节育器推送入宫腔，其上缘必须抵达宫底部，带有尾丝者在距宫口2cm处剪断。
6. 观察无出血即可取出宫颈钳及阴道窥器。

【术后注意事项及随访】

1. 术后休息3日，1周内忌重体力劳动，2周内忌性交及盆浴。
2. 3个月内每次经期或大便时注意有无IUD脱落。
3. 术后于第1年1、3、6、12月进行随访，以后每年随访1次。

【放置IUD的副反应】

1. 出血 常见，表现为经量过多、经期延长或经期点滴出血。常发生于放置IUD后一年内，尤其是最初3个月。一般不需处理，3～6个月后逐渐恢复。重者需补充铁剂，并选用吲哚美辛25～50mg，每日口服3次。按上述治疗3个周期无效者，应考虑取环或换环，仍无效应改用其他避孕措施。

2. 其他 腰酸、腹坠、白带增多等。

【放置IUD的并发症】

1. 感染 常因无菌操作不严、经尾丝逆行感染或生殖道本身存在感染灶等引起。应取出IUD，并给予抗生素治疗。

2. 节育器异位 常因操作不当、节育器过大过硬或子宫壁过薄过软等引起子宫穿孔所致。确诊节育器异位后，应经腹、腹腔镜或经阴道将节育器取出。

3. 节育器嵌顿、断裂 由于放置节育器时损伤子宫壁或节育器过大等因素，致节育器断裂或部分器体嵌入子宫肌壁。确诊后应及时取出。若取出困难，应在 B 型超声、X 线定位或宫腔镜直视下取出。

4. 节育器脱落 常因操作不当、节育器过小、月经过多、宫颈内口松弛或子宫过度敏感等引起。常见于带器后第 1 年，尤其前 3 个月内。

考点提示：放置 IUD 的并发症

5. 带器妊娠 多见于 IUD 脱落或异位。确诊后行人工流产同时取出 IUD。

【IUD 取出术】

1. 适应证 ①计划再生育者；②改用其他避孕措施或绝育者；③放置期限已满需更换者；④绝经一年者；⑤出现副反应或并发症治疗无效者；⑥带器妊娠。

2. 禁忌证 ①全身情况不良或疾病的急性期，待情况好转后再取；②并发生殖道炎症，治愈后再取出 IUD。严重感染者抗感染同时应取出 IUD。

考点提示：IUD 常规取出时间及取出禁忌证

3. 取器时间 ①常规于月经干净后 3～7 日；②带器妊娠者行人工流产时取器，中期引产者于产后 3 个月或月经复潮后取器；③因感染或子宫出血需取器者，随时可取，必要时应行诊断性刮宫，刮出组织送病理检查，排除内膜病变。

4. 取器方法 有尾丝者，常规消毒后用血管钳夹住尾丝轻轻取出。无尾丝者，经妇科检查及常规消毒铺巾后，用子宫探针查清 IUD 位置，然后将取环钳放入宫颈管内夹住 IUD 纵杆牵引取出，金属单环用取环钩钩住环下缘轻轻牵引取出。取器困难时可在 B 型超声监护下操作，必要时在宫腔镜下取出。

5. 注意事项 取器前应通过 B 型超声检查或 X 线检查确定 IUD 是否在宫腔内并了解其类型；取器时动作轻柔。术后注意事项同 IUD 放置术。

二、药 物 避 孕

药物避孕通常指用女性甾体激素避孕，甾体激素成分是雌激素和孕激素。药物避孕是一种高效可靠的避孕方法。

【避孕原理】

1. 抑制排卵 ①抑制下丘脑释放 GnRH，减少垂体分泌 FSH 和 LH，影响卵泡发育；②抑制垂体对 GnRH 的反应，不出现排卵前 LH 高峰，故不发生排卵。

2. 改变宫颈黏液性状 孕激素使宫颈黏液变少变稠，不利于精子穿透。

3. 影响子宫内膜增殖 孕激素抑制子宫内膜增殖，使胚胎发育与子宫内膜生理变化过程不同步，影响受精卵着床。

考点提示：药物避孕的原理

4. 影响输卵管的功能 雌、孕激素使输卵管正常的分泌和蠕动发生异常，使受精卵运行速度与子宫内膜发育不同步，干扰受精卵着床。

【种类】

1. 口服避孕药 包括复方短效口服避孕药及复方长效口服避孕药。

（1）复方短效口服避孕药：是炔雌醇与孕激素组成的复合制剂。孕激素成分各不相同，构成不同配方及制剂。常用药物及用法：①复方避孕片、复方炔诺酮片、复方甲地孕酮片：于月经第 5 日服药，连服 22 日，停药 7 日后服第 2 周期；②复方去氧孕烯片、复方孕二烯酮片、炔雌醇环丙孕酮片：于月经第 1 日服药，连服 21 日，停药 7 日后服第 2 周期；

③左炔诺孕酮三相片：药盒内的每一相药物因剂量不同，颜色不同，服药者按箭头所示顺序服药。于月经第1日服药，连服21日；④漏服1片应在12小时内补服，且警惕有妊娠可能；漏服2片，补服后要加用其他避孕措施；漏服3片应停药，待出血后开始服下一周期药。

（2）复方长效口服避孕药：由长效雌激素（炔雌醚）和孕激素制成的复合制剂。炔雌醚可储存于脂肪组织内缓慢释放，起长效避孕作用，服药1次可避孕1个月。孕激素使子宫内膜呈分泌期变化，引起撤退性出血。避孕有效率达96%～98%。常用药物有复方左旋18甲长效避孕片及三合一炔雌醚片。此类药物激素含量大，副反应较多，如类早孕反应、月经失调等。用法：①月经周期第5日及第10日各服1片，以后按第1次服药日期每月1片；②月经周期第5日及第25日各服1片，以后按第2次服药日期每月1片。

2. 长效避孕针 有单孕激素制剂和雌、孕激素复合制剂两种。尤其适用于用口服避孕药胃肠道反应明显者。有效率达98%以上。单孕激素制剂比复合制剂更易并发月经紊乱、点滴出血或闭经。常用药物及用法：

（1）单孕激素制剂：①醋酸甲羟孕酮避孕针：月经来潮5天内或产后6周肌内注射1针，以后每3个月肌内注射1针；②庚炔诺酮避孕针：每隔2个月肌内注射一次。

（2）雌、孕激素复合制剂：主要有复方己酸羟孕酮注射液及复方甲地孕酮注射液。于月经周期的第5天和第12天各肌内注射1支，以后均于每次月经周期的第10～12天肌内注射1支。

3. 探亲避孕药 适用于分居两地的夫妻探亲时服用，不受经期限制，避孕效果可靠，达98%以上。常用药物及用法：

（1）孕激素制剂：主要有炔诺酮探亲片、甲地孕酮探亲避孕片和炔诺孕酮探亲避孕片。于探亲前1日或当日中午服第1片，此后每晚服1片，至少连服10～14日。

（2）非孕激素制剂：主要有53号避孕药。于第1次性交后立即服1片，次晨加服1片，以后每日1片，每月不少于12片。如探亲结束尚未服完12片，需每日服1片至服满12片。如探亲未结束已服完12片，以后每次性交后服1片。

4. 缓释避孕药 将甾体激素主要是孕激素，与具备缓慢释放性能的高分子化合物（如医用硅橡胶、聚乙烯及制备微囊的包衣材料等）配制而成。具有简便、激素释放微量而恒定、长效、安全的优点。常用药物及用法：

（1）缓释阴道避孕环：如国产的甲硅环，含甲地孕酮200mg或250mg，每日释放0.1mg，于月经周期第5日放入阴道，可避孕1年。

（2）皮下埋置剂：由左炔诺孕酮与硅胶棒组成，有效率达99%以上。皮下埋置剂I型含6根硅胶棒，使用年限5～7年；皮下埋置剂II型含2根硅胶棒，使用年限3～5年。用法：月经周期头7日内均可放置，将硅胶棒扇形埋入左上臂内侧肘关节上7～8cm皮下。主要副反应为月经紊乱、点滴出血甚至闭经，一般不需特殊处理，多于3～6个月后减轻或消失。若副反应治疗后无效、严重头痛或血压明显升高等可取出。

（3）微球和微囊避孕针：正在研制的一种新型缓释系统。将甾体激素与可降解的高分子化合物混合制成微球或微囊，注入皮下，达到避孕效果。

（4）避孕贴片：将避孕药放在特殊贴片内，粘贴在皮肤上。每周1片，连用3周，停用1周，每月共3片。

5. 紧急避孕药 紧急避孕指无防护性生活或避孕失败后的一段时间内，为防止妊娠而采用的避孕方法，常用的有紧急避孕药及含铜宫内节育器。药物避孕是最常用的方法，在性生活后72～120小时内服用，可出现恶心、呕吐、不规则阴道流血、月经改变、乳房胀痛等副反应。常用药物及用法：

（1）雌、孕激素复方制剂：如复方左炔诺孕酮片，在无保护性生活后 72 小时内即服 4 片，12 小时再服 4 片。

（2）单孕激素制剂：如左炔诺孕酮片，在无保护性生活 72 小时内服 1 片，12 小时再服 1 片。

（3）米非司酮：为新型抗孕激素制剂，在无保护性生活 120 小时内服 1 片。副作用较小。

考点提示：避孕药的主要种类及使用时间

【适应证及禁忌证】

1. 适应证 无药物避孕禁忌证、有避孕要求的健康育龄妇女。

2. 禁忌证 ①严重血液病、血栓性疾病或心血管疾病；②急、慢性肝炎或肾炎；③内分泌疾病；④恶性肿瘤、癌前病变、子宫或乳房包块；⑤需药物治疗的精神病；⑥哺乳期；⑦不明原因的阴道流血、月经稀少或年龄＞45 岁；⑧吸烟成瘾者及年龄＞35 岁的吸烟妇女；⑨反复发作的严重偏头痛；⑩可疑妊娠。

考点提示：药物避孕的禁忌证

【副反应及处理】

1. 类早孕反应 约 10% 的妇女服药初期出现食欲下降、恶心、呕吐、乏力、头晕等症状，似早孕反应。轻者不需处理，重者可口服维生素 B_6，每日 3 次，每次 10mg，连服 7 日。若治疗无效，可更换制剂或改用其他避孕措施。

2. 月经过少或闭经 常发生于月经不规则妇女。停药后月经多能恢复正常。若停药后月经不来潮且除外妊娠者，应停药 7 日后继续服下一周期的药。若连续停经 3 个月，需停药观察。

3. 阴道不规则流血 又称突破性出血。多因漏服、延迟服药所致。点滴出血者不需处理；流血较多者每晚服用避孕药时加服炔雌醇 1～2 片，直至停药；若流血似月经量或流血时间接近月经期，应停药并于流血第 5 日开始服下一周期的药；重者可更换避孕药。

4. 体重增加 避孕药中的第一代和第二代孕激素成分有弱雄激素活性，同时雌激素可引起水钠潴留，导致体重增加。可更换含第三代孕激素的避孕药。

5. 色素沉着 少数妇女颜面皮肤出现蝶形淡褐色色素沉着。停药后多能自行消退或减轻。

6. 其他 头痛、复视、乳房胀痛、皮疹或性欲改变等。可对症处理，严重者停药作进一步检查。

考点提示：药物避孕的副反应

【长期用药对人体的影响】

1. 血栓性疾病及心脑血管疾病 目前使用的是低剂量甾体激素避孕药，雌激素在安全范围内，不增加血栓性疾病的发病率；同时低剂量甾体激素避孕药还可降低心脑血管疾病发生风险，尤其是年龄＜35 岁、无吸烟及高血压史或服药期间血压正常者。但长期应用可增加脑卒中及心肌梗死的发病率。

2. 肿瘤 长期服用复方口服避孕药可降低子宫内膜癌及卵巢癌的发病率，而对宫颈癌与乳腺癌的作用有待进一步研究。

3. 生育和子代发育 药物避孕的妇女大多停药后 3 个月内恢复排卵，长期服用甾体激素避孕药停药后不影响生育。长效药物避孕者，停药 6 个月后妊娠更安全，不增加胎儿畸形的发病率，子代发育也不受影响。

4. 机体代谢 部分女性长期药物避孕可出现糖耐量异常，停药后胰岛功能及糖耐量均能恢复正常。雌激素可使低密度脂蛋白（LDL）降低，高密度脂蛋白（HDL）升高，孕激素可降低HDL。HDL对心脏和血管有保护作用，LDL作用相反。因此，高龄、有高血压、长期吸烟等心血管疾病高危因素的妇女不宜长期药物避孕。

三、其他避孕方法

考点提示：防止性传播性疾病的避孕方法

1．男用避孕套 又称阴茎套，为乳胶橡皮套，其顶端有贮精液用的小囊，性交时将其套在阴茎上，阻止精子进入阴道，达到避孕目的。具有高效、简便、防止性传播疾病的优点，可预防HIV感染，是全世界最常用的男用避孕法。用法与注意事项：①选择合适的型号，中号使用最普遍；②用前行充气试验检查有无漏气；③用前排去小囊内空气；④射精后在阴茎未软缩时即捏住套口，和阴茎一起从阴道内取出；⑤一次性使用。

2．女用避孕套 既能避孕，又能防止性传播疾病。目前我国尚无供应。

3．外用杀精剂 能杀死或灭活精子的一类化学避孕制剂，由活性成分壬苯醇醚与基质制成。目前临床常用的有避孕栓剂、片剂、胶冻剂、凝胶剂及避孕薄膜等。用法与注意事项：①每次性交前将其置入阴道深部；②栓剂、片剂、避孕薄膜置入阴道后需等待5～10分钟，待其溶解后开始性生活。若置入30分钟尚未性交，必须再次放置；③性交结束后建议至少平躺6小时；④绝经过渡期妇女最好选用胶冻剂或凝胶剂；⑤宜与其他避孕方法配合使用，不是首选的避孕方法。

4．安全期避孕 又称自然避孕。排卵通常发生在下次月经前14日左右，排卵前后4～5日为易受孕期，其余时间视为相对安全期，在易受孕期禁欲可达到避孕目的。可以用日历表法、测量基础体温、观察宫颈黏液推算排卵期。日历表法适用于月经周期规则的妇女。该避孕方法影响因素较多，失败率较高，不宜推广。

5．其他避孕方法 如体外排精、黄体生成激素释放激素类似物避孕等。

第2节 避孕失败的补救措施

一、药物流产

考点提示：药物流产定义

药物流产，简称药流，用米非司酮配伍米索前列醇口服终止早孕，是一种避孕失败的补救措施。米非司酮是类固醇抗孕激素制剂，可使子宫蜕膜变性坏死、宫颈软化；米索前列醇可使子宫收缩，促使胚胎排出。两者配伍终止早孕的完全流产率达90%以上。

案例27-2

张女士，25岁，G_3P_0，停经38天经B超确诊宫内孕，两周前行药物流产并排出胎囊样物，2小时前出现大量阴道流血。妇科检查：宫颈口有组织堵塞且有活动性出血，量多，子宫质软，有轻压痛。

问题：1．该患者初步诊断及依据？

2．辅助检查内容？

3．主要的处理措施？

【适应证与禁忌证】

1．适应证 ①停经≤49日，确诊早孕，年龄＜40岁，自愿要求终止妊娠的健康妇女；②不宜行人工流产术的高危妊娠；③尿 hCG 阳性，B 型超声确诊为宫内妊娠；④对人工流产术有恐惧心理者。

2. 禁忌证 ①米非司酮药流禁忌：内分泌疾病、肝肾功能异常、良性或恶性肿瘤、血液病或血栓性疾病、高血压等；②前列腺素药物禁忌：心脏病、青光眼、哮喘、胃肠功能紊乱和过敏体质等；③带器妊娠或可疑宫外孕者。

【用法与注意事项】

1. 用法 空腹或饭后 2 小时口服米非司酮 25mg，每日 2 次，连服 3 日。第 4 日口服米索前列醇 0.6mg，住院或门诊观察 6 小时。

2. 注意事项 ①出血多、出血时间长是药物流产的主要副反应，服药后应严密监测孕妇血压及脉搏，观察腹痛、腹泻和出血等副作用；②专人监护检查胎囊排出时间及完整性；③极少数人因大出血需急诊刮宫，药物流产必须在有正规抢救条件的医疗机构进行。

考点提示：药物流产的适应证、禁忌证及注意事项

二、人工流产术

人工流产术，简称人流，妊娠 14 周内用手术方法终止妊娠，是一种避孕失败的补救措施。包括负压吸引术和钳刮术。

案例 27-3

王女士，28 岁，G_1P_0，因停经 56 天，要求终止妊娠，行人工流产术。术中出现头晕、心慌、恶心、胸闷、大便失禁。查体：P 56 次 / 分，Bp 85/60mmHg，面色苍白。术前 B 超示宫内妊娠。

问题：1. 该患者初步诊断及依据？

2. 如何处理？

（一）负压吸引术

利用负压吸引原理将妊娠产物从宫腔内吸出，称为负压吸引术。

【适应证与禁忌证】

1. 适应证 ①妊娠 10 周内要求终止妊娠而无禁忌证；②患有心脏病、慢性肾炎等不宜继续妊娠者。

2. 禁忌证 ①疾病的急性期或严重的全身性疾病；②生殖道炎症；③妊娠剧吐未纠正酸中毒者；④术前相隔 4 小时两次体温＞37.5℃。

考点提示：负压吸引术的孕周及禁忌证

【术前准备】

1. 询问病史、全身体检及妇科检查。

2. 辅助检查 ①血常规、凝血功能及肝肾功能检查；②白带常规；③尿 hCG 测定及 B 型超声检查。

3. 术前 3 日禁止性交。

4. 解除患者思想顾虑。

【手术步骤】

1. 排空膀胱，取膀胱截石位，常规消毒外阴及阴道，铺巾。
2. 双合诊复查子宫位置及大小。
3. 窥器暴露宫颈，消毒阴道及宫颈管，宫颈钳夹持宫颈前唇。
4. 子宫探针顺子宫方向探测宫腔深度。用宫颈扩张器顺宫腔曲度扩张宫颈管，由小号到大号，扩张到比选用吸管大半号至1号。
5. 橡皮管一端接吸管，另一端接负压吸引器，调节负压至400～500mmHg。将吸管缓慢送至宫底后退出少许，打开吸引器，将吸头按顺时针方向由宫底至宫颈内口吸宫腔1～2圈，感觉宫腔缩小，宫壁粗糙，吸头紧贴宫壁，表示组织吸净，此时折叠橡皮管，取出吸头。
6. 用刮匙刮宫壁一周，检查是否吸净。
7. 再次测量宫腔深度，取下宫颈钳，用棉球拭净宫颈及阴道血迹。
8. 过滤吸出物，测量流血量及组织容量，检查有无绒毛，若未见绒毛，组织物应送病理检查。

【注意事项】

考点提示：负压吸引术的注意事项

1. 术中动作轻柔，严格无菌操作，使用静脉麻醉时应有麻醉医师监护。
2. 术后留院观察1～2小时；休息2周，2周内或阴道流血未净前禁止盆浴，1月内禁止性生活；必要时使用抗生素预防感染。
3. 指导避孕，术后1个月随访。

（二）钳刮术

考点提示：适合钳刮术的孕周

适用于妊娠10～14周内要求终止妊娠而无禁忌证者。术前可口服或阴道放置米索前列醇或宫腔放置导尿管，使宫颈扩张松软。术中用卵圆钳夹破羊膜后，钳夹胎盘及胎儿。术后检查胎儿及胎盘完整性。此时胎儿较大，易并发出血、宫颈裂伤、子宫穿孔等，应尽量避免大月份钳刮术。注意事项同负压吸引术。

（三）人工流产的并发症及处理

1．子宫穿孔 人工流产术严重的并发症。

（1）原因：①子宫本身情况，如哺乳期或妊娠子宫、剖宫产后瘢痕子宫、子宫过度倾屈或畸形等；②手术者操作，如幅度过大，过于粗暴等。

（2）诊断：器械进入宫腔突然出现无底感或其深度明显超过检查时宫腔深度，即可诊断。孕妇突感腹痛、出现休克表现时也应考虑子宫穿孔。

考点提示：子宫穿孔的诊断及处理

（3）处理：立即停止手术。对于穿孔小，手术已完成者，给予缩宫素及抗生素保守治疗，严密观察孕妇生命体征、腹痛、阴道流血及腹腔内出血征象；对于胚胎组织尚未吸净，情况稳定者，可在B型超声或腹腔镜监护下由有经验的医师清宫；尚未进行吸宫操作者，可等待1周后再清宫；对于破口大、有内出血或疑有脏器损伤者应行剖腹探查术。

2．人工流产综合反应 指在术中或手术结束时出现心动过缓、心律紊乱、血压下降、面色苍白、出汗、头晕、胸闷，甚至昏厥和抽搐等症状。

（1）原因：①主要原因是宫颈和子宫受到机械性刺激兴奋迷走神经；②孕妇精神紧张，不能耐受宫颈扩张及牵拉或负压过高。

（2）处理：立即停止手术，休息，吸氧，心率减慢者可静脉注射阿托品0.5～1mg。术前给予精神安慰，逐号扩张宫颈，术中操作轻柔，吸宫时负压适当，勿反复吸刮宫壁等均可预防其发生。

3. 出血　术中出血＞200ml 称流产出血。多发生在妊娠月份较大的钳刮术，组织不能迅速排出，影响宫缩。可于扩张宫颈后在宫颈注射缩宫素，并尽快取出胎盘及胎体。吸管过细、胶管过软或负压不足应及时更换吸管和胶管，调整负压。必要时补液、输血。

考点提示：人工流产综合反应的表现、原因及处理

4. 吸宫不全　指人工流产术后有部分妊娠物残留，较常见。常因宫体过度屈曲或操作者技术不熟练所致。术后流血超过 10 日，血量过多，或流血停止后又有多量流血，应考虑为吸宫不全。B 型超声检查有助于诊断。若无明显感染征象，应尽早行刮宫术，刮出物送病理检查，术后预防性使用抗生素；若同时伴有感染，应控制感染后再行刮宫术。

5. 漏吸　确诊宫内妊娠但人工流产术时未吸出胚胎及绒毛。常因胎囊过小、子宫畸形、位置异常或操作不熟练引起。确诊漏吸，应再次行负压吸引术。

6. 空吸　误诊宫内妊娠行人工流产术，称为空吸。若吸出物未见绒毛或胚胎组织，需复查尿 hCG 及 B 型超声，宫内未见妊娠囊，诊断为空吸。漏吸及空吸应警惕宫外孕，必须将吸刮的组织全部送病理检查。

7. 感染　可出现急性子宫内膜炎、子宫肌炎、附件炎、盆腔炎等，甚至发展为败血症。多因吸宫不全、无菌操作不严或术后过早性交所致。表现为体温升高、下腹疼痛、不规则阴道流血、子宫或附件区有压痛。应卧床休息，及时应用抗生素，宫腔内残留妊娠物者按感染性流产处理。

8. 羊水栓塞　偶见于人工流产钳刮术，常因宫颈损伤或胎盘剥离使血窦开放，羊水入血所致。早、中期妊娠羊水中有形成分较少，其症状及严重性不如晚期妊娠发病凶险，但确诊后仍应立即抢救。

9. 远期并发症　宫颈及宫腔粘连、慢性盆腔炎、月经失调、继发性不孕等。

考点提示：人工流产术的并发症

第 3 节　输卵管绝育术

输卵管绝育术是用手术结扎或药物黏堵输卵管腔，阻断精子与卵子结合的一种永久性节育措施。目前常用的方法有经腹输卵管结扎术及经腹腔镜输卵管绝育术。输卵管药物黏堵术现已较少应用。

经腹输卵管结扎术

经腹输卵管结扎术切口小，组织损伤小，操作简易、安全、方便，是目前国内应用最广的绝育方法。

【适应证与禁忌证】

1. 适应证　①自愿要求接受绝育手术且无禁忌证者；②患全身性疾病不宜生育者；③再次剖宫产者。

2. 禁忌证　①疾病急性期；②全身情况差不能耐受手术者；③严重神经官能症患者；④腹部皮肤感染或患急、慢性盆腔炎者；⑤ 24 小时内体温 2 次≥37.5℃。

考点提示：经腹输卵管结扎术的禁忌证

【手术时机】

1. 非孕期在月经干净后 3～7 天。
2. 人工流产、分娩或取节育器后 48 小时内。
3. 哺乳期或闭经应先排除早孕。
4. 剖宫产术时。

考点提示：经腹输卵管结扎术的最佳时机

【术前准备】

1. 做好受术者的咨询与解释工作。

2. 详细询问病史，进行全身检查与妇科检查，查白带常规、血尿常规、凝血功能、肝功能等。

3. 妇科腹部手术常规准备。

4. 术前晚给予镇静剂。

【手术步骤】

1. 排空膀胱，取平卧位，留置导尿管，腹部常规消毒铺巾。

2. 麻醉 局部浸润麻醉或硬膜外麻醉。

3. 切开腹壁 非孕期或人工流产后以耻骨联合上缘中点上2横指为起点，产后或中期引产后以宫底下方2～3cm处为起点，做约2cm纵切口或横切口。

4. 提取输卵管 常用的有卵圆钳取管法、指板法及吊钩法。

5. 确认输卵管 见到输卵管伞证实为输卵管，常规检查双侧卵巢。

6. 结扎输卵管

（1）抽芯近端包埋法：用两把组织钳夹持输卵管峡部，选择峡部无血管区，在浆膜下注入0.5%利多卡因1ml后切开浆膜，游离出输卵管后，用两把蚊式钳夹住两端，中间切除1cm，用4号丝线分别结扎两断端，再用1号丝线缝合输卵管浆膜，将近端包埋于系膜内，远端固定于系膜外。该法血管损伤少，并发症少，成功率高，应用广泛。

考点提示：输卵管的确认及结扎输卵管最常用的方法

（2）银夹法：将银夹置于放置钳上，钳嘴对准输卵管峡部，缓缓压紧钳柄，使银夹紧压于输卵管上。

（3）输卵管折叠结扎切断法：仅于上述方法不能施行时采用。

7. 检查断端无出血后送回腹腔。

【注意事项】

1. 术中勿伤及膀胱和肠管，动作轻柔，应确认输卵管，结扎输卵管松紧适度。

2. 术后尽早活动，术后2周内禁止性交。

【并发症】

极少发生，多因操作不当所致。

1. 出血、血肿 过度牵拉、钳夹损伤输卵管或输卵管系膜血管未结扎或结扎不紧所致。

2. 感染 多因体内原有感染灶未控制、消毒不严或手术操作污染所致。

考点提示：输卵管结扎术的并发症

3. 脏器损伤 主要是膀胱或肠管，多因解剖关系辨认不清或粗暴操作所致。

4. 绝育失败 因绝育措施本身缺陷或误扎、漏扎输卵管所致。

第4节 计划生育措施的选择

避孕方法知情选择是指通过广泛深入的宣教和咨询，使广大育龄妇女充分了解国家人口状况及相关政策和常用的避孕节育知识后，结合自身特点自主、自愿而且负责任地选择安全、有效、适宜的避孕方法。

【新婚期】

1. **宜选用**　复方短效口服避孕药，首选；阴茎套，较常用；探亲避孕药；避孕药膜、避孕栓；放置宫内节育器。

2. **不宜选用**　安全期避孕、体外排精及长效避孕药。

【哺乳期】

1. **宜选用**　阴茎套，首选；单孕激素制剂长效避孕针；皮下埋植剂；放置宫内节育器；输卵管绝育术。

2. **不宜选用**　复合避孕药、避孕药膜及安全期避孕。

【生育后期】

1. **宜选用**　放置宫内节育器，生育一个孩子者首选；输卵管绝育术，生育两个或以上者首选；皮下埋植剂；阴茎套。

2. **不宜选用**　对某种避孕方法有禁忌证。

【绝经过渡期】

1. **宜选用**　阴茎套，宫内节育器，避孕栓。

2. **不宜选用**　复方避孕药，安全期避孕，皮下埋植剂，避孕药膜。

【特殊育龄人群】

1. **性传播疾病患者**　宜选用阴茎套。

2. **重体力劳动者**　可选用避孕药、避孕针、皮下埋植剂或输卵管绝育术。

3. **长期处于化学污染环境者**　宜选用宫内节育器、外用避孕工具或输卵管绝育术，不宜选用避孕药、避孕针及皮下埋植剂。

案例分析参考答案

案例 27-1

1. 诊断：①盆腔炎；②取环术后腹痛待查；③环断裂残留？④子宫穿孔？

2. 需完善的检查：①腹部 X 线片；②腹部 B 超；③血常规；④宫腔镜等。

3. 处理：①宫腔镜发现环残留，②将其取出后给予促进宫缩、抗感染治疗。

案例 27-2

1. 初步诊断：药物不全流产。

2. 需完善的检查：①腹部 B 超；②血常规；③血 hCG；④血型等。

3. 处理：①补充血容量；②交叉配血；③在开放静脉通道及有输血条件下清宫；④术后促进宫缩及应用抗生素预防感染。

案例 27-3

1. 初步诊断：①宫内早孕；②人工流产综合反应。

2. 处理：①停止操作，吸氧、休息；②心动过缓短时间不能恢复可肌内注射阿托品 0.5～1mg；③术前半小时应用宫颈松弛剂；④逐号扩张宫颈；⑤负压吸引压力不宜过高。

本章小结

宫内节育器是我国育龄妇女最常用的工具避孕方法。T 形带铜宫内节育器是我国目前临床首选的宫内节育器。IUD 主要的并发症有感染、节育器异位、嵌顿、断裂、脱落、带器妊娠。药物避孕通常指激素避孕。常用的有口服避孕药、长效避孕针、探亲避孕药、缓释避孕药、紧急避孕药。常见的副反应有类早孕反应、月经过少或闭经、阴道不规则流血、体重增加、色素沉着等。阴茎套可预防性传播疾病，外用杀精剂宜与其他避孕方法配合使用，安全期避孕失败率较高。药物流产是一种避孕失败的补救措施，适用于停经≤49 日的早孕女性。人工流产术是另一种避孕失败的补救方法，主要的并发症有子宫穿孔、人工流产综合反应、出血、吸宫不全、漏吸、空吸、感染、羊水栓塞、宫颈及宫腔粘连等。输卵管绝育术是一种永久性节育措施。经腹输卵管结扎术是目前国内应用最广的绝育方法。

目标检测题

A_1 型题

1. 产后 2 个月的哺乳期妇女，其避孕方法应首选（　　）
   A. 宫内节育器　B. 口服避孕药
   C. 阴茎套　D. 安全期避孕
   E. 闭经可不避孕
2. 药物避孕的机理不包括（　　）
   A. 抑制排卵
   B. 增加宫颈黏液黏稠度
   C. 使内膜增生不良
   D. 抑制精子获能
   E. 阻止精子与卵子结合
3. 下列哪项不是口服避孕药的副反应（　　）
   A. 类早孕反应　B. 腰酸腹胀
   C. 体重增加　D. 色素沉着
   E. 闭经
4. 药物避孕的适应证是（　　）
   A. 月经稀少　B. 血栓性疾病
   C. 哺乳期　D. 慢性肝炎
   E. 宫颈糜烂
5. 药物流产后主要副反应是（　　）
   A. 出血量多、出血时间长
   B. 恶心、呕吐
   C. 下腹痛
   D. 乏力
   E. 闭经
6. 服用短效避孕药期间如漏服，补服的时间应在（　　）
   A. 4 小时内　B. 8 小时内
   C. 12 小时内　D. 24 小时内
   E. 36 小时内
7. 关于避孕套，以下说法正确的是（　　）
   A. 使用前应高压消毒
   B. 可预防性传播疾病
   C. 可重复使用
   D. 双层避孕套可增加保险度
   E. 可预防阴道炎
8. 下列避孕方法中失败率较高的是（　　）
   A. 放置宫内节育器
   B. 口服避孕药
   C. 阴茎套
   D. 避孕针
   E. 安全期避孕

A_2 型题

9. 张女士，46 岁，近来月经紊乱，经量多，妇科检查无生殖器官肿瘤，咨询避孕措施，应指导其选用（　　）
   A. 口服避孕药　B. 免疫避孕

C. 安全期避孕　　D. 紧急避孕

E. 宫内节育器

10. 女，42 岁，患慢性肾炎 3 年，半年前因早孕行药物流产，现要求避孕指导，本例最恰当的避孕措施应是（　　）

A. 安全期避孕

B. 口服短效避孕药

C. 皮下埋植避孕

D. 阴茎套避孕

E. 行输卵管结扎术

A_3 型题（11～13 题共用题干）

女，25 岁，初产妇，孕 50 天，行人工流产术中出现腹痛、出冷汗及血压下降等症状。

11. 应考虑（　　）

A. 人工流产综合反应

B. 子宫穿孔

C. 出血性休克

D. 手术操作粗暴

E. 脏器损伤

12. 产生这些症状的原因主要是（　　）

A. 较长时间仰卧截石位

B. 精神过度紧张

C. 疼痛刺激

D. 吸宫后负压过大

E. 迷走神经兴奋

13. 在人工流产过程中，一旦出现以上情况，首先应（　　）

A. 加速手术速度

B. 静脉注射阿托品 0.5mg

C. 输血、补液

D. 帮助病人改变体位

E. 安慰受术者

B_1 型题

（14～16 题共用答案）

A. 吸宫不全

B. 人工流产综合反应

C. 子宫穿孔

D. 漏吸

E. 羊水栓塞

14. 人流术中受术者出现下腹痛，术者探测宫腔有“无底”感，考虑（　　）

15. 人流术 2 周后，受术者仍有阴道流血，量多，考虑（　　）

16. 人流术中吸出物未见绒毛，考虑（　　）

（张　琴）

第 28 章　妇 女 保 健

学习目标

1. 掌握青春期三级保健的重要性、婚前保健的内容及目的、生育期保健的重点、围生期保健内容。

2. 熟悉妇女保健工作的意义及目的、围生期保健各期的侧重点。

3. 了解围绝经期保健和老年期保健的异同及妇女保健统计指标的意义。

第 1 节　妇女保健工作的意义

【妇女保健工作的意义】

妇女保健应以维护和促进妇女健康为目的，以预防为主，以保健为中心，以基层为重点，以群体为服务对象，开展以生殖健康为核心的系列保健工作。做好妇女保健工作，保护妇女的身心健康，有利于优生优育和提高人口素质，有利于计划生育基本国策的贯彻落实。

【妇女保健工作的目的】

通过积极的预防、保健、普查、监护等措施，作好妇女各期保健，消灭和控制遗传病及某些疾病的发生，降低患病率；控制性传播疾病的蔓延；降低孕产妇和围生儿死亡率，促进妇女身心健康。

【妇女保健工作的方法】

充分发挥各级妇幼保健专业机构及三级妇幼保健网的作用，不断提高专业队伍的业务技能和水平。广泛开展社会宣传和健康教育，提高妇女自我保健意识，做到群众保健与临床保健相结合，防与治相结合。健全法律法规，保障妇女和儿童的合法权利。

第 2 节　妇女保健工作的任务

【妇女各期保健】

1. 青春期保健　分三级：重点是一级预防，包括培养良好的个人生活习惯，合理安排学习和生活，劳逸结合，合理营养，进行心理卫生和性知识教育等；二级预防包括早期发现行为偏导和疾病以及减少危险因素两方面，通过学校保健等普及对青少年的体格检查，并及早发现健康和行为问题；三级预防包括对女青年疾病的治疗和康复。

2. 婚前保健　是围绕结婚前后，为保障婚配双方及下一代所进行的一系列保健措施。包括婚前医学检查、婚前卫生指导和婚前卫生咨询。婚前医学检查是对准备结婚的男女双方通过询问病史、全身检查、生殖器官检查、必要的化验及辅助检查，以确定有无影响结婚和生育的疾病，给予及时治疗，并提出有利于健康和出生子代素质的医学意见。婚前卫生指导是对准备结婚的男女双方进行以生殖健康为核心，与结婚、生育有关的保健知识的宣传教育。婚前卫生咨询是医生与服务对象就婚育、生殖健康、生殖保健等有关问题进行交谈和商讨。婚前保健的目的是保障健康的婚配，避免近亲间或遗传病患者间不适当的婚配或生育，使婚配双方在婚前从身心两方面作准备，达到优生优育的目的。

3. 生育期保健　主要是维护生殖功能的正常，保证母婴安全，降低孕产妇和围生儿死亡率，以加强一级预防为重点。一级预防：普及孕产妇保健和计划生育技术；二级预防：使妇女在生育期因孕育或节育导致的各种疾病，能够早发现、早防治，提高防治质量；三级预防：提高对高危孕产妇的处理水平，降低孕产妇和围生儿死亡率。

4. 围生期保健　是围绕妇女妊娠前、妊娠期、分娩期、产褥期、哺乳期、新生儿期为孕母和胎婴儿的健康所进行的一系列保健措施。

（1）孕前期保健：主要是选择最佳的受孕时机，以减少危险因素和高危妊娠。女性<18 岁或>35 岁是妊娠危险因素，易造成难产及产科其他并发症，所以夫妻双方要选择适当的生育年龄。妊娠前有健康的身心及社会环境等，积极治疗对妊娠有影响的疾病，如病毒性肝炎、心脏病等，在适宜妊娠时受孕。戒除对妊娠有影响的不良嗜好如烟酒，避免接触对妊娠有影响的毒物和射线等。采用药物避孕者停药改用工具避孕半年之后再考虑妊娠。若有不良孕产史者，应做好产前咨询，降低高危妊娠和高危儿的发生。

（2）孕期保健：目的是妊娠期保护孕妇和胎儿的安全、健康，妊娠足月娩出身体健康、智力发育良好的新生儿。孕早期保健的主要内容有进行常规的产前检查，孕早期是胚胎和胎儿器官分化的关键时期，易受外界不良因素或孕妇本身疾病的影响，应注意防病、防致畸因素，并给予孕妇相应的保健指导；孕中期是胎儿生长发育较快的阶段，应加强孕妇营养指导，监测胎儿宫内生长发育的各项指标，做好高危妊娠的筛查，及早发现胎儿发育异常并及时处理；孕晚期定期行产前检查，及早发现并矫正胎位异常，防治妊娠并发症，指导孕妇进行胎动自我监护。

（3）分娩期保健：是保证母儿安全的关键。提倡住院分娩，高危孕妇应提前入院。近年我国卫生部针对分娩期保健提出“五防、一加强”，内容是防滞产、防感染、防产伤、防产后出血、防胎儿窘迫和新生儿窒息；“一加强”是加强孕产妇特别是高危孕产妇的产时监护和产程处理。

（4）产褥期保健：产褥期保健均在初级保健单位进行，产后访视应在产后 3 日内、产后 14 日、产后 28 日进行。

（5）哺乳期保健：哺乳期是指产妇用自己的乳汁喂养婴儿的时期，通常为 10 个月，哺乳期保健的中心任务是保护、促进和支持纯母乳喂养。产后半小时内让新生儿尽早吸吮，坚持纯母乳喂养 4～6 个月。哺乳前用温开水清洁乳头和乳房，防止急性乳腺炎发生，产妇注意保持外阴清洁，预防感染。保健人员对母婴的访视内容：①母乳喂养状况，询问母亲的饮食、休息，婴儿的睡眠、大小便，重点了解昼夜哺乳次数，鼓励按需哺乳，观察哺乳姿势，进行具体指导；②指导婴儿服饰，改变传统的包裹法，采用连衣衫裤；③保持室内空气新鲜；④指导产妇合理用药，许多药物能通过乳汁进入婴儿体内，哺乳产妇用药需慎重；⑤指导避孕，哺乳期最好采用工具避孕或产后 3～6 个月放置宫内节育器，不宜采用避孕药物和过分延长哺乳期。

5. 围绝经期保健　围绝经期是指妇女 40 岁左右开始出现内分泌、生物学和临床特征至绝经后 1 年。此期最突出的表现是绝经，部分妇女在此前后由于性激素的减少会出现一系列生理和心理的变化。围绝经期保健内容有：①合理安排生活，保持心情舒畅，注意锻炼身体；②保持外阴清洁，预防泌尿生殖系统的感染；③防治绝经过渡期月经失调，重视绝经后阴道流血；④进行肛提肌锻炼，加强盆底组织的支持力，预防子宫脱垂和张力性尿失禁；⑤定期体检，及早发现生殖器肿瘤；⑥采用激素替代治疗、补充钙剂等措施防治围绝经期综合征、骨质疏松、心血管疾病等发生；⑦指导带有宫内节育器者，于绝经后一年取出。

考点提示：婚前保健、生育期保健、围生期保健

6. 老年期保健 国际老年学会规定60～65岁为老年前期，65岁后为老年期。此期由于生理方面的明显改变，使心理和生活也出现了巨大的改变，老年期妇女容易发生各种身心疾病，如萎缩性阴道炎、脂代谢紊乱、骨质疏松、子宫脱垂、妇科恶性肿瘤、老年性痴呆等。应定期体检，加强锻炼，防治老年期常见病、多发病。

【定期进行妇女病和恶性肿瘤的普查普治】

健全妇女防癌保健网，定期进行妇女病及恶性肿瘤的普查普治工作，35岁以上妇女每1～2年普查一次。内容包括妇科检查、阴道分泌物检查、宫颈刮片检查、超声检查。发现异常时，应进一步进行阴道镜检查、宫颈活组织检查等特殊检查。对恶性肿瘤要早发现、早诊断、早治疗，降低发病率，提高治愈率。

【做好计划生育技术指导】

开展计划生育技术咨询，以妇女为中心，普及节育科学知识，大力推广以避孕为主的综合节育措施，屏障式避孕措施能预防性传播疾病的传播。人工流产只能作为避孕失败后补救措施，不作为常规的避孕方法。

第3节 妇女保健统计指标

作好妇女保健统计可以客观地反映妇幼保健工作的水平，评价工作的质量和效果，并为制定妇幼保健工作计划、指导妇幼保健工作的开展和科研提供科学依据。

【妇女病普查普治的常用统计指标】

1. 妇女病普查率＝期内（次）实查人数/期内（次）应查人数×100%
2. 妇女病患病率＝期内患病人数/期内受检查人数×10万/10万
3. 妇女病治愈率＝治愈例数/患妇女病总例数×100%

【孕产期保健指标】

1. 孕产期保健工作统计指标

（1）产前检查率＝期内产前检查总人次数/期内孕妇总数×100%

（2）住院分娩数＝期内住院分娩产妇数/期内分娩产妇总数×100%

（3）产后访视率＝期内产后访视产妇数/期内分娩的产妇总数×100%

2. 孕产期保健质量指标

（1）高危孕妇发生率＝期内高危孕妇数/期内孕（产）妇总数×100%

（2）妊娠期高血压疾病发生率＝期内患病人数/期内孕妇总数×100%

（3）产后出血率＝期内产后出血人数/期内产妇总数×100%

（4）产褥感染率＝期内产褥感染人数/期内产妇总数×100%

3. 孕产期保健效果指标

（1）围生儿死亡率＝（孕28足周以上死胎、死产数＋生后7日内新生儿死亡数）/（孕

28 足周以上死胎、死产数＋活产数）×1000‰。

（2）孕产妇死亡率＝年内孕产妇死亡数 / 年内孕产妇总数 ×10 万 /10 万

（3）新生儿死亡率＝期内生后 28 日内新生儿死亡数 / 期内活产数 ×1000‰。

（4）早期新生儿死亡率＝期内生后 7 日内新生儿死亡数 / 期内活产数 ×1000‰。

【计划生育统计指标】

1. 人口出生率＝某年出生人数 / 该年平均人口数 ×1000‰。
2. 计划生育率＝符合计划生育的活胎数 / 同年活产总数 ×100%
3. 节育率＝落实节育措施的已婚育龄夫妇任一方人数 / 已婚育龄妇女数 ×100%

本章小结

妇女保健应以维护和促进妇女健康为目的，以预防为主，以保健为中心，开展以生殖健康为核心的系列保健工作。青春期保健重点是一级预防。婚前保健包括婚前医学检查、婚前卫生指导和婚前卫生咨询，其目的是优生优育。生育期保健主要是保证母婴安全，降低孕产妇和围生儿死亡率。孕前期保健主要是选择最佳的受孕时机，减少危险因素和高危妊娠。孕期保健目的是妊娠期保护孕妇和胎儿的安全、健康，妊娠足月娩出身体健康、智力发育良好的新生儿。分娩期保健重点是“五防、一加强”，防滞产、防感染、防产伤、防产后出血、防胎儿窘迫和新生儿窒息；加强孕产妇特别是高危孕产妇的产时监护和产程处理。产褥期保健应重视产后访视。哺乳期保健的中心任务是保护、促进和支持纯母乳喂养。围绝经期保健强调定期体检，及早发现生殖器肿瘤。老年期保健仍应定期体检，防治老年期常见病、多发病。

目标检测题

A_1 型题

1. 关于围绝经期保健内容，下列哪项不正确（　　）
   A. 防治围绝经期月经失调
   B. 定期接受妇女病普查
   C. 合理安排生活，注意锻炼身体
   D. 围绝经期保健是指年龄小于 50 岁妇女的保健
   E. 进行肛提肌锻炼
2. 关于哺乳期保健内容，下列哪项不正确（　　）
   A. 母乳喂养状况
   B. 指导婴儿服食
   C. 指导避孕
   D. 保持室内空气新鲜
   E. 母乳喂养应定时、定量
3. 关于产后计划生育指导，哪项错误（　　）
   A. 产褥期内禁忌性
   B. 产后首选的避孕措施为宫内节育器
   C. 产后 42 日起应采取避孕措施
   D. 哺乳者以工具避孕为宜
   E. 不哺乳者可选用药物避孕

（兰丽坤）

第 29 章　妇产科常用检查及诊疗手术

学习目标

1. 掌握宫颈活体组织检查、阴道后穹隆穿刺术、诊断性刮宫术、输卵管通畅检查、手取胎盘术的操作方法。

2. 熟悉阴道脱落细胞学诊断报告巴氏 5 级分类法及 TBS 分类法意义、胎头吸引术必备条件。

3. 了解基础体温测定适应证及操作方法、会阴切开缝合术操作方法。

第 1 节　阴道脱落细胞检查

阴道上皮细胞受卵巢女性激素影响出现周期性变化。临床上通过观察脱落在阴道的女性生殖器官上皮细胞的形态，既可了解卵巢功能，又能协助诊断生殖器官不同部位的恶性肿瘤并可观察其治疗效果。是临床防癌普查和内分泌检查简便且经济实用的辅助诊断方法。

【适应证】

1. 早期子宫颈癌的筛查，30 岁以上已婚妇女应每年检查 1 次。
2. 卵巢功能检查，适用于卵巢功能低下、功能失调性子宫出血、性早熟等患者。
3. 宫颈炎症需排除癌变者。
4. 胎盘功能检查，适用于妊娠期怀疑胎盘功能减退的孕妇。

【禁忌证】

生殖器官急性炎症及月经期。

【物品准备】

阴道窥器 1 具，宫颈刮片（木质小刮板）2 个或宫颈刷 1 个，载玻片 2 张、无菌干燥棉签及棉球，装有固定（95% 乙醇）标本瓶 1 个。

【操作方法】

1. 阴道侧壁涂片　以阴道窥器扩张阴道，用无菌干燥棉签自阴道侧壁上 1/3 处刮取分泌物及浅层细胞（避免混入深层细胞影响诊断），制成涂片，此法主要用于了解卵巢功能。

2. 宫颈刮片　是防癌普查的主要方法，对筛查早期宫颈癌具有重要价值。用阴道窥器暴露子宫颈后，拭去表面黏液，在子宫颈外口与宫颈管鳞柱状上皮交接处，用特质的小刮板，以宫颈外口为中心，轻轻旋刮1周。刮片时要取材全面，注意不损伤组织，避免出血而影响涂片质量和检查结果。

3. 宫颈管涂片　先用无菌干棉球将宫颈表面分泌物拭净，用小型刮板放入宫颈管内，轻轻刮取一周后涂片。若使用“细胞刷”刮取宫颈管上皮，取材效果优于棉拭子；涂片时用薄层液基细胞学制片法，可提高识别宫颈鳞状上皮低度和高度病变的敏感度，同时，该技术一次取样可多次重复制片还可供高危型 HPV 检测和自动阅片。将“细胞刷”置于宫颈管内，达宫颈外口上方 10mm 左右，在宫颈管内旋转 360°后取出，旋转“细胞刷”将附着于小刷子上的标本均匀地涂布于玻片上或立即固定或洗脱于保存液中。

【阴道脱落细胞学诊断报告】

阴道脱落细胞学诊断的报告方式有两种：即分级诊断和描述性诊断。目前我国多用分级诊断，临床常用巴氏 5 级分类法。近年我国正在推广应用 TBS（the Bethesda system）分类法。

1．巴氏 5 级分类法

（1）巴氏Ⅰ级：正常。为正常的阴道细胞涂片，未见异常细胞。

（2）巴氏Ⅱ级：炎症。找到异常细胞，但仍为良性，需定期复查。

（3）巴氏Ⅲ级：可疑癌细胞，找到底层核异质细胞，性质尚难肯定。

（4）巴氏Ⅳ级：高度可疑癌细胞，细胞有恶性特征，但不够典型或数量不多，需要核实。

（5）巴氏Ⅴ级：癌细胞，找到典型多量癌细胞。

巴氏分级法的缺点：以级别表示细胞学改变的程度容易造成假象；对癌前病变也无明确规定；不能与组织病理学诊断名词相对应。因此巴氏分类法将逐渐被 TBS 分类法所取代。

2．TBS 分类法及其描述性诊断内容　为使细胞学诊断与组织病理学术语一致，使细胞学报告与临床处理密切结合，1988 年美国制定了阴道细胞 TBS 命名系统，1991 年国际癌症协会对宫颈 / 阴道细胞学的诊断报告正式采用了 TBS 分类法。TBS 描述性诊断报告内容包括：①良性细胞学改变：包括感染及反应性细胞学改变；②鳞状上皮细胞异常；③腺上皮细胞改变；④其他恶性肿瘤。

PAPNET 电脑抹片系统

即计算机辅助细胞检测系统（computer-assisted cytology test，CCT）近年在宫颈癌早期诊断中得到广泛应用。其原理是 PAPNET 系统将电脑及神经网络软件结合，可以识别特定图案，识别方法与人脑近似，即通过经验来鉴别正常与不正常的巴氏涂片。当计算机阅读数千个正常与异常细胞后，便能检出它从未见过的异常细胞。在检测中心，计算机对细胞涂片进行分区扫描、自动筛查，筛选出最可疑细胞由细胞学专职人员作出最后诊断。

链接

第 2 节　外阴及子宫颈活体组织检查

为明确局部病变组织性质，取小部分病变组织进行病理学检查以明确诊断的方法，简称活检。常作为诊断的可靠依据。本节主要介绍外阴及子宫颈活体组织检查。

一、外阴活组织检查

【适应证】

1．外阴部赘生物或久治不愈的溃疡需明确诊断及排除恶变者。

2．确定外阴色素减退疾病的类型及排除恶变者。

3. 外阴特异性感染，如结核、尖锐湿疣、阿米巴等。

【禁忌证】

1. 外阴急性化脓性感染。
2. 月经期。
3. 怀疑恶性黑色素瘤。

【方法】

患者取膀胱截石位，常规外阴消毒，铺盖无菌孔巾，取材部位以0.5%利多卡因作局部浸润麻醉。小赘生物可用活检钳钳取或自蒂部剪下，局部压迫止血，病灶面积大者行部分切除。标本置10%甲醛溶液中固定后送病检。

二、宫颈活体组织检查

【适应证】

1. 宫颈脱落细胞学涂片检查巴氏Ⅲ级及Ⅲ级以上者；宫颈脱落细胞学涂片检查巴氏Ⅱ级经抗感染治疗后复查仍为Ⅱ级者；TBS分类鳞状上皮细胞异常者。
2. 阴道镜检查时反复可疑阳性或阳性者。
3. 疑有宫颈癌或慢性特异性炎症（结核、尖锐湿疣等），需进一步明确诊断者。

【禁忌证】

1. 妊娠期或月经期。
2. 生殖道急性或亚急性炎症。
3. 患血液病有出血倾向者。

【物品准备】

阴道窥器1具，宫颈活检钳1把，无齿长镊1把，宫颈钳1把，带尾棉球或带尾纱布卷、棉签、棉球若干，装有固定液（95%乙醇）标本瓶4～6个、消毒液。

【操作方法】

1. 术前排空膀胱，患者取膀胱截石位。用0.5%聚维酮碘溶液消毒外阴，铺无菌洞巾。
2. 放置阴道窥器充分暴露宫颈，拭净宫颈表面黏液后局部消毒。
3. 选择宫颈外口鳞柱状交接处3、6、9、12点多点钳取；在碘试验或阴道镜指导下活检可提高取材的准确性。临床已诊断为宫颈癌，为确定病理类型或浸润程度者可行单点取材。
4. 手术结束时以带尾纱布或棉球局部压迫止血。
5. 将所取组织分别瓶装，并做好部位标记送病理检查。
6. 术后嘱患者24小时后自行取出带尾线棉球或纱布，保持会阴部清洁，出血多者及时就诊。1个月内禁止性生活及盆浴。

第3节　阴道后穹隆穿刺术

直肠子宫陷凹是腹腔最低部位，腹腔内积液、积血、积脓易积存于该部位，阴道后穹隆顶端与直肠子宫陷凹贴近。阴道后穹隆穿刺术（culdocentesis）是妇产科临床常用的辅助诊断方法。是指在无菌条件下，穿刺针经阴道后穹隆刺入直肠子宫陷凹，对抽出物进行肉眼观察、化验及病理检查。

【适应证】

1. 怀疑有腹腔内出血时，如输卵管妊娠流产或破裂、黄体破裂等。
2. 怀疑盆腔内有积脓、积液时，可做穿刺抽液检查，若为盆腔脓肿，行穿刺引流及局部注入广谱抗生素。
3. B 型超声引导下行输卵管妊娠部位或卵巢子宫内膜异位囊肿注药治疗。
4. B 型超声引导下经后穹隆穿刺取卵，用于各种助孕技术。

【禁忌证】

1. 疑有肠管与子宫后壁粘连。
2. 盆腔严重粘连，较大肿块占据直肠子宫陷凹部位，并凸向直肠。
3. 异位妊娠准备采用非手术治疗时，应避免穿刺以免引起感染。
4. 临床已高度怀疑恶性肿瘤。

【物品准备】

阴道窥器 1 具，乳胶手套 1 双，宫颈钳、卵圆钳各 1 把，10ml 注射器 1 具，18 号腰椎穿刺针 1 根，无菌试管 1 个，纱布、棉签、棉球、消毒液等。

【操作方法】

1. 患者排空膀胱，取膀胱截石位，用 0.5% 聚维酮碘溶液消毒外阴，铺无菌洞巾。
2. 阴道检查了解子宫、附件情况，阴道窥器充分暴露宫颈及阴道后穹隆，用 0.2% 聚维酮碘溶液消毒。
3. 宫颈钳夹持宫颈后唇并向前牵引，充分暴露阴道后穹隆，再次消毒。
4. 18 号腰椎穿刺针头接 10ml 注射器，于后穹隆中央处，水平稍向后方向刺入，当有落空感时进针 2～3cm，试行抽吸，必要时改变穿刺针方向或深浅度再抽吸，若无液体抽出，可边退针边抽吸。
5. 抽吸完毕拔针，穿刺点如有渗血用无菌纱布压迫片刻，血止后取出阴道窥器。
6. 穿刺时注意进针方向和深度，避免伤及子宫和直肠。
7. 如抽出血液，观察在 6～10 分钟内是否凝固，凝固者为血管内血液，不凝固为腹腔内出血。抽出液体应标记注明并及时送检，做常规和细胞学检查，脓性液体应行细菌培养加药物敏感试验。

操作警示： 操作过程注意勿伤及子宫和直肠

第 4 节　诊断性刮宫术

诊断性刮宫简称诊刮，是妇科常用的诊断手段之一。其方法是刮取子宫内膜组织作病理学检查，既能明确诊断，又可治疗疾病。如同时有宫颈管疾病，宜行分段诊刮。

【适应证】

1. **子宫异常出血或阴道排液**　需证实或排除子宫内膜癌、子宫颈管癌或其他病变如子宫内膜炎、流产等。

2. 月经失调 功能失调性子宫出血、闭经，需了解子宫内膜变化及其对激素的反应。

3. 不孕症 了解有无排卵或子宫内膜炎症。

4. 功能失调性子宫出血 既能鉴别诊断又可迅速止血。

【禁忌证】

1. 阴道炎、宫颈炎症、盆腔炎性疾病。
2. 术前体温高于37.5℃。

【物品准备】

阴道窥器1具，乳胶手套1双，宫颈钳、有齿卵圆钳、刮匙各1把，子宫探针1个，宫颈扩张器4～8号，弯盘1个，纱布块、棉球、棉签若干，标本瓶、消毒液。

【操作方法】

1. 患者排尿后取膀胱截石位。常规消毒外阴后铺无菌洞巾。双合诊查清子宫位置、大小及附件情况。
2. 阴道窥器暴露宫颈，消毒阴道、宫颈及宫颈管，钳夹宫颈前唇，探测宫腔深度及方向。
3. 按子宫屈向，用4号宫颈扩张器逐号扩张宫颈管至8号，然后刮匙送入宫腔内。
4. 刮匙由内向外顺时钟方向刮宫壁、宫底和两侧子宫角。
5. 分段诊刮用小刮匙先刮宫颈管组织，再将刮匙送入宫腔全面诊刮，刮出物分别瓶装。
6. 用95%酒精溶液固定刮出物并送病理检查。
7. 术后嘱患者保持外阴清洁，2周内禁止性生活及盆浴，按医嘱服用抗生素。

第5节 输卵管通畅检查

输卵管通畅检查的目的是检查输卵管是否通畅，了解子宫腔和输卵管腔形态及输卵管阻塞部位。常用方法有输卵管通液术、子宫输卵管造影术。

一、输卵管通液检查

输卵管通液术是检查输卵管是否通畅的一种方法，并有一定的治疗作用。

【适应证】

1. 不孕症，男方精液检查正常，疑有输卵管阻塞。
2. 输卵管黏膜轻度粘连者有疏通作用。
3. 评价输卵管绝育术、输卵管再通术或输卵管成形术的效果。

【禁忌证】

1. 不规则阴道流血或月经期。
2. 严重全身性疾病，如心、肺功能异常等。
3. 内外生殖器官急性炎症或慢性炎症急性发作。
4. 体温高于37.5℃。

【物品准备】

阴道窥器 1 具，乳胶手套 1 双，宫颈导管 1 根，卵圆钳、宫颈钳各 1 把，子宫探针 1 根，宫颈扩张器 2～4 号，纱布 6 块，弯盘 1 个，治疗巾、孔巾各 1 块、棉签、棉球若干，0.9% 氯化钠液 20ml，庆大霉素 8 万单位 1 支、5mg 地塞米松 1 支，20ml 注射器 1 具。

【操作方法】

1. 患者取膀胱截石位，双合诊检查子宫大小及位置。常规消毒外阴、阴道后铺无菌巾。

2. 阴道窥器充分暴露宫颈，再次消毒阴道穹隆及宫颈，钳夹宫颈前唇，沿宫腔方向置入宫颈导管，并使其与宫颈外口紧密相贴。

3. 用 Y 形管将宫颈导管与压力表、注射器相连，压力表应高于 Y 形管水平。将宫颈导管内注满 0.9% 氯化钠溶液及抗生素液（庆大霉素 8 万单位、地塞米松 5mg），缓慢推注，观察有无阻力及有无液体反流、有无下腹疼痛等。

4. 取出宫颈导管、宫颈钳及阴道窥器。

二、子宫输卵管造影术

子宫输卵管造影是通过导管向宫腔及输卵管注入造影剂，行 X 线透视及摄片，根据造影剂在输卵管及盆腔内的显影情况了解输卵管是否通畅、阻塞部位及子宫腔形态。具有一定的治疗作用。

【适应证】

1. 了解宫腔形态，确定有无子宫内膜结核、子宫黏膜下肌瘤、子宫内膜息肉及宫腔粘连，有无子宫畸形及类型。

2. 了解输卵管是否通畅及其形态、阻塞部位。

3. 原因不明的习惯性流产，了解宫颈内口是否松弛。

【禁忌证】

1. 月经期、妊娠期、产后、流产、刮宫术后 6 周内。

2. 内、外生殖器急性或亚急性炎症。

3. 严重的全身性疾病，不能耐受手术。

4. 碘过敏者。

【物品准备】

阴道窥器 1 具，乳胶手套 1 双，宫颈导管 1 根，卵圆钳、宫颈钳各 1 把，子宫探针 1 根，宫颈扩张器 2～4 号，纱布 6 块，弯盘 1 个，治疗巾、孔巾各 1 块、棉签、棉球若干，40% 碘化钠造影剂或 76% 泛影葡胺 1 支，10ml 注射器 1 具。

【操作方法】

1. 患者取膀胱截石位，双合诊检查子宫大小及位置。常规消毒外阴、阴道后铺无菌巾。

2. 阴道窥器充分暴露宫颈，再次消毒阴道穹隆及宫颈，钳夹宫颈前唇，探查宫腔。

3. 将 40% 碘化油充满宫颈导管，排出空气，沿宫腔方向将其置入宫颈管内，缓慢注入碘化油，在 X 线透视下观察碘化油流经输卵管及宫腔情况并摄片，24 小时后再摄盆腔平片，观察腹腔内有无游离碘油。若用 76% 泛影葡胺液造影，应在注射后立即摄片，10～20 分钟后再次摄片，观察腹腔内有无泛影葡胺液。

【注意事项】

1. 输卵管通畅检查于月经干净后 3～7 天进行，术前 3 天禁止性生活。
2. 术前向患者介绍输卵管通畅检查的目的、简要过程，消除其紧张恐惧心理。输卵管造影术前，询问其过敏史，并做碘过敏试验。便秘者行清洁灌肠，以保持子宫正常位置。
3. 0.9% 氯化钠溶液应加温，以免引起输卵管痉挛。
4. 术中宫颈导管必须紧贴宫颈外口，以免液体或碘油外流；推注时速度不可过快，防止输卵管受损伤。注意观察患者反应，发现异常，立即处理。
5. 术后 2 周内禁止性生活及盆浴，按医嘱服用抗生素预防感染。

妇科内镜输卵管通畅检查

近年随着妇科内镜的大量采用，为输卵管通畅检查提供了新方法，包括腹腔镜直视下输卵管通液检查、宫腔镜下经输卵管口插管通液检查和腹腔镜联合检查等方法，其中腹腔镜直视下输卵管通液检查准确率达 90%～95%。内镜手术对器械要求较高，且腹腔镜仍是创伤性手术，故并不推荐作为常规检查方法，通常仅对不孕患者行内镜检查时例行输卵管通液（加用亚甲蓝染液）检查。

链接

第 6 节　基础体温测定

基础体温（basal body temperature，BBT）是指机体经过 6～8 小时睡眠，醒后未进行任何活动所测得的体温。

正常育龄妇女的基础体温受卵巢性激素的影响而呈周期性变化。月经前半周期（卵泡期）体温较低，排卵时最低，排卵后（黄体期）由于孕激素的致热作用，体温可上升 0.3～0.5℃，持续 12～14 天，于下次月经来潮前 1～2 天下降。这种具有低温和高温相的体温曲线称双相型，表示有排卵；若无排卵，基础体温无上升改变而呈单相改变。

【适应证】

1. 功能失调性子宫出血、闭经、不孕症，判断卵巢有无排卵，了解黄体功能。
2. 预测早孕及指导避孕。

【物品准备】

体温计、体温单、记录笔。

【操作方法】

1. 每晚睡前将体温计水银甩至 35℃以下并置于伸手可取的地方。
2. 第二日清晨醒后不讲话、不活动，取体温计放于舌下，测口腔温度 5 分钟，取出查看结果。
3. 将测得结果记录于体温单上，并连成曲线，连续测量至少 3 个月经周期。

【注意事项】

1. 向患者说明检查的目的、方法及要求，一般应连续测量至少 3 个月经周期。

2. 指导患者每日将测量结果在体温单上及时标记，并将性生活、失眠、感冒及药物治疗等情况进行标记，供诊疗时参考。

3. 每日睡眠习惯与时间保持不变，每日测温时间固定不变。

第 7 节　会阴侧斜切开缝合术

会阴切开缝合术是产科常用手术之一，分侧斜切开及正中切开两种，本节介绍侧斜切开。

【适应证】

1. 初产妇阴道助产术者（产钳术、胎头吸引术及臀位助产术），经产妇酌情。
2. 会阴坚韧，宫缩乏力，胎儿较大，预防会阴严重撕裂。
3. 第二产程延长或胎儿宫内窒息。
4. 早产儿为预防颅内出血。

【物品准备】

乳胶手套 1 双，会阴切开剪刀 1 把，5ml 注射器 1 具，0.2% 利多卡因 5ml，中号圆针、三角弯针，“0”号铬制肠线、1 号丝线，纱布卷、纱布、棉签、棉球、消毒液等。

【操作方法】

1. 体位　取仰卧屈膝位，常规冲洗消毒会阴。

2. 麻醉　采用阴部阻滞麻醉或局部浸润麻醉。局部浸润麻醉时，防止刺入过深进入直肠。

3. 切开会阴　常做左侧侧斜会阴切开术。以左手中、示指伸入阴道内，撑起左侧阴道壁，将会阴切开剪自会阴后联合中线，向左侧 45°方向放入，待宫缩会阴高度膨隆时会阴全层剪开，切口长 4～5cm，角度为 60°～70°。

4. 止血　出血处用压迫法或结扎法进行止血。

5. 缝合　缝合前阴道内放一纱布卷，用无损伤肠线连续缝合阴道黏膜，缝针应超过切口顶端 0.5cm，然后间断缝合肌层或皮下组织，不留死腔。皮肤用 1 号丝线间断缝合，两切缘对齐。缝合完毕取出阴道内纱布卷，常规作肛门指诊，检查有无缝线穿透直肠黏膜。

6. 术后处理

（1）擦净血迹，用甲硝唑纱布湿敷外阴。
（2）保持外阴清洁，用 0.5% 聚维酮碘溶液擦洗外阴，每日 2 次。
（3）嘱产妇勤换卫生巾，以健侧卧位为宜。
（4）外阴水肿者，用 50% 硫酸镁局部湿热敷。
（5）术后 4～5 天拆线。

操作警示： 术后常规肛门指诊，检查有无缝线穿透直肠黏膜

第 8 节　手取胎盘术

【适应证】

完全性或部分性胎盘粘连。

【物品准备】

乳胶手套1双，5ml注射器1具，弯盘1个，哌替啶及阿托品各1支，纱布、棉球、消毒液等。

【操作方法】

1. 取膀胱截石位，排空膀胱。更换手术衣及手套，重新消毒外阴。宫颈内口较紧时，肌内注射哌替啶50～100mg及阿托品0.5mg。一手手指并拢成圆锥形，沿脐带方向伸入子宫腔，另一手置于腹部，沿骨盆轴方向下压子宫底。

2. 进入宫腔之手，沿脐带摸到胎盘边缘后，手指并拢，掌面向胎盘母体面，以尺侧缘慢慢将胎盘从宫壁分离，另一手仍按压子宫底相应部位。

3. 胎盘全部剥离后，用手牵拉脐带协助胎盘娩出。取出后立即肌内注射缩宫素。

【注意事项】

操作警示：操作过程切忌用手指抓挖子宫壁，导致穿破子宫

1. 切忌用暴力强行剥离或用手指抓挖子宫壁。如发现胎盘与子宫壁之间无明显界限不能剥离者，可能为植入性胎盘，不可强行剥离。

2. 取出的胎盘应立即检查是否完整。

3. 注意产妇一般情况，必要时输血。

第9节　胎头吸引术

胎头吸引术是吸引器置于胎头，形成负压后吸在胎头上面，通过牵引，协助娩出胎头的一种助产手术。

【适应证】

1. 宫缩乏力导致第二产程延长者　初产妇宫口开全已达2小时，经产妇胎头露于阴道口达1小时而未能娩出者。

2. 需要缩短第二产程者　如产妇合并心脏病、妊娠高血压综合征、严重贫血或哮喘等并发症，产妇全身情况不宜于娩出屏气用力者。

3. 子宫瘢痕　剖宫产史或子宫手术史，在第二产程子宫收缩力增强，易引起瘢痕撕裂者。

4. 持续性枕后位、持续性枕横位　胎头内旋转受阻，徒手旋转不成功，需要旋转牵出胎头者。

5. 胎儿宫内窘迫者。

【禁忌证】

1. 骨盆狭窄或头盆不相称者。

2. 颜面位、额位、胎头高直位或其他异常胎位。

3. 严重胎儿窘迫。

【必备条件】

1. 顶先露、胎儿存活。

2. 头盆相称。

3. 宫口已开全。

4. 胎头入盆，双顶径已达坐骨棘平面，先露骨质部已达坐骨棘下 3cm 或以下。

5. 胎膜已破，胎膜未破者应先行人工破膜术。

【物品准备】

乳胶手套 2 双，胎头吸引器 1 具，50ml 注射器 1 具，止血钳 1 把，纱布、棉签、棉球、消毒液等。

【操作方法】

1. 产妇取屈膝仰卧位　常规冲洗消毒外阴、铺巾、导尿，排空膀胱。

2. 再次阴道检查　排除头盆不称等禁忌证，胎膜未破者予以破膜。

3. 会阴切开　会阴较紧者应行较大的会阴侧切术。

4. 放置吸引器　左手分开两侧小阴唇，以中指和示指掌侧向下撑开阴道后壁，右手持吸头器将胎头端沿阴道后壁旋转放入，使吸头吸引器与胎头先露部紧贴，左手示指和中指伸入阴道内沿吸头吸引器胎头端与胎头衔接处摸一周，检查其间确无宫颈及阴道组织，同时调整胎头吸引器横柄与胎头矢状缝相垂直，作为旋转标志。

5. 抽吸空气形成负压　术者左手扶持吸引器，助手用 50ml 注射器缓慢抽气，使胎头在缓升的负压下，逐渐与吸引器贴紧，一般抽出空气 150～180ml，如胎头位置较高，可酌情增加，负压形成后用止血钳夹紧橡皮接管，然后取下注射器。

6. 牵引吸引器　左手示指和中指轻轻握持吸引器的牵引柄，出现宫缩产妇屏气用力时，循产轴方向牵引。当胎头枕部抵达耻骨联合下缘时，吸引器逐渐向上牵引，使胎头缓慢仰伸出娩出。宫缩间歇时停止牵引，牵引时右手注意保护会阴。枕后位或枕横位者在牵引的同时缓慢旋转胎头，使枕部转至前位娩出。

7. 取下吸头器　胎头双顶径牵出阴道口后，即可拔开橡皮管或放开气管夹，解除吸引器内的负压，取下吸引器，按正常分娩机制娩出胎头和胎体。

8. 胎儿娩出后常规肌内注射维生素 K4mg，预防颅内出血。

【注意事项】

1. 吸引时间，牵引时间一般以 10～15 分钟为宜，避免牵引时间过长，并发症发生率增高。

2. 抽气必须缓慢，达到所需负压后，宜稍等 2～3 分钟，否则所形成的产瘤不易填满吸引器而滑脱。

3. 牵引滑脱，如果牵引过程中负压不够或牵引方向不对，会发生牵引滑脱，可重新放置，一般只限操作 2 次，2 次未成功立即改用产钳助娩，避免损伤胎儿。

4. 术后注意检查软产道，如有损伤及时缝合。

操作警示：
牵引时间以 10～15 分钟为宜，2 次未成功立即改用产钳助娩

【发症及其处理】

1. 胎儿并发症

（1）头皮血肿：负压过大或牵引时间过长所致，多于一个月内自然吸收，无须特殊处理，避免穿刺或揉搓血肿，防止感染。如有活动性出血者应切开止血。

（2）颅骨损伤：与吸引负压过大或牵引力过猛有关。多为颅骨线性骨折，可自愈，不需处理。

（3）颅内出血：按新生儿颅内出血处理。

2. 产妇并发症

（1）宫颈裂伤：多因宫口未开全造成，阴道检查时要确定宫口开大情况。

（2）外阴阴道裂伤：多由会阴切口过小或阴道壁组织弹性差所致，必要时应行充分的会阴侧切。

（3）阴道血肿：由于阴道壁被吸入吸引器所致，旋转吸引器后必须仔细检查，排除软组织受压，血肿不大时可不必处理。

本章小结

阴道脱落细胞检查是临床防癌普查和内分泌检查简便且经济实用的辅助诊断方法，报告方式有两种：临床常用巴氏 5 级分类法，近年我国正在推广应用 TBS 分类法。外阴及子宫颈活体组织检查简称活检，常作为诊断的可靠依据。阴道后穹隆穿刺术是妇产科临床常用的辅助诊断方法。诊断性刮宫是刮取子宫内膜组织作病理学检查，简称诊刮，是妇科常用的诊断手段之一。输卵管通畅检查的目的是检查输卵管是否通畅，了解子宫腔和输卵管腔形态及输卵管阻塞部位。常用方法有输卵管通液术、子宫输卵管造影术。正常育龄妇女的基础体温受卵巢性激素的影响而呈周期性变化，即具有低温和高温相的体温曲线称双相型，表示有排卵。会阴切开缝合术是产科常用手术之一，常做左侧侧斜会阴切开术，缝合完毕常规做肛门指诊，检查有无缝线穿透直肠黏膜。手取胎盘术操作过程切忌用暴力强行剥离或用手指抓挖子宫壁。胎头吸引术是一种助产手术，牵引时间以 10～15 分钟为宜，2 次未成功立即改用产钳助娩。

（兰丽坤）

第 30 章　妇产科内镜

学习目标

1. 掌握阴道镜检查适应证、宫腔镜检查与治疗适应证。
2. 熟悉阴道镜检查结果判断、宫腔镜检查与治疗禁忌证。
3. 了解阴道镜检查注意事项、宫腔镜检查与治疗并发症。

第 1 节　阴道镜检查

阴道镜检查（colposcopy）是将充分暴露的阴道和宫颈光学放大 10～40 倍，直视观察外阴、阴道和宫颈上皮结构及血管形态，以发现与癌有关的异型上皮、异型血管，指导可疑病变部位的活组织检查，以提高宫颈病变确诊率，辅助诊断宫颈上皮内瘤变及早期宫颈癌，也用于外阴皮肤和阴道黏膜的相应病变和相关疾病的观察。阴道镜分为光学阴道镜和电子阴道镜两种，均可与计算机和监护器相连。

【适应证】

1. 宫颈细胞学检查 LISL 及以上、ASCUS、伴高危型 HPV DNA 阳性或 AGS 者。
2. 妇科检查时肉眼观察可疑癌变者。
3. HPV DNA 检测 16 或 18 型阳性者。
4. 宫颈锥切前确定病变范围。
5. 宫颈、阴道及外阴病变治疗后复查及评估。
6. 外阴、阴道上皮内瘤变：阴道腺病、阴道恶性肿瘤。

【物品准备】

阴道镜、一次性床垫一个，阴道窥器 1 具，乳胶手套 1 双，3% 醋酸，复方碘溶液，宫颈钳 1 把，活检钳 1 把，病理标本袋 1 个，纱布、棉签、棉球、消毒液等。

【操作方法】

1. 患者排空膀胱，取膀胱截石位，阴道镜暴露宫颈阴道部，用棉球擦净宫颈分泌物。

2. 移动阴道镜物镜距阴道口 10cm 处（镜头距宫颈 15～20cm），对准宫颈或病变部位，打开光源，调整阴道物镜焦距使物像清晰。先用低倍镜观察宫颈外形、颜色、血管及有无白斑。

3. **醋酸白试验**　用 3% 醋酸棉球浸润宫颈表面，数秒后使宫颈柱状上皮肿胀、发白、呈葡萄状改变，鳞 - 柱状上皮交界处更清楚。上皮内癌时，细胞内蛋白质较多，涂醋酸后蛋白质凝固，上皮变白。

4. 必要时用绿色滤光镜片并放大 20 倍观察，血管图像更清晰，进行更精确的血管检查可用红色滤光镜片。

5. 碘实验 用复方碘溶液棉球浸润宫颈，富含糖原的成熟鳞状上皮细胞被碘染成棕褐色，称为碘实验阳性；柱状上皮、未成熟化生上皮、角化上皮及不典型增生上皮不含糖原，涂碘均不着色，称为碘试验阴性。观察不着色区域的分布，在异常图像部位或可疑病变部位取多点活检送病理检查。

【结果判断】

1. 正常宫颈上皮与血管

（1）正常鳞状上皮：光滑呈粉红色。醋酸白试验上皮不变色，碘试验阴性。

（2）正常柱状上皮：原始鳞 - 柱状上皮位于宫颈外口，镜下呈微小乳头状，醋酸白试验后呈葡萄状，涂碘不着色；若合并炎症时，血管水肿、增多，称假性糜。

（3）正常转化区：为原始鳞 - 柱状交接部和生理鳞 - 柱状交接部之间的化生区。镜下见毛细血管丰富，形态规则，呈树枝状；化生上皮环绕柱状上皮形成葡萄状小岛；在化生上皮区内见针眼状的凹陷为腺体开口，或被化生上皮遮盖的潴留囊肿。醋酸白试验后化生上皮与圈内的柱状上皮界限明显。涂碘后，碘着色深浅不一。病理检查为鳞状上皮化生。

2. 异常宫颈上皮与血管

（1）白色上皮：醋酸白试验后上皮呈局灶性白色，边界清，无血管。病理学检查可能为化生上皮或上皮内瘤变。

（2）白斑：涂醋酸前肉眼或镜下见表面粗糙、稍隆起白色斑块，表面无血管。病理学检查为角化亢进会角化不全。

（3）点状血管：血管异常增生的早期变化，表现为醋酸白背景下有极细的红色小点。病理学检查为上皮内瘤变。

（4）镶嵌：不规则的血管将醋白上皮分割成边界清楚、形态不规则的小块状，犹如红色细线镶嵌的花纹。病理学检查为上皮内瘤变。

（5）异形血管：血管口径、大小、形态、分支、走向及排列极不规则，可呈螺旋形、逗点形、发夹形、树叶形、杨梅形等变化。病理学检查为各种级别的上皮内瘤变。

3. 早期宫颈浸润癌：醋白上皮增厚，表面结构不清，呈云雾、脑回、猪油状，表面稍高或稍凹陷。局部血管异常增生，官腔扩大，失去正常血管的分支状，互相距离变宽，走向紊乱，形态特殊，可呈蝌蚪形、棍棒形等改变。

【注意事项】

1. 检查时间非月经期任何时间均可。
2. 检查前 24 小时内应避免阴道、宫颈操作及治疗（冲洗、妇科检查、活检、性生活等）。
3. 如遇检查部位出血或阴道、宫颈急性炎症，不宜进行检查。

第 2 节　宫腔镜检查与治疗

宫腔镜检查（hysteroscopy）是应用膨宫介质扩张宫腔，通过插入宫腔内的光导玻璃纤维窥镜直视宫颈管、宫颈内口、子宫内膜及输卵管开口的生理与病理变化，以便针对病理组织直观准确取材并送病理检查；同时也可直接在宫腔镜下手术治疗。

【宫腔镜检查适应证】

1. 异常子宫出血。

2. 疑宫腔粘连及畸形。
3. 超声检查有异常宫腔回声及占位病变。
4. 节育器定位。
5. 原因不明的不孕。
6. 子宫造影异常。
7. 复发性流产。

【宫腔镜治疗适应证】

1. 子宫内膜息肉。
2. 子宫黏膜下肌瘤及部分突向宫腔的肌壁间肌瘤。
3. 宫腔粘连分离。
4. 子宫内膜切除。
5. 子宫中隔切除。
6. 宫腔内异物取出，如嵌顿节育器及流产残留物等。
7. 宫腔镜引导下输卵管通液、注药及绝育术。

【禁忌证】

1. 绝对禁忌证：急、亚急性生殖道感染；心、肝、肾衰竭急性期及其他不能耐受手术；近期有子宫穿孔史或子宫手术史者。

2. 相对禁忌证：宫颈瘢痕，不能充分扩张者；宫颈裂伤或松弛，灌流液大量外漏者。

【物品准备】

宫腔镜 1 套，妇产科无菌手术包 1 套，一次性无菌床垫 1 个，阴道窥器 1 具，乳胶手套 1 双，膨宫介质，麻醉药物，5% 葡萄糖液，0.9% 氯化钠液，纱布、棉球、消毒液等。

【术前准备及麻醉】

1. 检查时间：月经干净后 1 周内。
2. 体检及阴道准备：进行全身检查、妇科检查、宫颈脱落细胞学及阴道分泌物检查。
3. 禁食：术前禁食 6～8 小时。
4. 麻醉：宫腔镜检查无须麻醉或宫颈局部麻醉；宫腔镜手术多采用硬膜腔外麻醉或静脉麻醉。

【操作方法】

1. 操作流程

（1）受检者取膀胱截石位，消毒外阴、阴道，铺无菌巾单，阴道窥器暴露宫颈，再次消毒阴道、宫颈，宫颈钳夹持宫颈，探针了解宫腔深度和方向，扩张宫颈至大于镜体外鞘直径半号。接通液体膨宫泵，调整压力至 120～150mmHg，排空灌流管内气体后，以 5% 葡萄糖液膨开宫颈，宫腔镜直视下按其宫颈管轴径缓缓插入宫腔，冲洗宫腔内血液至液体清净，调整液体流量，使宫腔内压达到所需压力，宫腔扩展即可看清宫腔和宫颈管。

（2）观察宫腔：先观察宫腔全貌，宫底、宫腔前后壁、输卵管开口，在退出过程中观察宫颈内口和宫颈管。将宫腔镜退出宫颈管。

（3）宫内操作：短时间、简单的手术操作可在确诊后立即施行，如节育环嵌顿、易切除的内膜息肉、内膜活检等。需时间较长、较复杂的宫腔镜手术不宜在局麻下进行。要根据宫腔内病变择期在手术室麻醉下进行。手术前安装好能源，在体外测试后再进入宫腔内操作。

2. 能源 高频电发生器，单极、双极电切及电凝常用于宫腔镜手术治疗。另外激光和微波也可用于宫腔镜手术。

3. 膨宫液的选择 使用单极电切或电凝时，膨宫液体必须选用非导电的 5% 葡萄糖液，双极电切或电凝则可选用 0.9% 氯化钠液，后者可减少过量低渗液体灌注导致的过度水化综合征。糖尿病患者可选用 5% 甘露醇膨宫。

【并发症】

主要包括：子宫穿孔、泌尿系及肠管损伤、出血、过度水化综合征、盆腔感染、心脑综合征和术后宫腔粘连等。

（姚丽娟）

教学大纲

一、课程性质和任务

妇产科学是临床医学专业的一门主干临床课，内容包括妇科学、产科学和计划生育。其主要任务是通过学习学生能根据妇女解剖生理特点对孕妇进行产前检查、保健及正常分娩的处理，并能够对妇科常见病、多发病进行诊断、防治及卫生宣教，对计划生育进行指导。

本门课程实践性强，在教学过程中必须理论与实践相结合，采用讲授、病例分析讨论、操作练习、医院见习等方法组织开展教学活动，重视实践教学环节，加大实践教学力度，以临床执业助理医师资格考试为主线，以提高学生基本实践技能为落脚点，重点培养学生分析解决问题的能力及实践操作技能。

二、课程教学目标

（一）知识教学目标

1. 掌握女性妊娠期解剖、生理变化和非妊娠期生殖系统疾病的病因，诊断及治疗方法。
2. 熟悉女性生殖系统疾病预防、保健及卫生宣教的重要意义。
3. 了解计划生育指导技巧。

（二）能力培养目标

1. 认识《妇产科学》在临床医学专业的重要地位，通过理论与实践的学习，对学科知识有总体把握，初步学会对妇产科常见病、多发病做出诊断并进行治疗。
2. 具有规范、熟练妇产科基本操作技能。
3. 能应用所学知识对各年龄段的女性进行卫生宣教、预防保健及计划生育指导。

（三）思想教育目标

1. 培养学生高尚的医德，关心体贴病人，保护病人隐私。
2. 养成良好的医风，热爱妇产科工作，具有高度的责任感，树立全心全意为病人服务的理念。
3. 发展善于合作、勤于思考、严谨求实的科学精神。逐步形成良好的学习习惯及思维方式，具备进一步深造的能力。增强热爱祖国的情感，树立攀登医学高峰的志向。

三、教学内容及要求

教学内容	教学要求			教学活动参考
	掌握	熟悉	了解	
第1章　绪论				理论讲授
1. 妇产科学的范畴	√			
2. 妇产科学近代进展		√		
3. 妇产科学的特点及学习方法			√	
第2章　女性生殖系统解剖				理论讲授 多媒体演示 模型观察
1. 外生殖器		√		
2. 内生殖器	√			
3. 邻近器官	√			
4. 血管、神经、淋巴			√	
5. 骨盆与骨盆底		√		
第3章　女性生殖系统生理				讲授 多媒体演示
1. 妇女一生各阶段的生理特点		√		
2. 卵巢周期性变化及性激素功能				
(1)卵巢的功能		√		
(2)卵巢周期性变化		√		
(3)卵巢性激素	√			
3. 生殖器的周期性变化及月经				
(1)子宫内膜的周期性变化	√			
(2)生殖器其他部位的周期性变化		√		
(3)月经	√			
4. 性周期调节		√		
第4章　妊娠生理				讲授 多媒体演示 模型观察
1. 卵细胞受精、受精卵的发育及着床		√		
2. 胎儿附属物的形成及其功能	√			
3. 胚胎、胎儿发育特征		√		
4. 妊娠期母体变化	√			

教学内容	教学要求			教学活动参考
	掌握	熟悉	了解	
第5章　妊娠诊断				讲授 病例分析讨论 模型操作练习
1. 早期妊娠的诊断	√			
2. 中、晚期妊娠的诊断	√			
3. 胎产式、胎先露及胎方位	√			
第6章　孕期监护及孕期保健				讲授 病例分析讨论 多媒体演示 模型操作练习 医院见习
保健意义、围生医学及围生期概念		√		
1. 产前检查的内容和方法				
(1)产前检查的时间	√			
(2)首次产前检查的内容和方法	√			
(3)复诊产前检查		√		
2. 评估胎儿健康的技术				
(1)人工监护	√			
(2)仪器监护		√		
(3)实验室检查		√		
3. 孕期指导及常见症状的处理		√		
第7章　正常分娩				讲授 多媒体演示 病例分析讨论 模型操作练习 医院见习
1. 决定分娩的因素	√			
2. 枕先露的分娩机制		√		
3. 先兆临产、临产与产程				
(1)先兆临产		√		
(2)临产的诊断	√			
(3)总产程及产程分期	√			
4. 分娩的临床经过及处理	√			
第8章　正常产褥				讲授 病例分析讨论 医院见习
1. 产褥期临床表现	√			
2. 产褥期母体变化	√			
3. 产褥期处理及保健		√		

续表

教学内容	教学要求			教学活动参考
	掌握	熟悉	了解	
第9章　妊娠特有疾病				讲授 自学 病例分析讨论 多媒体演示
1. 妊娠期高血压疾病				
（1）高危因素与病因		√		
（2）病理生理变化及对母儿影响	√			
（3）分类与临床表现	√			
（4）辅助检查		√		
（5）鉴别诊断			√	
（6）预防		√		
（7）治疗	√			
2. 妊娠合并糖尿病				
3. 妊娠期肝内胆汁淤积症		√		
4. 妊娠剧吐			√	
第10章　异常妊娠				讲授 自学 病例分析讨论 多媒体演示 模型操作练习
1. 流产		√		
（1）病因		√		
（2）病理	√			
（3）临床表现	√			
（4）诊断		√		
（5）鉴别诊断	√			
（6）处理		√		
2. 异位妊娠				
（1）病因		√		
（2）病理	√			
（3）临床表现	√			
（4）诊断	√			
（5）鉴别诊断		√		
（6）处理		√		
3. 妊娠晚期出血				
（1）前置胎盘		√		
（2）胎盘早剥		√		
4. 妊娠时限异常				
（1）早产			√	
（2）过期妊娠		√		
5. 羊水量异常				
（1）羊水过多			√	
（2）羊水过少			√	
第11章　多胎妊娠与巨大胎儿				
1. 多胎妊娠			√	
2. 巨大胎儿			√	
第12章　胎儿发育异常及死胎				讲授 自学
1. 胎儿生长受限			√	
2. 死胎			√	
第13章　胎儿窘迫与胎膜早破				讲授 自学
1. 胎儿窘迫	√			
2. 胎膜早破		√		
第14章　妊娠合并症				讲授 自学 病例分析讨论
1. 妊娠合并心脏病		√		
2. 妊娠合并病毒性肝炎		√		
3. 妊娠合并贫血		√		
4. 妊娠合并特发性血小板减少性紫癜		√		
5. 妊娠合并急性阑尾炎		√		
6. 妊娠合并急性胰腺炎		√		
7. 妊娠合并感染性疾病		√		
第15章　异常分娩				讲授 病例分析讨论 多媒体演示 模型操作练习
1. 产力异常	√			
2. 产道异常	√			
3. 胎位异常		√		
4. 胎儿发育异常脑积水			√	
第16章　分娩期并发症				讲授 自学 病例分析讨论 多媒体演示 模型操作练习
1. 产后出血	√			
2. 羊水栓塞			√	
3. 子宫破裂		√		
4. 脐带异常			√	
第17章　异常产褥				讲授 自学 病例分析讨论 多媒体演示
1. 产褥感染	√			
2. 晚期产后出血		√		
3. 产褥期抑郁症			√	
4. 产褥中暑			√	

续表

教学内容	教学要求			教学活动参考
	掌握	熟悉	了解	
第18章　妇科病史及检查				讲授 多媒体演示 模型操作练习
1. 妇科病史		√		
2. 体格检查	√			
3. 妇科疾病常见症状的鉴别要点		√		
第19章　外阴上皮内非瘤样病变				讲授 自学
1. 外阴鳞状上皮增生			√	
2. 外阴硬化性苔癣			√	
第20章　女性生殖系统炎症				讲授 病例分析讨论 多媒体演示 模型操作练习 医院见习
1. 外阴炎及前庭大腺炎			√	
2. 阴道炎	√			
3. 宫颈炎症	√			
4. 盆腔炎性疾病	√			
5. 生殖器结核		√		
第21章　女性生殖器肿瘤				讲授 病例分析讨论 多媒体演示 模型操作练习 医院见习
1. 外阴肿瘤			√	
2. 宫颈癌	√			
3. 子宫肌瘤	√			
4. 子宫内膜癌		√		
5. 卵巢肿瘤		√		
第22章　妊娠滋养细胞疾病				讲授 病例分析讨论 多媒体演示 医院见习
1. 葡萄胎	√			
2. 妊娠滋养细胞肿瘤	√			
3. 胎盘部位滋养细胞肿瘤				
第23章　生殖内分泌疾病				讲授 病例分析讨论 多媒体演示 模型操作练习 医院见习
1. 功能失调性子宫出血				
2. 闭经		√		

教学内容	教学要求			教学活动参考
	掌握	熟悉	了解	
3. 多囊卵巢综合征		√		讲授 病例分析讨论 多媒体演示 模型操作练习 医院见习
4. 痛经			√	
5. 绝经综合征				
第24章　子宫内膜异位症和子宫腺肌病				讲授 自学
1. 子宫内膜异位症			√	
2. 子宫腺肌病			√	
第25章　女性生殖器官损伤性疾病				讲授 自学
1. 阴道脱垂			√	
2. 子宫脱垂			√	
3. 压力性尿失禁			√	
第26章　不孕症与辅助生殖技术				讲授 病例分析讨论 模型操作练习
1. 不孕症		√		
2. 辅助生殖技术			√	
第27章　计划生育				讲授 病例分析讨论 模型操作练习 医院见习
1. 避孕	√			
2. 避孕失败的补救措施		√		
3. 输卵管绝育术			√	
4. 计划生育措施的选择		√		
第28章　妇女保健		√		讲授、自学
第29章　妇产科常用检查及诊疗手术				模型操作练习 医院见习
1. 阴道脱落细胞检查		√		
2. 外阴及子宫颈活体组织检查	√			
3. 阴道后穹隆穿刺术	√			
4. 诊断性刮宫术	√			
5. 输卵管通畅检查	√			
6. 基础体温测定		√		
7. 会阴侧斜切开缝合术		√		
8. 手取胎盘术	√			
9. 胎头吸引术		√		

四、教学大纲说明

（一）适用对象与参考学时

本教学大纲可供临床、全科医师专业使用，总学时66学时，其中理论教学40学时、实践教学26学时。

（二）教学要求

1. 本课程对理论教学部分要求有掌握、熟悉、了解三个层次。掌握是指对《妇产科学》所学的基本知识、基本理论具有深刻的认识，并能灵活应用所学知识分析解决临床问题。熟悉是指能够解释、领会概念的基本含义并会应用所学技能。了解是指能够简单熟悉、记忆所学知识。

2. 本课程突出以培养能力为本位的教学理念，在实践技能方面分为熟练掌握和学会两个层次。熟练掌握是指能够独立娴熟地进行正确的实践技能操作，学会是指能够在教师指导下进行实践技能操作。

（三）教学建议

1. 在教学过程中要积极采用现代化教学手段、标本、模型、医院等，加强直观教学，充分发挥教师的主导作用和学生的主体作用。注重理论联系实际，并组织学生开展必要的临床案例分析讨论，以培养学生的分析问题和解决问题的能力，使学生加深对教学内容的熟悉和掌握。

2. 实践教学要充分利用教学资源，结合挂图、标本、模型、活体、多媒体等，采用理论讲授、模型演示及操作练习、医院见习、案例分析讨论等教学形式，充分调动学生学习的积极性和主观能动性，强化学生的动手能力和专业实践操作技能。

3. 教学评价应通过课堂提问、布置作业、单元目标测试、案例分析讨论、实践考核、期末考试等多种形式，对学生进行学习能力、实践能力和应用新知识

能力的综合考核，以期达到教学目标设定的各项任务。

学时分配建议（66学时）

序号	教学内容	学时数		
		理论	实践	合计
1	绪论	0.5	0	0.5
2	女性生殖系统解剖	1	0	1
3	女性生殖系统生理	2	0	2
4	妊娠生理	2	0	2
5	妊娠诊断	0.5	1.5	2
6	孕期监护及孕期保健	1	2	3
7	正常分娩	1.5	2.5	4
8	正常产褥	0.5	0	0.5
9	妊娠特有疾病	1.5	0	1.5
10	异常妊娠	3	3	6
11	多胎妊娠与巨大胎儿	0.5	0	0.5
12	胎儿发育异常及死胎	0.5	0	0.5
13	胎儿窘迫与胎膜早破	1	0	1
14	妊娠合并症	2	1	3

续表

序号	教学内容	学时数		
		理论	实践	合计
15	异常分娩	3	2	5
16	分娩期并发症	2	2	4
17	异常产褥	2	0	2
18	妇科病史及检查	0	2	2
19	外阴上皮内非瘤样病变	0.5	0	0.5
20	女性生殖器炎症	3	1	4
21	女性生殖器肿瘤	3	1	4
22	妊娠滋养细胞疾病	2	0	2
23	生殖内分泌疾病	3	2	5
24	子宫内膜异位症和子宫腺肌病	1	0	1
25	女性生殖器官损伤性疾病	0.5	0	0.5
26	不孕症与辅助生殖技术	1	2	3
27	计划生育	1	2	3
28	妇女保健	0.5	0	0.5
29	妇产科常用检查及诊疗手术	0	0	0
30	妇产科内镜	0	0	0
机动			2	2
	合计	40	26	66

（注：妇产科常用检查及诊疗手术根据各学校实际情况具体安排）

（兰丽坤）

目标检测题答案

第2章

A_1 型题

1. B 2. B 3. D

第3章

A_1 型题

1. C 2. D 3. B 4. D

A_2 型题

5. E

第4章

A_1 型题

1. B 2. E 3. C 4. A 5. A

A_2 型题

6. D 7. C

B_1 型题

8. A 9. B 10. C

第5章

A_1 型题

1. B 2. C 3. C

A_2 型题

4. E 5. C 6. C

A_3 型题

7. D 8. A

B_1 型题

9. B 10. C

第6章

A_1 型题

1. A 2. D 3. B 4. D 5. A

6. B 7. B 8. E 9. C

A_2 型题

10. C 11. B 12. D 13. E 14. C

A_3 型题

15. E 16. D 17. D

B_1 型题

18. A 19. C 20. B

第7章

A_1 型题

1. E 2. A 3. D 4. C 5. E

6. B 7. D 8. E 9. B 10. B

11. B 12. E 13. E 14. D 15. E

第8章

A_1 型题

1. E 2. D 3. B

A_2 型题

4. E 5. C

A_3 型题

6. B 7. D 8. E

B_1 型题

9. D 10. C

第9章

A_1 型题

1. C 2. B 3. A 4. E 5. A

A_2 型题

6. D 7. E 8. D 9. B

A_3 型题

10. C 11. D 12. B 13. D

B_1 型题

14. A 15. B 16. D 17. A 18. B

19. C

第 10 章

A_1 型题

1. A 2. C 3. B 4. E 5. C
6. D 7. D

A_2 型题

8. C 9. A 10. C 11. E 12. B

A_3 型题

13. D 14. C 15. D

B_1 型题

16. A 17. D 18. B 19. A 20. A

第 11 章

A_1 型题

1. E 2. B 3. E 4. D 5. E
6. A

第 12 章

A_1 型题

1. A

A_2 型题

2. E

A_3 型题

3. B 4. A

B_1 型题

5. A 6. D

第 13 章

A_1 型题

1. A 2. D

A_2 型题

3. E 4. D

A_3 型题

5. B 6. E 7. B

B_1 型题

8. D 9. C 10. A

第 14 章

A_1 型题

1. B 2. E 3. D 4. E 5. E
6. B 7. B 8. B 9. E 10. E
11. A 12. C 13. C

A_2 型题

14. D 15. A 16. E 17. B
18. A 19. D

第 15 章

A_1 型题

1. A 2. C 3. C

A_2 型题

4. A 5. E 6. B 7. C 8. D

A_3 型题

9. C 10. C 11. B 12. B 13. D
14. C

B_1 型题

15. D 16. E 17. B 18. C

第 16 章

A_1 型题

1. D 2. A 3. A 4. A 5. D

A_2 型题

6. A 7. B 8. E 9. D 10. B
11. D

A_3 型题

12. D 13. D

A_4 型题

14. A 15. B 16. C 17. C 18. E

B_1 型题

19. A 20. D

第 17 章

A_1 型题

1. D 2. D

A_2 型题

3. B

A_3型题

4. A 5. E

B_1型题

6. D 7. B 8. A 9. C

第18章

A_1型题

1. A 2. C 3. A 4. B 5. D

A_2型题

6. B

B_1型题

7. D 8. A

第19章

A_1型题

1. D 2. B 3. C 4. B

第20章

A_1型题

1. C 2. C 3. C 4. D 5. D

A_2型题

6. B 7. D 8. A 9. C

A_3型题

10. B 11. B 12. E 13. E

B_1型题

14. D 15. B 16. A

第21章

A_1型题

1. A 2. A 3. B

A_2型题

4. C 5. D 6. A 7. E 8. C
9. C

A_3型题

10. C 11. A 12. D 13. C 14. B

第22章

A_1型题

1. A 2. B 3. E 4. D 5. B
6. C 7. D 8. C 9. A

A_2型题

10. C 11. B 12. E

A_3型题

13. B 14. D 15. B

B_1型题

16. A 17. D 18. C

第23章

A_1型题

1. E 2. B 3. B 4. D 5. B

A_2型题

6. C

A_3型题

7. D 8. D 9. A 10. D

B_1型题

11. E 12. B 13. C

第24章

A_1型题

1. E 2. E

A_2型题

3. C 4. C 5. C 6. D 7. C
8. B

第25章

A_1型题

1. C 2. C 3. D

A_2型题

4. C

A_3型题

5. D 6. B

第26章

A_1型题

1. C 2. D 3. A 4. E

A_2型题

5. D 6. C

A_3 型题

7. E 8. B

第 27 章

A_1 型题

1. C 2. D 3. B 4. E 5. A
6. C 7. B 8. E

A_2 型题

9. A 10. D

A_3 型题

11. A 12. E 13. B

B_1 型题

14. C 15. A 16. D

第 28 章

A_1 型题

1. D 2. E 3. B

参考文献

2015 医师资格考试大纲：临床执业助理医师（2015 年版）. 北京：人民卫生出版社，2014.

丰有吉，沈铿. 2005. 妇产科学. 北京：人民卫生出版社

国家医师资格考试临床执业助理医师历年考点考题（精编）. 2014. 北京：人民军医出版社

兰丽坤. 2012. 妇产科学. 第 3 版. 北京：科学出版社

茅清，李丽琼. 2014. 妇产科学. 第 7 版. 北京：人民卫生出版社

谢幸，苟文丽. 2013. 妇产科学. 第 8 版. 北京：人民卫生出版社

袁耀萼，盛丹菁. 1996. 妇产科学新理论与新技术. 上海：上海科技教育出版社

张靖霄，刘冬梅. 2009. 妇产科合理用药. 北京：中国医药科技出版社

郑修霞. 2012. 妇产科护理学. 第 5 版. 北京：人民卫生出版社

Decherney A. H. 2003. 现代妇产科疾病诊断与治疗. 第 9 版. 北京：人民卫生出版社